경제5단체, 대기업 입사 한자 시험 대비

# 취업 漢字 그리고
# 토론식면접

—鼎기획컨설팅팀 박 동 일·신 정 길

취업
키 워드

漢字

## 경제5단체, 대기업 입사 한자 시험 대비

- 대기업 2차 토론식 면접대비
- 시사상식 키 워드 및 요약해설
- 언론사 심층시사 상식 요약
- 공사 시사논술 시험대비

**특별수록** 대기업 직무적성검사 대비 4자성어

⚙성안당 com

# 도서 A/S 안내　　　　　　　　　　　　　　　@

당사에서 발행하는 모든 도서는 독자와 저자 그리고 출판사가 삼위일체가 되어 보다 좋은 책을 만들어 나갑니다.

독자 여러분들의 건설적 충고와 혹시 발견되는 오탈자 또는 편집, 디자인 및 인쇄, 제본 등에 대하여 좋은 의견을 주시면 저자와 협의하여 신속히 수정 보완하여 내용 좋은 책이 되도록 최선을 다하겠습니다.

채택된 의견과 오자, 탈자, 오답을 제보해 주신 독자 중 선정된 분에게는 기념품을 증정하여 드리고 있습니다. (당사 홈페이지 공지사항 참조)

구입 후 14일 이내에 발견된 부록 등의 파손은 무상 교환해 드립니다.

저자 e-mail : pdi8011@ampal.com
본서 기획자 e-mail : hwchk@cyber.co.kr(황철규)
도서출판 성안당 e-mail : cyber@cyber.co.kr
홈페이지 : http://www.cyber.co.kr
전화 : 02-844-0511
독자상담실 : 080-544-0511

# 책머리에

## ✳ 본서의 기획 동기는 무엇입니까?

장기적인 경기 불황으로 인한 심각한 대졸 취업난은 대졸자들을 무한경쟁의 장으로 내몰아서 취업을 위한 처절한 준비경쟁을 하도록 만들었다. 그들은 지금까지 취업 준비의 일환으로 토익 고득점과 학점 취득에 많은 시간과 정열을 투자해 왔지만 2004년부터는 한자 시험까지 보태게 되어 더 많은 시간과의 싸움을 벌여야 할 형편이 되었다.

본서는 한자시험과 2차 토론식 면접을 짧은 시간에 효과적으로 접근하여 효율의 극대화를 통한 입사 지원자들의 수고를 덜어 주려는 의도에서 기획되었다. 즉, 한자와 토론식 면접을 키 워드 중심으로 한 권의 종합본으로 기획하였고, 키 워드의 내용 접근도 토론식 면접에서 자기주장을 효과적으로 펼칠 수 있도록 깊이 있는 접근을 시도하였다.

## ✳ 본서는 누구를 위한 책입니까?

● 입사시 한자 시험을 보는 기업에 입사를 원하는 사람.
● 입사시 한자 시험을 한자능력검정시험 2급 자격으로 대체하는 기업에 입사를 원하는 사람.
● 생활 속에서 신문을 통하여 자연스럽게 한자 기능을 터득하려는 사람.
● 입사시 1차 서류 통과 후 2차 토론식 면접에 대비하기 위하여 최근 시사상식을 체계 있게 알기를 원하는 사람.

## ✳ 본서의 특징은 무엇입니까?

### 한자부문

한자가 어학의 한 분야이므로, 단시간 내에 한자의 습득능력을 배양하는 것이 어렵다는 것은 영어 등의 다른 어학 분야와 같다. 그러나, 다른 어학 분야와 달리 한자는 스스로 공부하기 위한 교재 및 공부 방법 등에 있어서 가장 낙후된 분야라는 생각이 들었다. 따라서 본서에서는 한자공부가 재미 없다는 고정관념부터 탈피할 수 있도록 노력하였다. 즉, 이러한 고정관념의 원인이 나열식 훈·음 읽기, 반대어·유사어 모음 등 틀에 박힌 구성에 일단의 원인이 있다고 보고 그 접근부터 달리하였다.

첫째, 신문을 통한 시사와 한자의 자연스러운 접근을 유도하였다.

신문 속에 있는 최근 시사 이슈들을 읽어가면서 필요한 한자를 자연스럽게 접근할 수 있도록 하여 시사 내용과 한자의 연상 효과를 극대화하였다.

둘째, 한자의 내용에 대한 불필요한 욕심을 버렸다.

60개 키 워드 중심의 시사 이슈들을 인용하면서 필요한 한자를 15개씩 공부하도록 했고, 그 중에서 5개만 다시 엄선하여 한자 활용 공부를 하도록 하는 등 불필요한 부분을 과감히 삭제하여 지루함 없이 재미

있고 신바람나게 한자를 접근할 수 있도록 하였다.

셋째, 한자의 활용능력 배양에 초점을 맞추었다.

한자능력검정 2,3급 시험에 기출되었던 한자들이 시사 이슈의 인용문에서 자연스럽게 다루어지도록 하였다. 또한 삼성 SSAT 등 주요 대기업들의 직무능력검정시험에서 기출되었던 한자들을 수록하여 기존의 틀에 박힌 한자공부의 굴레에서 벗어나 한자 활용에 더 많은 비중을 두려고 했다.

주요 기업의 입사 시험에서 서류심사 통과 후 2차 토론식 면접을 준비하는 지원자들은 철저한 준비를 원하지만 짧은 시간에 무엇을 어떤 방식으로 준비해야 하는지에 대해서 막막함을 느낄 것이다. 기존의 상식책들은 키 워드에 대해서 깊이 있는 내용을 체계적으로 정리했다기 보다는 짤막하게 정의만 내리는 것이 다반사이므로 이러한 준비서로는 토론식 면접 및 각종 공사 입사시험의 시사 논술을 준비하는 데 많은 부족함이 있고, 큰 도움이 되지 않는다.

따라서, 본서에서는 주제별 토론식 면접 및 시사 논술에 충분히 대비할 수 있도록 각 주제의 전체적인 흐름을 잡아주는 데 노력을 했으므로 토론 참가자들이 논쟁거리에 대해서 어느 쪽의 입장이 되더라도 무난히 자기의 주장을 명쾌히 할 수 있을 것이다.

본서는 한자와 상식을 같은 비중으로 구성한 것이 특징이다. 따라서 시간과의 싸움을 벌이는 입사 지원자들은 한 권의 책으로 짧은 시간에 한자와 시사 상식을 동시에 공부할 수 있으므로 효율의 극대화를 이룰 수 있을 것이다.

# 취업을 위해 한자 공부를 해야 하나요?

이제는 취업을 하려면 토익뿐만 아니라 반드시 한자 공부를 해야 할 것 같다. 아래는 2004년 5월 20일자 경향신문에 실린 기사를 발췌해 온 것이다.

경제5단체가 신입사원 채용시 한자시험을 본다고 결정했고, 각 단체의 소속 회원기업사들에게 한자시험을 볼 것을 권고한 가운데 2004년부터 한자시험을 보는 기업들이 크게 늘어날 것으로 조사됐다.

취업 포털 인크루트는 최근 주요 대기업 145개사를 대상으로 '한자시험 실시 여부'를 조사한 결과, 76.6%(111개사)가 "경제단체의 한자시험 권고안에 찬성한다"고 응답했다고 20일 밝혔다. 올해 한자시험을 볼 계획인 기업은 총 37개사로 조사됐다. 지난해의 20개사보다 85%가 증가한 것이다. 36개사는 올해 채용시 한자시험을 볼지 여부에 대해 검토중이거나 아직 결정을 하지 못한 상태라고 답변했다. SK생명, 대덕전자, 제일기획, 한국공항공사, 한국전력공사 등은 지난해에 이어 올해도 채용시 한자시험을 볼 계획이다. LG유통, 한국마사회, 조흥은행 등도 한자시험 도입을 검토 중이다. 또, 입사시 한자시험을 도입할 계획은 없지만 한자 자격증 소지자에게 가산점을 주겠다는 기업도 40개사(27.6%)나 됐다.

# 본서를 어떻게 활용해야 도움이 될까요?

- **1단계** : 먼저 신문 사설을 읽으며, 사설 속 주제를 파악합니다. 처음부터 사설 속에 있는 한자를 다 외우려고 하면서 읽지 말고 가볍게 읽어 주세요.

- **2단계** : 사설을 두 번째 읽을 때에는 15개의 한자들을 주위 깊게 살펴보고, 모르는 한자의 경우 Zoom I 에서 찾아보면서 계속 읽어 주시길 바랍니다.

- **3단계** : Zoom II는 15개의 한자 중에서 중요하고 활용가치가 많다고 판단되는 것들을 5개씩 뽑은 것입니다. 집중하여 5개의 한자를 공부하시고 책에 제시된 각각의 활용한자들을 써보면서 공부하시기 바랍니다.

- **4단계** : 퍼즐식 연습문제로 자기의 실력을 테스트해봄으로써 자기의 실력을 확인하는 과정이 꼭 필요합니다. 재미있게 복습하자는 취지에서 제시된 '가로-세로 열쇠로 복습하기'는 앞에서 공부한 범위 내의 한자만을 사용하여 퍼즐 형식을 빌어 구성했으므로 간혹 연결이 끊어지는 부분이 있을 수 있지만 복습용으로 아주 중요합니다.

- **5단계** : 4단계까지 마쳤으면 사설 1개에 해당하는 한자공부는 마친 것입니다. 다음으로 Zoom III에서는 토론식 면접상식을 공부할 차례입니다. 각 주제에 대하여 사건 정의, 사건 전개 상황, 장점, 단점, 주요 쟁점 사안, 도출될 수 있는 대안 등을 언급하였습니다. 면접관이 질문한다고 생각하고 요약·정리되어 있는 내용을 잘 이해하고 정리하여서 자신의 생각을 논리적으로 말하는 연습을 하시길 바랍니다.

- **6단계** : 한번 제대로 공부하는 것보다는 여러 번 읽어서 반복 학습을 하는 것이 훨씬 효과적입니다. 대중교통 이용시 짬짬이 시간을 내어서 본서를 읽는 것이 시간의 효율성 면에서 가장 좋을 듯싶습니다.

끝으로 본서가 출간되기까지 너무도 많은 시간과 정열이 소요되었고, 더위와의 싸움이 있었다. 또한 집필 기간 중에 시간상의 제약과 저자의 능력 부족으로 당초 기획했던 것보다 여러 면에서 완벽을 기하지 못한 것은 아쉬움으로 남는다. 특히 처음 기획 단계부터 함께 하며 많은 도움을 주었으나 개인적인 사정으로 끝까지 함께하지 못한 문학 석사이자 오랜 벗인 김진국에게 이 자리를 빌어 고마움을 전한다. 그리고, 어려운 출판 여건에도 흔쾌히 출판을 허락해 주신 성안당 이종춘 회장님께 감사를 드리고, 황철규 상무님의 자상한 보살핌에 고마움을 전한다. 현명한 독자 여러분에게 사랑이 깃들기를 기원한다.

—鼎기획 컨설팅팀
박동일, 신정길

# 차 례

## Ⅱ 사회·문화

## Ⅲ 국제·정치

# 1. 경영·경제

01

# Chapter ❶

# 한·칠레 FTA가 남긴 교훈

※ 한자 Zoom In
   貿易協定(무역협정) 地域主義(지역주의) 通商(통상) 絶體絶命(절체절명) 黑白論理(흑백논리)
※ 시사 Zoom In
   자유무역협정 다자체제(multilateralism) 지역주의(regionalism)

한·칠레 자유 ① 貿易協定(무역협정) (FTA) ② 批准(비준)동의안이 마침내 국회를 통과했다. '농촌당' 의원들의 저항으로 세 차례나 무산되는 ③ 迂餘曲折(우여곡절)을 겪었지만 뒤늦게나마 FTA를 ④ 發效(발효)시키게 된 것은 큰 다행이다. 이제 우리도 세계 무역시장에서 확산되고 있는 ⑤ 地域主義(지역주의)에 당당하게 동참해 ⑥ 輸出(수출)기반을 확고히 다질 수 있는 기회를 잡게 됐다.

한·칠레 FTA는 실로 뼈아픈 교훈을 남겼다. 수출로 먹고 사는 나라에서 FTA ⑦ 締結(체결)에 5년의 세월을 보내고 막대한 사회적 비용을 치른 사실은 분명히 잘못된 것이다. 더구나 대통령을 비롯한 정치권이 리더십을 발휘하지 못해 오히려 혼란을 키웠으니 세계 10대 ⑧ 通商(통상)국가 치고는 정말 낯 뜨거운 일이다.

한국 경제는 앞으로 일본, 싱가포르, 중국, 동남아국가연합(ASEAN) 등과 FTA를 맺어야 한다. 이들 나라와의 FTA가 국내 경제에 미치는 영향은 엄청나다. 만일 한·칠레의 경우처럼 관련산업 종사자들이 ⑨ 被害補償(피해보상)을 요구하며 제동을 건다면 '수출 한국'의 미래는 암담할 수밖에 없다. 대통령과 정치권은 말로만 FTA의 중요성을 외쳐서는 안 된다. FTA가 ⑩ 絶體絶命(절체절명)의 과제임을 국민들에게 설득하고 국가적 ⑪ 力量(역량)을 모아 ⑫ 葛藤(갈등)현안들을 풀어내는 적극적인 자세를 보여야 한다.

농촌문제도 그런 자세로 진지하게 접근하기 바란다. 농업이 지닌 상징적 의미도 중요하지만 '개방은 곧 살농'이란 ⑬ 黑白論理(흑백논리)에 휘둘려서는 안 된다. 농업을 근원적으로 살릴 수 있는 해법을 제시하고 농민들을 설득해야 한다. ⑭ 負債蕩減(부채탕감) 같은 ⑮ 彌縫策(미봉책)으로 농심을 더욱 무력하게 해서는 안 된다. 향후 10년간 지원키로 한 1백80조원은 모름지기 농촌을 거듭나게 하는 데 쓰여야 한다.

경향신문 2004. 2.17

한자능력검정시험 2급 기출
- 批准[비준](4회 6번, 24회 62번) - 締結[체결](4회 30번) - 葛藤[갈등](6회 49번)

## **zoom** Ⅰ » 한자 엿보기

| | | | | | | | | | | | | |
|---|---|---|---|---|---|---|---|---|---|---|---|---|
| ① | 貿 무역할 무 | ④ | 折 꺾을 절 | ⑦ | 締 맺을 체 | ⑩ | 體 몸 체 | ⑭ | 論 논할 론 |
| | 易 바꿀 역 | | 發 필 발 | | 結 맺을 결 | | 絶 끊을 절 | | 理 다스릴 리 |
| | 協 화할 협 | | 效 본받을 효 | ⑧ | 通 통할 통 | ⑪ | 命 목숨 명 | | 負 질 부 |
| | 定 정할 정 | ⑤ | 地 땅 지 | | 商 장사 상 | | 力 힘 력 | | 債 빚 채 |
| ② | 批 비평할 비 | | 域 지경 역 | ⑨ | 被 입을 피 | ⑫ | 量 헤아릴 량 | | 蕩 쓸어버릴 탕 |
| | 准 비준 준 | | 主 주인 주 | | 害 해할 해 | | 葛 칡 갈 | | 減 덜 감 |
| ③ | 迂 멀 우 | | 義 옳을 의 | | 補 기울 보 | | 藤 등나무 등 | | 彌 꿰맬 미 |
| | 餘 남을 여 | ⑥ | 輸 보낼 수 | ⑬ | 償 갚을 상 | | 黑 검을 흑 | ⑮ | 縫 꿰맬 봉 |
| | 曲 굽을 곡 | | 出 날 출 | | 絶 끊을 절 | | 白 흰 백 | | 策 꾀 책 |

## **zoom** Ⅱ » 응용한자 알아보기

① 貿易協定(무역협정) : 2개 이상의 나라 사이에 수출입 품목의 범위 등 무역에 관한 여러 조건을 체결한 협정.

❖ **세계무역기구 (世界貿易機構)** : 世[인간 세] 界[지경 계] 機[틀 기] 構[얽을 구]
전 세계 125개국이 참여하여 결성된 세계적 규모의 경제 기구. 세계적인 무역 분쟁을 조정하고 반덤핑을 규제하는 등의 역할을 함.

❖ **무역의존도 (貿易依存度)** : 依[의지할 의] 存[있을 존] 度[법도 도]
나라의 경제(經濟)가 무역에 의존하여 있는 정도를 비율로써 나타낸 지표.

❖ **무역수지 (貿易收支)** : 收[거둘 수] 支[지탱할 지]
일정 기간 동안에 상품의 수출입 거래로 생긴 국제 수지.

❖ **무역외수지 (貿易外收支)** : 外[바깥 외] 收[거둘 수] 支[지냉할 지]
상품 무역 이외의 서비스의 수출입, 관광 등으로부터 이루어지는 국제수지.

❖ **가공무역 (加工貿易)** : 加[더할 가] 工[장인 공]
외국에서 원자재, 반제품(半製品)을 수입하여, 이것을 가공 제조하여 다시 수출하는 무역 형태.

한자능력검정시험 3급 기출
– 貿易[무역](12회 40번, 26회 38번) – 補償[보상](15회 33번, 20회 13번) – 論理[논리](9회 17번) – 策[책](7회 50번)

⑤ 地域主義(지역주의) : 지역의 특수성을 살리고 지역 내 자치성의 추진을 도모하는 입장

   \* 注意(주의) : 注[부을 주] 意[뜻 의]  경고나 충고의 뜻으로 훈계함.

❖ 유보지역 (留保地域) : 留[머무를 유] 保[지킬 보]

국토 이용 관리법에 따라 도시지역, 공업지역, 문화재 보전지역 등으로 지정되지 않은 지역.

❖ 비거주지역 (非居住地域) : 非[아닐 비] 居[살 거] 住[살 주]

사람이 거주의 형태로 살고 있지 않은 지역.

❖ 제삼지역 (第三地域) : 第[차례 제] 三[석 삼]

냉전시기에 미·소 양대 세력의 어느 쪽에도 가담하지 않는 지역.

⑧ 通商(통상) : 외국과 서로 물건을 사고 파는 행위를 하는 것.

   \* 通常(통상) : 通[통할 통] 常[떳떳할 상] 특별하지 않고 보통임. ; ~적으로

❖ 통상대표부 (通商代表部) : 代[대신 대] 表[겉 표] 部[떼 부]

국교를 맺지 않은 나라에 상주(常駐)하여 통상에 관련된 외교 업무를 전담하는 재외 공관.

❖ 통상조약 (通商條約) : 條[가지 조] 約[맺을 약]

두 나라 사이에 있어서의 통상항해에 관한 사항 및 그에 따른 입국거주영사(領事)의 교환 등에 관한 사항을 협의 규정한 조약.

⑩ 絕體絕命(절체절명) : 궁지(窮地)에 몰려 살아날 길이 없게 된 막다른 처지 ; 絕體絕命의 위기.

⑬ 黑白論理(흑백논리) : 모든 문제를 흑이 아니면 백, 선이 아니면 악이라는 두 가지로만 구분하고 이외의 것을 인정하지 않으려 하는 편협한 사고 논리임.

## ZOOM Ⅲ » 시사 흐름잡기

### FTA(Free Trade Agreement)

■ FTA란 무엇인가?

자유무역협정 (Free Trade Agreement : FTA)은 지역경제통합의 한 형태로서 협정국간의 무역장벽(관세 및 기타 통상규제)을 완화하거나 철폐하여 무역자유화를 실현하기 위한 국가간 특혜무역협정을 의미한다. 우리나라는 2002년 10월 24일 최초로 칠레와 FTA협정을 타결하였고, 2004년 2월 16일 국

회의 비준을 거쳤다. 한·칠레 FTA는 2004년 4월 1일부터 효력을 발생하였다. 현재 일본, 싱가포르, 멕시코, 중국, 동남아국가연합(ASEAN) 등의 국가들과도 FTA협정을 논의 중에 있다.

### ■ 한국의 FTA협정 필요성

❖ FTA를 바탕으로 한 지역무역협정은 전 세계적인 흐름이다.

❖ WTO 중심의 다자무역체제의 한계를 극복하고, 지역경제통합을 바탕으로 자유무역의 확대 및 투자유치를 도모하여 경제를 활성화할 수 있다.

❖ 국가의 국제 신인도에 긍정적인 영향을 줄 수 있다.

❖ 개방화를 통해서 '수출 대국' 한국의 성장역량을 키울 수 있다.

### ■ 한·칠레 FTA협상 과정에서의 문제점

❖ FTA협정에 이해관계가 엇갈리는 이익집단들의 반발로 인하여 국회의 비준을 얻기까지 상대적으로 매우 오랜 시간이 소요되었으며, 이로 인해서 다른 국가들과의 FTA협정 또한 늦어지게 되었다.

❖ 가장 문제가 되었던 농업 분야의 문제에 대해서 근본적인 해결책을 찾지 못하고, 부채탕감 등의 미봉책으로 농민들의 반발을 무마하려 하였다.

❖ FTA협정을 준비하기 위한 국가적 차원에서의 준비가 부족했다.

❖ 상대적으로 비교열위에 있는 농업 분야의 피해를 최소화하기 위해서 비교우위에 있는 공산품들을 효율적으로 활용하지 못했다.

### ■ 세계 경제의 추세

다자주의원칙을 근간으로 하는 WTO의 큰 틀을 유지하면서 지역주의를 바탕으로 하는 지역경제통합이 활발히 이루어지고 있다. 그러나 지역주의 확산은 세계경제의 블록화현상과 보호주의를 심화시킬 수 있으므로 두 체제가 상호보완적인 형태로 공존할 수 있도록 하는 것이 관건이다.

### TIP  WTO와 FTA의 공통점과 차이점

| | WTO | FTA |
|---|---|---|
| 차이점 | ▸ 다자체제(multilateralism)를 기본원칙으로 하는 세계무역체제<br>▸ 모든 회원국에게 최혜국 대우를 보장 | ▸ 지역주의(regionalism)와 양자주의를 기본원칙으로 하는 특혜무역체제<br>▸ FTA회원국에만 한정하여 무관세 등의 특혜를 주고 비회원국에게는 WTO에서 유지하는 관세를 적용함. |
| 공통점 | 각 회원국의 무역장벽(관세부과, 수출입 제한조치)을 완전히 철폐하여 서비스와 상품의 교역 및 투자가 상호간에 활발히 이루어져 회원국들의 경제가 지속적으로 발전해 나갈 수 있도록 한다. | |

# Chapter ❷

## 400만 잠재신용불량 대책 서둘러야

> ※ 한자 Zoom In
> 信用(신용) 潛在(잠재) 家計(가계) 反面敎師(반면교사) 浮動(부동)
> ※ 시사 Zoom In
> 신용불량자 다중채무자 도덕적 해이

현재의 ①信用(신용)불량자 372만명과는 별개로 언제라도 신용불량자가 될 위험이 있는 ②潛在(잠재)신용불량자가 400만명에 이른다고 한다. 18세 이상 국민 10명 가운데 1명은 신용불량자, 다른 1명은 ③豫備(예비)신용불량자인 셈이다. 신용불량 때문에 수많은 가정이 고통과 불안에 떨고 있고 전체 금융시스템이 불안정한데도 해결 기미가 보이지 않으니 답답한 노릇이다.

금융권이 신용 ④回復(회복)위원회를 통해 ⑤債務(채무)를 ⑥再調整(재조정)하고 대출만기를 연장하도록 유도하는 데 초점을 맞춘 지금까지의 정부정책은 실패했다고 본다. 신용회복위원회 출범 직전보다 신용불량자가 126만명이나 늘어난 사실이 이를 입증한다. 노무현 정부는 신용불량 문제가 김대중 정부의 ⑦責任(책임)이라는 태도를 보여왔지만 지난해 ⑧政策(정책) 실패에 따른 ⑨家計(가계) 살림살이 악화가 문제를 키운 데 대한 책임을 면하기 어렵다.

이헌재 경제부총리는 가급적 빨리 신용불량자 ⑩對策(대책)을 내놓겠다고 밝혔으나 총선을 의식해 조급하게 선심성 대책을 내놔서는 결코 안 된다. 지난해 말 한국자산관리공사와 일부 금융회사가 ⑪元利金(원리금) 대폭 탕감 가능성을 내비친 뒤 ⑫延滯率(연체율)이 크게 높아져 LG카드 사태의 도화선이 된 사례를 ⑬反面敎師(반면교사)로 삼아야 한다.

신용불량 내용이 경미한데도 금융거래나 취업 등에서 과도한 불이익을 받는 일은 반드시 시정해야 한다. 그러나 신용불량자에게만 시야를 좁혀서는 문제를 풀 수 없다. 잠재신용불량자의 상당수가 자발적으로 신용불량자가 되고 마는 제도적 ⑭矛盾(모순)을 바로 잡아야 한다.

정부는 무엇보다 기업투자를 활성화하고 토지시장 등을 떠도는 ⑮浮動(부동)자금이 건전한 투자와 소비에 사용될 수 있도록 물꼬를 트기 위한 노력을 서둘러야 한다. 경제가 살아나 가계의 소득이 늘지 않는 한 어떤 대책도 미봉책에 그칠 수밖에 없다.     동아일보 2004. 2. 27

---

**한자능력검정시험 2급 기출**
- 調整[조정](12회 98번) - 政策[정책](12회 102번)

## **Zoom** Ⅰ ≫ 한자 엿보기

| | | | | | | | | | | | | | |
|---|---|---|---|---|---|---|---|---|---|---|---|---|---|
| ① | 信 믿을 신 | | 復 회복할 복 | | 任 맡길 임 | ⑪ | 元 으뜸 원 | ⑬ | 面 낯 면 |
| | 用 쓸 용 | ⑤ | 債 빚 채 | ⑧ | 政 정사 정 | | 利 이로울 리 | | 教 가르칠 교 |
| ② | 潛 잠길 잠 | | 務 힘쓸 무 | | 策 꾀 책 | | 金 쇠 김 | | 師 스승 사 |
| | 在 있을 재 | ⑥ | 再 다시 재 | ⑨ | 家 집 가 | ⑫ | 延 늘일 연 | ⑭ | 矛 창 모 |
| ③ | 豫 미리 예 | | 調 고를 조 | | 計 셀 계 | | 滯 막힐 체 | | 盾 방패 순 |
| | 備 갖출 비 | | 整 가지런할 정 | ⑩ | 對 대할 대 | | 率 비율 률 | ⑮ | 浮 뜰 부 |
| ④ | 回 돌아올 회 | ⑦ | 責 꾸짖을 책 | | 策 꾀 책 | | 反 돌이킬 반 | | 動 움직일 동 |

## **Zoom** Ⅱ ≫ 응용한자 알아보기

① 信用(신용) : 남의 언동이나 일들을 믿어 의심치 아니하는 것. 틀림없다고 받아들여지는 사람이나 사물이 갖는 가치나 평판.

\* 神勇(신용) : 神[귀신 신] 勇[날랠 용]

　　사람이 생각할 수 없는 용기.

◈ 신용보증장 (信用保證狀) : 保[지킬 보] 證[증거 증] 狀[문서 장]

　발행 은행이 그 은행 앞 어음의 인수 또는 지급을 약속하지 않고 수출로 발생한 어음의 일부분을 매수하도록 다른 은행에 위탁하는 일.

◈ 신용대차대조표 (信用貸借對照表) : 貸[빌릴 대] 借[빌릴 차] 對[대할 대] 照[비칠 조] 表[겉 표]

　회사가 금융기관으로부터 신용대출을 받으려고 할 때, 판단을 위해서 회사가 금융기관에 제출하는 대차대조표.

◈ 신용거래 (信用去來) : 去[갈 거] 來[올 래]

　매매 등의 계약시 화폐의 지급을 뒷날로 정하는 거래 형태.

② 潛在(잠재) : 속에 숨어 겉으로 드러나지 않는 것.

**한자능력검정시험 3급 기출**

－ 債務[채무](18회 13번) － 責任[책임](3회 83번) － 矛盾[모순](10회 85번, 22회 26번)

❖ 잠재성장률 (潛在成長率) : 成[이룰 성] 長[길 장] 率[비율 률]

한 나라의 경제(經濟)의 가능성으로서의 GNP(국민총생산)성장률로서, 자본이나 노동 등의 자원을 최대한으로 사용했을 때의 성장률.

❖ 잠재실업(潛在失業) : 失[잃을 실] 業[업 업]

표면적으로는 직업에 종사하고 있으나, 원하는 직업에 취직하지 못하여 어쩔 수 없이 다른 직종에 종사하는 상태.

❖ 잠재의식(潛在意識) : 意[뜻 의] 識[알 식]

의식이 미치지 않거나, 또는 어렴풋하여 부분적으로밖에 의식되지 않는 정신의 영역으로, 자각됨이 없이 행동에 반영될 수 있음.

---

⑨ 家計(가계) : 한 가정의 수입과 지출 상태. 가정 살림을 꾸려나가는 형편.

* 家系(가계) : 家[집 가] 系[이을 계]

한 집안 대대로 이어 온 계통.

---

❖ 가계수표 (家計手票) : 手[손 수] 票[표 표]

은행에 예금계좌를 가지고 있는 사람이 그 은행 앞으로 발행하는 소액 수표.

❖ 가계부 (家計簿) : 簿[문서 부]

가정 살림의 수입과 지출을 적는 장부.

---

⑬ 反面敎師(반면교사) : 되풀이해서는 안 되는 사건을 통해서 가르침을 얻음을 이르는 말.

* 半面(반면) : 半[반 반] 面[낯 면]

얼굴의 어느 한 쪽면.

* 교사(敎唆) : 敎[가르칠 교] 唆[부추길 사]

남을 선동하여 잘못된 일을 하게 함.

---

⑮ 浮動(부동) : 붙어 있지 않고 떠서 움직이는 형태.

* 不動(부동) : 不[아닐 부] 動[움직일 동]

움직이지 아니함, 不動産(부동산)

---

❖ 암향부동 (暗香浮動) : 暗[어두울 암] 香[향기 향]

그윽한 향기가 떠돎.

❖ 부동표 (浮動票) : 票[표 표]

특정한 입후보자나 정당에 투표될 것으로 확정지을 수 없는 변화 가능성이 많은 표.

**ZOOM Ⅲ »** 시사 흐름잡기

### 신용불량자

■ **신용불량자란?**

신용불량자란 「(신용정보의 이용 및 보호에 관한 법률) 제2조 7항」에 근거하여 '금융거래 등 상거래에서 발생한 대금 또는 대출금 등의 채무에 대하여 정당한 사유 없이 약정된 기일 내에 변제(辨濟)를 이행하지 아니한 자'로 정의할 수 있다. 최초 연체일로부터 3개월이 지나면 신용불량자 리스트에 등록되며, 이럴 경우 각종 금융 거래시 불이익을 받게 된다.

■ **신용불량자 급증의 원인**

| 소비자 | ☞ 소득을 고려하지 않은 소비자들의 무분별한 소비<br>☞ 소비자들의 도덕적 해이<br>☞ 개인 신용에 대한 인식 부족 |
|---|---|
| 금융기관 | ☞ IMF 이후 위험이 많은 기업대출보다 이윤이 많이 남는 가계대출을 경쟁적으로 확대<br>☞ 신용 카드 회원을 확보하기 위한 카드들의 무분별한 카드 남발<br>☞ 개인의 경제능력을 고려하지 않은 현금 서비스 한도액 인상<br>☞ 시장을 선도하기 위한 과열 경쟁은 카드사의 부실을 초래하였고, 그 부담을 소비자에게 전가<br>☞ 신용 카드의 활성화를 위한 김대중 정부의 지원정책이 신용불량자 문제의 시발점 |
| 정부 | ☞ 신용불량자와 잠재적 신용불량자를 구제하기 위한 근본적인 대책을 마련하지 못함.<br>☞ 신용회복을 위한 일시적인 미봉책으로 당사자들의 도덕적 해이를 부추김. |
| 어려운 경제상황으로 인한 가계소득의 감소는 소비자들의 빚 상환능력을 약화시켜서 신용불량자 문제의 해결을 더욱 힘들게 하고 있음. | |

■ **신용불량자 문제를 해결하기 위한 방안**

❖ 국가 경제(경기)의 회복이 신용불량자 문제를 해결하기 위한 전제조건이다.

❖ 잠재신용불량자(다중채무자)가 문제의 해결을 위해 의도적으로 신용불량자가 되는 현 제도의 모순을 해결해야 한다.

❖ 개인의 신용을 체계적으로 관리할 수 있는 시스템을 구축하여 신용불량자의 발생을 미연에 방지할 수 있도록 해야 한다.

❖ 소비자들에게 신용에 대한 교육을 지속적으로 실시해야 한다.

## TIP 정부의 신용불량자 대책

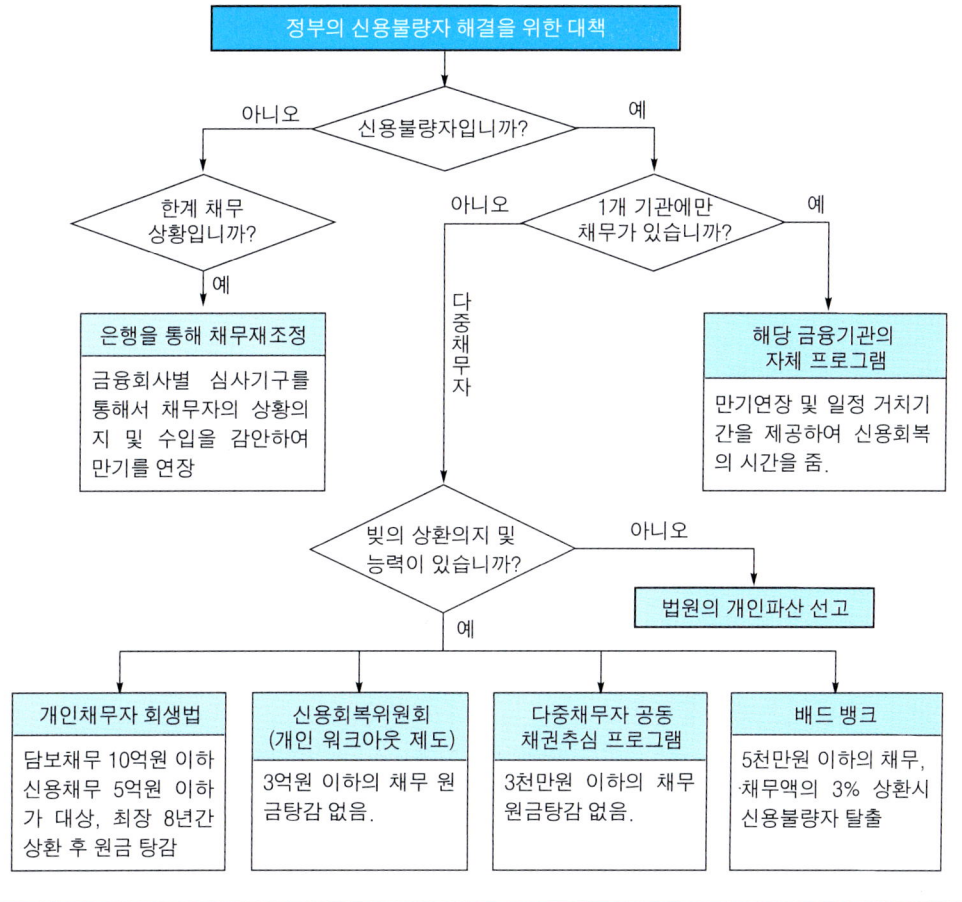

정부의 신용불량자 해결을 위한 대책

신용불량자입니까?

아니오 → 한계 채무 상황입니까?
예 → 1개 기관에만 채무가 있습니까?

아니오 → 다중채무자

**한계 채무 상황입니까?** 예 →

**은행을 통해 채무재조정**
금융회사별 심사기구를 통해서 채무자의 상황의지 및 수입을 감안하여 만기를 연장

**1개 기관에만 채무가 있습니까?** 예 →

**해당 금융기관의 자체 프로그램**
만기연장 및 일정 거치기간을 제공하여 신용회복의 시간을 줌.

**빚의 상환의지 및 능력이 있습니까?**
아니오 → **법원의 개인파산 선고**
예 ↓

**개인채무자 회생법**
담보채무 10억원 이하 신용채무 5억원 이하가 대상, 최장 8년간 상환 후 원금 탕감

**신용회복위원회 (개인 워크아웃 제도)**
3억원 이하의 채무 원금탕감 없음.

**다중채무자 공동 채권추심 프로그램**
3천만원 이하의 채무 원금탕감 없음.

**배드 뱅크**
5천만원 이하의 채무, 채무액의 3% 상환시 신용불량자 탈출

경영·경제

# Chapter ❸

# 중국경제 파장 대비책 세워야

> ※ 한자 Zoom In
> 景氣(경기) 緊縮(긴축) 原資材(원자재) 多邊化(다변화) 事態(사태)
> ※ 시사 Zoom In
> 위안화 평가절상 긴축정책 연착륙

중국 원자바오(溫家寶) 총리의 ① 景氣(경기) 조절 발언에서 촉발된 국제 금융시장의 "차이나 쇼크"로 국내에서도 연일 주식값과 원화가치가 급락하고 있어 걱정이다. 특히 중국은 우리의 최대 수출국이란 점에서 경기가 급격히 둔화될 경우 가뜩이나 수출로 버티고 있는 우리 경제에 주는 ② 衝擊(충격)은 더욱 심각할 것으로 우려된다. 금융시장의 심리적 불안 또한 만만치 않은 만큼 정부차원에서 신속하고도 적절한 대책을 마련해야 할 것이다.

그러나 "차이나 쇼크"는 어느 정도 예정되어 있었다는 점에서 지나친 ③ 過敏(과민)반응을 보일 일은 아니라고 본다. 중국이 10%를 오르내리는 과열성장을 진정시키기 위해 ④ 緊縮(긴축)정책을 구사하겠다는 것은 이미 공식 정책으로 발표된 바 있고, 원자바오 총리의 이번 발언도 지난 3월 전국인민대표회의에 보고했던 내용을 반복한 수준에 지나지 않는 것도 사실이다.

이 같은 "선제 대응"을 통한 중국 경제의 ⑤ 軟着陸(연착륙)은 오히려 중장기적으로 우리 경제에 긍정적일 수도 있다. 중국이 7~8%의 성장만 해도 우리의 수출이나 투자에는 큰 영향을 주지 않는데다 중국 경제의 과도한 거품이 빠질 경우 국제 ⑥ 原資材(원자재) 가격이 안정되고 썰물처럼 밀려가던 기업들의 중국행도 어느 정도 둔화될 것으로 기대되기도 한다. 따라서, 정부는 이번 사태의 ⑦ 波長(파장)을 예의주시하면서 피해를 ⑧ 最小化(최소화)하되, 오히려 이를 우리 경제의 기초 체질을 튼튼하게 만드는 ⑨ 契機(계기)로 삼아야 할 것이다.

그동안 대(對)중국 ⑩ 依存度(의존도)가 지나치게 높다는 우려도 많았던만큼 신흥 4개국(BRICs)중 브라질, 인도, 러시아나 동유럽 등으로 수출과 투자를 ⑪ 多邊化(다변화)하는 방안도 고려해야 한다.

물론 지나친 낙관론은 금물이다. 총리의 한마디가 일거에 세계 금융시장을 대 혼란으로 몰아넣을 수 있을 정도로 성장한 중국인만큼 거기서

> **한자능력검정시험 2급 기출**
> – 契機[계기](21회 92번, 22회 87번) – 事態[사태](12회 108번)

발생하는 변화가 어떤 영향을 줄지 누구도 ⑫豫測(예측)하기 힘든 탓이다. 때문에 정부와 재계는 ⑬事態(사태)의 ⑭推移(추이)를 면밀히 지켜 보면서 현지 진출업체를 보호하고 수출에 ⑮差跌(차질)을 빚지 않도록 철저한 대비책을 마련해야 할 것이다.  한국경제 2004. 5. 1

## ZOOM Ⅰ ≫ 한자 엿보기

| ① | 景 | 볕 경 |  | 縮 | 줄일 축 |  | 波 | 물결 파 |  | 依 | 의지할 의 |  | 測 | 헤아릴 측 |
|---|---|------|---|---|--------|---|---|---------|-----|---|-----------|-----|---|-----------|
|   | 氣 | 기운 기 |  | 軟 | 연할 연 |  | 長 | 긴 장 | ⑩ | 存 | 있을 존 | ⑬ | 事 | 일 사 |
| ② | 衝 | 찌를 충 | ⑤ | 着 | 붙을 착 |  | 最 | 가장 최 |  | 度 | 법도 도 |  | 態 | 모습 태 |
|   | 擊 | 칠 격 |  | 陸 | 뭍 륙 | ⑧ | 小 | 작을 소 |  | 多 | 많을 다 | ⑭ | 推 | 밀 추 |
| ③ | 過 | 지날 과 |  | 原 | 언덕 원 |  | 化 | 될 화 | ⑪ | 邊 | 가 변 |  | 移 | 옮길 이 |
|   | 敏 | 민첩할 민 | ⑥ | 資 | 재물 자 | ⑨ | 契 | 맺을 계 |  | 化 | 될 화 | ⑮ | 差 | 다를 차 |
| ④ | 緊 | 긴할 긴 |  | 材 | 재목 재 |  | 機 | 틀 기 | ⑫ | 豫 | 미리 예 |  | 跌 | 넘어질 질 |

## ZOOM Ⅱ ≫ 응용한자 알아보기

①景氣(경기) : 매매나 거래 등에 나타나는 호황(好況)불황(不況) 등 경제 활동의 상태.
*競技(경기) : 競[다툴 경] 技[재주 기]
　　일정한 규칙 아래 기량과 기술을 겨루어 승부를 가리는 일. 특히, 운동 경기를 가리킴.

❖ 소비경기 (消費景氣) : 消[사라질 소] 費[쓸 비]
소비자의 소비 활동이 활발해짐으로써 생기는 경기 상황.
❖ 경기순환 (景氣循環) : 循[돌 순] 環[고리 환]
경제 활동이 경기 상승, 호황, 후퇴, 불황의 상황을 주기적으로 되풀이하며 반복되는 것을 말함.
❖ 경기예측(景氣豫測) : 豫[미리 예] 測[헤아릴 측]
경기순환에 관한 객관적인 자료를 바탕으로, 과거와 현재의 움직임을 분석하여 앞으로의 변동을 내

한자능력검정시험 3급 기출
– 景氣[경기](9회 61번) – 衝擊[충격](16회 22번, 24회 11번) – 緊縮[긴축](20회 30번) – 依存[의존](8회 2번, 9회 1번)

다보는 것.

❖ **경기회복(景氣回復)** : 回[돌아올 회] 復[회복할 복]

경기변동 중, 불경기에서 호경기로 들어서는 과정임.

④ **緊縮**(긴축) : 재정상에 있어서 지출을 줄이는 것.

❖ **긴축재정(緊縮財政)** : 財[재물 재] 政[정사 정]

국가 재력을 강화하고 인플레이션을 억제하기 위하여 예산 규모를 축소시킨 재정.

❖ **긴축예산(緊縮豫算)** : 豫[미리 예] 算[셈 산]

경비를 절약하여 규모를 될 수 있는 한 압축한 예산.

⑥ **原資材**(원자재) : 공업 생산의 원료가 되는 원유, 석탄 따위의 자재.

　＊ **自在(자재)** : 自[스스로 자] 在[있을 재]

　　　구속과 방해가 없이 제 스스로 존재함.

❖ **기자재(機資材)** : 機[틀 기]

기구, 기계, 재료 등을 통틀어 일컫는 말.

❖ **자재난(資材難)** : 難[어려울 난]

자재를 구하기 어려운 상태.

⑪ **多邊化**(다변화) : 방법이나 양상이 다원적으로 복잡해지는 것.

　＊**變化(변화)** : 變[변할 변] 化[될 화]

　　　모양, 성질, 상태 등이 바뀌어 달라짐.

❖ **다재다능(多才多能)** : 才[재주 재] 能[능할 능]

재주와 능력이 많음.

❖ **다다익선(多多益善)** : 益[더할 익] 善[착할 선]

많으면 많을수록 좋다.

⑬ **事態**(사태) : 일이 되어 가는 상황. 벌어진 일의 상태.

　＊**沙汰(사태)** : 沙[모래 사] 汰[씻을 태]

　　　언덕이나 산비탈이 무너져 내려앉는 일.

❖ **긴급사태(緊急事態)** : 緊[긴할 긴] 急[급할 급]

대규모의 재해, 소란 등과 같이 수습에 긴급을 요하는 사태.

❖ **비상사태(非常事態)** : 非[아닐 비] 常[떳떳할 상]

심상치 않은 사태.

---

## ZOOM Ⅲ » 시사 흐름잡기

### 중국 경제

#### ■ 2004년 중국경제 현황

2003년 중국은 사스(SARS)가 확산되고, 세계경기가 침체된 가운데서도 약 8%대의 高성장을 이루는 호황을 지속했었다. 중국경제가 급부상하자 미국, 일본을 비롯한 선진국들의 견제가 심해지고, 특히 무역수지 불균형이 심화되면서 위안화(중국 화폐단위)를 평가절상(환율 인하)하도록 압력을 받고 있는 중이다.

2004년 4월 28일에는 원자바오 중국 국무원 총리가 중국경제의 과열을 우려하여 긴축정책을 쓸 것임을 시사하면서 '중국 경제 쇼크'로 받아들일 정도로 전 세계가 충격에 휩싸이기도 했다. 중국 정부는 지나친 고성장과 경기과열로 인한 부작용을 최소화하기 위하여 경기안정화 정책을 바탕으로 연착륙을 시도하고 있다.

#### ■ 중국경제의 최근 이슈 [위안화 평가절상]

❖ 위안화의 평가절상은 환율의 인하를 뜻하는 것으로 긍정적, 부정적 효과가 동시에 존재한다.

❖ 중국입장에서 볼 때, 물가가 안정될 수 있고, 수입가격이 하락하는 등의 긍정적인 효과가 있다. 그러나 수출경쟁력의 저하, 외국인 투자 감소, 실업의 증대 등의 부정적인 효과도 있다.

❖ 중국정부는 부정적인 효과가 더 클 것으로 판단하고 위안화 평가절상을 하지 않으려는 입장을 고수하고 있다.

❖ 한국경제에는 단기적으로는 이득이 많지만 장기적으로는 손실이 더 많다고 할 수 있다. 왜냐하면 단기적인 평가절상은 한국의 수출경쟁력을 강화시킬 수 있으므로 긍정적인 영향을 미치지만, 장기적으로는 중국의 성장을 둔화시키고 중국으로의 수출수요가 감소할 수 있으므로 중국의 무역의존도가 높은 한국에게 악영향을 미칠 수 있다.

#### ■ 한국경제가 가야할 길

❖ 중국경제의 부상을 인접국인 한국으로서는 위기탈출의 기회로 인식해야 한다.

❖ 중국과 함께 성장할 수 있는 Win-Win전략으로 정책의 틀을 잡아야 한다.

❖ 중국의 풍부한 자원과 노동력을 따라잡을 수 없으므로 기술력을 바탕으로 한 고부가가치 산업을 집중적으로 육성하여 경쟁력을 강화해야 한다.

❖ 그러나 중국에 대한 수출의존도(공산품 수출의 69%가 중국)가 지나치게 높으므로, 수출 루트의 다변화가 요구된다.

---

**TIP** 후진타오 정부의 『1234 계획』

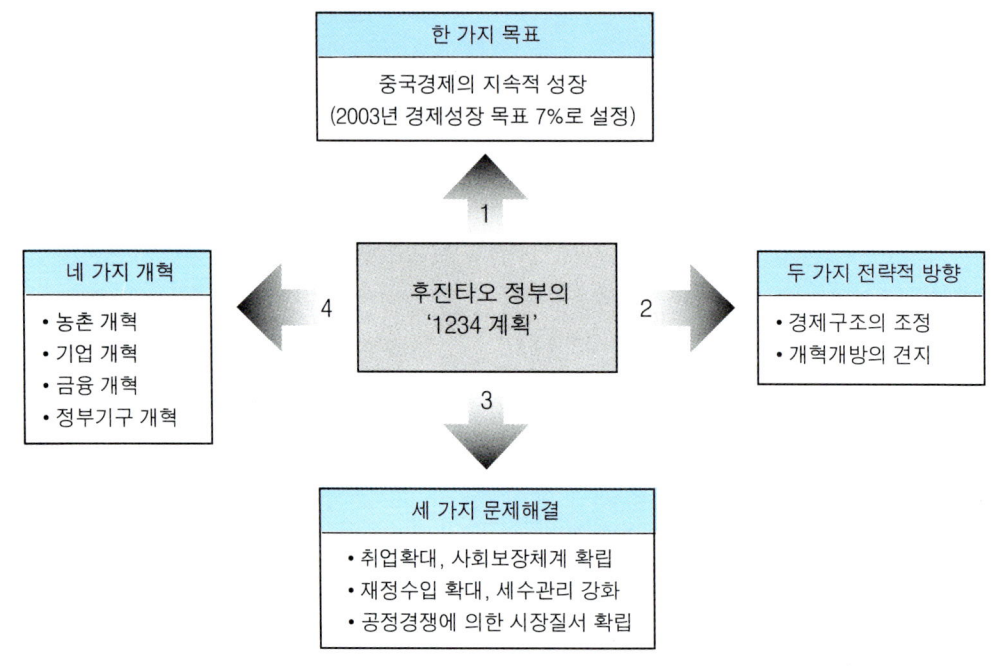

한 가지 목표

중국경제의 지속적 성장
(2003년 경제성장 목표 7%로 설정)

1

후진타오 정부의
'1234 계획'

2

두 가지 전략적 방향

• 경제구조의 조정
• 개혁개방의 견지

4

네 가지 개혁

• 농촌 개혁
• 기업 개혁
• 금융 개혁
• 정부기구 개혁

3

세 가지 문제해결

• 취업확대, 사회보장체계 확립
• 재정수입 확대, 세수관리 강화
• 공정경쟁에 의한 시장질서 확립

경영·경제

## Chapter ❹

# '트리플 A' 도요타의 교훈

경영·경제

> ※ 한자 Zoom In
> 優良(우량) 罷業(파업) 危機感(위기감) 引受合竝(인수·합병) 不渡(부도)
> ※ 시사 Zoom In
> TPS 가이젠운동 JIT System 표준운영절차 변혁형 인재 사회윤리경영

도요타 자동차는 최근 일본 기업으로는 유일하게 신용평가사 무디스에서 최고 신용등급(트리플A)을 받았다. 트리플A(Aaa)는 그야말로 나무랄데 없을 정도로 신용상태가 좋은 기업에만 주어지는 최고의 ①榮譽(영예)라 할 수 있다. 미국의 수많은 ②優良(우량)기업 가운데서도 트리플A를 받은 곳은 열 손가락 안에 꼽을 정도다. 우리나라 자동차업체들은 감히 넘보기조차 어려운 것이기에 도요타의 영예가 더욱 부럽다.

도요타가 세계적인 초우량기업으로 공인받게된 데는 1953년 이후 반세기 동안 단 한번도 분규가 없을 정도로 잘 다져진 노사간 ③信賴(신뢰)와 ④協力(협력)의 문화가 굳건한 바탕이 됐다. 도요타는 이를 바탕으로 ⑤效率的(효율적)인 생산시스템을 ⑥構築(구축)하고 품질 향상을 이뤄 무서운 기세로 미국 '빅3'가 차지하고 있던 시장을 ⑦蠶食(잠식)하고 있으며 지난 3월에 끝난 2002 회계연도에는 일본 기업 사상 최대의 순익(9,446억엔)을 올렸다.

이 시점에서 도요타의 질주가 더욱 두렵게 느껴지는 까닭은 해마다 노사분규로 생산 라인이 멈춰 서는 국내 한 자동차업체의 안타까운 현실을 보고 있기 때문이다. 회사가 사상 최대 이익을 냈는데도 기본급 ⑧凍結(동결)이라는 결단을 내린 도요타 근로자들과 생산차질로 조 단위의 피해가 발생해도 연례행사처럼 ⑨罷業(파업)을 되풀이하는 현대자동차 노조가 너무나 대조적이기 때문이다. 우리 자동차업체들은 지금이라도 도요타의 노사협력과 신뢰의 문화를 본받아야 한다.

근로자들이 애사심을 바탕으로 생산현장의 문제 해결에 자발적으로 나서는 가이젠(改善)운동이나 "직원의 행복을 생각하지 않는 경영자는 기술자일 뿐"이라는 오쿠다 히로시 회장의 경영철학은 모든 기업에 ⑩龜鑑(귀감)이 되고 있다. 여름 휴가 때 임직원이 선상에서 함께 생활하며 세미나를 열거나 사장을 비롯한 최고경영진과 중간간부 현장근로자 대표가 마주앉아 회사 ⑪懸案(현안)에 관해 대화하는 도요타의 ⑫傳統(전통)

> **한자능력검정시험 2급 기출**
> – 優[우]16회 75번 – 株[주]4회 145번 – 偉[위](25회 93번) – 如[여](25회 122번) – 構築[구축](25회 89번)

은 우리 기업들도 본받아야 할 것들이다.

도요타의 경영진과 근로자들은 언제나 ⑬危機感(위기감)을 갖고 일한다. 도요타와 같은 초우량기업이 언제 ⑭引受合竝(인수·합병) 당할지도 모른다는 위기감을 갖고 일한다면 믿기지 않겠지만 그들은 늘 그런 자세로 일한다고 한다.

그러나 우리 자동차업체에서는 이런 위기의식을 찾아보기 어렵다. 회사가 생산과 수출 차질로 얼마나 피해를 보는지, 얼마나 많은 협력업체가 ⑮不渡(부도) 위기에 몰리는지 아랑곳하지 않는 근로자들이 있는 한 도요타의 성공은 먼 나라의 이야기일 뿐이다.　　　매일경제 2003. 8. 6

## ZOOM Ⅰ » 한자 엿보기

| | | | | | | | | | | | |
|---|---|---|---|---|---|---|---|---|---|---|---|
| ① | 榮 영화 영 | | 力 힘 력 | | 食 먹을 식 | ⑪ | 懸 달 현 | | 引 끌 인 | | |
| | 譽 기릴 예 | | 效 본받을 효 | ⑧ | 凍 얼 동 | | 案 책상 안 | ⑭ | 受 받을 수 | | |
| ② | 優 넉넉할 우 | ⑤ | 率 비율 률 | | 結 맺을 결 | ⑫ | 傳 전할 전 | | 合 합할 합 | | |
| | 良 어질 량 | | 的 과녁 적 | ⑨ | 罷 마칠 파 | | 統 거느릴 통 | | 竝 나란히 병 | | |
| ③ | 信 믿을 신 | ⑥ | 構 얽을 구 | | 業 업 업 | ⑬ | 危 위태할 위 | ⑮ | 不 아닐 부 | | |
| | 賴 의뢰할 뢰 | | 築 쌓을 축 | ⑩ | 龜 거북 귀 | | 機 틀 기 | | 渡 건널 도 | | |
| ④ | 協 도울 협 | ⑦ | 蠶 누에 잠 | | 鑑 거울 감 | | 感 느낄 감 | | | | |

## ZOOM Ⅱ » 응용한자 알아보기

② 優良(우량) : 뛰어나게 좋은 것.
　＊雨量(우량) : 雨[비 우] 量[헤아릴 량]
　　비가 내린 양.

❖ 우량주(優良株) : 株[그루 주]
경영 실적이 우수하고, 수익과 배당이 높은 일류 회사의 주식. 블루 칩(blue chip)이라고 함.

❖ 우량아(優良兒) : 兒[아이 아]

한자능력검정시험 3급 기출
– 榮譽[영예](17회 92번, 22회 14번, 26회 1번) – 信賴[신뢰](7회 19번) – 構築[구축](14회 40번, 16회 11번) – 罷業[파업](13회 6번, 19회 43번) –傳統[전통](8회 101번)

발육 상태가 양호한 유아.

⑨ 罷業(파업) : 근로자가 노동조건을 개선하기 위해 단결하여 하던 일을 중지하는 것. 동맹파업의 준말임.

❖ 파업권(罷業權) : 權[권세 권]
사용자와 노동자 사이에 임금이나 근무 조건에 관해 의견의 차이가 있을 때, 그 요구를 관철시키기 위하여 노동자가 파업을 행할 수 있는 권리.
❖ 전면파업(全面罷業) : 全[온전 전] 面[낯 면]
노동조합원 전체가 벌이는 파업.

⑬ 危機感(위기감) : 위기에 처해 있다는 느낌.
＊偉器(위기) : 偉[클 위] 器[그릇 기]
훌륭하고 뛰어난 인재.

❖ 위기일발(危機一髮) : 一[한 일] 髮[터럭 발]
머리카락 하나로 물건을 끌어당긴다는 뜻으로, 금방 끊어질 듯한 절박한 순간을 비유해서 이르는 말.
❖ 위여일발(危如一髮) : 如[같을 여] 一[한 일] 髮[터럭 발]
아주 급한 순간.

⑭ 引受合竝(인수·합병) : 물건이나 권리를 넘겨받는다는 뜻의 引受와 둘 이상의 기관을 하나로 합친다는 뜻의 合竝의 합성어이다.
＊引水(인수) : 引[끌 인] 水[물 수]
물을 끌어다 댐; 我田引水(자기 논에만 물을 끌어넣음)
＊合併(합병) : 合[합할 합] 倂[아우를 병]
둘 이상의 기관을 하나로 합침.

주의 : 둘 이상의 기관이 대등한 입장에서 하나로 합쳐질 때에는 合倂을 쓰고, 한 쪽이 우세한 상황에서 하나로 합쳐질 때에는 合竝을 쓴다.

❖ 백지인수(白紙引受) : 白[흰 백] 紙[종이 지]
백지 어음을 넘겨받는 일.
❖ 소송인수(訴訟引受) : 訴[호소할 소] 訟[송사할 송]
소송 당사자가 아닌 제삼자가 대신하여 소송을 계속 진행하는 일.

⑮ **不渡**(부도) : 수표나 어음의 발행 액수보다 예금 액수가 부족하여 그 지급을 받지 못하게 되는 일.

  * **不道**(부도) : 不[아닐 부] 道[길 도]

    도리를 어기는 일; 大逆不道(대역으로 사람의 도리에 크게 어긋남)

❖ **부도수표(不渡手票)** : 手[손 수] 票[표 표]

  부도가 난 수표.

---

## **ZOOM Ⅲ»** 시사 흐름잡기

### 도요다(Toyota) 경영

#### ■ 도요타의 소개

  도요타는 2003년 순이익 규모가 99억 6천만 달러로 세계7위에 이르는 일본의 대표적인 글로벌 자동차회사이다. 도요타는 일본이 장기적인 불황의 늪에서 허덕이던 지난 20년간 12회에 걸쳐서 일본 내 수익 랭킹 1위를 차지하였으며, 1953년 이후 반세기 동안 단 한 번의 노사분규도 발생하지 않은 기업으로 유명하다. 도요타의 뛰어난 경영성과와 잘 다져진 노사간 신뢰와 협력의 문화가 알려지면서 최근에는 도요타의 독특한 경영방식을 배우려는 기업들이 늘어가고 있다. 국내에서는 수입차 부분에서 BMW와 1-2위를 다투는 렉서스(LEXUS) 시리즈로 잘 알려져 있다.

#### ■ 도요타의 생산 시스템(TPS : Toyota Production System)

  TPS란 도요타에서 창안한 생산혁신 시스템으로서 생산과정에서 발생할 수 있는 각종 낭비요소들을 제거하자는 것이다. TPS의 기본 바탕에는 「이기기 위한 개선」을 위해서 끊임없이 문제점을 발견하고, 고쳐야 한다는 "가이젠(改善 : 개선) 운동"이 전제되어 있다.

  TPS의 핵심은 JIT(Just In Time) System과 표준운영절차이다. JIT는 필요한 것을 필요한 때에 필요한 만큼만 협력업체로부터 부품을 공급받아서 제품을 생산하여 재고량을 거의 제로에 가깝게 유지하는 것이다. 표준운영절차는 생산 라인을 간단하게 유지하고, 이를 표준화하여 불량이 없는 고품질의 제품을 생산할 수 있도록 하는 것이다.

  이를 바탕으로 도요타는 기존의 컨베이어 벨트식 생산 라인에서 린(lean)방식으로 바꾸고, 한 가지 일만 단순 반복하던 기능공들을 최소 2~3가지 일을 동시에 할 수 있는 멀티플레이어 숙련공들로 교육시켜서 다품종 소량생산체제를 실현하고 있다.

■ 도요타의 임금제도

　도요타는 1999년 사무·기술직을 대상으로 연공서열형 임금제도를 폐지하고 업무내용과 숙련도에 따라 임금을 차등하고 있으며, 2005년부터는 생산직 근로자에 대해서도 이를 적용하여 전사원의 성과급 전환을 이루게 되었다.

■ 도요타의 성공요인

❖ 도요타는 회사가 끊임없이 변화하지 않으면 언제 위기가 닥칠지 모른다는 위기의식을 경영진과 전사원들이 공유하고 있다.

❖ 직원들의 자발적이고 적극적인 문제해결 능력을 바탕으로 끊임없이 "가이젠(改善 : 개선) 운동"을 펼치고 있다.

❖ 항상 고객의 관점에서 일이 진행되며, 고객의 개념에는 외부고객 뿐만 아니라 내부고객(종업원)도 포함되어 있다. 이것이 지난 53년간 노사분규가 없었던 밑거름이 되었다.

❖ 변혁형 인재를 키울 수 있는 조직의 개편을 계속하였고, 조직원들에게 경영 마인드를 키울 수 있도록 유도하여 이를 도요타 기업의 DNA로 발전시켰다.

❖ 도요타의 지속적인 혁신을 위해서 하드웨어(가이젠 운동, TPS, 성과급제)적인 개혁과 소프트웨어(조직개편, 지속적인 인적자원 개발 및 교육)적인 개혁을 동시에 추구하였다.

❖ 위기의식을 바탕으로 현재보다는 미래를 위한 적극적인 투자를 하고 있다. 친환경적인 하이브리드 차를 개발하기 위해 투자를 아끼지 않았고, 공익을 생각하는 사회윤리경영에도 앞장서고 있다.

## Chapter ❺ 방카슈랑스 시대의 개막

경영·경제

> ※ 한자 Zoom In
>   金融(금융) 名實共(명실공) 手數料(수수료) 販賣提携(판매제휴) 保有資金(보유자금)
> ※ 시사 Zoom In
>   방카슈랑스 금융겸업화 업무의 다각화 금융지주회사

은행과 증권사 및 상호저축은행 등 ① 金融(금융)기관이 보험회사의 ② 代理店(대리점) 자격으로 ③ 保險(보험)상품을 판매하는 방카슈랑스 시대가 1일부터 ④ 開幕(개막)됐다. 이로써 ⑤ 銀行(은행)과 ⑥ 證券(증권) 그리고 보험의 금융영역이 허물어져 ⑦ 名實共(명실공)히 금융산업의 ⑧ 兼業化(겸업화)가 ⑨ 加速(가속)화될 전망이다.

방카슈랑스 시대가 ⑩ 定着(정착)되면 모집인 중심의 보험판매채널이 개선된다. 기존 보험사 이외에 은행과 증권사의 7000여개 지점이 보험대리점 자격으로 보험 상품을 판매하기 때문이다. 국민들은 가까운 금융기관에서 자신들의 욕구에 맞게 다양하고 저렴하게 보험에 가입할 수 있게 된다.

특히 은행이라는 새로운 대형 판매망이 등장함에 따라 설계사와 대리점에 지급되는 ⑪ 手數料(수수료)가 절감되는 등 보험료가 인하되는 긍정적인 효과가 일어날 것으로 기대된다. 벌써부터 보험료가 종전에 비해 5% 정도 저렴해질 것으로 예상되고 있다.

금융산업의 겸업화는 세계적 추세다. 그것은 금융기관의 경쟁력을 강화시킴과 동시에 금융 이용자의 편익을 극대화시키기 때문이다. 금융기관은 업무영역의 ⑫ 多角(다각)화로 위험을 최소화하고 수익을 증대시킬 수 있다. 고객들은 한 금융기관에서 은행과 증권 그리고 보험이라는 다양한 금융상품을 편리하게 선택할 수 있게 된다.

그러나 금융산업의 겸업화가 정착되기까지는 그 부작용 또한 클 것이다. 가까운 금융기관을 편리하게 이용할 수 있게 됨으로써 기존 보험회사의 모집인들이 대량 실직하게 되고 대리점도 폐쇄되는 일이 속출할 것이다.

그리고 대형 판매망을 가진 은행과 ⑬ 販賣提携(판매제휴)가 어려운 중소형 보험사들은 ⑭ 不實(부실)화될 우려가 높아진다. 가뜩이나 보험업계가 어려운데 보험업계의 구조조정이 예고되는 등 금융산업은 또 한번 대격변기를 맞게 되는 것이다.

> **한자능력검정시험 2급 기출**
> – 保[보](22회 120번) – 證[증](8회 122번) – 共[공](6회 98번) – 速[속](25회 115번) – 着[착](20회 98번) – 角[각](24회 98번)

또한 은행들은 대규모 ⑮保有資金(보유자금)을 무기로 대출 등과 연계하여 보험상품을 끼워 파는 등 불공정 모집행위를 할 우려도 있다. 초기에는 은행과 기존 보험회사간 경쟁도 치열할 것이다.

첨예한 경쟁을 우려해서인지 금융당국이 아직도 '보험업 감독규정'을 마련하지 못해 은행들이 당초 예정된 방카슈랑스 영업을 전면 개시하지 못하고 있는 것은 감독당국의 준비소홀이란 비난을 면키 어렵다. 금융당국은 방카슈랑스 제도가 제대로 정착돼 금융기관의 경쟁력이 높아지고 금융 이용자의 편익도 증대되도록 시행에 만전을 기해 주기 바란다.

파이낸셜 뉴스 2003. 9. 1

## ZOOM I » 한자 엿보기

| | | | | | | | | | | | | |
|---|---|---|---|---|---|---|---|---|---|---|---|---|
| ① | 金 쇠 금 | | 幕 장막 막 | | 兼 겸할 겸 | ⑪ | 數 셈 수 | ⑭ | 不 아닐 부 |
| | 融 녹을 융 | ⑤ | 銀 은 은 | ⑧ | 業 업 업 | | 料 헤아릴 료 | | 實 열매 실 |
| | 代 대신 대 | | 行 다닐 행 | | 化 될 화 | ⑫ | 多 많을 다 | | 保 지킬 보 |
| ② | 理 다스릴 리 | ⑥ | 證 증거 증 | ⑨ | 加 더할 가 | | 角 뿔 각 | ⑮ | 有 있을 유 |
| | 店 가게 점 | | 券 문서 권 | | 速 빠를 속 | | 販 팔 판 | | 資 재물 자 |
| ③ | 保 지킬 보 | | 名 이름 명 | ⑩ | 定 정할 정 | ⑬ | 賣 팔 매 | | 金 쇠 금 |
| | 險 험할 험 | ⑦ | 實 열매 실 | | 着 붙을 착 | | 提 끌 제 | | |
| ④ | 開 열 개 | | 共 한가지 공 | | 手 손 수 | | 携 가질 휴 | | |

## ZOOM II » 응용한자 알아보기

① 金融(금융) : 신용을 바탕으로 자금을 빌려 주고 빌려 쓰는 거래. 돈의 융통.

❖ 금융감독원(金融監督院) : 監[볼 감] 督[감독할 독] 院[집 원]
금융기관을 감독하는 기관.
❖ 금융경색(金融梗塞) : 梗[대개 경] 塞[막힐 색]
금융시장에서 자금의 융통이 잘 되지 않는 상황.

한자능력검정시험 3급 기출
- 保險[보험](9회 10번) - 提携[제휴](6회 36번) - 促進[촉진](7회 43번) - 割賦[할부](22회 16번)

❖ **금융공황(金融恐慌)** : 恐[두려울 공] 慌[다급할 황]

신용의 붕괴가 원인이 되어 금융기관의 파산과 금융시장 전체의 혼란이 가중되는 것.

❖ **금융실명제(金融實名制)** : 實[열매 실] 名[이름 명] 制[절제할 제]

지하경제의 양성화를 위하여 금융거래를 실제 이름으로 하도록 의무화하는 제도.

---

⑦ **名實共**(명실공) : 이름과 실제가 같다. 소문과 사실이 다 같음을 의미.

---

❖ **명실상부(名實相符)** : 相[서로 상] 符[부호 부]

이름과 실상이 서로 꼭 들어맞음.

---

⑪ **手數料**(수수료) : 어떤 일을 맡아 처리해 준 데 대한 보수.

＊**收受**(수수) : 收[거둘 수] 受[받을 수]

거두어서 받음. 형법상 장물죄를 구성할 수 있는 요건이 됨.

＊**授受**(수수) : 授[줄 수] 受[받을 수]

주고 받음.

---

❖ **입수(入手)** : 入[들 입]

손에 넣음.

❖ **박수(拍手)** : 拍[칠 박]

두 손뼉을 두드리는 행위.

---

⑬ **販賣提携**(판매제휴) : 상품을 파는 데 있어서 서로에게 득이 될 수 있도록 도움.

---

❖ **판매촉진(販賣促進)** : 促[재촉할 촉] 進[나아갈 진]

판매가 늘어날 수 있도록 수요를 자극하는 여러 가지 방법들.

❖ **할부판매(割賦販賣)** : 割[벨 할] 賦[부세 부]

물건은 미리 주고 값은 여러 번에 나누어 내도록 하는 판매 방식.

❖ **총판매(總販賣)** : 總[거느릴 총]

어떤 상품을 도거리로 도맡아 팖. 줄여서 총판이라고도 함.

---

⑮ **保有資金**(보유자금) : 지니고 있는 자본금.

＊**自今**(자금) : 自[스스로 자] 今[이제 금]

이제부터의.

❖ 자금동결(資金凍結) : 凍[얼 동] 結[맺을 결]

자금의 처분이나 이동을 극도로 제한하는 조치.

❖ 정치자금(政治資金) : 政[정사 정] 治[다스릴 치]

정당이나 정치단체를 운영하는 등의 정치활동에 필요한 자금.

❖ 회전자금(回轉資金) : 回[돌아올 회] 轉[구를 전]

사업운영에 있어서 경비로 쓰이는 자금. 투자되었다가 다시 회수되는 자금.

**ZOOM Ⅲ ≫ 시사 흐름잡기**

## 방카슈랑스 (bancassurance)

### ■ 방카슈랑스란

방카슈랑스(bancassurance)란 은행을 뜻하는 banque와 보험을 뜻하는 assurance의 합성어로서, 일반적으로 은행, 증권사, 상호저축은행 등의 금융기관들이 보험회사의 대리점 자격으로 보험상품을 판매하는 것을 말하며, 금융겸업화를 대표하는 의미로 사용된다.

### ■ 방카슈랑스 도입의 필요성

❖ 현재 금융겸업화는 전 세계적인 추세이므로 그 흐름을 같이 할 수 있다.

❖ 업무의 다각화를 통해서 위험을 최소화하고, 기존의 은행 업무로 인한 수익 이외에 다양한 수익모델(비이자 수익의 증대)을 만들어낼 수 있다.

❖ 고객에게 one-stop service를 바탕으로 한 종합적인 금융 서비스를 제공해 줄 수 있고, 실질적인 financial planning을 제공할 수 있기 때문에 고객의 니즈를 충족시켜 줄 수 있다.

❖ 경쟁력 있는 금융기관만이 살아남을 수 있는 환경이 조성됨으로써 실질적인 구조조정이 이루어질 수 있다.

### ■ 방카슈랑스 도입 현황

2003년 1월에 방카슈랑스의 도입이 확정된 후 2003년 9월부터 시중은행에서 보험상품을 판매하기 시작했다. 현재는 모든 보험상품을 은행에서 구입할 수는 없지만 단계적으로 판매영역이 확대되어서 2007년 4월 이후에는 은행에서 모든 보험상품을 구입할 수 있게 된다.

### ■ 방카슈랑스 도입으로 인한 영향

| 은행업계 | 보험업계 |
|---|---|
| ☞ 대형은행을 중심으로 한 금융지주회사의 설립이 가속화될 수 있다.<br>☞ 방카슈랑스의 경험이 있는 대형 외국계 금융기관의 활발한 진출이 예상된다.<br>☞ 금융 산업내에서 은행의 영향력이 커지게 된다.<br>☞ 위험이 최소화되고 수익성이 증대된다. | ☞ 기존의 보험모집인을 통한 영업이 어려워지면서 보험사들이 위협을 받고 있다.<br>☞ 은행과 제휴하지 못한 중·소형 보험사들의 부실이 우려되고, 이로인한 추가적인 구조조정이 이루어질 수 있다.<br>☞ 기존 보험모집인들의 대량 실직이 우려된다. |

# [가로-세로열쇠로 복습하기]

※ 한글로 가로-세로 열쇠를 채워봅시다.

| 1 | | | | | 2 | 3 | | | | | | 4 |
|---|---|---|---|---|---|---|---|---|---|---|---|---|
| | | | | 5 | | | | | | | | |
| 6 | | 7 | | | | | | | | | 8 | |
| | | | | | 9 | | | | 10 | | | |
| | | 11 | 12 | | | | | | | | | |
| | | 13 | | | | | | | | | | 14 |
| | | | | | | 15 | 16 | | | 17 | | |
| 18 | | | 19 | | | | | | 20 | | 21 | |
| | | | | | | | 22 | | | | | |
| 23 | | | | | | | | | | | | |
| | | | | | | | | | | | | |
| 24 | | | | | | | | | | 25 | 26 | |
| | | | 27 | | | | | | | | | |

[주] 본서의 가로-세로 열쇠로 복습하기는 앞에서 공부한 범위 내의 한자만을 사용하여 퍼즐 형식을 빌어 구성했으므로 간혹 연결이 끊어지는 부분이 있을 수 있음을 알려 드리며 독자제현의 양지를 바랍니다.

## 가로 열쇠

2. 모든 문제를 흑이 아니면 백, 선이 아니면 악이라는 두 가지로만 구분하고 이외의 것을 인정하지 않으려 하는 편협한 사고 논리.

5. 국토 이용 관리법에 따라 도시지역, 공업지역, 문화재 보전지역 등으로 지정되지 않은 지역.

6. 경기변동 중에서 불경기에서 호경기로 들어서는 과정.

9. 둘 이상의 기관을 하나로 합침으로써 그 권리를 넘겨받는 것.

10. 노동조합원 전체가 벌이는 파업 / ~에 돌입하다.

11. 자금의 처분이나 이동을 극도로 제한하는 조치.

13. 금융시장에서 자금의 융통이 잘 되지 않는 상황.

16. 일이 매우 중대하고 깊음 / ~사태가 발생하다.

19. 이름과 실상이 서로 꼭 들어맞음.

20. 부도가 난 수표.

22. 객관적인 자료를 바탕으로, 과거와 현재의 움직임을 분석하여 앞으로의 변동을 내다보는 것.

23. 나라의 경제(經濟)가 무역에 의존하여 있는 정도를 비율로써 나타낸 지표.

24. 기구, 기계, 재료 등을 통틀어 일컫는 말.

25. 개인이나 가정, 국가 등의 경제 상태 / ~상태가 부실하다.

27. 국교를 맺지 않은 나라에 상주(常駐)하여 통상에 관련된 외교 업무를 전담하는 재외 공관.

1. 소비자의 소비 활동이 활발해짐으로써 생기는 경기 상황.

3. 백지 어음을 넘겨받는 일.

4. 표면적으로는 직업에 종사하고 있으나, 원하는 직업에 취직하지 못하여 어쩔 수 없이 다른 직종에 종사하는 상태.

7. 사업운영에 있어서 경비로 쓰이는 자금. 투자되었다가 다시 회수되는 자금.

8. 되풀이해서는 안 되는 사건을 통해서 가르침을 얻음을 이르는 말.

12. 지하경제의 양성화를 위하여 금융거래를 실제 이름으로 하도록 의무화하는 제도.

14. 특정한 입후보자나 정당에 투표될 것으로 확정지을 수 없는 변화 가능성이 많은 표.

15. 회사가 금융기관으로부터 신용대출을 받으려고 할 때, 판단을 위해서 회사가 금융기관에 제출하는 대차대조표.

16. 경비를 절약하여 규모를 될 수 있는 한 압축한 예산.

17. 두 손뼉을 두드리는 행위.

18. 전 세계 125개국이 참여하여 결성된 세계적 규모의 경제 기구. 세계적인 무역 분쟁을 조정하고 반덤핑을 규제하는 등의 역할을 함.

21. 어떤 일을 맡아 처리해 준 데 대한 보수.

26. 국가 권력을 획득하고 유지하며 행하기 위하여 벌이는 여러 가지 활동 / ~활동, ~권력.

※ 한자로 가로-세로 열쇠를 채워봅시다.

| | 1 | | | | | 2 | 3 | | | | | 4 |
|---|---|---|---|---|---|---|---|---|---|---|---|---|
| | | | | | 5 | | | | | | | |
| | 6 | | 7 | | | | | | | 8 | | |
| | | | | | 9 | | | | 10 | | | |
| | | 11 | 12 | | | | | | | | | |
| | | 13 | | | | | | | | | 14 | |
| | | | | | | 15 | 16 | | | 17 | | |
| | 18 | | 19 | | | | | | 20 | 21 | | |
| | | | | | | | | 22 | | | | |
| | 23 | | | | | | | | | | | |
| | | | | | | | | | | | | |
| | 24 | | | | | | | | | | 25 | 26 |
| | | | | 27 | | | | | | | | |

2. 모든 문제를 흑이 아니면 백, 선이 아니면 악이라는 두 가지로만 구분하고 이외의 것을 인정하지 않으려 하는 편협한 사고 논리.

5. 국토 이용 관리법에 따라 도시지역, 공업지역, 문화재 보전지역 등으로 지정되지 않은 지역.

6. 경기변동 중에서 불경기에서 호경기로 들어서는 과정.

9. 둘 이상의 기관을 하나로 합침으로써 그 권리를 넘겨받는 것.

10. 노동조합원 전체가 벌이는 파업 / ~에 돌입하다.

11. 자금의 처분이나 이동을 극도로 제한하는 조치.

13. 금융시장에서 자금의 융통이 잘 되지 않는 상황.

16. 일이 매우 중대하고 깊음 / ~사태가 발생하다.

19. 이름과 실상이 서로 꼭 들어맞음.

20. 부도가 난 수표.

22. 객관적인 자료를 바탕으로, 과거와 현재의 움직임을 분석하여 앞으로의 변동을 내다보는 것.

23. 나라의 경제(經濟)가 무역에 의존하여 있는 정도를 비율로써 나타낸 지표.

24. 기구, 기계, 재료 등을 통틀어 일컫는 말.

25. 개인이나 가정, 국가 등의 경제 상태 / ~상태가 부실하다.

27. 국교를 맺지 않은 나라에 상주(常駐)하여 통상에 관련된 외교 업무를 전담하는 재외 공관.

1. 소비자의 소비 활동이 활발해짐으로써 생기는 경기 상황.

3. 백지 어음을 넘겨받는 일.

4. 표면적으로는 직업에 종사하고 있으나, 원하는 직업에 취직하지 못하여 어쩔 수 없이 다른 직종에 종사하는 상태.

7. 사업운영에 있어서 경비로 쓰이는 자금. 투자되었다가 다시 회수되는 자금.

8. 되풀이해서는 안 되는 사건을 통해서 가르침을 얻음을 이르는 말.

12. 지하경제의 양성화를 위하여 금융거래를 실제 이름으로 하도록 의무화하는 제도.

14. 특정한 입후보자나 정당에 투표될 것으로 확정지을 수 없는 변화 가능성이 많은 표.

15. 회사가 금융기관으로부터 신용대출을 받으려고 할 때, 판단을 위해서 회사가 금융기관에 제출하는 대차대조표.

16. 경비를 절약하여 규모를 될 수 있는 한 압축한 예산.

17. 두 손뼉을 두드리는 행위.

18. 전 세계 125개국이 참여하여 결성된 세계적 규모의 경제 기구. 세계적인 무역 분쟁을 조정하고 반덤핑을 규제하는 등의 역할을 함.

21. 어떤 일을 맡아 처리해준 데 대한 보수.

26. 국가 권력을 획득하고 유지하며 행하기 위하여 벌이는 여러 가지 활동 / ~활동, ~권력.

가로-세로 열쇠로
복습하기 정답

| | | | | | | | | | | | | |
|---|---|---|---|---|---|---|---|---|---|---|---|---|
| 소 | | | | | 흑 | 백 | 논 | 리 | | | | 잠 |
| 비 | | | | 유 | 보 | 지 | 역 | | | | | 재 |
| 경 | 기 | 회 | 복 | | | 인 | | | | 반 | | 실 |
| 기 | | 전 | | 인 | 수 | 합 | 병 | 전 | 면 | 파 | 업 | |
| | | 자 | 금 | 동 | 결 | | | | 교 | | | |
| | | 금 | 융 | 경 | 색 | | | | 사 | | | 부 |
| | | 실 | | | | 신 | 긴 | 급 | | 박 | 동 | |
| 세 | | 명 | 실 | 상 | 부 | 용 | 축 | 부 | 도 | 수 | 표 | |
| 계 | | 제 | | | | 대 | 예 | 측 | | 수 | | |
| 무 | 역 | 의 | 존 | 도 | | 차 | 산 | | | 료 | | |
| 역 | | | | | | 대 | | | | | | |
| 기 | 자 | 재 | | | | 조 | | | | 재 | 정 | |
| 구 | | | 통 | 상 | 대 | 표 | 부 | | | | | 치 |

| | | | | | | | | | | | | |
|---|---|---|---|---|---|---|---|---|---|---|---|---|
| 消 | | | | | 黑 | 白 | 論 | 理 | | | | 潛 |
| 費 | | | | 留 | 保 | 地 | 域 | | | | | 在 |
| 景 | 氣 | 回 | 復 | | | 引 | | | | 反 | | 失 |
| 氣 | | 轉 | | 引 | 受 | 合 | 竝 | 全 | 面 | 罷 | 業 | |
| | | 資 | 金 | 凍 | 結 | | | | 教 | | | |
| | | 金 | 融 | 梗 | 塞 | | | | 師 | | | 浮 |
| | | 實 | | | | 信 | 緊 | 急 | | 拍 | 動 | |
| 世 | | 名 | 實 | 相 | 符 | 用 | 縮 | 不 | 渡 | 手 | 票 | |
| 界 | | 制 | | | | 貸 | 豫 | 測 | | 數 | | |
| 貿 | 易 | 依 | 存 | 度 | | 借 | 算 | | | 料 | | |
| 易 | | | | | | 對 | | | | | | |
| 機 | 資 | 材 | | | | 照 | | | | 財 | 政 | |
| 構 | | | 通 | 商 | 代 | 表 | 部 | | | | | 治 |

경영·경제

경영·경제

# Chapter ❻

생색내기 청년실업 대책 안 된다

---

※ 한자 Zoom In
　政府(정부) 失業(실업) 公共(공공) 豫算(예산) 雇傭(고용)
※ 시사 Zoom In
　청년실업 고용창출 효과 고용없는 성장 미스매치 현상 고임금·저생산성 구조

---

①政府(정부)의 청년②失業(실업) 대책이 겉돌고 있다. 각 부처들은 경쟁적으로 청년층을 위한 일자리 ③創出(창출) 계획을 내놓지만 효과는 ④未知數(미지수)다. 알맹이 없는 발표도 심심찮게 나와 '총선용'이 아니냐는 의혹까지 제기된다. 김진표 경제부총리는 올해 ⑤公共(공공)부문 일자리를 지난해보다 8만개 늘리겠다고 공언했고, 진대제 정통부 장관은 2007년까지 정보통신(IT) 분야에서 30만개의 일자리를 창출하겠다고 밝혔다. 정부의 올해 청년실업 해소 ⑥豫算(예산)은 5천억원을 웃돈다.

'이태백'(20대 태반이 백수)이란 ⑦新造語(신조어)가 나올 정도로 심각한 청년실업의 현실을 감안할 때 정부가 팔 걷어붙이고 나서는 것은 잘하는 일이다. 15~29세 실업자가 전체 실업자의 절반을 차지하고, '졸업=백수'로 이어지며, 대학 졸업생 5명 중 1명이 사실상 실업 상태란 충격적인 ⑧調査(조사) 결과를 감안할 때 '⑨生計(생계) 지원형'대책도 불가피하긴 하다.

그러나 문제는 정부가 이런 식의 '실업률 낮추기용' 땜질 처방을 재탕, 삼탕 한다 하여 상황이 나아지지 않는다는 점이다. 국민 ⑩稅金(세금)만 수천억원을 쏟아부을 뿐이다. 지난해의 경우 청년층 일자리는 19만2천개가 줄었다. 그나마 일자리 있는 사람 중 50.2%는 ⑪臨時職(임시직)이나 ⑫日傭(일용)으로 나타났다.

경기침체가 ⑬長期化(장기화)한 점을 고려해도 정부 대책에 문제가 있다는 얘기다. 생산성 향상 또는 비전 제시 없는 실업 대책은 세금 낭비며, 장기적으로 실업자 당사자에게 도움도 안 된다. 되레 임시직만 양산해 ⑭雇傭(고용)의 질을 악화시키고 노동시장을 불안하게 한다.

정부 청년실업 대책이 달라져야 한다. 대통령이 한마디 하니까 각 부처가 이것저것 끌어 모아 열거하는 방식은 더 이상 안 된다. 보다 ⑮綜合的(종합적)이면서 정교한 대책을 마련해야 한다. 임시변통식의 보조금 지급은 국민 세금 부담만 무겁게 한다. 청년실업 해소의 근본 해법은 민간

---

한자능력검정시험 2급 기출
– 政府[정부](12회 111번) – 失[실](22회 83번) – 創[창](20회 99번) – 雇傭[고용](12회 13번, 21회 15번)

분야, 특히 산업 중심의 경기회복에 있다는 점을 깨달아야 한다. 기업인들이 만드는 일자리가 진짜 일자리다. 정부는 기업인의 의욕을 꺾는 말과 행동을 삼가면 된다.

중앙일보 2004. 1. 28

## ZOOM I »  한자 엿보기

| | | | | | | | | | | | | | | |
|---|---|---|---|---|---|---|---|---|---|---|---|---|---|---|
| ① | 政 정사 정<br>府 마을 부 | ④ | 知 알 지<br>數 셈 수 | ⑦ | 造 지을 조<br>語 말씀 어 | | 金 쇠 금<br>臨 임할 림 | ⑬ | 期 기약할 기<br>化 될 화 | | | | | |
| ② | 失 잃을 실<br>業 업 업 | ⑤ | 公 공평할 공<br>共 한가지 공 | ⑧ | 調 고를 조<br>查 조사할 사 | ⑪ | 時 때 시<br>職 직분 직 | ⑭ | 雇 품팔 고<br>傭 품팔 용 | | | | | |
| ③ | 創 비롯할 창<br>出 날 출<br>未 아닐 미 | ⑥ | 豫 미리 예<br>算 셈 산<br>新 새 신 | ⑨<br>⑩ | 生 날 생<br>計 셀 계<br>稅 세금 세 | ⑫ | 日 날 일<br>傭 품팔 용<br>長 긴 장 | ⑮ | 綜 모을 종<br>合 합할 합<br>的 과녁 적 | | | | | |

## ZOOM II »  응용한자 알아보기

① 政府(정부) : 국가의 통치권을 행사하는 입법, 사법, 행정을 통틀어 이르는 말. 특히 행정부를 가르킴.

* 貞婦(정부) : 貞[곧을 정] 婦[며느리 부]
  정조가 굳은 아내.

* 情婦(정부) : 情[뜻 정] 婦[며느리 부]
  몰래 정을 통하고 있는 여자. 내연관계의 여자.

❖ 정부간행물(政府刊行物) : 刊[새길 간] 行[다닐 행] 物[물건 물]
  정부의 각 관청이 발행하는 간행물.

❖ 혁명정부(革命政府) : 革[가죽 혁] 命[목숨 명]
  비합법적인 수단으로 정치권력을 잡은 세력이 구성한 정부.

**한자능력검정시험 3급 기출**
– 政府[정부](3회 81번) – 職[직](16회 91번) – 綜合[종합](9회 82번)

❖ 과도정부(過渡政府) : 過[지날 과] 渡[건널 도]

한 정치체제에서 다른 정치체제로 바뀌는 과정에서 임시로 조직된 정부.

② 失業(실업) : 취업의사를 가진 사람이 일할 수 있는 기회를 얻지 못하거나 생업을 잃음.
　* 實業(실업) : 實[열매 실] 業[업 업]
　　농업, 공업과 같은 생산, 제작, 판매 따위의 사업.

❖ 위장실업(僞裝失業) : 僞[거짓 위] 裝[꾸밀 장]

능력에 비하여 못한 직장에서 비자발적으로 취업하고 있는 상태.

❖ 실업보험(失業保險) : 保[지킬 보] 險[험할 험]

사회보험 중 하나로서, 근로자가 실업했을 경우에 보험금을 지급하여 생활의 안정을 꾀하도록 하는
보험.

⑤ 公共(공공) : 사회일반이나 공중에 관계되는 것.
　* 公公(공공) : 公[공평할 공]
　　'공공연(公公然)하다'의 어근.

❖ 공공복지(公共福祉) : 福[복 복] 祉[복 지]

여러 사람에게 두루 관계되는 복지.

❖ 공공시설(公共施設) : 施[베풀 시] 設[베풀 설]

공공의 편의나 복지를 위하여 베풀어 놓은 시설.

❖ 공공요금(公共料金) : 料[헤아릴 요] 金[쇠 금]

공익사업이 제공하는 서비스에 대한 요금.

⑥ 豫算(예산) : 필요한 금액을 미리 헤아려 어림잡음.

❖ 예산결산위원회(豫算決算委員會) : 決[결단할 결] 算[셈 산] 委[맡길 위] 員[인원 원] 會[모일 회]

국회 상임위원회 중 하나로서, 예산안과 결산을 분석하고 검토함.

❖ 추가경정예산(追加更正豫算) : 追[쫓을 추] 加[더할 가] 更[고칠 경] 正[바를 정]

예산작성 후에 새로 생긴 사유로 인하여 기정 예산 경비에 부족이 발생했을 경우, 이에 추가하여 작
성된 예산.

⑭ **雇傭(고용)** : 보수를 받고 상대방에게 노무를 제공함.

&ast; **雇用(고용)** : 用[쓸 용]

　　보수를 주고 사람을 부림.

◈ **고용보험(雇傭保險)** : 保[지킬 보] 險[험할 험]

4대 사회보장제도의 하나로서, 실업보험금이나 직업훈련 장려금 등을 지급함.

**ZOOM Ⅲ »　시사 흐름잡기**

### 청년 실업

#### ■ 청년실업이란

　UN에서는 15세~24세의 연령대를 청년실업자로 정의하였으나 우리나라에서는 군복무라는 특수한 상황을 감안하여 15세~29세의 연령대를 청년실업자로 정의한다. 외환위기 이후 불거진 청년실업 문제는 이후 크게 개선되지 않아서 2004년 4월 현재 청년실업률은 전체 실업률보다 약 2배 이상 높은 상황이다(전체실업률 3.4%, 청년실업률 7.6%, 통계청).

#### ■ 청년실업의 원인

◈ 전체적인 산업구조가 변화하면서 기업의 고용창출 효과가 감소하고 있다.

◈ 기업이 효율적인 인력구조를 추구하면서 신입사원보다는 경력직 사원을 선호하고 있다.

◈ 국가의 경제성장 속도가 둔화되면서 기업의 경영환경이 악화되었고, 이것이 신규인력 채용의 악재로 작용하고 있다.

◈ 청년들은 안정적이고 보수가 좋은 대기업, 전문직만을 선호하고, 3D 업종 및 중소기업의 취직을 꺼려한다.

◈ 대학의 수가 늘어나면서 대졸자는 많아졌지만 대학에서 경쟁력을 갖춘 교육을 하지 못함으로써 대학졸업장이 유명무실해지고 있다.

#### ■ 청년실업 증가에 따른 사회적 부작용

◈ 안정적인 직업을 갖기 위해서 이공계를 기피하고, 전공과는 무관한 고시에 매달리는 대학생들이 늘어났다.

◈ 학과 선택시 안정적인 직업을 가질 수 있는 과를 선택하기 위해서 재수를 선택하는 고등학생들이

늘어났고, 취업준비를 위한 휴학은 대학생들에게 필수적인 선택이 되었다.

❖ 대졸 이상의 고학력자가 늘어났으나 인력수요는 감소하였기 때문에 하향취업 추세가 두드러지고 있다.

## ■ 일자리 창출의 제약요인

❖ 경제성장에도 불구하고 고용창출의 여력이 감소하는 '고용없는 성장(jobless growth)' 시대가 도래하고 있다.

❖ 현재 우리나라의 노동시장은 경직되어 있는 상태이며, 그 결과로 신규 고용이 이루어지지 않고 있다.

❖ 기업이 경쟁력 강화를 위한 방안으로 인력의 효율화를 추구하면서 고용창출능력이 감소하고 있다.

❖ 청년실업이 증가하는 가운데서도 중소기업은 인력난을 호소하는 등 노동시장에서 미스매치 현상이 발생하고 있다.

❖ 임금인상의 폭이 커지면서 고임금·저생산성 구조가 형성되었고, 이것이 기업의 경쟁력을 약화시키는 원인으로 작용하였다.

## ■ 일자리 창출 방안

❖ '고용없는 성장'이라는 상황을 맞이하여 국가적인 차원에서 일자리 창출을 위한 대책을 마련해야 한다.

❖ 고용문제는 단기적으로 해결될 수 있는 것이 아니므로 단기적인 대책과 중장기적인 대책을 동시에 병행해야 한다.

❖ 가장 이상적인 것은 정부가 개입되지 않은 상태에서 기업들이 고용을 창출하는 것이므로 기업하기 좋은 환경을 만들어 주는 것이 필요하다.

❖ 대학교육의 개혁을 통해서 기업이 요구하는 고급인력을 배출할 수 있도록 한다.

❖ 인력수급의 미스매치로 인한 노동시장의 경직성을 해소할 수 있도록 해야 한다.

## Chapter ❼

# 원자재 확보 비상대책 세울 때

※ 한자 Zoom In
現狀(현상) 專門家(전문가) 謳歌(구가) 買占賣惜(매점매석) 共同購買(공동구매)
※ 시사 Zoom In
국제원자재 내수부진 소비자 물가상승

①深化(심화)일로에 있는 원자재난이 ②産業(산업)현장을 ③痲痺(마비)지경으로 내몰고 있다. 철광석·철근·비철금속·곡물 할 것 없이 나타나는 원자재난 앞에서 이들 수요업체들은 값을 불문하고 모자라는 ④物量(물량)을 확보하느라 이리 뛰고 저리 뛰지만 세계적 현상으로 심화되는 물량부족 앞에서 뾰족한 돌파구를 찾지 못하고 있다. 일부 ⑤地方自治(지방자치)단체에서는 고철모으기 운동까지 벌일 정도라 하니 원자재난이 얼마나 심각한지 쉽게 알 수 있다.

문제는 원자재 부족 ⑥現狀(현상)이 가까운 장래에 해소될 기미가 별로 없고 상당수 국내외 ⑦專門家(전문가)들이 예고하듯 장기화할 가능성이 높다는 사실이다. 올 들어 세계경제 회복세가 뚜렷해지는 가운데, 특히 고도성장을 ⑧謳歌(구가)하는 중국의 원자재 독식 현상이 심화되는 속에서 나타나는 원자재난이 제2차 오일 쇼크기였던 1970년대 말 이후 가장 심각할 것이라는 분석도 나오고 있다.

이 때문에 국가간 원자재 확보 경쟁도 치열하게 전개되고 있다. 최근 인도가 중국에 철광석 공급을 늘리는 대신 중국은 인도에 유연탄 공급을 확대해 주기로 합의했다든지, 일본 철강업체들이 한국 등 외국 업체에 핫 코일 공급을 줄이기로 한 점 등은 바로 원자재난 장기화에 대비해 각국 정부가 ⑨非常(비상)대책을 강구하고 있는 한 단면이라 할 수 있다. 상황이 이런데도 별로 기댈 데도 없는 한국 정부만 느긋한 모습을 보이고 있으니 국민들의 불안감은 가중될 뿐이다.

정부가 얼마전 내놓은 국내 ⑩流通(유통)과정에서의 ⑪買占賣惜(매점매석) 행위를 단속하겠다는 정도의 국내용 대책만으로는 세계적 현상으로 심화되는 원자재난에 대응하는 데 ⑫限界(한계)가 있음은 물론이다. 정부가 시급히 해야 할 일은 원자재 장기안정 공급선을 확보할 수 있도록 국가간 협상에 나서는 일이다. 정부가 대외 ⑬供給(공급)물량을 확보하려고 안간힘을 써도 부족한 판에 팔짱만 끼고 있을 수는 없는 노릇이

**한자능력검정시험 2급 기출**
– 深化[심화](16회 84번) – 專門[전문](20회 86번) – 限界[한계](16회 90번) – 購買[구매](9회 9번, 16회 12번)

다. 철근부족 때문에 비상이 걸린 상황에서 ⑭環境(환경)문제를 내세워 모래채취 허가 보류라는 시기에 부적절한 시책까지 펼쳐 건설업체들의 애를 태우는 관련부처의 모습은 문제를 더 악화시키고 있을 뿐이다.

기업들은 기업들대로 원자재난 장기화에 대비한 대책을 철저히 강구해야 한다. 특히 원자재난을 더 심하게 겪고 있는 중소기업들은 ⑮共同購買(공동구매) 등을 통해 원자재 구입비용을 낮추고, 부품 모듈화 등을 통해 제조 공정을 줄임으로써 원자재 부족 사태를 슬기롭게 극복하도록 해야 한다.

매일경제 2004. 3. 2

## ZOOM Ⅰ » 한자 엿보기

| | | | | | | | | | | |
|---|---|---|---|---|---|---|---|---|---|---|
| ① | 深 깊을 심 | ⑤ | 地 땅 지 | ⑧ | 家 집 가 | ⑪ | 占 점령할 점 | ⑮ | 境 지경 경 |
| | 化 될 화 | | 方 모 방 | | 謳 노래할 구 | | 賣 팔 매 | | 共 한가지 공 |
| ② | 産 낳을 산 | | 自 스스로 자 | | 歌 노래 가 | | 惜 아낄 석 | | 同 같을 동 |
| | 業 업 업 | | 治 다스릴 치 | ⑨ | 非 아닐 비 | ⑫ | 限 한 한 | | 購 살 구 |
| ③ | 痲 저릴 마 | ⑥ | 現 나타날 현 | | 常 떳떳할 상 | | 界 지경 계 | | 買 살 매 |
| | 痺 저릴 비 | | 狀 형상 상 | ⑩ | 流 흐를 류 | ⑬ | 供 이바지할 공 | | |
| ④ | 物 물건 물 | ⑦ | 專 오로지 전 | | 通 통할 통 | | 給 줄 급 | | |
| | 量 헤아릴 량 | | 門 문 문 | | 買 살 매 | ⑭ | 環 고리 환 | | |

## ZOOM Ⅱ » 응용한자 알아보기

⑥ 現狀(현상) : 현재의 상태, 형편.

* 懸賞(현상) : 懸[달 현] 賞[상줄 상]
  어떤 특정한 목적을 위하여 상금이나 상품을 걸고 찾거나 모집함.
* 現像(현상) : 現[나타날 현] 像[모양 상]
  사진술에서 필름을 약품처리하여 영상이 나타나도록 하는 일.
* 現象(현상) : 現[나타날 현] 象[코끼리 상]   겉으로 나타나는 사물의 형상.

**한자능력검정시험 3급 기출**
– 限界[한계](10회 15번, 14회 148번) – 環境[환경](3회 111번, 9회 87번)

❖ **현상유지(現狀維持)** : 維[벼리 유] 持[가질 지]
현재의 상태를 그대로 지켜나감.

⑦ **專門家**(전문가) : 어떤 한가지 분야에 전문적인 지식, 경험, 기술 등을 가지고 있는 사람.
  * **前文(전문)** : 前[앞 전] 文[글월 문]
     법령에서 첫째 조항 앞에 적어서 법령의 목적이나 기본원칙을 선언하는 글.

❖ **전문기구(專門機構)** : 機[틀 기] 構[얽을 구]
오로지 한 가지 일을 맡아 힘쓰는 기구.

❖ **전문대학(專門大學)** : 大[큰 대] 學[배울 학]
중견 직업인을 양성하기 위하여 설립된 대학으로 수업연한은 2~3년임.

⑧ **謳歌**(구가) : 행복한 처지나 마음을 거리낌 없이 나타냄.
  * **舊家(구가)** : 舊[예 구] 家[집 가]
     옛 집.

⑪ **買占賣惜**(매점매석) : 값이 오르거나 물량이 달릴 것을 예상하여 어떤 상품을 한꺼번에 많이 사 두고 되도록 팔지 않으려 하는 일.
  * **賣店(매점)** : 賣[팔 매] 店[가게 점]
     물건을 파는 가게.
  * **每夕(매석)** : 每[매양 매] 夕[저녁 석]
     매일 저녁.

❖ **애석(哀惜)** : 哀[슬플 애]
슬프고 아깝게 여김.

❖ **석별(惜別)** : 別[다를 별]
떨어지기를 아쉽게 여김.

⑮ **共同購買**(공동구매) : 여러 사람이 함께 물건을 삼.
  * **空洞(공동)** : 空[빌 공] 洞[고을 동]
     있어야 할 것이 없는 텅 빈 상태.

❖ **인권공동선언(人權共同宣言)** : 人[사람 인] 權[권세 권] 宣[베풀 선] 言[말씀 언]

1789년 8월 26일 프랑스 국민의회의 결의에 따라 채택된 기본적 인권에 대한 선언.

❖ **남북공동성명(南北共同聲明)** : 南[남녘 남] 北[북녘 북] 聲[소리 성] 明[밝을 명]

1972년 7월 4일에 서울과 평양에서 동시에 발표한 조국의 평화통일원칙 합의문.

❖ **공동주최(共同主催)** : 主[주인 주] 催[재촉할 최]

어떤 모임을 둘 이상의 주체가 공동으로 맡아서 여는 일.

## ZOOM Ⅲ » 시사 흐름잡기

### 원자재 파동

#### ■ 사건의 개요

국제원유, 철강, 곡물 등의 국제원자재 가격이 급등세를 보이며 한국경제를 압박하고 있다. 2004년 5월 11일 현재 '원자재 수입가격지수'가 사상 최고치인 139.14로 7개월 연속 상승했다. 이와 같은 상황은 원자재를 수입하여 재가공한 후 이를 다시 수출하는 형태의 경제구조를 가지고 있는 한국에게 큰 부담이 아닐 수 없다. 더욱이 심각한 경기침체를 수출확대로 극복하고 있던 한국으로서는 국가적 차원의 대책이 요구되고 있다.

#### ■ 원자재 파동의 원인

❖ 중국경제의 급성장으로 인하여 원자재 수요가 급증했다. 중국은 현재 전세계 국제 원자재의 약 25% 정도를 소비하고 있다. 이는 매년 7~8%에 이르는 빠른 경제성장과 2008년 올림픽에 대비한 사회인프라 확충으로 기인된 것이다.

❖ 경기침체에 빠져 있던 세계경제가 동반회복하기 시작했다. 이런 현상은 15년 만에 처음 있는 현상으로 원자재 수요가 크게 증가했다. 특히, 일본의 경우 중국으로의 수출이 활기를 띠면서 장기불황의 탈출 조짐을 보이고 있다.

❖ 국제원유의 경우 이라크 전쟁의 영향으로 국제 원유의 공급에 차질이 발생하였고, OPEC에서 감산 결정을 내리면서 국제 유가가 크게 상승하였다.

❖ 1990년대에 들어서 산업 생산의 둔화로 인한 원자재 공급 과잉현상이 발생하면서 원자재 개발투자를 줄였고, 이를 계기로 원자재 공급능력이 약화되었다.

❖ 최저수준의 금리로 인하여 기존의 투자처에 매력을 느끼지 못한 투기자본이 국제원자재 시장에 유입되었다.

## ■ 원자재 파동의 국내에 미치는 영향

❖ 내수부진을 수출로 만회하려던 기업들이 큰 어려움을 겪고 있다.

❖ 원자재의 원활한 공급이 이루어지지 않아서 생산에 어려움을 겪고 있으며, 국제 원자재 가격 상승 분이 제조원가의 상승으로 이어져서 소비자 물가상승을 주도하고 있다.

❖ 철강의 경우 물량공급이 어려워져서 지방자체단체를 중심으로 고철모으기 운동이 벌어지기도 했다.

## ■ 향후 전망

❖ 국제유가 안정성 여부의 최대 변수는 중동정세의 안정성이다.

❖ 중국경제의 급성장으로 인한 국제 원자재 부족 현상은 앞으로도 지속될 것이다.

❖ 원자재 부족 사태가 일시적인 것이 아닌 장기화될 가능성이 있으므로 국가적인 차원에서 대책이 필요하다.

# Chapter ❽

## 이제는 기업도 감성에 귀기울일 때

> ※ 한자 Zoom In
> 勞動力(노동력) 感性(감성) 戰略(전략) 個性(개성) 經綸(경륜)
> ※ 시사 Zoom In
> 감성지능 감성지능형 조직 감성적 리더십

기업이 좋은 ① 品質(품질)과 저렴한 ② 勞動力(노동력)으로 물건만 만들어 팔던 ③ 工業化(공업화)시대는 이미 지나가고 있다. 이제는 ④ 顧客(고객)에게 깊은 감동을 주는 서비스로 가치를 높이는 기업들이 각광받고 있는 시대다. 또 CEO의 ⑤ 評判(평판)을 높이는 것도 마찬가지다. 이처럼 고객을 감동시키고 그들의 ⑥ 感性(감성)을 읽어내는 시도를 계속하는 기업들이 성공하고 있다. 앞으로 우리는 스스로를 감성세대라고 불러도 좋을 것 같다. 현대 사회에서 감성세대라 함은 자기경험과 능력을 가치 있는 무엇으로 발전시킬 수 있는 능력세대를 말하고 있는 것이다.

과거와 달리 이러한 구성원의 ⑦ 資質(자질)변화는 곧 기업과 사회의 ⑧ 變化(변화)로까지 이어진다. 따라서 기업도 ⑨ 體質(체질)개선이 필요한 때라고 말할 수 있다. 이를 위해 기업과 리더들이 주목해야 할 것이 바로 '감성경영'이다. 감성경영은 마케팅, 영업 등 기업 운영 전반에 걸쳐 적용할 수 있는 ⑩ 包括的(포괄적) 의미다. 감성

세대를 겨냥하기 위한 방법은 감성위주의 경영이 최고의 ⑪ 戰略(전략)일 수밖에 없기 때문이다.

감성경영은 개인의 역사, 소속집단과 관계, 사회적 문화 등 모든 것이 개인과 기업, 사회의 가치를 높이는 재료가 된다는 데서 출발하고 있다. 그 동안 우리가 익숙해 있는 논리적, 이성적 지식만을 토대로는 실현할 수 없는 것이며 ⑫ 個性(개성)과 ⑬ 經驗(경험)이 바탕이 된 자신만의 창의적 감성지식 창고를 인지하는 습관을 몸에 익히는 것이 중요하다.

기업에서 감성경영이 접목되어야 하는 또 한가지의 이유는 우리 사회가 급속히 디지털화되어 간다는 데 있다. 어찌보면 감성과 디지털이라는 것이 정반대 개념인 것처럼 보이지만 사실은 그렇지 않다. 디지털 시대가 추구하는 것은 인간의 감각적 요소들을 자극하여 질 높은 생활환경을 만든다는 데 있다. 상업적 효과를 ⑭ 極大化(극대화)시키는 가장 중요한 도구가 바로 인간의 감성을 이용하는 셈이다. 인간의 오감을 만족시킬 수

---

**한자능력검정시험 2급 기출**
- 客[객](16회 140번) - 評[평](21회 76번) - 變[변](4회 95번) - 包[포](25회 97번) - 極[극](8회 94번)

있는 섬세하고 정서적인 마케팅이 바로 이에 해당된다.

마지막으로 하고 싶은 말은 감성경영의 키 워드는 쇼가 아닌 ⑮ 經綸(경륜)이며, 진심이 배어 나오는 행동, 다른 사람에 대한 배려라고 이야기하고 싶다. 이벤트성 감성경영은 수명이 길지 않

다. 앞으로 인터넷 미디어시대 정치·경제 사회에서는 감성이라는 단어가 더욱 위력을 떨칠 것이다. 감성경영의 실천은 CEO의 사회적 영향력과 동일시되는 시대가 되고 있다.

전자신문 2004. 4. 28

## ZOOM I » 한자 엿보기

| | 한자 | 뜻 | | 한자 | 뜻 | | 한자 | 뜻 | | 한자 | 뜻 | | 한자 | 뜻 |
|---|---|---|---|---|---|---|---|---|---|---|---|---|---|---|
| ① | 品 | 물건 품 | ④ | 化 | 될 화 | ⑦ | 資 | 재물 자 | ⑩ | 括 | 묶을 괄 | | 驗 | 시험할 험 |
| | 質 | 바탕 질 | | 顧 | 돌아볼 고 | | 質 | 바탕 질 | | 的 | 과녁 적 | | 極 | 극진할 극 |
| ② | 勞 | 일할 로 | | 客 | 손 객 | ⑧ | 變 | 변할 변 | ⑪ | 戰 | 싸움 전 | ⑭ | 大 | 큰 대 |
| | 動 | 움직일 동 | ⑤ | 評 | 평할 평 | | 化 | 될 화 | | 略 | 다스릴 략 | | 化 | 될 화 |
| | 力 | 힘 력 | | 判 | 판단할 판 | ⑨ | 體 | 몸 체 | ⑫ | 個 | 낱 개 | ⑮ | 經 | 글 경 |
| ③ | 工 | 장인 공 | ⑥ | 感 | 느낄 감 | | 質 | 바탕 질 | | 性 | 성품 성 | | 綸 | 낚싯줄 륜 |
| | 業 | 업 업 | | 性 | 성품 성 | | 包 | 쌀 포 | ⑬ | 經 | 지날 경 | | | |

## ZOOM II » 응용한자 알아보기

② 勞動力 (노동력) : 인간이 생산물을 만드는 데 쓰이는 육체적, 정신적인 모든 능력

❖ 노동쟁의조정법(勞動爭議調停法) : 爭[다툴 쟁] 議[의논할 의] 調[고를 조] 停[머무를 정] 法[법 법]
  노동조건에 관하여 노동자와 사용자 사이에서 일어나는 다툼을 조정, 중재하는 법률.
❖ 노동삼권(勞動三權) : 三[석 삼] 權[권세 권]
  헌법에 보장되어 있는 노동자의 세 가지 권리. 단결권, 단체교섭권, 단체행동권.
❖ 노동조합(勞動組合) : 組[짤 조] 合[합할 합]
  노동조건의 향상을 목적으로 조직된 노동자 단체. 줄여서 노조라고 함.

한자능력검정시험 3급 기출
- 尊重[존중](3회 107번, 7회 119번) - 經歷[경력](6회 18번)

⑥ **感性**(감성) : 대상으로부터 감각되고 지각되어 독립적인 표상을 형성하게 되는 인간의 능력.

* **感省**(감성) : 感[느낄 감] 省[살필 성]

깨달아 살핌.

❖ 감성적 단계(感性的段階) : 的[과녁 적] 段[층계 단] 階[섬돌 계]

인식의 첫 단계인 감각, 지각, 표상의 단계.

❖ 감성계(感性界) : 界[지경 계]

감성적 지각을 통하여 얻어지는 사물의 세계.

❖ 교감성(交感性) : 交[사귈 교]

서로 접촉되어 느낌에 응하는 성질.

⑪ **戰略**(전략) : 전쟁의 계략. 정치, 사회운동 등에서의 책략.

* **前略**(전략) : 前[앞 전] 略[간략할 략]

앞부분을 생략함.

❖ 전략사업단위(戰略事業單位) : 事[일 사] 業[업 업] 單[홀 단] 位[자리 위]

기업이 장기 경영 전략을 펼치기 위해 계획을 세울 때 설정하는 관리 단위.

❖ 전략요지(戰略要地) : 要[요긴할 요] 地[땅 지]

전략적으로 매우 중요한 지역.

⑫ **個性**(개성) : 사람마다 지닌 특유한 성격. 개체의 고유한 특징.

* **改姓**(개성) : 改[고칠 개] 姓[성 성]

성을 고침.

* **開城**(개성) : 開[열 개] 城[재 성]

적에게 성문을 열고 항복하다. 경기 북서부에 있는 북한의 도시 이름.

❖ 개성존중(個性尊重) : 尊[높을 존] 重[무거울 중]

개성을 존중함.

⑮ **經綸**(경륜) : 포부를 가지고 일을 계획함.

* **競輪**(경륜) : 競[다툴 경] 輪[바퀴 륜]

자전거로 하는 경기.

❖ **경력(經歷)** : 歷[지날 력]

어떤 일을 해 본 경험이나 내용.

❖ **우이독경(牛耳讀經)** : 牛[소 우] 耳[귀 이] 讀[읽을 독]

'쇠귀에 경 읽기' 라는 뜻으로 아무리 가르치고 알려주어도 알아듣지 못함을 이르는 말.

## **ZOOM Ⅲ »  시사 흐름잡기**

### 감성경영(emotional management)

#### ■ 감성경영이란

감성지능이란 자신의 심리적, 지적 능력의 한계와 가능성을 객관적으로 판단하여 자신의 감정을 잘 다스리며, 상대방의 입장에서 진정으로 이해하고, 타인과 원만한 관계를 유지할 수 있는 능력을 말한다.

감성경영이란 고객에게 최상의 품질과 서비스를 제공할 수 있고, 최고의 생산성을 내며, '일할 맛 나는 직장(great place to work)' 이 될 수 있도록 개별 구성원의 감성지능 뿐만 아니라 조직 전반에 걸쳐 감성지능형 조직이 될 수 있도록 모든 경영활동에 감성을 접목시키는 것을 의미한다.

최근에는 감성이 사회 트랜드화 되어서 마케팅, 광고, 영업, 조직, 생산 등의 경영 전반에 걸쳐서 감성이 활용되고 있으며, 정치 분야까지 확대되어서 선거 전략으로 활용된 바 있다.

#### ■ 감성조직의 조건

❖ 조직 구성원들과 경영진이 서로를 존중하고 신뢰할 수 있는 기업문화를 형성해야 한다. 이를 위해서 경영진은 조직 구성원들을 인격적으로 대우해야 하며, 구성원들의 발전을 위해서 지원을 아끼지 말아야 한다.

❖ 조직 구성원들이 서로 가족같은 편안한 분위기에서 일을 할 수 있는 공동체 의식을 형성해야 한다. 즉, 가족을 아끼는 만큼 동료를 아낄 수 있는 마인드를 갖춰야 한다는 것이다.

❖ 감성적 리더십을 갖춘 경영진이 이러한 변화를 주도해야 하며, 다른 조직 구성원들에게도 감성적 리더십을 갖출 수 있도록 유도해야 할 것이다.

❖ 조직 구성원들이 일에 대한 자부심과 회사에 대한 애사심을 가질 수 있어야 한다. '스타벅스' 의 경우 직원들에게 의사결정권을 부여하여 직원들에게 자부심을 심어 주었다. 조직 구성원들에게 합당하면서도 공정한 대우를 하는 것은 기본적인 사항이다.

## ■ 감성경영의 예

### ❖ 삼성 SDI

삼성 SDI는 성년의 날을 맞은 회사 직원들에게 김순택 사장의 육성이 녹음된 '말하는 곰인형'과 케이크(미각), 장미꽃(시각), 문화상품권(청각), 아로마 용품(후각) 등이 담겨진 선물 세트를 경영진의 악수(촉각)와 함께 전달함으로써 직원들의 오감 만족을 통해 성년의 의미를 극대화하여 애사심을 고취시키고 있다.

### ❖ 오리온(구 동양제과)

김상우 대표는 전 임원과 함께 젊은 문화 체험에 나서기도 하고, 독서를 하면서 경영철학을 공유하는 북 클럽도 운영한다. 매주 수요일을 직원들에게 멋지게 뽐내라는 이른바 맵시데이로 정하여 자신의 개성을 표출할 수 있는 기회를 부여한다. 경영자 특강시간에는 시원한 맥주를 마시며 격의없는 대화를 나누기도 한다.

# Chapter ❾

# 확산되는 6시그마 운동

※ 한자 Zoom In
製造(제조) 概念(개념) 構造調整(구조조정) 刮目(괄목) 費用(비용)
※ 시사 Zoom In
6시그마 통계적 품질관리 전사적 혁신 활동 프로그램

품질문제 해결에서 출발한 6시그마 ① 技法(기법)이 우리 산업계 전반에 걸쳐 급속히 ② 擴散(확산)되고 있는 것은 매우 주목할만하다. ③ 製造(제조)업뿐만 아니라 금융 등 서비스업으로 번지고 공공부문까지 가세하고 있는데다, 품질 ④ 革新(혁신)에 만족하지 않고 전사적(全社的)차원의 경영혁신으로 그 스펙트럼이 크게 확대되면서 기업 ⑤ 生存(생존) 전략의 분명한 "키 워드"로 자리잡을 추세다.

우리나라 기업들이 6시그마에 눈을 돌린 것은 사실 얼마되지 않았다. 1980년대 후반 모토로라에서 시작된 것이 1990년대 중반 GE에서 고객만족 ⑥ 概念(개념)과 연결되면서 오늘의 모습을 갖게 된 6시그마를 우리 기업들이 도입되기 시작한 것은 1996년 ⑦ 外換(외환)위기 전이었다. 하지만 뒤이어 몰아닥친 거센 ⑧ 構造調整(구조조정) 여파로 주춤할 수밖에 없었다. 여기에 다시 불을 지피고 나선 것은 1999년 본지에서 벌인 6시그마 경영혁신 캠페인이었다. 그로부터 3년이

지난 지금 도입기업들에서 ⑨ 刮目(괄목)할만한 ⑩ 成果(성과)들이 나타났다. LG 삼성 현대자동차 등 주요 13개 대기업을 조사한 결과 6시그마 활동을 통해 거둔 ⑪ 費用(비용)절감 효과가 3조원 이상에 달한다는 분석이고 보면 그 성과를 충분히 짐작케 한다.

전기 전자업종에서 출발한 6시그마가 자동차 기계 화학업종으로, 그리고 뒤이어 식품, 의류, 건설 등으로 빠르게 확산된 것도 큰 성과다. 최근에 은행 등 금융 서비스 업종으로까지 저변이 확대되기 시작한 것이라든지 공공분야가 6시그마에 눈을 돌린 것도 그렇다. 심지어 삼성종합기술원과 같은 연구소에서 "R&D에도 6시그마가 있다"면서 연구개발의 품질과 고객만족을 강조하고 나선 것도 주목할 일이다.

한마디로 불과 3년여 만에 전 업종, 전 부문에 걸쳐서 6시그마가 우리나라 기업혁신의 공통적 "언어"로 자리잡아 가고 있는 것이다.

이것은 우리 기업들의 경쟁력에 새로운 ⑫ 希

멸(희망)을 갖게 하는 것임이 분명하다. 그러나 여기서 만족할 것이 아니다. 지난 3년간의 ⑬推進(추진)과정을 되돌아보면 6시그마의 성과를 보다 극대화하기 위해서는 ⑭克服(극복)해야 할 과제도 드러났다. 품질혁신 ⑮手段(수단)을 뛰어넘어 기업 전체의 경영혁신 차원에서 추진하는 것이 무엇보다 중요하다. 이와 함께 협력업체 등 중소기업으로 확산시켜 나가는 것도 큰 과제다. 또한 6시그마의 중요성을 십분 인식하는 최고경자의 리더십도 빼놓을 수 없다. 이런 과제들을 분명히 인식하고 우리 기업들이 2단계 6시그마를 성공적으로 수행해 나간다면 질적으로 한 단계 더 높은 경쟁력을 기대할 수 있을 것이다.

한국경제 2002. 5. 16

## ZOOM I » 한자 엿보기

| | | | | | | | | | | |
|---|---|---|---|---|---|---|---|---|---|---|
| ① | 技 재주 기 | | 新 새 신 | | 構 얽을 구 | | 果 실과 과 | ⑭ | 克 이길 극 | |
| | 法 법 법 | ⑤ | 生 날 생 | ⑧ | 造 지을 조 | ⑪ | 費 쓸 비 | | 服 옷 복 | |
| ② | 擴 넓힐 확 | | 存 있을 존 | | 調 고를 조 | | 用 쓸 용 | ⑮ | 手 손 수 | |
| | 散 흩을 산 | ⑥ | 槪 대개 개 | | 整 가지런할 정 | ⑫ | 希 바랄 희 | | 段 층계 단 | |
| ③ | 製 지을 제 | | 念 생각 념 | ⑨ | 刮 비빌 괄 | | 望 바랄 망 | | | |
| | 造 지을 조 | ⑦ | 外 바깥 외 | | 目 눈 목 | ⑬ | 推 옮길 추 | | | |
| ④ | 革 가죽 혁 | | 換 바꿀 환 | ⑩ | 成 이룰 성 | | 進 나아갈 진 | | | |

## ZOOM II » 응용한자 알아보기

③ 製造(제조) : 원료를 가공하여 제품을 만듦.

* 帝祖(제조) : 帝[임금 제] 祖[할아비 조]
  황제의 선조. 황제의 조부.

❖ 제조면허(製造免許) : 免[면할 면] 許[허락 허]
  제품의 제조에 관하여 정부에서 인정하는 인가.

**한자능력검정시험 3급 기출**
– 擴散[확산](10회 7번, 16회 34번, 17회 13번, 20회 3번) – 革新[혁신](12회 110번, 18회 145번)

❖ 제조원가(製造原價) : 原[언덕 원] 價[값 가]

제품을 만들 때 소비된 재화와 용역을 화폐가치로 계산한 합계액.

⑥ 槪念 (개념) : 여러 관념 속에서 공통적 요소를 추상하여 종합한 하나의 관념.

❖ 토지공개념(土地公槪念) : 土[흙 토] 地[땅 지] 公[공평할 공]

토지의 경우 한정된 자산이므로 소유와 처분을 공익을 위하여 적절히 제한할 수 있다는 개념.

❖ 시간개념(時間槪念) : 時[때 시] 間[사이 간]

시간의 지각을 통하여 얻은 개념.

⑧ 構造調整 (구조조정) : 기업 또는 산업의 불합리한 점을 개편하거나 조정하는 일.

＊救助(구조) : 救[구원할 구] 助[도울 조]  구원하고 도와 줌.

＊調停(조정) : 調[고를 조] 停[머무를 정]

분쟁을 해결하기 위하여 제삼자가 중간에서 화해시키는 것.

❖ 재무구조(財務構造) : 財[재물 재] 務[힘쓸 무]

기업의 자산과 부채, 자본 등의 짜임새.

❖ 산업구조(産業構造) : 産[낳을 산] 業[업 업]

자본, 노동력 등을 지표로 하여 살펴본 각종 산업과 산업의 짜임새와 관계.

❖ 경기조정(景氣調整) : 景[볕 경] 氣[기운 기]

경기가 지나치게 과열되거나 침체되지 않도록 힘쓰는 일.

⑨ 刮目 (괄목) : 발전 정도가 대단하여 눈을 비비고 다시 봄.

❖ 괄목상대(刮目相對) : 相[서로 상] 對[대할 대]

눈을 비비고 다시 보며 상대방을 대한다는 뜻으로, 다른 사람의 학식이나 재주 따위가 놀랍게 향상된 경우에, 이를 놀라워 한다는 뜻이다.

⑪ 費用 (비용) : 물건을 구매하거나 일을 하는 데 소요되는 돈.

＊比容(비용) : 比[견줄 비] 容[얼굴 용]

물체의 부피를 질량으로 나눈 값. 즉, 단위 질량의 물체가 차지하는 부피.

❖ 기회비용(機會費用) : 機[틀 기] 會[모일 회]

다양한 용도가 있는 재화가 어떤 한 가지 목적을 위해 사용됐을 때 다른 목적을 위해 사용되었더라면 얻을 수 있었던 가치.

❖ **고정비용(固定費用)** : 固[굳을 고] 定[정할 정]

생산량의 증감과 관계없이 항상 일정하게 지출되는 비용.

---

**ZOOM Ⅲ »** 시사 흐름잡기

### 6시그마 경영

#### ■ 6시그마 경영이란?

6시그마는 통계적 품질관리를 위해 도입된 것으로, 100만 개당 3.4개의 불량품이 존재하는 품질수준이다. 1987년에 모토로라(Motorola)는 최초로 6시그마를 도입하였고, 이후 GE가 6시그마를 바탕으로 괄목할만한 성과를 내자 전 세계적으로 급격히 확산되기 시작하였다. 초기에 6시그마는 품질개선의 차원에서 도입되었지만 이후 마케팅, 회계, R&D, HR(인적자원관리) 등 경영 프로세스 전반으로 확장된 전사적 혁신 활동 프로그램으로 인식되고 있다. 우리나라에서는 1996년에 삼성 SDI, LG전자 등이 6시그마 경영을 도입한 이후 그 성과가 확인되자 최근에는 대기업들을 중심으로 6시그마 경영을 도입하는 것이 대세인 것처럼 인식되고 있다.

#### ■ 6시그마 경영의 특성

❖ 6시그마 경영은 통계적인 방법론을 바탕으로 실시되며, 경영성과를 철저히 계량화하여 경영활동의 피드백에 활용한다.

❖ 6시그마 경영은 단기적인 매출보다 장기적인 관점에서의 고객만족에 중점을 둔다. 여기에서 고객이란 내부고객(종업원)과 외부고객을 모두 포함한다. 내부고객의 불만족은 곧 품질의 불량으로 나타나기 때문이다.

❖ 6시그마 경영은 경영층 및 6시그마 전문인력(BB급 이상)이 중심이 되는 톱다운(top-down)식의 활동이다. 따라서 6시그마 경영의 도입에 있어서 이들의 역할은 매우 중요하다.

❖ 경영 파트별 특성상 성과를 계량화하기 힘든 분야(HR)의 경우 6시그마 경영의 도입이 힘들 수 있다.

## ■ 6시그마 경영의 추진 단계 (DMAIC 방법론)

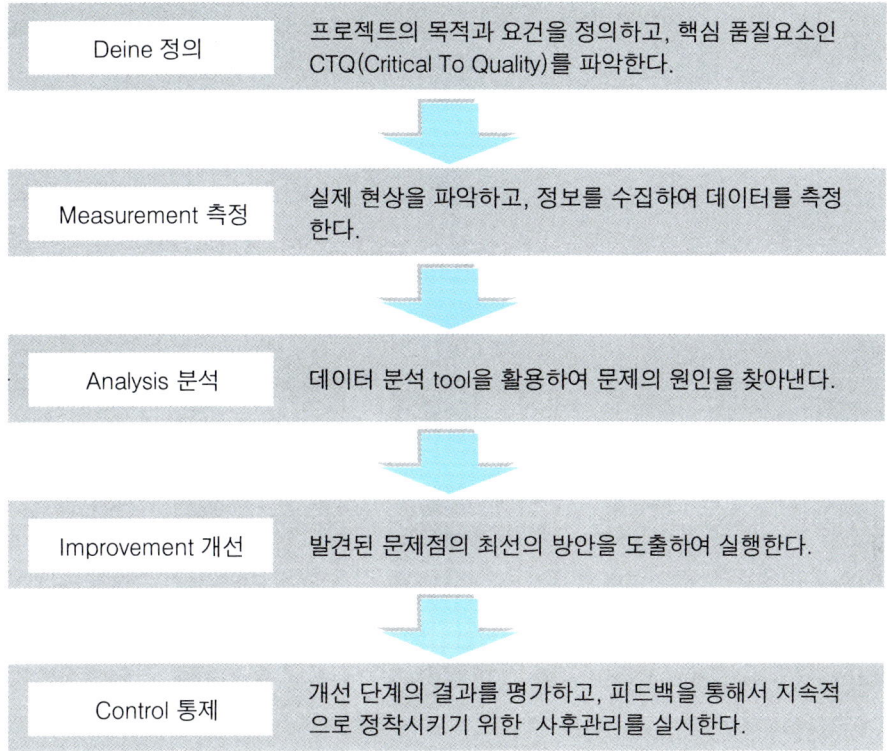

| Deine 정의 | 프로젝트의 목적과 요건을 정의하고, 핵심 품질요소인 CTQ(Critical To Quality)를 파악한다. |
| Measurement 측정 | 실제 현상을 파악하고, 정보를 수집하여 데이터를 측정한다. |
| Analysis 분석 | 데이터 분석 tool을 활용하여 문제의 원인을 찾아낸다. |
| Improvement 개선 | 발견된 문제점의 최선의 방안을 도출하여 실행한다. |
| Control 통제 | 개선 단계의 결과를 평가하고, 피드백을 통해서 지속적으로 정착시키기 위한 사후관리를 실시한다. |

경영·정제

### TIP 시그마(σ)

시그마는 통계학 용어로서, 평균값을 중심으로 흩어진 정도를 나타내는 표준편차를 의미한다. 품질관리에서의 시그마는 제품의 불량정도를 나타내는 척도로서 사용되며, 정상제품의 비율이 99.3%에 달하는 4의 경우 100만개 중 불량품의 개수가 6210개에 이르게 된다. 따라서 6경영(정상제품의 비율 : 99.99966%)을 하면 100만개 중 불량품의 개수가 3.4개에 불과하므로 제품의 불량이 거의 사라지게 되고 고객의 불만은 제로수준에 가깝게 된다.

# [味(미)를 아는 美人(미인) 잡아라]
## '웰빙族(족) 잡기'

※ 한자 Zoom In
　消費者(소비자) 趣向(취향) 好奇心(호기심) 差別(차별) 人氣(인기)
※ 시사 Zoom In
　新소비 트랜드 다양한 소비자층이 공유

　여름철 ①盛需期(성수기)를 앞둔 빙과 시장도 젊은 여성 ②消費者(소비자)들을 노리는 마케팅이 ③主流(주류)를 이루고 있다. 본격적인 성수기의 얼음과자 출시를 앞둔 현재까지 새로 출시된 유지방 아이스크림 제품들의 면모를 살펴보면 단맛을 강조한 제품보다는 요거트나 너트류 등을 함유해 깔끔하고 고소한 맛을 내는 여성④趣向(취향)의 제품이 눈에 띄고 있는 것.

　업계 1위인 롯데제과는 아이들 귀에는 낯선 열대과일 제품 '화이트 구아바'와 '나뚜르'의 '검은깨 검은콩' 등 '웰빙'을 의식한 새로운 맛의 제품을 잇달아 출시해 초콜릿과 딸기 등 기존의 맛에 ⑤食傷(식상)한 소비자들의 ⑥好奇心(호기심)을 자극하고 있다. 장수 브랜드인 '월드콘'에서도 성인층 입맛까지 노리는 호두맛을 출시해 여름철 시장 확대에 시동을 걸었다.

　해태제과 역시 아이들 입맛은 물론 성인층을 겨냥해 ⑦差別(차별)화된 제품을 내놓고 있다. 브라보콘의 '센터필 딸기'는 풍부한 딸기의 맛으로 콘 아이스크림 시장에 20대 여성 소비자들을 끌어들이고 있으며, 여성들이 좋아하는 고급 케이크나 아이스크림 원료인 마카다미아를 사용한 '마카마루'나 '연양갱콘' 등도 아이들보다는 어른들을 의식한 ⑧新製品(신제품)으로 풀이된다.

　아이스크림 업계 유일의 유업체라는 점을 의식하는 빙그레는 자사 빙과제품을 ⑨特化(특화)시키기 위해 우유와 발효유를 사용한 '순수乳'와 '요맘때' 등의 제품을 선보여, 달지 않고 깔끔한 맛과 몸에 좋은 제품이라는 두 가지를 동시에 추가하는 여성들의 심리를 파고들고 있다. 이 밖에 롯데삼강도 여대생과 직장여성을 주 소비층으로 인식, '델몬트' 브랜드를 앞세운 요거트 아이스크림 등으로 제품 ⑩高級(고급)화에 나섰다.

　한편, 프리미엄 아이스크림 시장의 고급화 열기 속에 성수기를 맞아 시장내 경쟁도 후끈 달아오르고 있다. 국내 토종 브랜드인 '나뚜루'의 경우 젊은층에서 ⑪人氣(인기)를 누리는 녹차 아이스크림이 전체 매출에서 가장 큰 ⑫比重(비중)

한자능력검정시험 2급 기출
– 過[과](2회 142번) – 限界[한계](16회 90번)

을 차지할 정도로 좋은 ⑬反應(반응)을 얻고 있으며, 딸기와 검은깨, 검은콩 등도 반응이 좋다. 나뚜루는 앞으로도 소비자들의 입맛에 맞는 기능성 제품으로 3년 이내에 프리미엄 아이스크림 시장을 ⑭制覇(제패)한다는 전략이다. 외국계 브랜드인 '하겐다즈'는 서울과 수도권의 전문숍에서 와인과 과일이 어우러진 3종의 빙수를 선보이며 '맛·멋·건강'이라는 세 가지 요소를 내세움으로써 웰빙족 여성들을 겨냥한 고급 마케팅에 ⑮拍車(박차)를 가하고 있다. 서울경제 2004.04.23

## ZOOM I » 한자 엿보기

| | | | | | | | | | | | |
|---|---|---|---|---|---|---|---|---|---|---|---|
| ① | 盛 성할 성 | ④ | 流 흐를 류 | ⑦ | 心 마음 심 | ⑩ | 化 될 화 | ⑬ | 反 돌이킬 반 |
| | 需 쓰일 수 | | 趣 뜻 취 | | 差 다를 차 | | 高 높을 고 | | 應 응할 응 |
| | 期 기약할 기 | | 向 향할 향 | | 別 다를 별 | | 級 등급 급 | ⑭ | 制 절제할 제 |
| ② | 消 사라질 소 | ⑤ | 食 먹을 식 | ⑧ | 新 새 신 | ⑪ | 人 사람 인 | | 覇 으뜸 패 |
| | 費 쓸 비 | | 傷 상처 상 | | 製 지을 제 | | 氣 기운 기 | ⑮ | 拍 칠 박 |
| | 者 놈 자 | ⑥ | 好 좋을 호 | | 品 물건 품 | ⑫ | 比 견줄 비 | | 車 수레 차 |
| ③ | 主 주인 주 | | 奇 기특할 기 | ⑨ | 特 특별할 특 | | 重 무거울 중 | | |

## ZOOM II » 응용한자 알아보기

② 消費者(소비자) : 재화를 소비하는 사람.

＊所費(소비) : 所[바 소] 費[쓸 비]

어떤 일에 드는 비용.

❖ 소비성향(消費性向) : 性[성품 성] 向[향할 향]

일정 기간의 소득 중에서 소비가 차지하는 비율.

❖ 소비자가격지수(消費者價格指數) : 價[값 가] 格[격식 격] 指[가리킬 지] 數[셈 수]

소비자가 구입하는 상품의 가격변동을 나타내는 지수.

❖ 과소비(過消費) : 過[지날 과]

한자능력검정시험 3급 기출

– 過[과](22회 112번) – 限界[한계](10회 15번, 14회 148번)

정응·정렬

과도한 소비.

❖ **한계소비성향(限界消費性向)** : 限[한할 한] 界[지경 계] 性[성품 성] 向[향할 향]

소득의 한 단위가 늘어남에 따라 소비가 늘어나는 경향의 비율.

---

④ **趣向**(취향) : 하고 싶은 마음이 쏠리는 방향.

＊ **醉鄕(취향)** : 醉[취할 취] 鄕[시골 향]

취중에 느끼는 정겨운 경지.

---

❖ **유취(幽趣)** : 幽[그윽할 유]

그윽한 풍치.

❖ **정취(情趣)** : 情[뜻 정]

정감을 불러일으키는 흥취.

---

⑥ **好奇心**(호기심) : 새롭거나 신기한 것에 끌리는 마음.

＊ **好機(호기)** : 好[좋을 호] 機[틀 기]  좋은 기회.

＊ **浩氣(호기)** : 浩[넓을 호] 氣[기운 기]

호연한 기운; 浩然之氣(호연지기)

---

❖ **우호조약(友好條約)** : 友[벗 우] 條[가지 조] 約[맺을 약]

국가와 국가 사이의 우의적인 관계를 유지하기 위해 맺는 조약.

❖ **무골호인(無骨好人)** : 無[없을 무] 骨[뼈 골] 人[사람 인]

아주 순하여 남의 비위를 잘 맞추는 사람 또는 줏대가 없는 사람을 이르는 말.

---

⑦ **差別**(차별) : 차가 있게 구별함.

---

❖ **차별대우(差別待遇)** : 待[기다릴 대] 遇[만날 우]

차별을 두고 하는 대우.

❖ **차별관세(差別關稅)** : 關[관계할 관] 稅[세금 세]

특정 상품이나 특정 국가의 수입품에 대하여 일반 세율보다 높은 세율을 부과하는 관세.

---

⑪ **人氣**(인기) : 어떤 사람이나 사물에 대하여 쏠리는 사람들의 호감이나 평판.

＊ **人器(인기)** : 人[사람 인] 器[그릇 기]

사람의 됨됨이.

❊ **오기(傲氣)** : 傲[거만할 오]

　힘이 모자라면서도 남에게 지기 싫어하는 마음.

❊ **심기(心氣)** : 心[마음 심]

　마음으로 느끼는 기분.

---

## Zoom Ⅲ » 시사 흐름잡기

### 웰빙(well-being)

■ **웰빙이란?**

❊ 사전적으로는 well과 being의 합성어로서 다양한 의미로 해석이 가능하며 아직 확실하게 통일된 개념적 정의가 정착되지는 않다. 미국에서는 사회적인 의미의 '복지'로 사용된다.

❊ 일반적으로 사회적인 성공보다는 육체적으로 건강하고 정신적으로 여유로운 삶을 추구하는 사회 풍조를 가리킨다.

❊ 웰빙은 10대에서부터 주부, 노인에 이르기까지 다양한 소비자층이 공유하고 있는 대중성 있는 新소비 트랜드이다.

❊ 기본적인 소비니즈가 충족되면서 보다 낳은 것을 추구하고자 하는 소비자들의 니즈이다.

❊ 일반적으로 국민소득이 1만 달러 이상이 되었을 때 나타나는 현상이다.

■ **웰빙으로 인한 영향**

❊ 사람들의 삶과 관련된 거의 모든 부분에 웰빙의 개념이 도입되게 되었다.

❊ 웰빙이 기업경영의 키 워드로 인식되면서 웰빙과 관련된 많은 상품들이 출시되었다. 또한 웰빙의 개념이 도입되기 이전에 출시된 제품까지도 웰빙이란 이름으로 재포장되어 소비자의 마음에 새롭게 인식되고 있다.

❊ 웰빙 산업이 급속히 확산되면서 최근에는 웰빙의 본래의 의미가 변질되어 사치생활을 부추기는 상업적 마케팅으로 악용되는 사례도 늘어나고 있다.

■ **웰빙 열풍의 원인**

❊ 경제적인 불확실성이 지속되고, 전 세계를 공포에 떨게 했던 사스(SARS), 조류독감 등의 사건이 계속되면서 사람들은 신체적, 정신적으로 스트레스가 없는 여유로운 생활을 갈망하기 시작하였다.

❊ 삶의 가치관이 변화하면서 '건강', '환경'에 대한 관심이 고조되었다. 특히 웰빙이 짧은 기간동안

에 중요한 新소비트 랜드로 자리매김할 수 있었던 것은 매스컴의 집중적인 조명과 인터넷을 통한 정보 공유가 가능했기 때문이다.

❖ 주5일 근무제의 도입으로 여가에 대한 관심이 높아지게 되었다.

❖ 내수부진에 빠진 기업들이 마케팅 차원에서 웰빙을 적극적으로 활용하면서 소비자들의 니즈를 자극하였다.

### ■ 주요 웰빙 산업의 예

❖ 식료품 관련

유기농이나 친환경 농산물, 비타민 음료 등의 기능성 음료, 건강보조식품.

❖ 운동 관련

요가, 명상, 스파(반신욕), 헬스, 찜질방, 각종 레저 스포츠.

❖ 가전제품 관련

비데, 공기 청정기, 이온수기.

# 가로-세로열쇠로 복습하기

※ 한글로 가로-세로 열쇠를 채워봅시다.

### 가로 열쇠

1. 오로지 한 가지 일을 맡아 힘쓰는 기구.
3. '쇠귀에 경 읽기'라는 뜻으로 아무리 가르치고 알려 주어도 알아듣지 못함을 이르는 말.
7. 소득의 한 단위가 늘어남에 따라 소비가 늘어나는 경향의 비율.
11. 과도한 소비.
12. 국가와 국가 사이의 우의적인 관계를 유지하기 위해 맺는 조약.

15. 전략적으로 매우 중요한 지역.

16. 사회일반이나 공중에 관계되는 것.

17. 여러 사람이 함께 물건을 삼.

19. 사회보험 중 하나로서, 근로자가 실업했을 경우에 보험금을 지급하여 생활의 안정을 꾀하도록 하는 보험.

21. 떨어지기를 아쉽게 여김.

2. 다양한 용도가 있는 재화가 어떤 한 가지 목적을 위해 사용됐을 때 다른 목적을 위해 사용되었더라면 얻을 수 있었던 가치.

4. 포부를 가지고 일을 계획함.

5. 인식의 첫 단계인 감각, 지각, 표상의 단계.

6. 하고 싶은 마음이 쏠리는 방향.

8. 소비자가 구입하는 상품의 가격변동을 나타내는 지수.

10. 뼈가 없어 좋은 사람이란 뜻으로, 아주 순하여 남의 비위를 잘 맞추는 사람을 이르는 말.

11. 한 정치체제에서 다른 정치체제로 바뀌는 과정에서 임시로 조직된 정부.

13. 토지의 경우 한정된 자산이므로 소유와 처분을 공익을 위하여 적절히 제한할 수 있다는 개념.

14. 1789년 8월 26일 프랑스 국민의회의 결의에 따라 채택된 기본적 인권에 대한 선언.

15. 기업이 장기 경영 전략을 펼치기 위해 계획을 세울 때 설정하는 관리 단위.

18. 값이 오르거나 물량이 달릴 것을 예상하여 어떤 상품을 한꺼번에 많이 사 두고 되도록 팔지 않으려 하는 일.

20. 차별을 두고 하는 대우.

※ 한자로 가로-세로 열쇠를 채워봅시다.

| | 1 | | 2 | | | | 3 | | | 4 |
|---|---|---|---|---|---|---|---|---|---|---|
| | | | 5 | 6 | | | | | | |
| 7 | | 8 | | | | 10 | | | | |
| 11 | | | | | | | | | | |
| | | | | 12 | | | | | | |
| | | | | 13 | 14 | | | | | |
| | | 15 | | | | | | | | |
| | | | 16 | 17 | | | 18 | | | |
| | | | | | | | | | | |
| | 19 | | | | | | | | 20 | |
| | | | | | | | 21 | | | |
| | | | | | | | | | | |
| | | | | | | | | | | |

## 가로 열쇠

1. 오로지 한 가지 일을 맡아 힘쓰는 기구.

3. '쇠귀에 경 읽기'라는 뜻으로 아무리 가르치고 알려 주어도 알아듣지 못함을 이르는 말.

7. 소득의 한 단위가 늘어남에 따라 소비가 늘어나는 경향의 비율.

11. 과도한 소비.

12. 국가와 국가 사이의 우의적인 관계를 유지하기 위해 맺는 조약.

15. 전략적으로 매우 중요한 지역.

16. 사회일반이나 공중에 관계되는 것.

17. 여러 사람이 함께 물건을 삼.

19. 사회보험 중 하나로서, 근로자가 실업했을 경우에 보험금을 지급하여 생활의 안정을 꾀하도록 하는 보험.
21. 떨어지기를 아쉽게 여김.

**세로 열쇠**

2. 다양한 용도가 있는 재화가 어떤 한 가지 목적을 위해 사용됐을 때 다른 목적을 위해 사용되었더라면 얻을 수 있었던 가치.
4. 포부를 가지고 일을 계획함.
5. 인식의 첫 단계인 감각, 지각, 표상의 단계.
6. 하고 싶은 마음이 쏠리는 방향.
8. 소비자가 구입하는 상품의 가격변동을 나타내는 지수.
10. 뼈가 없어 좋은 사람이란 뜻으로, 아주 순하여 남의 비위를 잘 맞추는 사람을 이르는 말.
11. 한 정치체제에서 다른 정치체제로 바뀌는 과정에서 임시로 조직된 정부.
13. 토지의 경우 한정된 자산이므로 소유와 처분을 공익을 위하여 적절히 제한할 수 있다는 개념.
14. 1789년 8월 26일 프랑스 국민의회의 결의에 따라 채택된 기본적 인권에 대한 선언.
15. 기업이 장기 경영 전략을 펼치기 위해 계획을 세울 때 설정하는 관리 단위.
18. 값이 오르거나 물량이 달릴 것을 예상하여 어떤 상품을 한꺼번에 많이 사 두고 되도록 팔지 않으려 하는 일.
20. 차별을 두고 하는 대우.

경영·경제

| 1 | 2 | 3 | 4 | 5 | 6 | 7 | 8 | 9 | 10 | 11 | 12 | 13 |
|---|---|---|---|---|---|---|---|---|---|---|---|---|
|  | 전 | 문 | 기 | 구 |  |  |  |  | 우 | 이 | 독 | 경 |
|  |  |  | 회 | 감 | 취 |  |  |  |  |  |  | 륜 |
| 한 | 계 | 소 | 비 | 성 | 향 |  |  | 무 |  |  |  |  |
| 과 | 소 | 비 | 용 | 적 |  |  |  | 골 |  |  |  |  |
| 도 |  | 자 | 단 |  |  | 우 | 호 | 조 | 약 |  |  |  |
| 정 |  | 가 | 계 |  |  | 토 | 인 |  |  |  |  |  |
| 부 |  | 격 | 전 | 략 | 요 | 지 | 권 |  |  |  |  |  |
|  |  | 지 | 략 |  |  | 공 | 공 | 동 | 구 | 매 |  |  |
|  |  | 수 | 사 |  |  | 개 | 동 |  |  | 점 |  |  |
|  |  | 실 | 업 | 보 | 험 | 념 | 선 |  |  | 매 | 차 |  |
|  |  |  | 단 |  |  |  | 언 |  |  | 석 | 별 |  |
|  |  |  | 위 |  |  |  |  |  |  |  | 대 |  |
|  |  |  |  |  |  |  |  |  |  |  | 우 |  |

**가로-세로 열쇠로 복습하기 정답**

| 1 | 2 | 3 | 4 | 5 | 6 | 7 | 8 | 9 | 10 | 11 | 12 | 13 |
|---|---|---|---|---|---|---|---|---|---|---|---|---|
|  | 專 | 門 | 機 | 構 |  |  |  |  | 牛 | 耳 | 讀 | 經 |
|  |  |  | 會 | 感 | 趣 |  |  |  |  |  |  | 綸 |
| 限 | 界 | 消 | 費 | 性 | 向 |  |  | 無 |  |  |  |  |
| 過 | 消 | 費 | 用 | 的 |  |  |  | 骨 |  |  |  |  |
| 渡 |  | 者 | 段 |  |  | 友 | 好 | 條 | 約 |  |  |  |
| 政 |  | 價 | 階 |  |  | 土 | 人 |  |  |  |  |  |
| 府 |  | 格 | 戰 | 略 | 要 | 地 | 權 |  |  |  |  |  |
|  |  | 指 | 略 |  |  | 公 | 共 | 同 | 購 | 買 |  |  |
|  |  | 數 | 事 |  |  | 槪 | 同 |  |  | 占 |  |  |
|  |  | 失 | 業 | 保 | 險 | 念 | 宣 |  |  | 賣 | 差 |  |
|  |  |  | 單 |  |  |  | 言 |  |  | 惜 | 別 |  |
|  |  |  | 位 |  |  |  |  |  |  |  | 待 |  |
|  |  |  |  |  |  |  |  |  |  |  | 遇 |  |

# M&A 방어 문제점 보완해야

> ※ 한자 Zoom In
> 制度(제도) 改善(개선) 否定(부정) 公正去來(공정거래) 代案(대안)
> ※ 시사 Zoom In
> 외적성장(external growth) 출자총액 제한 제도 주식취득한도 외국인 투자촉진법

김진표 부총리 겸 재정경제부 장관이 22일 국내 기업들이 ①敵對的(적대적) 인수·합병(M&A)에 제대로 대처할 수 있도록 ②制度(제도)적 문제점을 ③改善(개선)해 나가겠다고 밝힌 것은 때늦은 감이 있지만 적절한 정책대응으로 판단된다. 물론 김 부총리의 말처럼 적대적 M&A 자체를 ④否定(부정)적으로 보는 것은 곤란한 일이다. 기업이 경영상의 잘못으로 ⑤收益性(수익성)이 악화되거나 경쟁력이 떨어졌을 때 기업의 경영권 장악을 목적으로 한 적대적 M&A는 오히려 기업과 주주에게 득이 될 수 있기 때문이다. 그러나 문제는 이번 SK에 대한 크레스트의 공격적 ⑥持分(지분) 매입에서도 볼 수 있듯이 우리의 정상적인 기업들조차 정부의 각종 ⑦規制(규제)에 손발이 묶여 적대적 M&A로부터 스스로를 보호할 수 없는 상황이 올 가능성에 있다.

대표적인 규제는 역시 ⑧出資總額限度(출자총액한도)를 넘어섰을 경우 의결권을 제한하는 출자총액제한 제도와 금융회사 보유 계열사 주식에 대한 ⑨議決權(의결권) 제한이다. 지분을 분명히 갖고 있음에도 불구하고 의결권을 행사하지 못하도록 하니 크레스트가 14.99% 주식만으로 SK의 경영권을 위협하고 0.01%만 더 사면 SK텔레콤 경영권도 위기에 몰아넣을 수 있는 상황이 된 것이다. 여기서 문제점은 적대적 M&A를 시도하는 외국인은 출자총액제한이나 금융회사 보유 계열사 주식 의결권 제한 등의 규제를 받지 않는다는 사실이다. 주식을 사면 사는 대로 모두 의결권을 행사할 수 있다. 결국 공격하는 쪽은 두 손 두 발을 모두 자유자재로 쓰면서 압박하는데 공격당하는 쪽은 양 손 양 발이 다 묶여 있는 형국이다. 그렇다고 유럽 국가들처럼 황금주식제도(golden share)나 차등의결권 주식, 의결권 제한(voting cap)등 적극적인 M&A ⑩保護(보호) 제도를 ⑪導入(도입)하자는 것도 아니다. 기존에 있는 제도도 유럽연합(EU)을 중심으로 폐기해 나가는 게 세계적인 추세이기도 하다. 이런 때 적대적 M&A를 제한하는 제도를 도입하는 것은 시대에 뒤떨어진 발상임에 틀림없다.

기업들도 이를 잘 알고 있다. 그들이 요구하는 것은 새로운 ⑫防禦(방어)제도를 도입해 달라는 것이 아니라 현행 제도만으로도 방어가 가능하게 각종 규제를 풀어달라는 것이다. 그러나 현재 ⑬公正去來(공정거래)위는 출자총액제한제도를 오히려 강화해야 한다고 주장하고 있다. 김 부총

리가 이 문제에 대해 5월중 민관합동 태스크 포스를 구성해 합리적인 ⑭代案(대안)을 마련하겠다고 하니 공정위도 '대기업 규제일변도' 사고에서 벗어나 국민 경제적 ⑮效用(효용)을 극대화하는 쪽으로 대안을 마련해 줄 것을 기대한다.

매일경제 2003. 4. 24

# ZOOM Ⅰ » 한자 엿보기

| | | | | | | | | | |
|---|---|---|---|---|---|---|---|---|---|
| ① | 敵 대적할 적 | ⑤ | 定 정할 정 | ⑧ | 出 날 출 | ⑩ | 權 권세 권 | ⑭ | 正 바를 정 |
| | 對 대할 대 | | 收 거둘 수 | | 資 재물 자 | | 保 지킬 보 | | 去 갈 거 |
| | 的 과녁 적 | | 益 더할 익 | | 總 다 총 | | 護 도울 호 | | 來 올 래 |
| ② | 制 절제할 제 | ⑥ | 性 성품 성 | | 額 이마 액 | ⑪ | 導 인도할 도 | | 代 대신 대 |
| | 度 법도 도 | | 持 가질 지 | | 限 한할 한 | | 入 들 입 | | 案 책상 안 |
| ③ | 改 고칠 개 | | 分 나눌 분 | | 度 법도 도 | ⑫ | 防 막을 방 | ⑮ | 效 본받을 효 |
| | 善 착할 선 | ⑦ | 規 법 규 | ⑨ | 議 의논할 의 | | 禦 막을 어 | | 用 쓸 용 |
| ④ | 否 아닐 부 | | 制 절제할 제 | | 決 결단할 결 | ⑬ | 公 공변될 공 | | |

# ZOOM Ⅱ » 응용한자 알아보기

②制度(제도) : 정해진 법규. 국가나 사회구조의 체계 및 형태.

　＊製圖(제도) : 製[지을 제] 圖[그림 도]
　　　건축물, 기계 등의 도면이나 도안을 그려서 만듦.

　＊諸島(제도) : 諸[모두 제] 島[섬 도]
　　　모든 섬. 여러 섬.

한자능력검정시험 3급 기출
– 敵對[적대](7회 133번) – 制度[제도](13회 147번) – 限度[한도](21회 139번)

❖ **전매제도(專賣制度)** : 專[오로지 전] 賣[팔 매]

국가가 특정 상품을 팔거나 만들어 파는 일을 독차지 하는 제도.

❖ **장학제도(獎學制度)** : 獎[장려할 장] 學[배울 학]

학문을 장려하는 목적으로 학자금을 치러 주는 제도.

---

③ **改善**(개선) : 잘못된 점을 고쳐 잘 되게 함.

  * **凱旋(개선)** : 凱[즐길 개] 旋[돌 선]

    전쟁에서 이기고 돌아옴.

  * **改選(개선)** : 改[고칠 개] 選[뽑을 선]

    새로 선출함.

---

❖ **시정개선(施政改善)** : 施[베풀 시] 政[정사 정]

정치를 좋게 고침.

❖ **개선책(改善策)** : 策[꾀 책]

개선의 방책

---

④ **否定**(부정) : 그렇지 않다고 함.

  * **不正(부정)** : 不[아닐 부] 正[바를 정]

    바르지 않다. ; 不正選擧(부정선거), 不正行爲(부정행위)

  * **不淨(부정)** : 不[아닐 부] 淨[깨끗할 정]

    깨끗하지 못함. ; 不淨腐敗(부정부패)

---

❖ **가부(可否)** : 可[옳을 가]

옳고 그름의 여부.

❖ **안부(安否)** : 安[편안 안]

편안히 잘 있는지를 물음.

---

⑬ **公正去來**(공정거래) : 독점 거래나 암거래가 아닌 공정한 거래.

  * **工程(공정)** : 工[장인 공] 程[길 정]

    작업이 되어가는 정도. ; 工程損失(공정손실)

  * **公定(공정)** : 公[공변될 공] 定[정할 정]

    일반의 공론에 의해 결정됨.

◈ 공정가격(公正價格) : 價[값 가] 格[격식 격]

　상품에 대한 공평하고 적당한 가격.

◈ 공정지가(公正地價) : 地[땅 지] 價[값 가]

　토지대장에 등재된 토지의 가격.

⑭ 代案(대안) : 어떤 안을 대신하는 다른 안.

*對案(대안) : 對[대할 대] 案[책상 안]

　　상대방의 안에 대하여 내놓는 안.

*對顔(대안) : 對[대할 대] 顔[얼굴 안]

　　서로 마주보고 대함.

◈ 대안부재(代案不在) : 不[아닐 부] 在[있을 재]

　대안이 없음.

◈ 대안제시(代案提示) : 提[끌 제] 示[보일 시]

　대안을 드러내 놓은 것.

# ZOOM Ⅲ » 시사 흐름잡기

## M&A(Merger & Acquisition)

### ■ M&A란?

　M&A는 경영환경의 변화에 대응하기 위하여 경영권을 수반한 다른 기업의 지분을 인수하고, 하나의 법인으로 통합되어 기업행위를 할 수 있도록 하는 기업간의 매수 합병을 말한다. M&A를 통하여 기업은 외적인 성장(external growth)을 이룰 수 있고, 신규 시장에 참여하는 시간을 줄일 수 있으며, 영업, 재무적 시너지 효과를 누릴 수 있다. 한국은 1997년 외환위기 이후 구조조정 과정을 거치면서 M&A가 활성화되기 시작하였다.

### ■ M&A 성공 사례

◈ 현대자동차가 기아자동차를 인수하면서 세계적인 자동차 회사로 인정받고 있다. 이것은 규모의 경제가 중요한 자동차 산업의 특성과 함께 세계시장을 고려한 경영전략을 세웠기 때문인 것으로 분석된다. 인수 이후 현대자동차는 5년 연속 흑자를 내고 있다.

◈ 인터넷 포털을 모델로 했던 '네이버'와 온라인 게임이 수익 모델인 '한게임'이 결합하면서 큰 성공

을 거두었다. 이후 후발주자인 '네이버'는 '다음'과 검색순위 1위를 다투는 위치까지 급성장하게 되었다. SK커뮤니케이션의 '네이트닷컴' 역시 '싸이월드'를 인수하면서 급성장하여 '야후코리아'를 제치고 검색순위 3위에 올라섰다.

## ■ M&A 실패 사례

◈ 음료, 식품회사인 '해태'가 오디오업계 1위인 '인켈'을 인수하는 무리한 사업다각화를 추진하다가 결국 1997년 부도를 맞았다.

◈ 신동방이 미도파 백화점을 인수하는 과정에서 양쪽에 막대한 손실이 발생하였다. 결국 미도파 백화점은 부도 처리되었고, 신동방은 CJ에 합병되었다.

## ■ 적대적 M&A란?

적대적 M&A란 인수기업이 피인수기업 경영진의 동의없이 지분경쟁을 통해서 피인수기업을 인수, 합병하는 것을 의미한다. 최근 들어 외국자본의 국내유입이 늘어나면서 국내 대기업들의 대다수가 적대적 M&A의 위협에 노출되어 있는 상황이지만 제도상의 문제점으로 보완이 필요한 실정이다. 우리나라의 적대적 M&A에 대한 사회적 분위기는 상당히 부정적이며, 이럴 경우 인수기업의 입장에서는 부담을 가질 수밖에 없다.

## ■ 한국기업이 적대적 M&A에 취약한 이유

정부는 1997년 외환위기 이후 강도 높은 구조조정을 실시하고 외국자본을 유치하기 위하여 M&A와 관련된 여러 가지 규제들을 폐지하였다. 특히 정부는 대기업의 무분별한 사업 확장을 막기 위하여, 국내기업에게는 '출자총액 제한 제도' 등을 통해서 기업의 보유지분에 대한 의결권을 제한하고 있으면서 외국인에게는 '주식취득한도'를 폐지함에 따라서 역차별의 논란이 존재하고 있다. 또한, 증권거래법에 의하면 내국인의 경우 상장기업 주식의 5% 이상을 취득할 경우 5일 이내에 공시해야 하지만 외국인 투자지분은 '외국인 투자촉진법'에 의하여 10% 이상을 취득할 경우에 5일 이내에 공시할 의무가 생긴다. 이때 10% 이상의 지분을 5일 이내에 추가로 취득할 경우 경영권을 위협할 수 있는 지분을 확보할 수 있게 된다.

## ■ 최근 SK의 적대적 M&A 사건 요약

SK글로벌이 분식회계 사건으로 검찰에 고발되면서 최태원 회장이 소환되었고 SK(주)주가는 폭락하게 된다. 이때 자산운용회사 소버린의 자회사인 크레스트가 폭락한 SK(주)의 주식을 매집하기 시작하였고 SK(주) 지분의 14.99%를 확보함에 따라 SK(주)는 적대적 M&A의 위험에 노출되게 된다. 그러나 부정적 여론이 형성되면서 크레스트는 추가매입의 의도가 없음을 밝히게 되었고 사건은 일단락되었다.

## ■ 최근 현대그룹 적대적 M&A 사건 요약

2003년 8월 현대그룹 회장이었던 정몽헌씨가 타계하였다. 이때 미국계 GMO펀드가 현대그룹의 지주회사인 현대엘리베이터의 지분을 매집하면서 현대그룹은 적대적 M&A의 위험에 노출되게 된다. 현대그룹은 경영권을 방어하기 위하여 삼촌인 정상영 금강고려화학(KCC)측에 도움을 요청하였고, KCC의 백기사 역할로 인하여 현대는 경영권 방어에 성공하게 된다. 이때 현대주가는 적대적 M&A의 기대로 인하여 급등하였고, GMO펀드는 막대한 차익을 얻은 후 주식을 처분하게 된다. 그런데 이번에는 KCC 정상영 회장측에서 현대그룹의 인수의사를 밝히면서 현대그룹은 다시 적대적 M&A의 위험 속에 노출되었고, 2004년 3월 30일 주주총회에서 현대그룹이 승리하면서 경영권 방어에 성공하게 된다.

경영·경제

# Chapter ⑫

# 아파트 '투기 펀드' 까지 설칠 정도니

※ 한자 Zoom In
投機(투기) 操作(조작) 正常的(정상적) 讓渡(양도) 實效性(실효성)
※ 시사 Zoom In
10.29 대책 토지공개념 단기부동자금 주택거래신고제 재건축 개발이익 환수제

부동산에서 한탕 챙기기 위해 거액의 ①投機(투기)자금이 조성되고 이 돈으로 아파트 값이 조작되는 세상이다. 국세청은 어제 서울 강남 일대에서 200억~300억원의 자금을 모아 아파트를 집중적으로 사들인 뒤 공급 물량을 조절하는 ②手法(수법)으로 값을 올린 전문 투기조직 등을 잡아냈다고 밝혔다. 증권시장에서나 많이 듣던 ③價格(가격) ④操作(조작)이라는 시장 파괴적 행태가 모습은 약간 다르지만 어느 새 부동산 시장에도 등장한 것이다. 이러니 강남지역 등의 부동산 시장이 ⑤正常的(정상적)으로 작동할 수 있었겠는가. 이들 전문 투기세력을 비롯해 각종 투기사범들을 엄벌해야 함은 두말할 나위가 없다.

정부가 새삼 무거운 책임을 느껴야 한다. 그 동안 숱하게 쏟아낸 부동산 대책들이 얼마나 허술했으면 아파트 '투기 펀드' 까지 설칠 수 있었을까 싶다. 하지만 정부는 아직 문제의 ⑥深刻性(심각성)을 제대로 인식하지 못한 듯하다. 상당

한 기대를 모았던 '10·29 주택시장 안정 종합대책' 이나 후속대책이 여전히 투기바람을 잡기에는 힘이 부족해 보이기 때문이다. 다주택 소유자한테 ⑦讓渡(양도) ⑧所得(소득)세와 보유세 등을 무겁게 물리겠다고 하지만 높은 양도 ⑨差益(차익)이나 시세에 견주면 ⑩實效性(실효성)을 담보하기 어렵고 시행시기가 한참 뒤로 잡힌 대책이 적지 않잖은가. 특히 '강력한 토지 ⑪公槪念(공개념) 제도' 도입은 아직도 ⑫檢討(검토) 대상' 에서 벗어나지 못하고 있다. 시중 부동자금의 흐름에 영향을 줄 ⑬金利(금리)의 미세 조정 등도 뒷전에 밀려난 상태다.

그런데도 한나라당과 일부 언론은 정부의 '10·29 대책' 등이 무리한 것이라고 딴죽을 걸고 있다. ⑭實需要者(실수요자)의 ⑮租稅(조세) 부담이 급격히 늘어날 수 있다거나 보유세를 강화할 기반이 마련되지 않았다는 등 납득하기 어려운 이유를 댄다. 나라 경제를 좀먹는 부동산 투기의 위험성을 모르지 않는다면 이러지는 못할 것

**한자능력검정시험 2급 기출**
– 深刻[심각](22회 80번) – 槪念[개념](24회 146번)

이다. 정부가 진정으로 투기를 잡을 생각이 있다면 이런 소리에 휘둘리지 말고 국민들이 믿을 수 있는 2단계 대책을 내놔야 할 것이다.

한겨레 2003. 11. 4

## ZOOM Ⅰ » 한자 엿보기

| | | | | | | | | | | | | |
|---|---|---|---|---|---|---|---|---|---|---|---|---|
| ① | 投 던질 투 | | 正 바를 정 | ⑧ | 所 바 소 | ⑪ | 槪 대개 개 | | 要 요긴할 요 |
| | 機 틀 기 | ⑤ | 常 떳떳할 상 | | 得 얻을 득 | | 念 생각 념 | | 者 놈 자 |
| ② | 手 손 수 | | 的 과녁 적 | ⑨ | 差 다를 차 | ⑫ | 檢 검사할 검 | ⑮ | 租 조세 조 |
| | 法 법 법 | | 深 깊을 심 | | 益 더할 익 | | 討 칠 토 | | 稅 세금 세 |
| ③ | 價 값 가 | ⑥ | 刻 새길 각 | | 實 열매 실 | ⑬ | 金 쇠 금 | | |
| | 格 격식 격 | | 性 성품 성 | ⑩ | 效 본받을 효 | | 利 이로울 리 | | |
| ④ | 操 잡을 조 | | 讓 사양할 양 | | 性 성품 성 | ⑭ | 實 열매 실 | | |
| | 作 지을 작 | ⑦ | 渡 건널 도 | | 公 공변될 공 | | 需 쓰일 수 | | |

## ZOOM Ⅱ » 응용한자 알아보기

① 投機(투기) : 확신도 없이 기회를 노려서 큰 이익을 보려는 사행성 행위.

  * 妬忌(투기) : 妬[투기할 투] 忌[꺼릴 기]
    이성 사이에서 자기 아닌 다른 이성을 사랑하는 것에 대한 강한 질투.

  * 鬪技(투기) : 鬪[싸움 투] 技[재주 기]
    재주나 힘을 겨루는 일. ;格鬪技(격투기)

  * 投棄(투기) : 投[던질 투] 棄[버릴 기]
    내던져 버림.

❖ 투기매매(投機賣買) : 賣[팔 매] 買[살 매]
  투기적으로 사고 파는 행위.

❖ 투기시장(投機市場) : 市[저자 시] 場[마당 장]

한자능력검정시험 3급 기출
- 需要[수요](14회 31번, 15회 43번, 16회 6번) - 租稅[조세](12회 42번, 13회 18번, 16회 1번)

투기거래가 이루어지는 시장.

④ 操作(조작) : 사물을 자기에게 편리하고, 유리하도록 공작하여 조작함.
 * 造作(조작) : 造[지을 조] 作[지을 작]
     무슨 일을 꾸미어 만듦.

❖ 여론조작(輿論操作) : 輿[수레 여] 論[논할 론]
 여론을 자기 측에 유리하도록 만드는 것.
❖ 시세조작(時勢操作) : 時[때 시] 勢[형세 세]
 증권거래소에서 거래되는 증권의 시세를 인위적으로 조정하는 부정 행위.
❖ 공개시장조작(公開市場操作) : 公[공변될 공] 開[열 개] 市[저자 시] 場[마당 장]
 통화량을 조절하기 위해 중앙은행이 공개시장에 취하는 조치.

⑤ 正常的(정상적) : 특별히 이상한 데가 없이 제대로인 상태.
 * 頂上(정상) : 頂[정수리 정] 上[위 상]
     산의 꼭대기. 그 이상 더 없는 것. ;頂上會談(정상회담)
 * 情狀(정상) : 情[뜻 정] 狀[형상 상]
     결과에 이르기까지의 사정. 인정상 차마 볼 수 없는 가련한 상태. ;情狀參酌(정상참작)

☞ 정상적 거래(正常的 去來) : 去[갈 거] 來[올 래]
 거래상의 특별한 하자가 없는 상태의 거래.

⑦ 讓渡(양도) : 법률상의 권리나 이익을 상대방에게 넘겨 줌.
 * 陽道(양도) : 陽[볕 양] 道[길 도] 남자로서 지켜야 할 도리.

❖ 양도소득세(讓渡所得稅) : 所[바 소] 得[얻을 득] 稅[세금 세]
 개인이 토지, 건물 등을 양도하여 얻은 차익에 대하여 부과하는 조세.
❖ 양도증서(讓渡證書) : 證[증거 증] 書[글 서]
 법률상의 권리를 다른 사람에게 이전함을 증명하는 문서.

⑩ 實效性(실효성) : 실제 효력을 가지는 성질.
 * 失效(실효) : 失[잃을 실] 效[본받을 효]
     효력을 잃음.

❖ 실리(實利) : 利[이로울 리]

실제로 얻은 이익.

❖ 실무(實務) : 務[힘쓸 무]

실제로 취급하는 업무.

## ZOOM Ⅲ ≫ 시사 흐름잡기

경영·경제

### 부동산 정책

#### ■ 부동산 시장 상황 (2003년 10.29대책 전후)

전반적인 내수경기가 침체된 가운데 주택시장만이 이상과열 현상을 보이는 등 주택시장의 불안이 계속되고 있다. 정부가 10.29 대책을 통해서 강력한 정책을 선보였음에도 불구하고 부동산 시장이 안정되지 않아서 '토지 공개념'의 도입까지 언급되고 있는 실정이다. 특히 강남지역의 재건축 아파트와 분양권 전매가 가능한 주상복합 아파트를 중심으로 단기 부동자금이 몰리면서 경제 전체의 불안요소로 작용하고 있다. 더욱이 행정수도 이전과 KTX 고속철도 개통에 따른 주변지역의 개발기대 등으로 특단의 조치가 없는 한 부동산 시장의 불안이 더욱 가중될 전망이다.

#### ■ 부동산 시장 상황 (2004년 4·15총선 전후)

4·15총선 후 내수부진을 지탱해오던 부동산시장이 급격한 침체국면을 맞고 있다. 이는 17대 총선에서 열린 우리당이 과반수 의석을 차지하면서 그 동안 수차례 논의 되었던 강남권 부동산에 대한 투기 억제정책들이 현실화될 것이라는 우려 때문이다. 특히 주택거래신고제의 실시와 재건축 개발이익 환수제의 도입 소식은 강남 부동산에 대한 매력을 상실시켰고 이것이 현재 강남권 부동산 가격 하락의 주요 원인이다.

반면에 충청권의 부동산 시장은 활성화되고 있는 조짐을 보이고 있다. 총선 이후 행정수도 이전에 관한 논의가 본격화되면서 충청권에 대한 부동산 투자심리가 되살아나고 있는 것이다. 현재 정부는 행정수도 입지 가능지역을 3~4곳으로 압축해놓고 막판 조율중이다.

#### ■ 부동산 시장 불안의 원인

❖ 내수경기가 침체된 가운데 다른 자산에의 투자에 비해 부동산 투자가 수익률이 매우 높다는 인식이 형성되면서 부동산으로 투기성 단기부동자금이 몰리고 있다.

❖ 강남이 타 지역에 비해서 교육, 교통, 문화시설, 편의시설 등의 주거 인프라가 상대적으로 우수하기

때문에 이것이 주택가격에 반영되어 강남지역의 주택가격이 지나치게 높게 형성되고 있고 이것이 부동산 시장 전체에 영향을 미치고 있다.

❖ 부동산 시장전체가 다른 시장에 비해서 투명하지 못한 상황이다. 주택을 공급하는 건설회사가 분양원가의 공개를 꺼리고 있는 가운데 공급가격에 거품이 많다는 지적이 일고 있다. 또한, 실수요자보다 투기의 목적을 둔 수요자들이 금융권으로부터의 가계대출을 통해서 자금을 확보하여 단기차익을 노리는 수법으로 전체 부동산 시장의 불투명성을 가중시키고 있다. 속칭 '떴다방' 업자들은 이들의 분양권 전매를 알선해 주고 수익을 얻는 불법 부로커들이다. 그러나 이들에 대한 감시기능이 주식시장 등에 비해서 매우 취약하며, 제도적으로도 헛점이 많은 상태이다.

## ■ 부동산 시장 안정을 위한 대책

❖ 부동산 투기로 이익을 낼 수 없다는 정부의 강력한 의지를 표현하고, 제도적 허점을 보완하여 강력하게 실천해야 할 필요성이 있다. 10.29대책은 순간적으로는 효과가 있는 것으로 보였으나 부동산 시장의 거품을 빼기에는 미흡했다는 평가가 있다.

❖ 장기적으로 지역의 불균형 발전을 해소하기 위하여 강북지역을 중심으로 주거 인프라 확충에 힘써야 할 것이다.

❖ 투기적 목적으로 활용되는 분양권 전매를 원천봉쇄하고, 부동산 투기로 인한 이익이 국가로 환수되어 지역의 균형발전에 쓰일 수 있도록 해야 한다.

❖ 부동산 시장 전체의 불투명성을 해소하기 위하여 부동산 시장을 감시할 수 있는 강력한 기관이 필요하고, 부동산 정보에 대해서 정보의 비대칭성이 발생하지 않도록 정보를 공유할 수 있는 전산망을 구축해야 한다.

❖ 충청권으로의 행정수도 이전은 제2의 강남사태를 불러올 수 있으므로 이를 방지하기 위한 정부의 치밀한 대비책이 요구된다.

# Chapter ⑬

# 은행권 CD/ATM "아웃소싱을 잡아라"

경영·정제

※ 한자 Zoom In
管理(관리) 展望(전망) 維持(유지) 普遍化(보편화) 施行(시행)
※ 시사 Zoom In
글로벌 아웃소싱 산업공동화 BPR BPO 핵심역량

　은행들이 직접 ①管理(관리)하고 있는 금융②自動(자동)화기기(CD/ATM)를 잡으려는 아웃소싱 업체들의 노력이 ③本格化(본격화)되고 있다. 한국전자금융·한네트·노틸러스 효성·게이트뱅크 등 CD/ATM 서비스 전문업체들은 ④向後(향후) 기기관리 효율화와 비용절감을 위해 기기관리를 외부업체에 ⑤委託(위탁)하는 은행들이 늘어날 것으로 보고 해외업체와 ⑥提携(제휴)를 체결하는 등 아웃소싱 물량을 잡으려는 움직임을 보이고 있다. 특히 최근에는 은행들이 단순히 현금충전이나 기기유지보수 등 단순한 아웃소싱에서 벗어나 기기구입도 아웃소싱업체에 맡기는 토털 아웃소싱 서비스를 검토하고 있어 이를 둘러싼 아웃소싱업체들의 경쟁이 본격화될 ⑦展望(전망)이다.

　◆ 시장 확대 전망=아웃소싱 서비스 업체들은 각 은행이 비용절감을 위해 아웃소싱에 적극적으로 나설 것으로 ⑧豫想(예상)하고 있다. 은행의 입장에서는 CD/ATM구입과 ⑨維持(유지)관리

에 막대한 비용이 드는 점을 ⑩勘案(감안)할 때 ⑪保安性(보안성) 문제만 없으면 아웃소싱 업체에 맡기는 것이 더 효율적이기 때문이다. 이에 따라 현재 은행들이 직접 관리하고 있는 6만5000대의 기기 중 점 외에 두고 있는 2만 여대의 기기를 아웃소싱으로 돌릴 경우 아웃소싱 업체들은 만만치 않은 수익원을 확보하게 될 것으로 보고 있다.

　◆ 아웃소싱 경쟁 본격화=아웃소싱이 본격화할 것으로 예상됨에 따라 관련업체들도 발 빠르게 대응하고 있다. CD/ATM서비스 전문업체인 한국전자금융(대표 박종인)은 29일 독일계 금융 자동화기기 전문업체인 윙코닉스돌프와 전략적 제휴를 체결하고 유럽에서 ⑫普遍化(보편화)되어 있는 금융 아웃소싱 서비스 노하우를 받기로 했다. 현재 일부 은행을 대상으로 아웃소싱 업무를 실시하고 있는 한국전자금융은 앞으로 토털아웃소싱 물량이 늘어날 것으로 보고 이에 대한 전략을 마련, ⑬施行(시행)할 ⑭方針(방침)이다.

한자능력검정시험 2급 기출
－ 維持[유지](22회 89번) － 普遍[보편](6회 100번)

또 지난해부터 한미은행과 토털 아웃소싱 서비스를 ⑮示範(시범) 실시하고 있는 한네트, 대구은행과 아웃소싱 업무계약을 한 게이트 뱅크 등도 앞으로는 타 은행과의 제휴를 확대할 예정이다.

◇아웃소싱에 대한 불안감이 걸림돌=각 은행들은 전면적인 아웃소싱에 대해서는 불안감을 드러내고 있다. 우리은행 한 관계자는 "일부 업체에서 운영하는 기기를 통해 고객정보가 빠져 나가는 등 보안성이 취약하다"며 "아웃소싱 업체에 대한 신뢰성이 확보된다면 물량을 확대할 용의가 있다"고 말했다. 결국 초창기 단계인 아웃소싱 서비스가 더욱 큰 시장으로 확대하려면 아웃소싱업체들의 보안성 강화가 시급하다는 지적이다.

전자신문 2004. 4. 30

## ZOOM Ⅰ ≫ 한자 엿보기

| | | | | | | | | | | | | | | |
|---|---|---|---|---|---|---|---|---|---|---|---|---|---|---|
| ① | 管 주관할 관 | ④ | 向 향할 향 | ⑧ | 望 바랄 망 | ⑪ | 保 지킬 보 | ⑭ | 行 다닐 행 |
| | 理 다스릴 리 | | 後 뒤 후 | | 豫 미리 예 | | 安 편안 안 | | 方 모 방 |
| ② | 自 스스로 자 | ⑤ | 委 맡길 위 | | 想 생각 상 | | 性 성품 성 | | 針 바늘 침 |
| | 動 움직일 동 | | 託 부탁할 탁 | ⑨ | 維 벼리 유 | ⑫ | 普 넓을 보 | ⑮ | 示 보일 시 |
| ③ | 本 근본 본 | ⑥ | 提 끌 제 | | 持 가질 지 | | 遍 두루 편 | | 範 법 범 |
| | 格 격식 격 | | 携 이끌 휴 | ⑩ | 勘 헤아릴 감 | | 化 될 화 | | |
| | 化 될 화 | ⑦ | 展 펼 전 | | 案 책상 안 | ⑬ | 施 베풀 시 | | |

## ZOOM Ⅱ ≫ 응용한자 알아보기

① 管理(관리) : 일을 맡아 지휘 감독하고 처리함.
  * 官吏(관리) : 官[벼슬 관] 吏[관리 리] 관직에 있는 사람.

❖ 재고관리(在庫管理) : 在[있을 재] 庫[곳집 고]
  창고에 재료나 제품이 적절한 양으로 유지될 수 있도록 관리하는 것.
❖ 위기관리(危機管理) : 危[위태할 위] 機[틀 기]

**한자능력검정시험 3급 기출**
– 管理[관리](17회 147번) – 自動[자동](14회 135번) – 提携[제휴](6회 36번) – 維持[유지](10회 4번, 26회 14번)
– 普遍[보편](14회 26번, 15회 18번, 16회 10번, 18회 41번) – 施行[시행](13회 148번)

위기에 적절히 대처해 가는 능력.

❖ 선거관리위원회(選擧管理委員會) : 選[가릴 선] 擧[들 거] 委[맡길 위] 員[인원 원] 會[모일 회]
선거에 관한 사무를 맡아 관리하는 기관.

⑦ 展望(전망) : 멀리 내다보이는 풍경. 앞날을 내다봄.
 * 戰亡(전망) : 戰[싸움 전] 亡[망할 망]
  전사하다.

❖ 전망대(展望臺) : 臺[대 대]
멀리 바라볼 수 있도록 만들어 놓은 곳.

❖ 전망성(展望性) : 性[성품 성]
전망이 있는 성질.

⑨ 維持(유지) : 그대로 지켜감.
 * 有志(유지) : 有[있을 유] 志[뜻 지]
  마을이나 지역에서 영향력을 가진 사람.

❖ 현상유지(現狀維持) : 現[나타날 현] 狀[형상 상]
현재의 상태를 그대로 지켜감.

❖ 생계유지(生計維持) : 生[날 생] 計[셀 계]  의식주 면에서의 살아갈 방도를 유지하다.

⑫ 普遍化(보편화) : 모든 것에 두루 미치는 성질.

❖ 보편타당성(普遍妥當性) : 妥[온당할 타] 當[마땅 당] 性[성품 성]
어떤 경우에도 두루 통용되고 적용되는 옳은 성질.

⑬ 施行(시행) : 실제로 행하다. 법적 효력을 발생시키다.
 * 試行(시행) : 試[시험 시] 行[다닐 행]
  시험 삼아서 행함. :試行錯誤(시행착오)

❖ 시행령(施行令) : 令[명령할 령]
법률 시행에 따르는 세부적인 규칙이나 규정을 내용으로 하는 명령.

❖ 시행기한(施行期限) : 期[기약할 기] 限[한할 한]
법령 공포 후 시행되기까지의 기한.

# ZOOM Ⅲ » 시사 흐름잡기

## 아웃소싱(outsourcing)

### ■ 아웃소싱이란?

아웃소싱이란 기업경영에 있어서 필요한 기능을 자체적으로 수행하지 않고 제삼자에게 위탁하여 업무의 효율성과 경제성을 추구하는 처리방식이다. 초기 아웃소싱의 형태는 비 핵심기능에 한정되어 단순위탁 업무의 형태를 보였으나 이후 기업의 핵심역량을 제외한 모든 분야가 아웃소싱의 대상이 되고 있다. 최근 글로벌 선진기업들을 중심으로 IT, 서비스 관련 업무를 해외로 이전하는 '글로벌 아웃소싱'이 활발히 추진되고 있다.

### ■ 아웃소싱의 최근 이슈

최근 선진기업들의 글로벌 아웃소싱이 활발히 이루어지고 있다. 생산부문에서는 중국, IT부문에서는 인도가 급부상하고 있는데, 모두 생산성 대비 노동자들의 임금이 낮기 때문이다. 기업의 입장에서는 비용상의 큰 이익이 있으므로 적극적으로 추진하려 하고 있으나 미국, EU, 일본 등의 정부에서는 '고용없는 경기회복'과 산업공동화에 대한 우려로 아웃소싱을 규제하려는 움직임을 보이고 있다.

### ■ 아웃소싱 활성화의 배경

❖ 경영 환경의 변화로 자국내의 경쟁이 아닌 글로벌 경쟁이 이뤄지면서 기업들은 다국적 기업으로서의 경쟁력을 갖추지 않으면 살아남을 수 없게 되었다.

❖ 효율적인 기업경영을 위하여 다양한 정보를 체계적으로 관리할 필요가 있었고, 그 대안으로 제시된 것이 IT분야의 아웃소싱이다.

❖ 기업들이 급변하는 경영환경에 대응하기 위하여 조직을 새로 설계하는 BPR(Business Process Reengineering)을 실시한 후 총무, 영업, 인사 등의 업무를 아웃소싱하는 BPO(Business Process Outsourcing)을 시도하게 되었다.

### ■ 아웃소싱의 장점

❖ 기업의 핵심부분에 한정된 경영자원에 집중할 수 있으므로 핵심역량(core competence)을 강화할 수 있다.

❖ 비용 절감의 효과가 있으므로 회계, 재무상에 긍정적인 영향을 준다.

❖ 조직의 슬림화를 유지할 수 있고, 유연성 있는 조직구조를 가질 수 있다.

❖ 기업의 약점 분야를 아웃소싱함으로써 최상의 고객만족을 유도할 수 있다.

## ■ 아웃소싱의 단점

❖ 아웃소싱의 대상이 된 분야는 기술력이 약화될 수 있기 때문에 시간이 흐를수록 자체적인 능력을 상실할 수 있다.

❖ 아웃소싱의 대상이 된 분야가 자체적으로 가지고 있었던 핵심기술이 유출될 수 있다.

❖ 조직구성원들의 고용에 대한 불안감으로 조직이 와해될 수 있다.

❖ 핵심부문의 아웃소싱은 기술력을 선도하는 것이 힘들어질 수 있게 할 수 있다.

❖ 자사의 문제가 아닌 아웃소싱 업체의 문제로 인하여 기업경영에 차질을 빚을 수 있다.

# 신 노사문화를 말한다
## -유한킴벌리의 사례

※ 한자 Zoom In
平生學習(평생학습) 社會統合(사회통합) 應用(응용) 蓄積(축적) 附加價値(부가가치)

※ 시사 Zoom In
평생교육 시스템 Innovation 지식기반 인적자원 지속가능한 일자리 창출

경제 ①活性(활성)화와 일자리 만들기가 올해 우리 사회가 풀어야 할 최대의 현안으로 떠오르고 있다. 이런 가운데 노무현 대통령이 최근 노사협력을 통한 기업투자 활성화를 추진하겠다며 유한킴벌리의 노사관계를 '신노사 모델(뉴 패러다임)'로 ②指目(지목)해 주목된다. 정계와 재계·노동계는 일자리 나누기와 함께 ③平生學習(평생학습) 프로그램을 골자로 하는 유한킴벌리의 '뉴 패러다임'에 대해 집중적인 연구·조사를 실시하고 있는 것으로 알려졌다. 유한킴벌리의 경영방식과 노사관계를 짚어본다.

✥ 일자리 나누기형 ④勤務(근무)방식=노사협력 우수기업으로 꼽히고 있는 유한킴벌리의 노사관계가 일자리 창출을 위한 대안으로 떠오르고 있다. 유한킴벌리 문국현 사장은 11일 '기업 내 평생학습 프로그램을 통한 인적개발은 지속가능한 새로운 일자리를 창출하고 근로자의 ⑤平生雇傭(평생고용)이 가능하게 할 뿐만 아니라 기업의 신경쟁력 창출 및 노사협력 증진과 ⑥

社會統合(사회통합)까지도 이뤄낼 수 있다'고 주장했다. 이를 위해 근무형태도 4조2교대가 필요하며 16일을 1주기로 해 주간 4일 근무(12시간)→휴무 3일+교육 1일→야간 4일 근무(12시간)→휴무 4일 체제를 구축할 경우 ⑦減員(감원)의 사유가 사라져 노사 양측이 윈·윈할 수 있다는 것이다. 이 회사는 생산직에 대해 3조 3교대 방식을 4조 3교대나 4조 2교대 방식으로 바꾸어 33%의 고용증대 효과를 거뒀다. 또 관리직 인원의 20%를 일상 업무가 아닌 아이디어 개발과 재충전 교육 등을 통해 예비인력으로 활용하는 방식을 택하고 있다. 이에 따라 유한킴벌리는 자연감원분 외에는 강제감원이 없는 가운데 흑자 ⑧基調(기조)를 유지하고 있다.

✥ 인적자본 형성 중시=유한킴벌리 ⑨勞務(노무)관리의 ⑩核心(핵심)은 근로자에 대한 교육 프로그램을 강화해 단순 노동자를 기술혁신의 주체로 자리매김하는 것이다. 고학력의 숙련 기술자 중심의 연구개발(R&D)에 의해서만 기술

혁신이 이뤄지는 것이 아니라 생산현장의 개선과 ⑪應用(응용)의 ⑫蓄積(축적)에 의해서도 얼마든지 가능하다는 것. 문 사장은 '신경쟁력 창출·삶의 질 혁신 및 지속가능한 일자리 창출 전략'이라는 논문을 통해 "국내 기업들이 변동비(40%), 토지 건물 등 고정비(40%), 인건비(15%), 이윤(5%) 등의 비용구조를 변동비(40%), 고정비(20%), 교육·연구비(10%), 인건비(10%), 이윤(10%) 등의 구조로 바꿀 것"을 강조한다. 또 인건비 증가는 불필요한 토지, 건물 등 최소화, 시설 장비 ⑬稼動率(가동률) 극대화 등 ⑭固定費(고정비)를 대폭 줄여서 보완한다는 전략이다.

결과적으로 유한킴벌리는 생산성과 ⑮附加價値(부가가치)가 늘면서 고속성장을 이뤄냈다. 이 회사의 매출액은 1996년 3,447억원에서 2002년 7,098억원으로 2배 증가했고 순이익은 1996년 144억원에서 같은 기간 844억원으로 6배 가까이 급증했다.　　　　파이낸셜 뉴스 2004. 1. 11

경영·경제

## ZOOM Ⅰ ≫ 한자 엿보기

| | | | | | | | | | | | |
|---|---|---|---|---|---|---|---|---|---|---|---|
| ① | 活 살 활 | ④ | 勤 부지런할근 | | 統 거느릴 통 | ⑩ | 核 씨 핵 | | 率 비율 률 |
| | 性 성품 성 | | 務 힘쓸 무 | | 合 합할 합 | | 心 마음 심 | | 固 굳을 고 |
| ② | 指 가리킬 지 | ⑤ | 平 평평할 평 | ⑦ | 減 덜 감 | ⑪ | 應 응할 응 | ⑭ | 定 정할 정 |
| | 目 눈 목 | | 生 날 생 | | 員 인원 원 | | 用 쓸 용 | | 費 쓸 비 |
| ③ | 平 평평할 평 | | 雇 품팔 고 | ⑧ | 基 터 기 | ⑫ | 蓄 쌓을 축 | | 附 붙을 부 |
| | 生 날 생 | | 傭 품팔 용 | | 調 고를 조 | | 積 쌓을 적 | | 加 더할 가 |
| | 學 배울 학 | ⑥ | 社 모일 사 | ⑨ | 勞 일할 로 | ⑬ | 稼 심을 가 | ⑮ | 價 값 가 |
| | 習 익힐 습 | | 會 모일 회 | | 務 힘쓸 무 | | 動 움직일 동 | | 値 값 치 |

## ZOOM Ⅱ ≫ 응용한자 알아보기

③ 平生學習(평생학습) : 사람이 살아가는 동안 지속적으로 배우고 익히는 일.

❖ 현장학습(現場學習) : 現[나타날 현] 場[마당 장]

한자능력검정시험 3급 기출
– 社會[사회](5회 105번, 7회 108번) – 核心[핵심](17회 80번) – 應用[응용](16회 111번) – 蓄積[축적](7회 23번, 9회 6번) – 價値[가치](10회 8번)

학습에 도움이 되는 현장을 찾아가서 하는 학습.

❖ **학습지도(學習指導)** : 指[가리킬 지] 導[인도할 도]

교과의 학습을 지도하는 일.

---

⑥ 社會統合(사회통합) : 사회 전체가 모두 합쳐져서 하나로 되는 것.

  * 司會(사회) : 司[맡을 사] 會[모일 회]

    집회나 예식 등의 진행을 맡아봄.

---

❖ **전근대사회(前近代社會)** : 前[앞 전] 近[가까울 근] 代[대신 대]

근대 이전 시대의 사회.

❖ **사회규범(社會規範)** : 規[법 규] 範[법 범]

사회질서를 유지하기 위하여 구성원들에게 요구하는 관념.

❖ **사회간접자본(社會間接資本)** : 間[사이 간] 接[접할 접] 資[재물 자] 本[근본 본]

기업의 활동에 토대가 되고 산업발전의 기초가 되는 공공시설.

---

⑪ 應用(응용) : 지식이나 원리를 실제로 다른 일에 활용함.

---

❖ **응용경제학(應用經濟學)** : 經[지날 경] 濟[건널 제] 學[배울 학]

이론상으로 존재하는 경재이론을 실제 경제 현상에 응용하여 실천하는 경제학의 한 분야.

❖ **응용전술(應用戰術)** : 戰[싸움 전] 術[꾀 술]

실제로 적용하는 전술.

---

⑫ 蓄積(축적) : 많이 모여서 쌓임.

  * 畜積(축적) : 畜[쌓을 축] 積[쌓을 적]

    저축하고 모아둠.

---

❖ **자본축적(資本蓄積)** : 資[재물 자] 本[근본 본]

자본가가 이익의 일부를 자본에 추가하여 생산 규모를 늘게 하는 일.

---

⑮ 附加價値(부가가치) : 기업이 생산과정에서 새롭게 만들어 낸 가치.

  * 富家(부가) : 富[부자 부] 家[집 가]

    부잣집.

---

❖ **부가가치생산성(附加價値生産性)** : 生[날 생] 産[낳을 산] 性[성품 성]

노동자 한 사람이 생산해 낸 부가가치의 액수.

❖ **부가원가(附加原價)** : 原[언덕 원] 價[값 가]

기업가의 임금이나 자기 자본 이자 등의 원가계산으로는 비용으로 처리되지 않는 원가.

---

## ZOOM Ⅲ » 시사 흐름잡기

### 신 노사모델 '뉴 패러다임(new paradigm)'

#### ■ 한국의 경제상황 및 노사문화

2003~2004년 한국 경제는 내수 침체를 동반한 경기 불황이 지속되고, 고유가로 인한 물가상승 압력이 거세지면서 실업률 상승, 노동자들의 상대적 임금수준 하락 등의 상황에 직면해 있다. 노동자들은 자신들의 의견을 관철하기 위하여 노동 투쟁을 준비하고 있고, 기업들은 어려운 국내 경영환경에서 탈피하여 중국 등의 국가로 이전을 준비하고 있다. 이처럼 한국은 점점 기업을 경영하기 힘든 나라로 변모해 가고 있으며, 외국 기업의 입장에서 볼 때 투자 매력이 떨어지고 있는 상황이다. 특히 한국의 적대적인 노사문화가 큰 원인으로 지적되고 있는데, 경쟁국들에 비해서 노동시장이 경직되어 있고, 인력 구조조정이 어려우며, 매년 임금인상이 거듭되면서 인건비 부담이 급증하고 있다. 또한 노조가 임금, 근로조건의 문제를 넘어서 경영권에 속하는 사항까지 노사합의를 요구하고 있는 실정이어서 서로 상생할 수 있는 노사관계의 재정립이 요구되고 있다.

#### ■ 신노사모델 '뉴 패러다임(new paradigm)' 이란?

new paradigm은 기업의 신경쟁력과 지속가능한 일자리를 창출하는 새로운 노사관계 모델이다. 즉, 직장내 평생교육시스템을 구축함으로써, 근로자에게 평생학습과 재충전의 기회를 부여하는 동시에 안전혁신을 가져오고 우수한 인적자본에 의한 신경쟁력 창출로 부가가치를 높여 지속적인 일자리 창출과 노사 및 사회통합으로 高기술·高신뢰·高성과 사회를 건설하는 것을 목표로 한다.

##### ❖ 평생교육 시스템 구축

평생교육 시스템이란 직업에 투입되지 않고 직무나 교양교육에 투입되는 조를 두는 시스템을 말한다. 평생교육시스템의 운영방법은 4조 2교대 방식으로 16일을 주기로 '주간 12시간 4일 근무' → '휴무 3일 + 교육 1일' → '야간 12시간 4일 근무' → '휴무 4일'의 순서로 운영된다. 기존의 3조 3교대의 근무와 비교하면 사람 수가 25%가 많아지게 되고 근무시간은 줄어들게 된다. 대신 그 시간에 직무교육과 교양교육을 실시함으로써 지식 전문가를 양성할 수 있게 되고 안전혁신을 이룰 수 있다.

### ❖ 생산성 제고

평생교육 시스템을 통해 과중한 업무 부담에서 벗어남으로써 재해 감소, 불량률 감소 등이 이루어
지고, 이를 통한 innovation이 증대되어 궁극적으로 생산성 제고에 이바지하게 된다.

## ■ '뉴 패러다임(new paradigm)'의 기대 효과

### ❖ 근로자

주당 작업시간이 42시간 정도로 법정 근로시간인 44시간보다 약간 적으므로 평생학습과 재충전
의 시간을 충분히 가질 수 있다. 또한 위험한 특근 등이 없고, 평생고용 가능성이 제고되는 등의 삶
의 질에 혁신을 가져올 수 있다.

### ❖ 기업

인건비와 연구교육비가 증가하지만 innovation 증대 및 고정비용의 감소를 통해서 상쇄효과가 발
생하고, 생산력 제고 효과를 통한 이윤의 확대 및 노사간의 긍정적 관계 정립은 기업에 큰 플러스
요인으로 작용할 것이다.

### ❖ 사회전반

근로자의 평생고용 가능성을 제고하고, 안전근로, 적정근로를 통한 생활혁신을 추구하며, 기업내
학습을 통한 지식기반 인적자원의 개발을 유도하여 국가경쟁력을 창출할 수 있다. 또한 노사협력
증진과 사회통합을 이룰 수 있고, 지속가능한 일자리 창출을 통하여 인적자원의 활용을 극대화할
수 있게 된다.

경영·경제

# Chapter ⑮

# 모기지론, 위험관리가 관건

※ 한자 Zoom In
償還(상환) 慢性的(만성적) 二重苦(이중고) 固定(고정) 他山之石(타산지석)
※ 시사 Zoom In
주택저당증권 고정금리 장기분할상환

오늘 한국주택금융공사의 모기지론이 금융기관을 통해 출시되는 것은 우리나라 금융사에 한 획을 긋는 일이라고 해도 ①過言(과언)이 아니다. 무엇보다 모기지론 ②出市(출시)로 인해 우리나라 금융시장에서 막대한 비중을 차지하고 있는 주택금융시장에 일대 ③變革(변혁)을 가져올 것이 분명하기 때문이다.

200조원에 달하는 기존의 주택담보대출은 만기 3년 이하 단기 대출이 70% 넘게 차지해 매년 50조원에 달하는 ④償還(상환)부담을 안고 있어 금융시장의 ⑤慢性的(만성적)인 불안 요인으로 작용해 왔다. 뿐만 아니라 주택담보대출을 이용하는 국민들은 사실상 단기성 대출금리를 부담함으로써 조기 상환 부담과 고금리 지불이라는 ⑥二重苦(이중고)를 겪어 왔다.

반면에 한국주택금융공사의 모기지론은 20년 만기를 기본으로 하는 장기 대출에다 저리의 ⑦固定(고정)금리를 적용함으로써 국민⑧福利厚生(복리후생)적인 성격을 강하게 가지고 있다.

모기지론의 표면 대출금리는 연 6.7%지만 소득공제 등 제반 옵션을 활용 하면 최저 5.5%까지 낮아지므로 이 수준이면 현재 시중은행이 최우대 고객에게 부여하는 금리보다도 낮게 된다. 따라서 모기지론이 국민들의 금융 ⑨受惠(수혜)를 통한 복리후생 증진에 크게 ⑩寄與(기여)할 것이라는 점은 의문의 여지가 없다. 그러나 이러한 모기지론이 국민들에게 혜택을 주는 ⑪裏面(이면)에는 한국주택금융공사가 처리해야 할 엄청난 위험이 잠재해 있다는 점을 정부는 물론 국민들도 ⑫看過(간과)해서는 안 된다.

대부분 선진국 주택금융기관들이 고정금리에서 발생하는 위험부담 문제를 처리하면서 건전성을 확보하는 데 공통적으로 어려움을 겪고 있다는 사실을 한국주택금융공사는 ⑬他山之石(타산지석)으로 받아들여야 할 것이다.

주택금융기관이 ⑭危險管理(위험관리)에 실패할 경우 그 부담은 전적으로 국민 부담으로 돌아온다. 이러한 사태를 막기 위해 주택금융공사

**한자능력검정시험 2급 기출**
− 過[과](2회 142번) − 還[환](24회 145번) − 慢[만](9회 101번) − 惠[혜](8회 114번) − 寄與[기여](22회 85번)

는 철저한 위험관리를 통해 주택금융 수요자들의 후생 증진에 기여하면서도 장기적 건전성을 확보할 것이라는 시장의 신뢰를 얻을 수 있도록 해야 한다.

또한 현실적으로 기존의 고금리를 적용받고 있는 주택금융을 저리의 모기지론으로 큰 무리 없이 ⑮轉換(전환)하는 문제도 제기된다. 이 문제 역시 한국주택금융공사 는 철저히 시장 마인드를 통해 금융기관들과 관계를 설정함으로써 해결해야 한다. 한마디로 한국주택금융공사가 얼마나 철저한 위험관리와 시장 마인드로 영업하느냐에 따라 국내 모기지론 시장의 성패가 달려 있는 셈이다.

매일경제 2004. 3. 25

## ZOOM Ⅰ » 한자 엿보기

| | | | | | | | | | | | |
|---|---|---|---|---|---|---|---|---|---|---|---|
| ① | 過 지날 과 | ⑤ | 慢 거만할 만 | ⑧ | 福 복 복 | ⑪ | 裏 속 리 | ⑭ | 危 위태할 위 | | |
| | 言 말씀 언 | | 性 성품 성 | | 利 이로울 리 | | 面 낯 면 | | 險 험할 험 | | |
| ② | 出 날 출 | | 的 과녁 적 | | 厚 두터울 후 | ⑫ | 看 볼 간 | | 管 주관할 관 | | |
| | 市 저자 시 | | 二 두 이 | | 生 날 생 | | 過 지날 과 | | 理 다스릴 리 | | |
| ③ | 變 변할 변 | ⑥ | 重 무거울 중 | ⑨ | 受 받을 수 | ⑬ | 他 다를 타 | ⑮ | 轉 구를 전 | | |
| | 革 가죽 혁 | | 苦 괴로울 고 | | 惠 은혜 혜 | | 山 메 산 | | 換 바꿀 환 | | |
| ④ | 償 갚을 상 | ⑦ | 固 굳을 고 | ⑩ | 寄 부칠 기 | | 之 갈 지 | | | | |
| | 還 돌아올 환 | | 定 정할 정 | | 與 더불 여 | | 石 돌 석 | | | | |

## ZOOM Ⅱ » 응용한자 알아보기

④償還(상환) : 빚을 갚는 것.
  *相換(상환) : 相[서로 상] 換[바꿀 환]
    서로 바꿈. 교환함.

◈ 할부상환(割賦償還) : 割[벨 할] 賦[과할 부]

**한자능력검정시험 3급 기출**
- 過言[과언](15회 121번) - 看過[간과](7회 45번, 25회 140번) - 管理[관리](17회 147번)
- 割賦[할부](22회 16번) - 唱[창](21회 119번, 22회 74번)

빚을 여러 번에 걸쳐서 나누어 갚는 일.

❖ 미상환(未償還) : 未[아닐 미]

아직 갚지 않음.

❖ 액면상환(額面償還) : 額[이마 액] 面[낯 면]

채권이 액면가격으로 상환되는 일.

⑤ 慢性的(만성적) : 바람직하지 않은 상태가 버릇이 되다시피 하여 오래 지속됨.

*晩成(만성) : 晩[늦을 만] 成[이룰 성]

늦게 이루어짐. ;大器晩成(대기만성)

❖ 만성질환(慢性疾患) : 疾[병 질] 患[근심 환]

급격한 증상을 나타내지 않으면서 잘 낫지도 않는 병.

❖ 만성피로(慢性疲勞) : 疲[피곤할 피] 勞[일할 로]

피로가 계속되는 상태.

⑥ 二重苦(이중고) : 겹치는 괴로움. 고생.

❖ 이중인격(二重人格) : 人[사람 인] 格[격식 격]

한 사람이 전혀 다른 두 가지 성격을 지니고 있어서 때때로 평소 때와 전혀 달라지는 행동을 보이는 것.

❖ 이중창(二重唱) : 唱[부를 창]

두 사람이 다른 두 개의 성음을 동시에 부르는 일. 듀엣.

❖ 학수고대(鶴首苦待) : 鶴[학 학] 首[머리 수] 待[기다릴 대]

학처럼 목을 길게 빼고 몹시 기다린다는 뜻.

⑦ 固定(고정) : 일정한 상태에서 변하지 아니함.

*孤貞(고정) : 孤[외로울 고] 貞[곧을 정]

마음이 외곬으로 곧음. ; 孤貞하다.

❖ 고정관념(固定觀念) : 觀[볼 관] 念[생각 념]

사람의 마음속에 잠재하여 흔들리지 않는 관념.

❖ 고정배치(固定配置) : 配[나눌 배] 置[둘 치]

자리의 배정이 변하지 않는 것.

⑬ 他山之石 (타산지석) : 다른 사람의 돌이라도 자기의 옥을 가는데 도움이 된다는 뜻으로, 다른 사람의 하찮은 언행이라도 자기의 덕을 닦는 데 도움이 될 수 있음을 비유해 이르는 말.

　　* 打算(타산) : 打[칠 타] 算[셈 산]
　　　　이해관계를 따져 봄.

❖ 일석이조(一石二鳥) : 一[한 일] 二[두 이] 鳥[새 조]

　　한 가지의 일로써 두 가지의 이익을 얻음.

❖ 이란격석(以卵擊石) : 以[써 이] 卵[알 란] 擊[칠 격]

　　약한 것으로 매우 강한 것을 당해 내려는 어리석음을 비유하여 이르는 말.

## ZOOM Ⅲ » 시사 흐름잡기

### 모기지론

#### ■ 모기지론이란?

　부동산을 담보로 주택저당증권(MBS:Mortgage Backed Securities)을 발행하여 장기주택자금을 대출해 주는 제도로서 2004년 3월 25일부터 10개 안팎의 금융회사에서 발매를 시작하였다. 이 제도를 활용하면 저금리로 최장 20년 동안 집값의 70%까지 대출을 받을 수 있기 때문에 무주택자들의 내집 마련이 한층 수월해질 수 있고, 이로 인하여 금융시장, 부동산 시장에 많은 변화가 예상된다.

#### ■ 모기지론의 소개

| 대출 자격 | ☞ 만 20세 이상의 성인으로 무주택자나 1주택 소유자<br>☞ 소득 증빙자료를 제공할 수 있는 자 |
|---|---|
| 대출 만기 | ☞ 20년 만기(10년 또는 15년 선택 가능) |
| 대출 금리 | ☞ 고정금리(연 6.7%) |
| 대출 한도 | ☞ 최소 2천만원, 최대 2억원까지 집값의 최대 70%까지 대출<br>☞ 6억원이 넘는 고가주택은 제외, 전용면적 25.7평 이하 규모에서 우선 지원<br>☞ 월상환액이 세금공제 전 월평균 소득의 1/3을 넘지 못한다. |
| 상환 조건 | ☞ 매월 원리금 균등분할 상환(1년의 거치기간 선택가능)<br>☞ 만기일 지정상환옵션(대출원금의 20% 한도) 선택가능 |

## ■ 모기지론의 장점

❖ 서민들이 상대적으로 적은 비용으로 집을 마련할 수 있는 수단이 생겼다.

❖ 고정금리이므로 시장금리의 변동에 따른 부담이 늘어나지 않는다.

❖ 모기지론은 신규 주택 구입뿐만 아니라 전세금 반환자금이나 기존의 주택대출금 상환의 용도로도 사용 가능하다. 특히 2001년에 은행권이 경쟁적으로 내준 주택담보대출의 만기가 도래함에 따라 주택대출금 상환의 용도로의 필요성이 커지고 있다.

❖ 기존 주택 담보대출(3년 후 원리금 일시상환)에 비하여 장기 분할 상환(최장 20년 원리금 분할 상환)이 가능하고, 이자상환분에 대해서 연말소득공제 혜택이 있다(천만원 한도).

## ■ 모기지론의 성공적인 정착 요건

❖ 고정금리를 채택했기 때문에 장기적인 관점에서 금융시장의 안정이 필요하다.

❖ 은행권이 내놓은 장기주택담보대출 상품과 한국주택공사의 모기지론이 서로 경쟁관계를 형성해서는 안 된다. 적극적으로 모기지론을 판매하려는 금융기관의 협조가 필수적이다.

❖ 채권시장에서 공신력을 바탕으로 높은 가격에 MBS를 매각할 수 있도록 한국주택금융공사는 충분한 자기자본 능력을 갖추어야 한다.

**TIP** 주택저당증권 (MBS : Mortgage Backed Securities)

일반 고객이 은행에서 주택담보대출을 받을 때 주택에 대한 근저당을 설정하게 된다. 은행의 입장에서 볼 때는 그 주택을 담보로 대출금을 회수할 권리 즉, 대출채권을 가지게 되는데 이를 주택저당채권이라 한다. 이 주택저당채권을 기초로 하여 발행하는 증권이 MBS다.

MBS의 발행으로 주택저당채권 유동화에 참여한 은행과 같은 대출금융회사는 물론, MBS 상품에 투자한 투자자에게 이익이 주어진다. 직접 투자에 참여하지 않은 일반 국민들에게까지 혜택이 주어진다는 것은 MBS의 가장 큰 장점이다. MBS 발행으로 조성된 자금은 전액 주택구입자금 대출, 전세자금 대출, 중도금대출, 임대 아파트 건설 등에 사용됨으로써 일반 국민들의 주거안정과 재산형성에 크게 기여한다.

## [ 가로-세로열쇠로 복습하기 ]

※ 한글로 가로-세로 열쇠를 채워봅시다.

| 1 | | | 2 | 3 | | 4 | | | | 5 | | |
|---|---|---|---|---|---|---|---|---|---|---|---|---|
| | | 6 | | | | 7 | | 8 | | | | |
| | | | | | | 9 | | | | | | |
| 10 | | | | | | | | | | | | |
| | | | | | | | | | | 11 | | |
| | | | | | 12 | | | | | | | |
| | | | | 13 | | | 14 | | | | | |
| | | | | | | | | | | | | |
| | | | | | | | | | | 15 | | |
| | | 16 | | 17 | | | | 18 | | 19 | | |
| 20 | | | | | | | | | | | | |
| | | 21 | | | | | | | | | | |
| | | | | | | | | 22 | | | | |

### 가로열쇠

1. 법률 시행에 따르는 세부적인 규칙이나 규정을 내용으로 하는 명령.
6. 투기적으로 사고 파는 행위.
7. 대안이 없음.
9. 토지대장에 등재된 토지의 가격.
10. 선거에 관한 사무를 맡아 관리하는 기관.
11. 의식주 면에서의 살아나갈 방도.

12. 학습에 도움이 되는 현장을 찾아가서 하는 학습.

13. 결과에 이르기까지의 사정. 인정상 차마 볼 수 없는 가련한 상태./ ~을 참작하다.

14. 피로가 계속되는 상태.

18. 실제로 적용하는 전술.

20. 다른 사람의 돌이라도 자기의 옥을 가는 데 도움이 된다는 뜻으로 다른 사람의 하찮은 언행이라도 자기의 덕을 닦는 데 도움이 될 수 있음을 비유해 이르는 말.

21. 겹치는 괴로움.

22. 학문을 장려하는 목적으로 학자금을 치러 주는 제도.

1. 정부가 정치를 하다.

2. 위기에 적절히 대처해 가는 능력.

3. 국가가 특정 상품을 팔거나 만들어 파는 일을 독차지 하는 것.

4. 봉건적 신분 제도가 무너지고 개인의 자유와 법 앞에서의 평등이 실현된 사회.

5. 노동자 한 사람이 생산해 낸 부가가치의 액수.

8. 바르지 않다 / ~선거, ~행위.

9. 통화량을 조절하기 위해 중앙은행이 공개시장에 취하는 조치.

12. 현재의 상태를 그대로 지켜감.

15. 이론상으로 존재하는 경재이론을 실제 경제 현상에 응용하여 실천하는 경제학의 한 분야.

16. 한 가지의 일로써 두 가지의 이익을 얻음.

17. 학처럼 목을 길게 빼고 몹시 기다린다는 뜻.

19. 전사하다.

※ 한자로 가로-세로 열쇠를 채워봅시다.

| 1 | | | 2 | 3 | | 4 | | | 5 | | |
|---|---|---|---|---|---|---|---|---|---|---|---|
| | | 6 | | | | 7 | | 8 | | | |
| | | | | | | 9 | | | | | |
| 10 | | | | | | | | | | | |
| | | | | | | | | 11 | | | |
| | | | | | 12 | | | | | | |
| | | | 13 | | | | 14 | | | | |
| | | | | | | | | | | | |
| | | | | | | | | 15 | | | |
| | | 16 | | 17 | | | 18 | | 19 | | |
| 20 | | | | | | | | | | | |
| | | | 21 | | | | | | | | |
| | | | | | | | 22 | | | | |

1. 법률 시행에 따르는 세부적인 규칙이나 규정을 내용으로 하는 명령.
6. 투기적으로 사고 파는 행위.
7. 대안이 없음.
9. 토지대장에 등재된 토지의 가격.
10. 선거에 관한 사무를 맡아 관리하는 기관.
11. 의식주 면에서의 살아나갈 방도.
12. 학습에 도움이 되는 현장을 찾아가서 하는 학습.
13. 결과에 이르기까지의 사정. 인정상 차마 볼 수 없는 가련한 상태./ ~을 참작하다.

14. 피로가 계속되는 상태.

18. 실제로 적용하는 전술.

20. 다른 사람의 돌이라도 자기의 옥을 가는 데 도움이 된다는 뜻으로 다른 사람의 하찮은 언행이라도 자기의 덕을 닦는 데 도움이 될 수 있음을 비유해 이르는 말.

21. 겹치는 괴로움.

22. 학문을 장려하는 목적으로 학자금을 치러 주는 제도.

1. 정부가 정치를 하다.

2. 위기에 적절히 대처해 가는 능력.

3. 국가가 특정 상품을 팔거나 만들어 파는 일을 독차지 하는 것.

4. 봉건적 신분 제도가 무너지고 개인의 자유와 법 앞에서의 평등이 실현된 사회.

5. 노동자 한 사람이 생산해 낸 부가가치의 액수.

8. 바르지 않다/ ~선거, ~행위.

9. 통화량을 조절하기 위해 중앙은행이 공개시장에 취하는 조치.

12. 현재의 상태를 그대로 지켜감.

15. 이론상으로 존재하는 경재이론을 실제 경제 현상에 응용하여 실천하는 경제학의 한 분야.

16. 한 가지의 일로써 두 가지의 이익을 얻음.

17. 학처럼 목을 길게 빼고 몹시 기다린다는 뜻.

19. 전사하다.

**가로–세로 열쇠로 복습하기 정답**

| | | | | | | | | | | | |
|---|---|---|---|---|---|---|---|---|---|---|---|
| 시 | 행 | 령 | 위 | 전 | | 근 | | | | 부 | |
| 정 | | 투 | 기 | 매 | 매 | 대 | 안 | 부 | 재 | 가 | |
| | | | 관 | | | 사 | 공 | 정 | 지 | 가 | |
| 선 | 거 | 관 | 리 | 위 | 원 | 회 | 개 | | | 치 | |
| | | | | | | | 시 | | 생 | 계 | |
| | | | | | | 현 | 장 | 학 | 습 | 산 | |
| | | | | 정 | 상 | 조 | | 만 | 성 | 피 | 로 |
| | | | | 유 | | 작 | | | 응 | | |
| | | | | 지 | | | | 응 | | | |
| | | 일 | | 학 | | | 응 | 용 | 전 | 술 | |
| 타 | 산 | 지 | 석 | | 수 | | | 경 | 망 | | |
| | | 이 | 중 | 고 | | | | 제 | | | |
| | | 조 | 대 | | | 장 | 학 | 제 | 도 | | |

| | | | | | | | | | | | |
|---|---|---|---|---|---|---|---|---|---|---|---|
| 施 | 行 | 令 | 危 | 專 | | 近 | | | | 附 | |
| 政 | | 投 | 機 | 賣 | 買 | 代 | 案 | 不 | 在 | 加 | |
| | | | 管 | | | 社 | 公 | 正 | 地 | 價 | |
| 選 | 擧 | 管 | 理 | 委 | 員 | 會 | 開 | | | 值 | |
| | | | | | | | 市 | | 生 | 計 | |
| | | | | | | 現 | 場 | 學 | 習 | 産 | |
| | | | | 情 | 狀 | 操 | | 慢 | 性 | 疲 | 勞 |
| | | | | 維 | | 作 | | | 應 | | |
| | | | | 持 | | | | 應 | | | |
| | | 一 | | 鶴 | | | 應 | 用 | 戰 | 術 | |
| 他 | 山 | 之 | 石 | | 首 | | | 經 | 亡 | | |
| | | 二 | 重 | 苦 | | | | 濟 | | | |
| | | 鳥 | 待 | | | 裝 | 學 | 制 | 度 | | |

경영·경제

## Chapter ⑯

# 출산장려는 생존의 문제이다

경영·경제

---

※ 한자 Zoom In
　推計(추계) 頂點(정점) 獎勵(장려) 稅制惠澤(세제혜택) 財政支援(재정지원)
※ 시사 Zoom In
　고령화 저출산 재정수지 악화 경제규모 축소 실버 산업

---

　지금처럼 낮은 ①出産率(출산율)이 계속되면 이번 세기가 끝날 무렵 우리나라 인구는 구한 말 ②水準(수준)으로 줄어들 것이라고 한다. 2002년 출생률(1.17)을 적용해 향후 인구를 ③推計(추계)한 한국보건사회연구원은 2100년 우리나라 인구가 지금의 3분의 1인 1600만명 남짓한 수준으로 대한제국 말기(1500 만명)와 비슷할 것이라는 충격적인 전망을 내놓았다. 이 연구원은 또 전체 인구가 급격히 감소할 뿐만 아니라 ④高齡者(고령자) 인구 비중이 급증하면서 한국은 세계에서 가장 빠르게 늙어가는 나라가 될 것으로 내다봤다. 2020년이 되면 한국은 전체 인구의 20%가 65세 이상 노인인 '초고령사회'에 진입할 것이라는 전망이다.

　한 나라의 국력을 인구수로 가늠할 수 있다고 본다면 우리의 국력은 인구가 ⑤頂點(정점)에 이르는 2018년 이후 급속히 ⑥衰殘(쇠잔)할 것이라는 ⑦暗鬱(암울)한 시나리오마저 배제할 수 없다. 한 나라의 경제 ⑧規模(규모)가 인구수와 1

인당 생산액을 곱한 숫자일진 대 100년이 채 안되는 기간에 인구가 3분의 1로 줄어든다면 어떻게 경제력을 키울 수 있겠는가. 우리가 인구 감소분을 ⑨相殺(상쇄)하고도 남을 만큼 폭발적인 생산성 향상을 이루지 못하는 한 과거와 같은 높은 성장은 더 이상 기대할 수 없게 될지도 모른다.

　하물며 한창 일할 젊은이들은 줄어들고 복지 수요가 많은 고령자 비중은 급격히 늘어나는 구조라면 더 말할 것도 없다. 국가 자원을 젊은이들을 교육시키고 성장 ⑩潛在力(잠재력)을 확충하는 데 집중 ⑪投資(투자)하기보다는 고령층의 복지 수요를 충족하기 위해 더 많이 쏟아 부어야 한다면 장기적으로 성장의 활력을 유지하기 어려울 것이다.

　따라서 저출산·고령화 문제를 어떻게 풀어가느냐는 우리나라가 장기적으로 쇠퇴의 길을 걷느냐, ⑫復興(부흥)의 전기를 마련하느냐를 가름할 중요한 문제라 할 수 있다. 특히 젊은이들에게 출

---

한자능력검정시험 2급 기출

－ 準[준](22회 91번) － 計[계](5회 143번) － 衰[쇠](24회 144번) － 殘[잔](6회 149번) － 獎勵[장려](20회 16번)

산을 장려하는 정책의 성패는 결국 우리나라의 생존과 직결되는 문제라고 해도 지나친 말이 아니다.

정부는 과거의 인구 증가 억제 정책에서 180도 방향을 틀어 서유럽 국가들과 같은 적극적인 출산 ⑬獎勵(장려) 정책을 펴야 한다. 아이를 낳아 건강하게 기르고 교육시키는 데 어떤 어려움이 있기에 젊은이들이 이토록 출산을 꺼리는지 부터 제대로 파악하고, 필요하다면 ⑭稅制惠澤(세제혜택)과 ⑮財政支援(재정지원)을 아끼지 말아야 할 것이다. 대통령이 직접 이 문제를 챙기겠다고 하니 곧 장·단기 대책이 나오겠지만 부디 실효성 없는 공론에 그치지 말고 과감하고 현실적인 해법을 찾기 바란다.

매일경제 2004. 1. 15

## ZOOM Ⅰ » 한자 엿보기

| | | | | | | | | | |
|---|---|---|---|---|---|---|---|---|---|
| ① | 出 날 출 | ④ | 齡 나이 령 | ⑧ | 規 법 규 | ⑫ | 資 재물 자 | ⑮ | 澤 못 택 |
| | 産 낳을 산 | | 者 놈 자 | | 模 법 모 | | 復 다시 부 | | 財 재물 재 |
| | 率 비율 률 | ⑤ | 頂 정수리 정 | ⑨ | 相 서로 상 | | 興 일 흥 | | 政 정사 정 |
| ② | 水 물 수 | | 點 점 점 | | 殺 감할 쇄 | ⑬ | 獎 장려할 장 | | 支 가를 지 |
| | 準 준할 준 | ⑥ | 衰 쇠할 쇠 | | 潛 잠길 잠 | | 勵 힘쓸 려 | | 援 도울 원 |
| | 推 밀 추 | | 殘 남을 잔 | ⑩ | 在 있을 재 | | 稅 세금 세 | | |
| ③ | 計 셀 계 | ⑦ | 暗 어두울 암 | | 力 힘 력 | ⑭ | 制 절제할 제 | | |
| | 高 높을 고 | | 鬱 막힐 울 | ⑪ | 投 던질 투 | | 惠 은혜 혜 | | |

## ZOOM Ⅱ » 응용한자 알아보기

③ 推計(추계) : 추정하여 계산함.
  *秋季(추계) : 秋[가을 추] 季[계절 계]
    가을철. 추기.

**한자능력검정시험 3급 기출**
– 相殺[상쇄](16회 149번) – 投資[투자](3회 25번) – 支援[지원](16회 113번)

❖ 추계인구(推計人口) : 人[사람 인] 口[입 구]

어떤 지역에서 일정 시기를 전후로 인구의 자연적 · 사회적 동태와 이출(移出)을 고려하여 계산한 인구.

❖ 추계과세(推計課稅) : 課[공부할 과] 稅[세금 세]

장부가 없는 사업자의 수입과 소득을 간접적으로 산출해 세금을 매기는 것.

⑤ 頂點(정점) : 사물의 절정.

 * 定點(정점) : 定[정할 정] 點[점 점]

   장소나 위치 등에 있어서 미리 정해져 있는 점.

❖ 낙점(落點) : 落[떨어질 락]

벼슬아치를 뽑을 때 임금이 뽑을 사람의 이름에 점을 찍던 일.

❖ 거점(據點) : 據[근거 거]

활동의 근거지로 삼는 곳.

⑬ 獎勵(장려) : 좋은 일에 힘쓰도록 권하여 북돋아 줌.

 * 壯麗(장려) : 壯[장할 장] 麗[고울 려]

   장엄하고 화려함.

❖ 장려상(獎勵賞) : 賞[상줄 상]

무엇을 장려할 목적으로 주는 상.

❖ 조선물산장려운동(朝鮮物産獎勵運動) : 朝[아침 조] 鮮[고울 선] 物[물건 물] 産[낳을 산] 運[옮길 운] 動[움직일 동]

1920년대 초부터 1930년대 말까지 한민족이 전개한 경제자립운동.

⑭ 稅制惠澤(세제혜택) : 조세와 관련된 혜택을 주는 것.

 * 洗劑(세제) : 洗[씻을 세] 劑[약제 제]

   더러운 물질을 씻어 내는 데 쓰이는 물질.

❖ 택피창생(澤被蒼生) : 被[입을 피] 蒼[푸를 창] 生[날 생]

은혜로운 덕택이 만민에게 미침.

⑮ **財政支援**(재정지원) : 단체나 기업 등에 경제적으로 도움을 주는 것.
  * **再訂(재정)** : 再[다시 재] 訂[바로잡을 정]
    다시 정정함.
  * **支院(지원)** : 支[지탱할 지] 院[집 원]
    지방법원 등에 따로 분설된 하부기관.

❖ **적자재정(赤字財政)** : 赤[붉을 적] 字[글자 자]
국가나 공공단체의 재정에서 지출이 수입보다 많은 상태.
❖ **재정경제부(財政經濟部)** : 經[지날 경] 濟[건질 제] 部[떼 부]
중앙행정 각부의 하나. 경제정책 수립, 화폐, 금융 등에 관한 사무를 맡아봄.

## ZOOM Ⅲ》 시사 흐름잡기

### 저출산·고령화사회

#### ■ 우리나라의 저출산 현상

우리나라의 출산율은 2002년 1.17, 2003년 1.12로 세계 최저를 기록하고 있다 (일본= 1.32, 미국= 2.01, OECD 평균= 1.6, 2002년 기준). 이런 추세로 나간다면 우리나라 인구는 2017년에 4,925만명으로 절정을 이룬 후에 지속적으로 감소하여 2100년에는 1,621만명 정도까지 축소될 것으로 전망되고 있다. 이렇게 출산율이 낮아진 원인으로는 여성의 사회진출이 활발해지고 맞벌이 부부가 늘어나게 되면서 자녀의 필요성에 대한 가치관의 변화, 자녀의 양육비 부담 증가 및 양육을 위한 사회적 인프라 부족, 평균 초혼 연령의 상승 등을 들 수 있다.

#### ■ 우리나라의 고령화 현상

우리나라는 2003년 말 현재 65세 이상 노인인구가 397만명으로 전체인구의 8.3%를 차지하여 고령화 사회로 접어들었고, 2019년에는 노인인구가 14%를 넘는 고령사회, 2026년에는 노인인구가 20%를 넘는 초고령 사회로 진입할 전망이다. 프랑스가 고령화 사회에서 고령사회로 진입하는 데 115년이 걸린데 반해 우리나라가 19년밖에 걸리지 않은 것으로 보아 고령화가 다른 선진국들에 비해 엄청나게 빠른 속도로 진행되고 있음을 알 수 있다.

## ■ 저출산·고령화 현상이 사회에 미치는 영향

❖ 노동공급이 감소하고, 노동 생산성이 저하되게 된다.

❖ 노령인구가 증가함에 따라 저축률이 하락하게 되고, 경제 전반에 소비 위축 현상이 발생한다.

❖ 저출산에 따른 근로인구의 감소로 세입의 기반이 감소하게 되고, 연금수급자 증가 및 의료·복지비 용에 대한 국가적 지출이 늘어나면서 재정수지가 악화된다.

❖ 경제활동인구의 감소로 인하여 국가 경제규모가 축소되고 경제성장이 둔화된다.

❖ 노후보장을 둘러싼 세대간의 경쟁과 갈등이 심화될 수 있다.

❖ 생산 가능한 인구가 감소하고 피부양노인인구가 급증함에 따라 노인부양비가 크게 증가하게 된다 (2002년=생산가능인구 10명이 노인 1명을 부양, 2040년=생산가능인구 2명이 노인 1명을 부양).

❖ 개인주의적 가치관이 만연하고 핵가족화 현상 및 여성의 사회진출이 늘어나면서 가족의 부양기능 이 약화되고, 자녀의 출산과 양육 문제, 노인의 부양문제가 사회문제화 될 수 있다.

## ■ 저출산·고령화 사회 대응을 위한 전략

| 인구정책 | ☞ 결혼과 출산에 대한 가치관을 재정립할 수 있도록 한다.<br>☞ 출산과 양육에 대한 국가적 차원에서의 지원을 강화한다.<br>☞ 가정과 직장이 양립할 수 있도록 보육 서비스의 확충을 내실화 한다.<br>☞ 인구자질의 향상을 위해 가족생애주기별 건강관리체계를 구축하고, 출생성비가 균형을 이룰 수 있도록 한다. |
|---|---|
| 고용정책 | ☞ 직장에서의 정년을 재조정하고, 연령으로 인한 차별이 개선될 수 있도록 한다.<br>☞ 고령자들의 고용을 촉진하고, 그들의 능력을 지속적으로 개발할 수 있도록 꾸준히 재교육을 실시한다.<br>☞ 직장내 임금과 직무체계를 재조정한다. |
| 복지정책 | ☞ 공적인 소득보장제도를 개선하여 안정적인 노후를 보장할 수 있도록 개선한다.<br>☞ 노인 요양시설 및 전문 인력의 확보 등 사회적 인프라를 지속적으로 확충할 수 있도록 해야 한다.<br>☞ 노인들의 사회 참여를 활성화하고 세대간의 교류와 이해를 증진시킬 수 있도록 한다. |
| 재정정책 | ☞ 세금의 지출에 효율성을 극대화하고, 세입의 기반을 확충할 수 있도록 노력한다.<br>☞ 실버산업을 신성장 산업으로 육성할 수 있도록 한다. |

# Chapter ⑰

## '선택과 집중' 中企 정책의 전환

> ※ 한자 Zoom In
> 選擇(선택) 集中(집중) 意志(의지) 慣行(관행) 沮害要因(저해요인)
> ※ 시사 Zoom In
> 기술경쟁력 상생 아이리버(iriver) 디지털 컨버전스 작지만 강한 기업

노무현 대통령은 중소기업 대표와의 간담회에서 '중소기업을 정부 정책의 가장 중요한 파트너로 삼을 것과 경제발전 전략도 중소기업 중심으로 갈 것'을 약속했다. 이런 원칙을 바탕으로 정부는 현재 진행 중인 7000여 중소기업의 심층분석 결과가 나오는 대로 6월말까지는 중소기업 종합대책을 내놓을 방침이다.

그러나, 이러한 원칙적 방향제시보다 더욱 주목할 것은 '희망 없는 기업이 (정부) 지원에 의해 수명을 연장, 경쟁력 있는 기업의 발목을 잡는 일은 없어야 된다'고 밝힌 점과 대기업 간의, 또 대기업과 중소기업 간의 임금 ①隔差(격차)문제 해소도 '시장②秩序(질서)를 ③歪曲(왜곡)하지 않는, 시장 ④親和(친화)적 범위 안에서 추진해야 할 것'이라고 강조한 점이다. 기업정책이 모두를 수혜대상으로 한 이른바 '살포형'에서 잠재적인 경쟁력과 가능성을 중심으로 한 '⑤選擇(선택)과 ⑥集中(집중)', 다시 말하면 시장원리 중시로 전환함을, 또 임금을 중심으로 한 노동정책

역시 '시장친화적'으로 바꾸겠다는 강력한 ⑦意志(의지)가 ⑧含蓄(함축)되어 있기 때문이다. 이는 경제정책의 ⑨效率性(효율성)을 높이기 위해 정치논리나 사회논리를 배제하겠다는 간접적인 메시지로 받아들여도 잘못이 아닐 것이다.

현재 중소기업이 안고 있는 여러 난관은 결국 중소기업의 체력이 그만큼 약하다는 것을 의미한다. 이는 개개기업만의 책임이 아니라 중소기업을 둘러싸고 있는 여러 경제적인 ⑩慣行(관행)과 환경이 중소기업의 체력강화 ⑪沮害要因(저해요인)으로 작용하고 있다고 보아야 한다. 노대통령과의 간담회에서 중소기업대표가 밝힌 여러 ⑫隘路事項(애로사항)에도 이러한 점이 집중적으로 ⑬浮刻(부각)되고 있음을 본다. 중소기업이 개발한 첨단 기술제품을 대기업이나 정부기관이 외면하고 있는 점, 시장규모는 커졌으나 신용보증 한도는 그대로이기 때문에 자금 ⑭調達(조달)에 큰 도움이 되지 않는다는 점 등은 정부 지원정책이 실질적인 면에까지 미치지 못하고

---

**한자능력검정시험 2급 기출**
– 秩序[격차](20회 73번) – 含蓄[함축](22회 78번) – 取捨[취사](9회 92번)

있음을 단적으로 말해 준다.

이번 간담회에서 노대통령이 밝힌 기업정책의 '선택과 집중'으로의 전환과 '시장친화적' 임금 문제 해결 원칙은 중장기적으로 이러한 점을 개선함으로써 우리 경제의 경쟁력과 성장 ⑮彈力

(탄력)을 높여 나가겠다는 뜻으로 받아들여도 무방할 것이다. 따라서 이 원칙은 다른 분야, 예를 들면 대기업 정책과 노동정책에도 반영되어야 할 것이다.

파이낸셜 뉴스 2004. 5. 24

## ZOOM Ⅰ » 한자 엿보기

| | | | | | | | | | | | |
|---|---|---|---|---|---|---|---|---|---|---|---|
| ① | 隔 사이뜰 격 | | 和 화목할 화 | ⑧ | 含 머금을 함 | | 沮 막을 저 | | 項 항목 항 |
| | 差 다를 차 | ⑤ | 選 뽑을 선 | | 蓄 쌓을 축 | ⑪ | 害 해할 해 | ⑬ | 浮 뜰 부 |
| ② | 秩 차례 질 | | 擇 가릴 택 | ⑨ | 效 본받을 효 | | 要 요긴할 요 | | 刻 새길 각 |
| | 序 차례 서 | ⑥ | 集 모을 집 | | 率 비율 률 | | 因 인할 인 | ⑭ | 調 고를 조 |
| ③ | 歪 기울 왜 | | 中 가운데 중 | | 性 성품 성 | | 隘 좁을 애 | | 達 통달할 달 |
| | 曲 굽을 곡 | ⑦ | 意 뜻 의 | ⑩ | 慣 익숙할 관 | ⑫ | 路 길 로 | ⑮ | 彈 탄알 탄 |
| ④ | 親 친할 친 | | 志 뜻 지 | | 行 다닐 행 | | 事 일 사 | | 力 힘 력 |

## ZOOM Ⅱ » 응용한자 알아보기

⑤ 選擇(선택) : 여러 가지 중에서 마음에 드는 것을 골라 뽑음.

❖ 취사선택(取捨選擇) : 取[취할 취] 捨[버릴 사]
취할 것과 버릴 것을 가려냄.

❖ 선택과목(選擇科目) : 科[과목 과] 目[눈 목]
필수과목 이외에 학생 스스로가 선택하여 수업을 들을 수 있는 과목.

⑥ 集中(집중) : 한군데로 모음.

한자능력검정시험 3급 기출
– 選擇[선택](6회 117번) – 含蓄[함축](10회 6번 22회 5번) – 取捨[취사](14회 36번, 16회 21번) – 國際[국제](10회 24번) –減免[감면](9회 48번)

❖ **집중호우(集中豪雨)** : 豪[뛰어날 호] 雨[비 우]

    짧은 시간 동안에 집중적으로 쏟아지는 비.

❖ **시장집중제도(市場集中制度)** : 市[저자 시] 場[마당 장] 制[절제할 제] 度[법도 도]

    주식 매매에 관한 모든 주문을 거래소의 유통시장을 통하여 집행하는 제도.

---

⑦ **意志**(의지) : 어떤 일을 이루고자 하는 뚜렷한 마음가짐.

    ＊**依支(의지)** : 依[의지할 의] 支[지탱할 지]

        몸을 기대고 있음. 무엇에 마음을 붙여 도움을 받음.

---

❖ **의지감약(意志減弱)** : 減[덜 감] 弱[약할 약]

    의지력이 약하여 자제력이 결여된 모양.

❖ **의지박약(意志薄弱)** : 薄[엷을 박] 弱[약할 약]

    의지가 약함. 어떤 일을 하는 데 있어서 해내고자 하는 강한 마음이 없음.

---

⑩ **慣行**(관행) : 관례대로 일을 행하여지는 일.

    ＊**官行(관행)** : 官[벼슬 관] 行[다닐 행]

        관원의 일행.

---

❖ **국제관행(國際慣行)** : 國[나라 국] 際[가 제, 즈음 제]

    여러 나라 사이에서 단순히 습관적으로 되풀이하여 행해지는 행위

❖ **감면관행(減免慣行)** : 減[덜 감] 免[면할 면]

    흉작이 든 경우 소작료를 덜어 주거나 면제해 주는 관행.

---

⑪ **沮害要因**(저해요인) : 막고 못하게 하는 원인.

    ＊**要人(요인)** : 要[요긴할 요] 人[사람 인]

        윗자리에 있는 중요한 사람.

---

❖ **근접요인(近接要因)** : 近[가까울 근] 接[이을 접]

    가까이에서 찾을 수 있는 중요한 원인.

**ZOOM Ⅲ »** 시사 흐름잡기

### 중소기업 정책

■ **중소기업의 현황(2004년 1~2/4분기)**

전반적인 경기 침체 속에서 중소기업들의 경영난이 가중되고 있는 가운데 내수를 기반으로 하는 중소기업의 부도 가능성이 높아지고 있다. 극심한 내수 침체와 유가상승 등의 악재가 겹치면서 중소 제조업 생산설비가동률이 15개월째 60%대를 벗어나지 못하고 있고, 중소기업 3개사 가운데 1곳은 자금난에 시달리고 있는 상황이다. 특히 성장잠재력이 부족한 중소기업들과 대기업과의 격차가 더욱 벌어지고 있는 가운데 중소기업 내에서도 기술력이 우수한 몇몇 기업들만이 수출을 주도하는 양극화 현상이 두드러지고 있다.

■ **중소기업 경영난의 표면적인 원인**

❖ 내수 침체 상황이 대기업과 비교하여 잠재역량이 부족한 중소기업에게 더 큰 타격을 주고 있다.

❖ 금융기관의 중소기업에 대한 대출조건의 강화로 중소기업의 자금수급이 어려워졌다. 이는 그 동안 가계대출의 증가로 가계부실이 문제시되면서 경쟁적으로 중소기업 대출을 늘려왔으나 경기 침체로 기업들의 상환능력이 부족해지자 다시 대출기준을 강화한 결과이다.

■ **중소기업 경영난의 근본적인 원인**

❖ 인적자원의 질과 구조가 대기업에 비해 취약하다.

대기업에 비하여 근무조건이 취약하므로 고학력자들이 중소기업으로의 취업을 피하고 있고 기존 인력의 이직이 잦은 편이다.

❖ 대기업에 비교하여 기술에 대한 투자여력이 약하므로 기술경쟁력에서 뒤처진다.

기술력이 부족하므로 고부가가치 사업을 할 수 없고, 핵심 관련 기술을 해외로부터 도입해 오는 방식을 택하기 때문에 수익창출이 어렵다.

❖ 중소기업에 대한 지원이 부족하고, 벤처 거품이 사라지면서 자체적인 자금조달마저 힘들게 되었다. 벤처캐피털 회사들이 위험이 있는 투자를 꺼리고 있다.

❖ 각종 규제 및 노동생산성을 감안하여 중국 등으로 해외투자를 시도하고 있으나 정보력의 부족, 인적자원의 부족으로 인하여 어려움에 봉착해 있다.

'차이나 드림'을 꿈꾸며 경쟁적으로 중국진출을 시도하였으나 비체계성과 준비부족으로 인하여 어려움을 겪고 있다.

❖ 대기업과 중소기업 간에 상생의 개념이 아닌 일방적이고 경직된 관계를 유지하면서 시너지 효과를

기대할 수 없다.

여러 측면에서 우위에 있는 대기업의 중소기업에 관한 불공정 관행이 여전히 존재한다.

## ■ 중소기업을 위한 대책

❖ 대기업과 중소기업이 상생을 할 수 있도록 노력해야 한다.

2004년 6월 17일 전경련(전국경제인연합회)과 기협중앙회(중소기업협동조합중앙회)가 상생을 위한 협력 합의서를 채택하였다.

❖ 중소기업의 인력난과 청년실업문제를 연계하여 함께 해결할 수 있도록 한다.

대기업과 중소기업의 임금 격차 및 근무여건을 개선할 수 있도록 정부의 중재역할이 필요하다.

❖ 성장 가능성이 높은 유망 중소기업을 적극적으로 육성할 수 있도록 하고, 경쟁력이 없는 기업은 스스로 퇴출하도록 유도한다.

중소기업이 글로벌 경쟁 환경 속에서 자생력을 갖출 수 있도록 하고, 기술경쟁력을 높이기 위한 단기·중장기 전략을 세워야 한다.

---

**TIP** 성공한 중소기업 : '아이리버'의 레인콤

레인콤은 '아이리버(iriver)'라는 브랜드로 국·내외 MP3 플레이어 시장을 석권한 회사이다. 직원 7명과 자본금 3억원으로 시작한 레인콤은 '아이리버'라는 독자 브랜드를 출시하여 3년만에 국내시장의 50%, 세계시장의 30%를 점유하였고, 미국 진출 6개월만에 미국시장 점유율 1위를 달성하는 성과를 올렸다. 매출액에서도 1999년에 불과 11억원이었던 것이 2000년에는 800억원으로 급성장하였고, 2003년에는 2,295억원의 매출을 달성하였다.

레인콤은 처음부터 MP3 플레이어 사업을 '마지막 10% 싸움'이라고 정의하고 완벽을 위해 노력하였다. 즉, MP3 플레이어 사업은 기술진입 장벽이 낮기 때문에 디자인과 편의성, 내구성 등이 완벽하지 않으면 살아남을 수 없다고 판단한 것이다. 따라서 연구 인력부터 생산 인력까지 '최고'를 지향하였고, 고객의 사소한 불만까지 완벽하게 처리해 주는 감동 서비스를 선보여서 충성심 높은 고객 서포터스 들을 확보할 수 있게 되었다.

현재 레인콤은 MP3 플레이어의 성공에 만족하지 않고, 디지털 컨버전스 시대를 맞아 휴대용 모바일기기 시장을 선도하기 위한 준비를 시작하고 있다. '작지만 강한 기업'인 레인콤의 또 다른 도전에 세계가 주목하고 있다.

---

# Chapter ⑱

# 외국계 투기자본 횡포 막아야

---

※ 한자 Zoom In
    有償減資(유상감자) 消却(소각) 回收(회수) 無償增資(무상증자) 袖手傍觀(수수방관)
※ 시사 Zoom In
    고배당 자사주 매입 소각 유상감자 고정자산 무상증자 국부유출

외국계 자본이 대주주인 브릿지 증권이 전체주식의 67.6%(1500억원)나 ① 有償減資(유상감자) ② 資本(자본)금을 줄인 뒤 회사 돈으로 주주들의 주식을 사들여 ③ 消却(소각)하는 행위)를 통해 투자자금을 ④ 回收(회수)한 것으로 알려져 파문이 일고 있다. 브릿지 증권의 지분 71%를 갖고 있는 대주주 BIH(말레이시아 조세회피지역인 라보안에 본사를 둔 투자 펀드)가 이번 유상감자로 주당 1000원을 받게 돼 1,350여억원을 챙겼다는 것이다. 2002년 1월 BIH가 브릿지 증권에 2200억여원을 투자한 이후 1년6개월 만에 투자자금을 모두 회수했다는 얘기다. BIH는 그 동안 두 차례의 유상감자를 통해 자금을 회수했고, 최근 사옥까지 매각한 돈으로 ⑤ 無償增資(무상증자)를 한 뒤 곧바로 3차 유상감자를 실시, 추가로 자금을 빼내 더욱 ⑥ 指彈(지탄)을 받고 있다.

문제는 이번 브릿지 증권의 유상감자가 불필요한 사업규모를 줄여 ⑦ 企業價値(기업가치)를 높이기 위한 것이 아니라 이처럼 투자자금을 회수하고 나아가 기업을 ⑧ 淸算(청산) 또는 ⑨ 賣却(매각)하기 위한 수순 밟기라는 데 있다. 그야말로 투자수익을 올리는 데만 급급한 외국계 투기자본의 실체를 보여 준 ⑩ 典型(전형)이 아닐 수 없는 것이다.

물론, 글로벌 시대에 자본의 국적을 따지는 것은 무의미하나 단기 투자이익만을 노린 외국계 투기자본의 ⑪ 橫暴(횡포)는 막아야 한다. 결국 브릿지 증권은 투자자본이 빠질 경우 회사는 빈껍데기만 남게 되고 재무구조는 악화돼 그 피해는 고스란히 국내투자자들과 직원들에게 돌아갈 것은 ⑫ 自明(자명)한 일이다.

외국계 자본이 유상감자나 고배당을 악용해 이익을 챙기고 자금을 빼가는 ⑬ 便法(편법)을 활용하고 있는 것은 비단 브릿지 증권만이 아니다. 외국자본들이 고배당과 유상감자로 투자자금을 빼돌려 많은 국내기업들이 골병들어 있다. 외환위기 이후 국내에 밀려든 외국자본들이 우리경제에 '약 주고 병 주는' 꼴이다. 현재 국내증시의

---

한자능력검정시험 2급 기출
– 狀況[상황](21회 94번) – 行爲[행위](16회 83번)

42%가 외국계자본이 차지하고 있는 ⑭狀況(상황)에서 증시침체의 장기화로 앞으로도 브릿지증권과 같은 유사사례가 급증할 것은 불을 보듯 뻔한 일이다.

당국은 기업의 생존마저 위협하는 편법 유상감자나 고배당 등 단기차익만 노리는 외국계 투기자본의 횡포에 대해 결코 ⑮袖手傍觀(수수방관)해서는 안 될 것이다. 특히 회사 돈으로 주주들의 주식을 사들여 소각하는 유상감자는 외국계 자본의 투자자금 회수기법으로 악용되는 만큼 이에 대한 대책 마련을 서둘러야 한다.

파이낸셜 뉴스 2004. 5. 27

## ZOOM Ⅰ » 한자 엿보기

| | | | | | | | | | | | |
|---|---|---|---|---|---|---|---|---|---|---|---|
| ① | 有 있을 유 | ④ | 回 돌아올 회 | ⑦ | 企 꾀할 기 | ⑩ | 典 법 전 | ⑭ | 狀 형상 상 | | |
| | 償 갚을 상 | | 收 거둘 수 | | 業 업 업 | | 型 모형 형 | | 況 상황 황 | | |
| | 減 덜 감 | ⑤ | 無 없을 무 | | 價 값 가 | ⑪ | 橫 가로 횡 | ⑮ | 袖 소매 수 | | |
| | 資 재물 자 | | 償 갚을 상 | | 値 값 치 | | 暴 모질 포 | | 手 손 수 | | |
| ② | 資 재물 자 | | 增 더할 증 | ⑧ | 淸 맑을 청 | ⑫ | 自 스스로 자 | | 傍 곁 방 | | |
| | 本 근본 본 | | 資 재물 자 | | 算 셈 산 | | 明 밝을 명 | | 觀 볼 관 | | |
| ③ | 消 사라질 소 | ⑥ | 指 가리킬 지 | ⑨ | 賣 팔 매 | ⑬ | 便 편할 편 | | | | |
| | 却 물리칠 각 | | 彈 탄알 탄 | | 却 물리칠 각 | | 法 법 법 | | | | |

## ZOOM Ⅱ » 응용한자 알아보기

① **有償減資**(유상감자) : 자본금을 줄인 뒤 회사 돈으로 주주들의 주식을 사들여 소각하는 행위.

＊**遺像**(유상) : 遺[잃을 유] 像[형상 상]
죽은 사람의 초상.

❖ 유상원조(**有償援助**) : 援[도울 원] 助[도울 조]
나중에 상환받기로 하고 하는 원조

**한자능력검정시험 3급 기출**
– 消却[소각](14회 41번) – 價値[가치](10회 8번) – 淸算[청산](21회 127번)
– 橫暴[횡포](22회 30번) – 狀況[상장](18회 136번)

❖ 유상증자(有償增資) : 增[더할 증] 資[재물 자]

새 자본금을 조달하기 위하여 신주 발행으로 회사 재산의 증가를 기하는 증자.

③ 消却(소각) : 빚을 갚음. 지워 없애 버림.
  * 燒却(소각) : 燒[사를 소] 却[물리칠 각]
      불에 태워 버림. ;燒却場(소각장)

❖ 강제소각(强制消却) : 强[강할 강] 制[절제할 제]

회사가 일방적으로 주식을 소각하는 것.

④ 回收(회수) : 도로 거두어 드림.
  * 回數(회수) : 回[돌아올 회] 數[셈 수]
      차례의 수효; 回數券(회수권)

❖ 자본회수기간(資本回收期間) : 資[재물 자] 本[근본 본] 期[기약할 기] 間[사이 간]

투자한 자본을 도로 거둘 때까지 걸리는 시간.

❖ 자본회수점(資本回收點) : 資[재물 자] 本[근본 본] 點[점 점]

기업의 경영 활동에 쓰이는 자산이 1회 회전하는데 소요되는 연간 매출액.

⑤ 無償增資(무상증자) : 적립금을 자본으로 전입하거나 주식 배당을 출자하는 등 자본의 법률적 증가만을 가져오는 명목상의 증자.
  * 無想(무상) : 無[없을 무] 想[생각 상]
      아무런 상념이 없음. ;無念無想(무념무상)
  * 無上(무상) : 無[없을 무] 上[위 상]
      그 위에 더할 수 없이 높고 좋음. 가장 좋음.
  * 無常(무상) : 無[없을 무] 常[떳떳할 상]
      일정한 때가 없음. ;變化無常(변화무상), 人生無常(인생무상)

❖ 무상원조(無償援助) : 援[도울 원] 助[도울 조]

아무런 대가 없이 도움을 주는 것.

❖ 무상행위(無償行爲) : 行[다닐 행] 爲[할 위]

어떤 일에 대한 보상이 없는 법률적 행위.

⑮ 袖手傍觀(수수방관) : 팔짱만 끼고 바라본다는 뜻. 어떤 일을 당하였어도 아무런 간여를 하지 않고 그대로 방치하고 있음을 이르는 말.

  * 收受(수수) : 收[거둘 수] 受[받을 수] 거두어서 받음.

❖ 작사도방(作舍道傍) : 作[지을 작] 舍[집 사] 道[길 도]

길가에 집을 지으려 하니 오가는 사람들의 의견이 저마다 달라서 결국 집을 짓지 못하게 되었다는 의미로 무슨 일을 함에 있어서 의견이 서로 달라서 결정하지 못함을 이르는 말.

## ZOOM Ⅲ » 시사 흐름잡기

### 외국계 투기자본의 기업 약탈

#### ■ 외국계 투기자본의 국내 유입 상황

우리나라는 1997년 외환위기라는 국가적 위기상황을 겪으면서 이를 극복하기 위하여 외국계 자본을 적극적으로 유치하였다. 구조조정을 위한 국내 기업들의 자산매각 필요성과 국가적 차원에서의 적극적인 외자유치 의지가 맞물리면서 국내에는 외국계 투기자본이 물밀듯이 들어오게 되었다. 특히 금융시장에서 외국계 자본의 비중이 증가하게 되었는데, 이는 1998년 외국인의 은행소유가 허용된 이후 상대적으로 저평가된 금융기관들을 소유하기 위해 외국계 자본이 대거 유입되었기 때문이다. 그러나 이들이 투기자본으로서의 본색을 드러내면서 선진 금융기법의 도입이라는 당초의 의도와는 거리가 먼 약탈에 가까운 행위가 아무런 제재 없이 이루어지고 있어 대책 마련이 절실한 상황이다.

#### ■ 외국계 투기자본 사례 : BIH의 브릿지 증권 약탈작전 전모

##### ❖ 헐값에 기업 사들이기

BIH는 영국계 홍콩자본인 리젠트 그룹과 미국 위스콘신 연기금 등이 투자하여 만든 페이퍼 컴퍼니(버뮤다, 카리브 해 등 세금을 물지 않는 장소에 명목상 본사를 두는 서류상으로만 존재하는 회사)이다. 이들은 1998년 외환위기의 충격으로 주가가 바닥을 치고 있을 무렵에 692억원을 들여 대유증권(1998년 12월 기준 자본총계 : 1,730억원)을 사들이는 것으로 기업사냥을 하기 시작하였다. 이후 이들은 2000년 11월에 일은증권(자본총계 : 2,677억원)을 1,093억원을 들여 지분의 48.8%를 사들인 후 2002년 1월에 이 두 회사를 합병하여 브릿지 증권을 탄생시킨다.

##### ❖ 고배당 및 자사주 매입 후 소각하기

1999년에 증권시장이 사상 최대 호황을 누리면서 헐값에 매각되었던 대유증권은 839억원의 당기순이익을 냈고, 이들은 금융권 최초로 70%의 고배당을 결정하여 초기 투자금액인 204억원을 회수하기에 이른다. 또한, 이들은 2002년에 회사 명의로 자사주를 집중적으로 사들인 다음 소각해 버리는 편법을 활용하여 또 다시 자본금을 회수하게 된다.

자사주의 소각은 실제로 불태워 없어지는 것이 아니라 장부상으로만 사라진 것으로 처리한 것이기 때문에 남아있는 주식가치는 상대적으로 높아지게 된다. 이러한 편법을 통해서 BIH는 지분 비율을 2002년 49.7%에서 2004년 70.9%까지 높일 수 있었고, 실제 금액으로 환산하면 388억원 어치의 지분이 늘어난 꼴이 된다. 이 과정에서 브릿지 증권의 자본금은 1,024억원에서 875억원으로 줄어들었으며, 그 줄어든 자본금의 상당수가 대주주인 BIH의 몫이 되었다.

### ❖ 유상감자 실시하기

유상감자란 자본금을 줄여서 그만큼 주주들이 자산을 나누어 갖는 것으로, 자본금을 줄인 만큼 회사의 규모도 줄어들게 된다. 브릿지 증권은 합병 이후 세 차례에 걸쳐서 유상감자를 실시했으며, 이 과정에서 1,164억원에 이르렀던 자본금이 688억원으로 줄어들었고, 그 돈은 70% 이상의 지분을 확보하고 있는 BIH가 가져가게 되었다.

### ❖ 고정자산 매각해서 현금화하기

브릿지 증권은 시세보다 낮은 가격으로 을지로, 여의도 사옥을 팔고 기존보다 30%의 높은 임대료를 지급하고 있다. 이번의 건물 매각은 고정자산을 현금화하여 자본금을 늘리는 과정이라고 할 수 있다.

### ❖ 무상증자를 통해서 자본금을 늘린 후 유상감자로 자본금 회수하기

무상증자란 회사의 자산을 자본금으로 전환한다는 것으로, 자산이 줄어드는 만큼 자본금이 늘어나게 된다. 100%에서 200%까지의 무상증자를 실시할 경우 BIH는 증권거래법에 명시된 증권회사의 최소 자본금인 500억원을 제외하고 최대 1,500억원 이상을 빼내갈 수 있을 수도 있다.

## ■ 외국계 투기자본에 대한 딜레마

위에서 언급된 BIH의 브릿지 증권에 대한 행위는 모두 합법적이다. 따라서 기업의 장기적인 성장에는 관심이 없고 투자금의 회수 및 이익 실현에 매달리고 있는 해당 투기자본 회사에 대해서 도덕적 비난만 할 수 있을 뿐 별다른 방법은 없다. 스스로 외자유치에 힘써서 국부유출이라는 상황을 맞이하고 있는 것이다.

일부 전문가들은 외국계 투기성 펀드에는 금융기관의 대주주 자격을 부여하지 말도록 하는 방안과 유상감자를 실시할 경우 허가를 받고 진행할 수 있도록 해야 한다는 방안을 제시하고 있다. 그러나 정부 차원에서 이 문제를 적극적으로 개입할 경우 법 적용의 형평성이 문제가 될 수 있고, 외국자본의 대거 유출이 예상되기 때문에 사실상 특별한 대책을 내놓지는 못하고 있다.

## ■ 외국 대주주사의 자본금 유출 사례

❖ OB맥주의 대주주인 인터브루가 1,500억원의 회수를 위해 자본금의 60% 유상감자를 결의함

❖ 메리츠 증권의 대주주인 파머 그룹이 당기순이익의 14배가 넘는 50억원을 배당했다.

❖ 만도의 대주주인 JP모건은 지난해 유상감자를 통해 760억원을 회수하여 인수비용의 2배 이상을 회수했다.

❖ 독일의 알리안츠 그룹은 하나은행에 1,263억원을 투자해 3천억원을 회수했다.

❖ 뉴 브릿지 캐피털은 5천억에 제일은행을 인수하고 정부에서 18조원의 공적자금을 받아냈다.

❖ 미국이 골드만삭스사는 국민은행에 투자해 원금의 2배가 넘는 9천2백억을 벌어들였다.

경영·경제

## Chapter ⑲

# 기대 큰 '윤리경영 정착운동'

경영·경제

※ 한자 Zoom In
  關心(관심) 企業情緒(기업정서) 理解度(이해도) 反感(반감) 自救策(자구책)
※ 시사 Zoom In
  윤리경영  사회적 책임  OECD 국제상거래뇌물방지협약

① 倫理(윤리)경영의 중요성에 대한 ② 關心(관심)이 높아지고 있는 가운데 전국경제인연합회가 윤리 ③ 經營風土(경영풍토)를 정착시키기 위한 구체적인 액션 플랜을 마련해 관심을 끈다. 정부 또는 국민을 상대로 대기업의 입장을 대변해온 전경련이 국내 기업의 경영풍토를 개선하는 일에 힘을 기울이기로 한 점은 신선한 변화로 평가된다. 그 동안 전경련을 비롯한 기업단체와 기업인 그리고 일부 경제학자 등은 줄기차게 자유시장경제체제의 ④ 優越性(우월성)을 강조하면서 기업하기 좋은 환경을 만들기 위해 애써 왔다. 이 같은 노력은 나름대로 적잖은 성과를 거둔 것이 사실이지만 전반적으로 국내기업이 가장 부담스러워하는 반 ⑤ 企業情緒(기업정서) 또는 기업에 대한 불신이 해소되거나 호전됐다는 증거는 별로 없다. 자본주의 시장경제에 대한 ⑥ 理解度(이해도)면에서 사회주의 국가인 중국보다 뒤진다는 조사결과도 나와 있다.

시장경제의 수혜자로서 선진국 문턱을 넘볼 만큼 경제적으로 윤택해진 우리 국민이 경제성장의 견인차인 기업, 특히 대기업에 대해 불신 또는 ⑦ 反感(반감)을 갖고 있는 이유는 무엇인가 하는 의문을 갖게 된다. 이 같은 아이러니칼한 현상이 지속되고 있는 데 대한 기업과 기업인의 책임은 없는지 진지한 ⑧ 省察(성찰)이 요구된다. 기업과 기업인의 책임은 여러 측면에서 검토될 수 있겠지만 그 중에서도 가장 결정적인 요인은 윤리의식의 결여라 할 수 있다. 윤리의식의 결여는 결국 족벌경영, 정경 ⑨ 癒着(유착), 낮은 투명성, 기업부패와 그릇된 접대문화 등 국내 기업에 대한 부정적인 이미지를 형성하고, 그러한 부정적인 이미지는 반 기업정서 및 대기업 불신으로 이어지게 된 것이다. 이러한 면에서 윤리경영풍토 정착 노력은 기업하기 좋은 환경을 만들기 위해 기업 스스로 할 수 있는 최선의 ⑩ 自救策(자구책)이라고 해도 과언이 아니다. 윤리경영이 정착될 때 국내 기업에 따라 다니는 부정적인 이미지도 사라지고 기업을 신뢰하고 사랑하는 풍토가 조성될

**한자능력검정시험 2급 기출**
– 理解[이해] (25회 99번) – 省察[성찰] (22회 92번) – 原動力[원동력] (6회 105번) – 跳躍[도약] (9회 45번, 24회 22번)

것이다. 최근 몇몇 기업들을 중심으로 윤리경영을 실천하기 위한 움직임이 일고 있는 것은 윤리경영이 기업의 성장과 발전을 위한 중요한 ⑪原動力(원동력)이 된다는 자각에서 비롯된 것이라 할 수 있다.

이익의 사회 ⑫還元(환원) 등 기업의 사회적 책임과 ⑬役割(역할)에 대한 관심도 높아지고 있다. 전경련이 마련한 윤리경영 액션 프로그램은 윤리경영의 확산과 정착에 큰 도움이 될 것으로 기대된다. 한가지 지적할 것은 윤리경영 지표를 마련하고 기업의 사회적 역할을 높이는 것도 중요하지만 공정하고 ⑭透明(투명)한 경영을 통해 기업의 경쟁력을 높이고 세계 일류기업으로 ⑮跳躍(도약)해 값싸고 질 좋은 제품과 서비스를 제공하는 것이 윤리경영의 궁극적인 목표라는 사실을 잊어서는 안 된다. 서울경제 2003. 5. 8

## Zoom Ⅰ» 한자 엿보기

| | | | | | | | | | | | |
|---|---|---|---|---|---|---|---|---|---|---|---|
| ① | 倫 인륜 륜 | ④ | 優 넉넉할 우 | ⑥ | 解 풀 해 | ⑩ | 自 스스로 자 | ⑬ | 役 부릴 역 |
| | 理 다스릴 리 | | 越 넘을 월 | | 度 법도 도 | | 救 구원할 구 | | 割 벨 할 |
| ② | 關 관계할 관 | ⑤ | 性 성품 성 | ⑦ | 反 돌이킬 반 | | 策 꾀 책 | ⑭ | 透 사무칠 투 |
| | 心 마음 심 | | 企 꾀할 기 | | 感 느낄 감 | ⑪ | 原 언덕 원 | | 明 밝을 명 |
| ③ | 經 지날 경 | | 業 업 업 | ⑧ | 省 살필 성 | | 動 움직일 동 | ⑮ | 跳 뛸 도 |
| | 營 경영할 영 | | 情 뜻 정 | | 察 살필 찰 | | 力 힘 력 | | 躍 뛸 약 |
| | 風 바람 풍 | | 緖 실마리 서 | ⑨ | 癒 병나을 유 | ⑫ | 還 돌아올 환 | | |
| | 土 흙 토 | | 理 다스릴 리 | | 着 붙을 착 | | 元 으뜸 원 | | |

## Zoom Ⅰ» 응용한자 알아보기

② 關心(관심) : 어떤 일이나 대상에 마음이 끌리어 주의를 기울이는 일.

*觀心(관심) : 觀[볼 관] 心[마음 심]
　　　마음의 본성을 살피는 일.

**한자능력검정시험 3급 기출**
– 倫理[윤리](10회 1번, 12회 1번) – 理解[이해](17회 78번) – 反感[반감](10회 27번) – 省察[성찰](14회 128번, 16회 146번, 18회 123번, 19회 142번, 21회 141번)

❖ 관심사(關心事) : 事[일 사]

관심이 있는 일.

❖ 무관심(無關心) : 無[없을 무]

관심을 두지 않는 것.

⑤ 企業情緖(기업정서) : 기업 특유의 분위기.

＊基業(기업) : 基[터 기] 業[업 업]

선대로부터 이어져 내려오는 재산과 사업.

＊起業(기업) : 起[일어날 기] 業[업 업]

사업을 시작함.

＊淨書(정서) : 淨[깨끗할 정] 書[글 서]

글씨를 깨끗하게 씀.

❖ 다국적기업(多國籍企業) : 多[많을 다] 國[나라 국] 籍[문서 적]

여러 나라에 계열회사를 둔 세계적 규모의 기업.

❖ 기업공개(企業公開) : 公[공평할 공] 開[열 개]

기업의 주식을 주식시장에 내다 팔아서 누구나 주주가 될 수 있도록 하는 일.

❖ 부실기업(不實企業) : 不[아닐 부] 實[열매 실]

경영사정이 어려운 기업.

⑥ 理解度(이해도) : 깨우치는 정도.

＊利害(이해) : 利[이로울 리] 害[해로울 해]

이익과 손해. ;利害打算(이해타산)

❖ 몰이해(沒理解) : 沒[가라앉을 몰]

이해함이 없음.

⑦ 反感(반감) : 상대편의 말이나 태도 등에 대하여 불쾌하게 생각하는 반발적인 감정.

＊半減(반감) : 半[반 반] 減[덜 감]

절반으로 줄임. ;半減期(반감기)

⑩ 自救策(자구책) : 스스로 구할 방책
   *字句(자구) : 字[글자 자] 句[구절 구]
     글자와 글귀.

❖ 자구행위(自救行爲) : 行[다닐 행] 爲[할 위]
  형법에서, 권리 침해를 받았을 때 공권력의 발동을 기다리지 않고, 피해자 자신이 권리 보존을 위하
  여 직접 실력 행위를 하는 일을 이르는 말.

## Zoom Ⅲ ≫ 시사 흐름잡기

### 윤리 경영(ethics management)

#### ■ 윤리경영이란?

  윤리경영은 기업을 경영함에 있어서 무엇이 옳고 그른가에 대한 도덕적 신념을 바탕으로 사회적 책
임을 다하는 것이다. 이러한 사회적 책임에 대하여 Georgoa大의 A. Carroll 교수는 '경제적 책임', '법적
책임', '윤리적 책임', '자선적 책임'으로 구분하였다. 따라서 윤리경영은 법적 책임을 넘어서서 사회가
바라는 윤리적 기대를 기업의 의사결정에 반영하는 것이고, 기업의 능동적인 참여자세로 기업윤리의 준
수를 기본 행동원칙으로 정하는 것이다. 일반적으로 기업들은 기업 윤리강령의 사용, 윤리위원회의 구
성, 사회감사 제도의 도입 등을 통해서 윤리경영의 실천의지를 보인다.

#### TIP 사회적 책임

  ❖ 경제적 책임 : 이윤창출을 통해서 기업의 영속성을 유지하는 책임.
  ❖ 법적 책임 : 법규를 준수하는 책임.
  ❖ 윤리적 책임 : 사회적 통념에 의해서 형성된 윤리적 기준을 기업이 능동적으로 따르는 책임.
  ❖ 자선적 책임 : 경영활동과는 직접적으로 관련이 없는 문화활동, 자원봉사 등을 행하는 책임.

#### ■ 기업의 윤리적 발달단계(출처 : 삼성경제연구소, '윤리경영의 선전사례 도입방안')

  국제기구들이 '윤리 라운드'를 통해서 윤리경영의 세계표준화를 시도하고 있는 가운데 OECD가
1997년 12월 'OECD 국제상거래뇌물방지협약'을 채택하여 이를 위반한 기업의 국제시장 진출을 차단
하는 방안을 모색하고 있다. 즉, 윤리경영이 글로벌 스탠더드로 부각되고 있는 것이다. 그러나 아직 국내

기업들의 윤리경영은 이제 시작에 불과한 단계이다. 대부분의 국내기업들은 기업윤리의 발전단계 중 제 2단계에서 제3단계로 진화하고 있는 중이다.

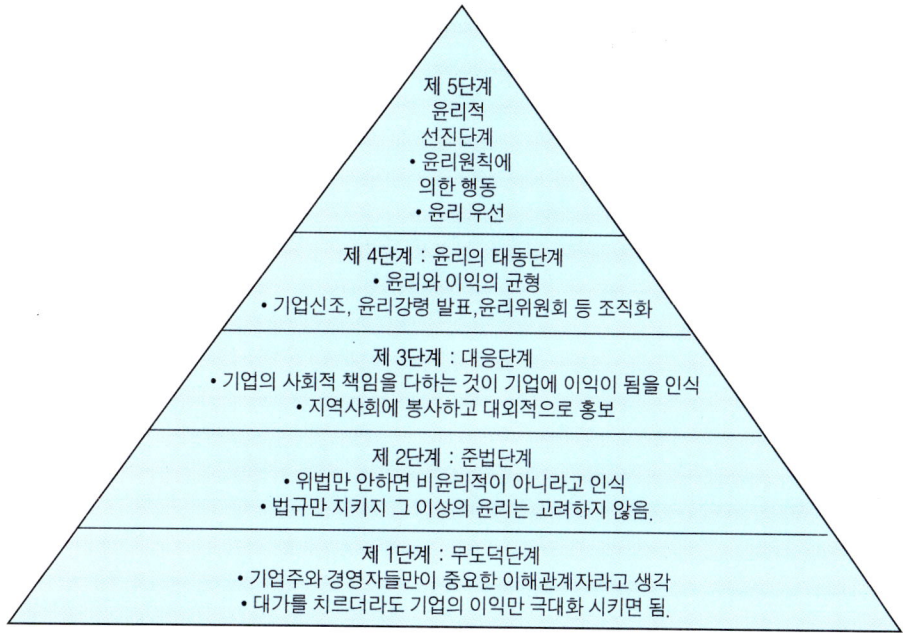

## ■ 비윤리적 경영 사례 : 만두소 파동 속의 CJ

2004년 6월 '쓰레기 만두' 사건이 발생했다. 만두를 제조하는 과정에서 폐기 처분해야할 재료들을 사용하여 만두를 제조하다가 식약청으로부터 적발된 것이다. CJ는 사건이 보도되자마자 당사는 이 사건과 전혀 무관한 깨끗한 만두제조업체인 듯한 태도를 보이다가 일부 혐의가 인정되자 그때서야 사실을 인정하고 사건수습에 나서기 시작했다. 또한 CJ에서 만든 햄에서 발색제가 과다하게 첨가되었음에도 불구하고 제품광고에는 법적인 기준의 애매모호함을 이유로 허위광고를 하였다가 시민단체에 적발되어 사회적 물의를 빚기도 했다. 현재, 시민단체들은 CJ에서 제조된 제품들에 대한 불매운동의 움직임을 보이고 있다. CJ는 이 사건을 계기로 기업의 이미지에 큰 타격을 입을 것으로 예상된다. 위의 사건에서 알 수 있듯이 국민들의 윤리경영에 대한 인식 수준이 워낙 높아져 있으므로 기업들은 투명하고 신속한 윤리적 의사결정을 해야 한다.

## ■ 윤리경영의 정착을 위한 고려사항

❖ 윤리경영은 이제 선택이 아니라 21세기를 맞이하는 기업들의 필수요건이 되어가고 있다.

❖ 윤리경영에 대해서 생색만 내는 것이 아닌 기업의 가치를 높이는 실질적인 윤리경영을 실천할 수 있도록 해야 한다.

❖ 윤리경영의 경우 CEO의 강력한 의지가 필수적이다.

## Chapter ⑳

# 이러다간 장기 불황 부인 못한다

※ 한자 Zoom In
經濟成長率(경제성장률) 良好(양호) 不振(부진) 內需(내수) 設備投資(설비투자)
※ 시사 Zoom In
경기변동 일본식 장기불황 3대 악재

한국은행이 발표한 1분기 ①經濟成長率(경제성장률) (전년 동기비) 5.3%는 ②豫想(예상)보다 ③良好(양호)하게 나타났지만 성장 내용을 들여다보면 불안감이 더욱 커질 수밖에 없다. 성장이 전적으로 수출에 의존하고 있고, 소비나 설비투자는 1년 동안 감소 행진을 ④持續(지속)하는 등 내수 ⑤不振(부진)이 심화되고 있기 때문이다. 성장률에 대한 수출 기여율이 226.4%에 이른 반면 민간소비와 설비투자 기여율은 공히 마이너스 14.5%와 0.5%를 기록한 점이 이를 뒷받침하고 있다. 더구나 최근엔 건설투자마저 둔화됨으로써 ⑥內需(내수)를 구성하는 모든 항목이 총체적으로 가라앉고 있는 셈이다. 내수 ⑦不況(불황)의 골이 깊어지는 가운데 수출에만 목을 매는 천수답적 성장구조에서는 경제의 안정성이 확보될 수 없음은 물론이다. 중국발 쇼크에다 유가 급등 등 대외여건 ⑧惡化(악화)로 수출전선마저 무너진다면 우리 경제가 어찌될지 굳이 설명할 필요조차 없다.

또 한가지 주목해야 할 것은 전기 대비 성장률의 경우 올 1분기 0.8%로 지난 해 4분기 2.7%는 물론 3분기 1.6%에 비해서도 크게 떨어졌다는 사실이다. 한마디로 연속선상에서 볼 때 경제 활력이 갈수록 약해지고 있다는 얘기다. 10년 장기불황을 겪은 일본의 올 1분기 경제성장률(전기비)이 1.4%로 우리보다 월등히 높은 수치를 기록했음을 감안할 때 문제의 심각성을 알 수 있다. 이와 관련해 사카키바라 일본 게이오대 교수가 "한국이 ⑨高費用(고비용) 구조를 해소하지 못하면 일본식 장기 ⑩沈滯(침체)에 빠질 수 있다"고 경고한 것은 되새겨보아야 할 대목이다. 고비용으로 인해 인플레이션이 야기되고 기업이 ⑪設備投資(설비투자)를 ⑫忌避(기피)할 경우 내수 부진이 더욱 심화될 것임은 뻔한 이치다. 따라서 정부는 성장 내용에 주목하고 적절한 대응을 하지 않으면 안된다. 그저 성장률만 따질 때가 아니다.

그런 점에서 하반기가 되면 내수가 회복될 것

이라는 근거없는 낙관론을 펼쳐서는 곤란하다. 중소기업과 자영업자들이 무너지고 주가 움직임이 심히 불안하며 신용불량자가 늘어가는 상황에서 내수가 저절로 회복되길 기대하는 것은 무리다. 이런 우려를 떨어내려면 정부와 정치권은 ⑬

改革(개혁) ⑭一邊倒(일변도)로 국정을 이끌게 아니라 당장 무너지는 성장 기반부터 재구축하는 모습을 보여야 한다. 성장 없는 개혁은 ⑮實效(실효)를 거두기 어려울 뿐 아니라 국민의 지지를 받기도 어렵다.　　　매일경제 2004. 5. 22

## ZOOM Ⅰ » 한자 엿보기

| | | | | | | | | | | | | | | |
|---|---|---|---|---|---|---|---|---|---|---|---|---|---|---|
| ① | 經 | 지날 경 | ④ | 好 | 좋을 호 | ⑧ | 況 | 상황 황 | ⑪ | 設 | 베풀 설 | ⑭ | 一 | 한 일 |
| | 濟 | 건널 제 | | 持 | 가질 지 | | 惡 | 악할 악 | | 備 | 갖출 비 | | 邊 | 가 변 |
| | 成 | 이룰 성 | | 續 | 이을 속 | | 化 | 될 화 | | 投 | 던질 투 | | 倒 | 넘어질 도 |
| | 長 | 긴 장 | ⑤ | 不 | 아닐 부 | | 高 | 높을 고 | | 資 | 재물 자 | ⑮ | 實 | 열매 실 |
| | 率 | 비율 률 | | 振 | 떨칠 진 | ⑨ | 費 | 쓸 비 | ⑫ | 忌 | 꺼릴 기 | | 效 | 본받을 효 |
| ② | 豫 | 미리 예 | ⑥ | 內 | 안 내 | | 用 | 쓸 용 | | 避 | 피할 피 | | | |
| | 想 | 생각 상 | | 需 | 구할 수 | ⑩ | 沈 | 잠길 침 | ⑬ | 改 | 고칠 개 | | | |
| ③ | 良 | 어질 량 | ⑦ | 不 | 아닐 불 | | 滯 | 막힐 체 | | 革 | 가죽 혁 | | | |

## ZOOM Ⅱ » 응용한자 알아보기

① 經濟成長率(경제성장률) : 일정기간 동안의 국민 총생산 또는 국민소득의 실질적인 증가율.

\* 盛壯(성장) : 盛[성할 성] 壯[씩씩할 장]

　　혈기가 왕성함.

\* 盛裝(성장) : 盛[성할 성] 裝[꾸밀 장]

　　훌륭하게 몸을 단장함.

❖ 성장촉진물질(成長促進物質) : 促[재촉할 촉] 進[나아갈 진] 物[물건 물] 質[바탕 질]

　성장 호르몬 등과 같이 성장을 촉진시키는 물질.

**한자능력검정시험 3급 기출**

– 經濟[경제](9회 88번) – 投資[투자](3회 25번) – 促進[촉진](7회 43번) – 物質[물질](10회 26번)

❖ 성장기(成長期) : 期[기약할 기]

　성장하는 시기.

---

③ 良好(양호) : 좋음.

　* 養護(양호) : 養[기를 양] 護[도울 호]

　　기르고 보호함. ;養護室(양호실)

---

❖ 미풍양속(美風良俗) : 美[아름다울 미] 風[바람 풍] 俗[풍속 속]

　아픔답고 좋은 풍속

❖ 현모양처(賢母良妻) : 賢[어질 현] 母[어미 모] 妻[아내 처]

　자식에게는 어진 어머니이고, 남편에게는 착한 아내를 뜻하는 말.

---

⑤ 不振(부진) : 어떤 일이나 힘이 움츠러들거나 활발하지 못함.

　* 不進(부진) : 不[아닐 부] 進[나아갈 진]

　　앞으로 나가지 못함. ;遲遲不進(지지부진)

　* 不盡(부진) : 不[아닐 부] 盡[다할 진]

　　다함이 없음. 끊이지 않음.

---

❖ 식욕부진(食慾不振) : 食[먹을 식] 慾[욕심 욕]

　식욕이 감소하는 상태.

❖ 판매부진(販賣不振) : 販[팔 판] 賣[팔 매]

　상품 판매가 감소하는 상태.

---

⑥ 内需(내수) : 국내 수요

　* 耐水(내수) : 耐[견딜 내] 水[물 수]

　　물이 묻어도 젖지 않음.

---

❖ 내수산업(内需産業) : 産[낳을 산] 業[업 업]

　국내시장을 상대로 하는 산업.

---

⑪ 設備投資(설비투자) : 기업이 사업 활동에 필요한 설비를 증설하거나 신설하기 위한 투자.

---

❖ 유휴설비(遊休設備) : 遊[놀 유] 休[쉴 휴]

　생산에 활용하지 못하고 있는 설비.

❖ 부대설비(附帶設備) : 附[붙을 부] 帶[띠 대]

건축물 따위에 보조적으로 딸리는 설비.

# ZOOM Ⅲ» 시사 흐름잡기

## 한국의 장기 불황

### ■ 장기불황과 한국의 경제상황

경기변동 중에서 불황국면이 장기화되고 회복국면으로 들어서지 못하는 경제상황을 말한다. 일본의 경우 1980년대 호황을 누리다가 1990년대 들어서면서 불황을 겪기 시작하여 약 10년간 불황이 지속되었다. 현재 일본은 10년간의 장기불황을 서서히 극복하고 회복국면에 접어들고 있는 중이다.

한국은 1997년 외환위기 이후 급격히 회복하는 모습을 보였었다. 그러나 빠른 경기회복을 위한 김대중 정부의 정책(신용 카드 활성화 정책, 2002년 월드 컵 후폭풍)이 한계를 드러내면서 2002년 이후로 심각한 경기침체 상황을 겪고 있는 중이다.

이헌재 부총리를 비롯한 경제 전문가들이 연초에 2004년 3·4/4분기 이후 경기 회복을 전망했으나 소비와 투자가 좀처럼 침체에서 벗어나지 못하고 있으며, 수출 증가율이 크게 낮아질 것이라는 예측이 나오면서 현재로서는 경기회복이 힘들다는 의견이 지배적이다. 현재 '일본식 장기불황'에 대한 우려가 높은 가운데 정부의 경기부양책에 대한 필요성이 제기되고 있다.

### TIP 경기변동(business cycle)

자본주의 경제체제에서는 경제활동이 활발한 호경기와 불경기가 반복되면서 발생하는데, 이러한 변화과정을 경기변동(경기순환)이라고 한다. 일반적으로 경기변동은 4가지 국면으로 분류할 수 있는데, 그 특징은 다음과 같다.

❖ 호황국면(prosperity phase)

전반적인 경제활동이 왕성해지는 국면이다. 투자와 소비, 생산이 증가하고 고용과 소득도 증가한다. 금리나 물가가 등귀하며, 증권시세도 활황을 계속한다.

❖ 후퇴국면(recession phase)

호황이 끝나는 정상지점을 지나면 후퇴의 국면으로 접어드는데, 이때 경제의 활력은 줄어들게 된다. 소비, 투자, 고용, 소득 등이 모두 감소하기 시작하고 기업은 재고가 늘어나며, 판매감소와 이윤하락이 발생한다.

❖ 불황국면(depression phase)

후퇴 국면이 지속되는 경우를 말한다. 소비, 투자 등이 더욱 침체되고, 고용과 소득이 감소한다. 기업의 도산이 속출하고, 실업의 증대, 물가 하락, 금리 저하, 주가 폭락 등의 현상이 나타난다.

❖ 회복국면(recovery phase)

경제가 정상상태로 회복하는 국면을 말한다. 고용과 소득이 미미하게 증가하는 경향을 보이고, 투자나 생산이 상승기미를 보이게 된다. 실업은 감소하기 시작한다.

## ■ 일본의 장기불황 원인과 한국의 장기 불황 가능성

1990년대 발생한 일본의 장기불황은 부동산 버블붕괴에 따른 자산의 디플레이션 발생이 결정적인 계기가 되었다. 즉, 부동산을 중심으로 한 자산가격의 하락은 부동산 담보대출을 증가시켰던 은행들의 부실을 초래하였고, 은행의 도산은 일본 국민의 복합불황에 대한 불안감을 증폭시켜서 지출을 줄이게 되었다. 이는 기업의 생산 및 투자의 위축으로 이어져서 실물경제와 금융경색의 악순환을 초래하게 되었고, 국내 부문의 성장 가능성이 없는 가운데서 재정 적자마저 확대되면서 일본 경제가 10년간의 장기 불황으로 들어서게 된 것이다.

현재의 한국은 고유가, 미국의 금리인상 가능성, 중국의 긴축정책 이라는 3대 악재에 직면해있다. 또한 고용이 없는 성장으로 인한 실업률의 증가와 이로 인한 가계소득의 감소, 내수부진의 악순환의 반복되고 있으면서 경기침체가 오래가고 있는 것이다. 그러나 수출이 활성화되면서 한국경제를 지탱해 주고 있고, 이미 외환위기를 계기로 구조조정이 단행되어 왔으며, 내수위축의 원인이었던 신용불량자 문제가 안정화 기미를 보이고 있으므로 일본식의 장기불황을 겪지는 않을 것이라는 예측이 지배적이다.

## ■ 한국 정부의 '사회적 개혁'과 '경기회복'의 딜레마

❖ 부동산 투기 억제 VS 건설경기 연착륙

정부의 부동산 투기억제 정책의 여파로 충청권을 제외한 건설경기가 급랭할 것으로 전망되고 있다. 정부가 재건축 규제완화와 미니신도시 건립계획을 발표했지만 부동산 경기가 회복될지는 미지수이다.

❖ 접대비 실명제 VS 서비스업의 활성화

접대비 실명제(50만원이 넘는 접대비 지출은 기업의 경비로 인정해 주지 않는 제도)의 도입으로 유흥업을 중심으로 한 서비스업이 큰 타격을 입었다. 정부는 사회적 투명성을 위해서 이 제도를 지속할 예정이다.

❖ 대외 경쟁력 강화 VS 스크린 쿼터·쌀시장 개방

대외 경쟁력 강화를 위해 개방정책을 표방할 것으로 보이나 이해당사자들의 반발이 예상된다.

❖ 지역균형발전 VS 기업의 투자 촉진

삼성 그룹이 충청권에 도요타식 기업도시를 추진하려 했으나 지역의 균형발전을 이유로 무산됐다.

# 가로–세로열쇠로 복습하기

※ 한글로 가로–세로 열쇠를 채워봅시다.

|  |  |  | 1 |  | 2 |  |  |  |  |  |  |
|---|---|---|---|---|---|---|---|---|---|---|---|
|  |  |  |  |  |  | 3 |  | 4 |  | 5 |  |
| 6 | 7 |  | 8 |  |  | 9 |  |  |  |  |  |
|  |  | 10 |  | 11 |  |  |  |  |  |  |  |
| 12 |  |  |  |  | 13 |  |  | 14 |  |  |  |
|  |  |  |  | 15 |  |  |  |  |  |  |  |
|  |  | 16 | 17 |  | 18 |  |  |  |  |  |  |
|  |  |  | 19 |  | 20 |  | 21 |  | 22 |  |  |
|  |  |  |  |  |  |  |  |  |  |  |  |
| 23 | 24 |  | 25 |  | 26 |  |  |  |  |  |  |
|  |  |  |  |  |  |  |  |  |  |  |  |
|  |  |  |  |  |  |  |  |  |  |  |  |
|  |  |  |  |  |  |  |  |  |  |  |  |

## 가로 열쇠

1. 생산에 활용하지 못하고 있는 설비.
3. 일정기간 동안의 국민 총생산 또는 국민소득의 실질적인 증가.
7. 변화가 많아서 종잡을 수 없음.
9. 성장을 촉진시키는 것.
10. 자본금을 줄인 뒤 회사 돈으로 주주들의 주식을 사들여 소각하는 행위.
11. 투자한 자본을 도로 거둘 때까지 걸리는 시간.

12. 흉작이 든 경우 소작료를 덜어 주거나 면제해 주는 관행.

15. 이익과 손해/ ~타산.

16. 식욕이 감소하는 상태.

19. 어떤 지역에서 일정 시기를 전후로 인구의 자연적·사회적 동태와 이출(移出)을 고려하여 계산한 인구.

21. 팔짱만 끼고 바라본다는 뜻. 어떤 일을 당하였어도 아무런 간여를 하지 않고 그대로 방치하고 있음을 이르는 말.

23. 여러 나라에 계열회사를 둔 세계적 규모의 기업.

26. 적립금을 자본으로 전입하거나 주식 배당을 출자하는 등 자본의 법률적 증가만을 가져오는 명목상의 증자.

**세로 열쇠**

2. 기업이 사업 활동에 필요한 설비를 증설하거나 신설하기 위한 투자.

4. 성장하는 시기.

5. 앞으로 나가지 못함.

6. 의지력이 약하여 자제력이 결여된 모양.

8. 어떤 일에 대한 보상이 없는 법률적 행위.

13. 막고 못함.

14. 길가에 집을 지으려 하니 오가는 사람들의 의견이 저마다 달라서 결국 집을 짓지 못하게 되었다는 의미로 무슨 일을 함에 있어서 의견이 서로 달라서 결정하지 못함을 이르는 말.

17. 경영사정이 어려운 기업.

18. 윗자리에 있는 중요한 사람.

20. 인생이 덧없음을 뜻하는 말.

22. 마음의 본성을 살피는 일/ ~법.

24. 여러 나라 사이에서 단순히 습관적으로 되풀이하여 행해지는 행위.

25. 기업의 주식을 주식시장에 내다 팔아서 누구나 주주가 될 수 있도록 하는 일.

※ 한자로 가로–세로 열쇠를 채워봅시다.

(가로-세로 낱말 퍼즐 표)

세로 방향 표기: 경영·경제

**가로 열쇠**

1. 생산에 활용하지 못하고 있는 설비.
3. 일정기간 동안의 국민 총생산 또는 국민소득의 실질적인 증가.
7. 변화가 많아서 종잡을 수 없음.
9. 성장을 촉진시키는 것.
10. 자본금을 줄인 뒤 회사 돈으로 주주들의 주식을 사들여 소각하는 행위.
11. 투자한 자본을 도로 거둘 때까지 걸리는 시간.
12. 흉작이 든 경우 소작료를 덜어 주거나 면제해 주는 관행.
15. 이익과 손해/ ~타산.

16. 식욕이 감소하는 상태.
19. 어떤 지역에서 일정 시기를 전후로 인구의 자연적·사회적 동태와 이출(移出)을 고려하여 계산한 인구.
21. 팔짱만 끼고 바라본다는 뜻. 어떤 일을 당하였어도 아무런 간여를 하지 않고 그대로 방치하고 있음을 이르는 말.
23. 여러 나라에 계열회사를 둔 세계적 규모의 기업.
26. 적립금을 자본으로 전입하거나 주식 배당을 출자하는 등 자본의 법률적 증가만을 가져오는 명목상의 증자.

2. 기업이 사업 활동에 필요한 설비를 증설하거나 신설하기 위한 투자.
4. 성장하는 시기.
5. 앞으로 나가지 못함.
6. 의지력이 약하여 자제력이 결여된 모양.
8. 어떤 일에 대한 보상이 없는 법률적 행위.
13. 막고 못함.
14. 길가에 집을 지으려 하니 오가는 사람들의 의견이 저마다 달라서 결국 집을 짓지 못하게 되었다는 의미로 무슨 일을 함에 있어서 의견이 서로 달라서 결정하지 못함을 이르는 말.
17. 경영사정이 어려운 기업.
18. 윗자리에 있는 중요한 사람.
20. 인생이 덧없음을 뜻하는 말.
22. 마음의 본성을 살피는 일/ ~법.
24. 여러 나라 사이에서 단순히 습관적으로 되풀이하여 행해지는 행위.
25. 기업의 주식을 주식시장에 내다 팔아서 누구나 주주가 될 수 있도록 하는 일.

**가로-세로 열쇠로 복습하기 정답**

| | | | | | | | | | | | | |
|---|---|---|---|---|---|---|---|---|---|---|---|---|
| | | | 유 | 휴 | 설 | 비 | | | | | | |
| | | | | | 비 | | 경 | 제 | 성 | 장 | 부 | |
| 의 | 변 | 화 | 무 | 상 | 투 | | | 성 | 장 | 촉 | 진 | |
| 지 | 유 | 상 | 감 | 자 | 본 | 회 | 수 | 기 | 간 | | | |
| 감 | 면 | 관 | 행 | | | | 저 | | | | 작 | |
| 약 | | | 위 | | | 이 | 해 | | | | 사 | |
| | | 식 | 욕 | 부 | 진 | | 요 | | | | 도 | |
| | | | | 실 | 추 | 계 | 인 | 구 | 수 | 수 | 방 | 관 |
| | | | | 기 | | | 생 | | | | | 심 |
| 다 | 국 | 적 | 기 | 업 | | | 무 | 상 | 증 | 자 | | |
| | 제 | | 업 | | | | 상 | | | | | |
| | 관 | | 공 | | | | | | | | | |
| | 행 | | 개 | | | | | | | | | |

| | | | | | | | | | | | | |
|---|---|---|---|---|---|---|---|---|---|---|---|---|
| | | | 遊 | 休 | 設 | 備 | | | | | | |
| | | | | | 備 | | 經 | 濟 | 成 | 長 | 不 | |
| 意 | 變 | 化 | 無 | 常 | 投 | | | 成 | 長 | 促 | 進 | |
| 志 | 有 | 償 | 減 | 資 | 本 | 回 | 收 | 期 | 間 | | | |
| 減 | 免 | 慣 | 行 | | | | 沮 | | | | 作 | |
| 弱 | | | 爲 | | | 利 | 害 | | | | 舍 | |
| | | 食 | 慾 | 不 | 振 | | 要 | | | | 道 | |
| | | | | 實 | 推 | 計 | 人 | 口 | 袖 | 手 | 傍 | 關 |
| | | | | 企 | | | 生 | | | | | 心 |
| 多 | 國 | 籍 | 企 | 業 | | | 無 | 償 | 增 | 資 | | |
| | 際 | | 業 | | | | 常 | | | | | |
| | 慣 | | 公 | | | | | | | | | |
| | 行 | | 開 | | | | | | | | | |

#  국민연금 미봉책 안 된다

※ 한자 Zoom In
國民年金(국민연금) 引上(인상) 死角地帶(사각지대) 疑問(의문) 飛火(비화)
※ 시사 Zoom In
공적연금 부부연금의 수급권 유족연금 최소보장 원칙 사회보험

보건복지부는 ① 國民年金(국민연금)에 대한 네티즌들의 비판에 대응해 고액소득자의 납부액을 ② 引上(인상)하는 등 연금법 시행령 개정을 추진할 것이라고 한다. 그러나 시행령을 고치고 국민 ③ 弘報(홍보)를 강화하는 정도로 깊어질 대로 깊어진 국민들의 불신을 해결할 수 있다고 본다면 그것은 중대한 ④ 失策(실책)이 될 것이다.

먼저 ⑤ 注目(주목)해야 할 문제는 소수 네티즌의 비판이 어떻게 그렇게 많은 국민의 ⑥ 呼應(호응)을 얻어 정부로 하여금 현재와 같은 사태를 가져올 수 있었는가 하는 점이다. 문제의 핵심은 그만큼 국민연금제도에 대한 국민들의 불신이 넓게 퍼져 있었다는 점에 있다. 연금가입자의 46%가 납부예외일 뿐만 아니라 납부대상자의 70%가 체납상태에 있어 소위 '연금 ⑦ 死角地帶(사각지대)' 문제가 심각하다.

이 문제는 연금납부자를 불만스럽게 하는 것은 물론 연금제도의 실효성에 대한 ⑧ 疑問(의문)을 ⑨ 招來(초래)하고 있다. 보다 근본적으로는 기존 연금제도의 '저부담 고급여' 구조에 급속한 고령화 문제까지 가중돼 연금재정의 ⑩ 枯渴(고갈) 문제가 현재의 예상 연도인 2047년까지 버틸 수 있을지조차 의문시되고 있다.

이미 많은 국민이 국민연금 문제가 심각하다는 불신을 가지고 있음에도 불구하고 정부와 국민연금관리공단은 국민들의 신뢰 문제를 안이하게 생각하다가 현재와 같은 사태를 초래했다. 지난해 정부의 연금법 개정 추진을 무산시켰던 야당도 현 사태에 대한 상당한 책임이 있다. 국민연금제도는 국민들이 생활에서 ⑪ 皮膚(피부)로 느끼는 ⑫ 福祉(복지)제도인 만큼 이 부문에 대한 불신 문제를 이대로 방치한다면 이는 연금제도를 넘어서 곧 정책 전반에 대한 불신 문제로 확산되고, 나아가 정부 권위를 ⑬ 毀損(훼손)하는 문제로까지 ⑭ 飛火(비화)될 우려가 있다는 점을 경계해야 한다.

따라서 정부와 국민연금관리공단은 시행령 개정과 같은 미봉책으로 대처할 것이 아니라 국민

한자능력검정시험 2급 기출
- 過[과](2회 142번) - 濁[탁](2회 116번) - 淨[정](5회 43번) - 緩[완](20회 138번)

사회·문화

들이 연금제도를 신뢰할 수 있도록 보다 ⑮根本的(근본적)인 개혁을 추진해야 할 것이다. 또 국회도 연금법 개정을 통해 국민들을 설득하는 데 앞장서야 한다.

연금제도에 대한 국민들의 신뢰를 회복하는 길은 문제의 실상을 그대로 알리고 선택 가능한 최선의 대안에 대해 정부와 국회가 국민들의 이해를 구하는 것이다. 국민 다수로부터 이미 불신을 받고 있는데 정부가 문제가 크지 않다고 해서 될 일이 아니다. 현재보다 '고부담 저급여'에 대한 개정이 불가피하다면 그럴수록 국민들에게 실상을 알리고 신뢰를 얻는 일이 더욱 시급하다.

매일경제 2004. 5. 28

## ZOOM Ⅰ » 한자 엿보기

| | | | | | | | | | | | |
|---|---|---|---|---|---|---|---|---|---|---|---|
| ① | 國 나라 국 | ④ | 報 갚을 보 | ⑦ | 死 죽을 사 | ⑩ | 來 올 래 | ⑬ | 毁 헐 훼 |
| | 民 백성 민 | | 失 잃을 실 | | 角 뿔 각 | | 枯 마를 고 | | 損 덜 손 |
| | 年 해 연 | ⑤ | 策 꾀 책 | | 地 땅 지 | | 渴 목마를 갈 | ⑭ | 飛 날 비 |
| | 金 쇠 금 | | 注 부을 주 | | 帶 띠 대 | ⑪ | 皮 가죽 피 | | 火 불 화 |
| ② | 引 끌 인 | | 目 눈 목 | ⑧ | 疑 의심할 의 | | 膚 살갗 부 | ⑮ | 根 뿌리 근 |
| | 上 위 상 | ⑥ | 呼 부를 호 | | 問 물을 문 | ⑫ | 福 복 복 | | 本 근본 본 |
| ③ | 弘 넓을 홍 | | 應 응할 응 | ⑨ | 招 부를 초 | | 祉 복 지 | | 的 과녁 적 |

## ZOOM Ⅱ » 응용한자 알아보기

① 國民年金(국민연금) : 갑작스런 사고나 질병으로 사망 또는 장애를 입어 소득활동이 중단된 경우, 본인이나 유족에게 연금을 지급함으로써 기본생활을 유지할 수 있도록 정부가 직접 운영하는 소득보장제도

　*軟禁(연금) : 軟[부드러울 연] 禁[금할 금]
　　　　외부와의 접촉이나 외출은 제한하지만 일정한 장소 안에서 신체의 자유는 구속하지 않는
　　　　정도의 가벼운 감금

### 한자능력검정시험 3급 기출
- 躍[약](18회 114번) - 權[권](17회 115번) - 兵[병](17회 143번) - 引[인](19회 90번) - 責[책](3회 83번)
- 疑[의](14회 91번)

❖ 국민의례(國民儀禮) : 儀[거동 의] 禮[예도 례]

의식이나 예식에서 국민으로서 갖추어야 할 의례. 국기에 대한 경례.

❖ 국민주권주의(國民主權主義) : 主[주인 주] 權[권세 권] 義[옳을 의]

나라의 주권은 국민에게 있다고 하는 사상.

❖ 국민개병주의(國民皆兵主義) : 皆[다 개] 兵[병사 병] 主[주인 주] 義[옳을 의]

국민 모두에게 병역의 의무를 지우는 주의.

---

② 引上(인상) : 끌어 올림.

* 印象(인상) : 印[도장 인] 象[코끼리 상]

어떤 대상을 보거나 듣거나 하였을 때, 그 대상이 사람의 마음에 주는 감각.

* 人相(인상) : 人[사람 인] 相[서로 상]

사람의 얼굴 생김새와 골격/ 人相着衣(인상착의)

---

❖ 유가인상(油價引上) : 油[기름 유] 價[값 가]

석유의 가격이 오르는 것.

❖ 인과자책(引過自責) : 過[지날 과] 自[스스로 자] 責[꾸짖을 책]

자신의 잘못을 깨닫고 스스로 꾸짖음.

❖ 상탁하부정(上濁下不淨) : 濁[흐릴 탁] 下[아래 하] 不[아닐 부] 淨[깨끗할 정]

윗물이 탁하면 아랫물도 맑지 못함.

---

⑦ 死角地帶(사각지대) : 그리 멀지 않은 곳에 있으면서도 영향이 미치지 않는 일이나 범위

* 四角(사각) : 四[넉 사] 角[뿔 각]

네 모퉁이에 각이 있는 모양.

* 至大(지대) : 至[이를 지] 大[큰 대]

더없이 크다./ ~한 공로.

---

❖ 비무장지대(非武裝地帶) : 非[아닐 비] 武[호반 무] 裝[꾸밀 장]

무장을 하지 않은 지대.

❖ 완충지대(緩衝地帶) : 緩[느슨할 완] 衝[부딪칠 충]

국가 간의 무력 충돌을 완화하기 위하여 그 중간 지역에 설치하는 중립 지대.

❖ 경천동지(驚天動地) : 驚[놀랄 경] 天[하늘 천] 動[움직일 동]

하늘을 놀라게 하고 땅을 움직이게 한다는 뜻으로, 몹시 세상을 놀라게 함을 이르는 말.

사회·문화

⑧ 疑問(의문) : 의심스러운 점이나 생각.

※ 신지무의(信之無疑) : 信[믿을 신] 之[갈 지] 無[없을 무]
　　 꼭 믿고 의심하지 아니함.
※ 용의자(容疑者) : 容[얼굴 용] 者[놈 자]
　　 범죄에 대한 혐의가 있다고 의심되는 사람.
※ 의구심(疑懼心) : 懼[두려워할 구] 心[마음 심]
　　 의심하여 두려워하는 마음.

⑭ 飛火(비화) : 어떤 일에 대한 영향이 다른 곳까지 번짐.
　 * 悲話(비화) : 悲[슬플 비] 話[말할 화]
　　　 슬픈 이야기.

※ 비약적(飛躍的) : 躍[뛸 약] 的 [과녁 적]
　　 빠른 속도로 발전하는 것.
※ 오비이락(烏飛梨落) : 烏[까마귀 오] 飛 梨[배 리] 落[떨어질 락]
　　 까마귀 날자 배 떨어진다는 속담으로 우연의 일치로 공교롭게 의심을 받게 됨을 이르는 말.

# ZOOM Ⅲ » 시사 흐름잡기

## 국민연금제도

### ■ 국민연금제도란?

　가족의 생계를 꾸려가는 사람이 사고나 질병으로 인하여 소득활동이 중단되거나 더욱이 사망한 때에는 본인은 물론 가족의 생계가 막막해지는 등 생활수준이 극도로 악화되게 된다. 또한 큰 부상이나 질병 없이 지냈다 하더라도 일정 연령에 도달하게 되면 노후생활이 염려스러워지게 된다. 따라서 누구나 불시의 사고나 노후에 대비하려는 마음을 갖게 되지만, 실제 생업에 종사하다보면 이에 대한 대비책 마련이 쉽지 않다. 그래서 소득활동을 할 때 조금씩 보험료를 납부하여 모아 두었다가 나이가 들거나, 갑작스런 사고나 질병으로 사망 또는 장애를 입어 소득활동이 중단된 경우, 본인이나 유족에게 연금을 지급함으로써 기본생활을 유지할 수 있도록 정부가 직접 운영하는 소득보장제도가 국민연금제도이다. 국민연금은 공적연금으로서 가입이 법적으로 의무화되어 있고, 40년 가입 기준시 60% 정도의 급여수준이 보장된다.

■ 국민연금제도 폐지 논란

국민연금제도 폐지 논란은 한 네티즌이 '국민연금의 8대 비밀'을 공개하면서 촉발되었다. 이후 국민들의 국민연금에 대한 불만과 불신이 촛불시위로 이어지면서 국민연금제도의 폐지까지 언급되고 있는 실정이다. 그러나, 사태가 이렇게까지 된 것은 정부 측의 국민연금에 대한 잘못된 홍보와 국민연금제도 자체의 문제점 때문이라는 지적이 높다. 국민연금의 도입 초기 당시 '돈테크', '재테크' 등을 언급하며 저축제도인 것처럼 홍보를 하였고, 적게 내고 많이 받을 수 있다는 국민적 오해를 불러일으켰다. 특히 경기불황의 지속으로 국민들의 실질소득이 감소한 상황에서 지역가입자의 소득을 임의로 추정하여 마치 세금인 것처럼 추징하고 체납할 경우 강제압류 조치를 취하는 등의 행정은 국민의 공감대를 형성할 수 없었다.

또한, 현재 상태대로 가면 2047년에 연금재정이 바닥날 수 있다는 정부의 경고와 공무원 연금과의 상대적 차별은 국민의 불만을 증폭시키는 결과를 낳았다. 현재 공무원 연금(월평균 연금액 : 150만원)은 국민연금(월평균 연금액 : 17만원)과 비교했을 때 월평균 연금액에서 약 9배 정도 차이가 난다. 공무원 연금은 33년을 완전히 채웠을 때 소득의 76%를 받는 데 비해, 국민연금은 40년을 다 부어도 60%를 받을 수 있다. 연금액의 산정기준에서 공무원연금은 임금이 가장 높은 시기인 '퇴직 전 3년 평균 소득'을 기준으로 하지만 국민연금은 '전 가입기간 평균소득'으로 연금을 산정한다. 이미 군인연금과 공무원연금은 1973년과 2001년에 각각 기금이 고갈되어 매년 수천억 원씩 세금으로 지원되고 있다. 이처럼 공무원들이 공무원들의 연금제도는 개선을 하지 않으면서 국민연금제도부터 고쳐야 한다는 대국민적 설득은 신뢰감을 얻지 못하고 있다.

● 국민연금제도의 쟁점 사항

❖ 부부연금의 수급권 문제

부부가 맞벌이를 할 경우 국민연금은 따로 내지만 어느 한쪽이 사망했을 경우 유족연금과 자신이 낸 연금 중 하나를 선택해야 한다.

❖ 유족연금의 제한 규정

부부 중 남편이 사망하게 되면 부인이 유족연금을 받게 되지만 부인의 소득이 있을 경우 제한된다.

❖ 국민연금의 강제 가입 및 체납시 강제징수 문제

국민연금이 체납이 되면 강제로 징수할 수 있다.

❖ 공무원연금과의 형평성 문제

여러 가지로 유리하게 되어있는 공무원연금의 경우 현재 기금 고갈로 인하여 세금으로 충당되고 있기 때문에 일반 국민들은 사실상 이중으로 부담하는 꼴이 된다.

❖ 지역가입자의 소득파악 문제

자영업자들의 경우 소득파악이 제대로 이루어지지 않고 있고, 국민연금 부과기준 자체가 부실하다. 국세청의 경우 소득에 대한 조사 권한이 있으나 관행을 이유로 실시하지 않고 있고, 국민연금공단은 자체적인 기준에 의해 부과하고 있다.

## ■ 국민연금제도 쟁점사항에 대한 국민연금공단의 입장

### ◈ 부부연금의 수급권 문제

1인에게 2가지 이상의 급여가 지급될 경우 '최소보장 원칙'에 어긋나게 되고, 수급권 제한이 없을 경우 보험료의 인상이 불가피하다. 또한, 부부가 평균수명 이상으로 생존할 경우 지속적으로 연금이 지급되기 때문에 일방적인 손해가 발생하지는 않는다.

### ◈ 유족연금의 제한 규정

부인이 사업자등록증이 있더라도 최소 5년간은 지급이 되고, 18세 이하의 자녀가 있을 경우 18세가 될 때까지는 연금이 계속 지급된다. 즉, 자녀가 18세 이상이고, 연금 수령자가 50세가 되기 전까지만 소득이 있을 경우 제한이 되는 것이다.

### ◈ 국민연금의 강제 가입 및 체납시 강제징수 문제

국민연금은 사회보험이므로 강제가입과 체납에 따른 강제처분도 불가피하다. 그러나 최근의 어려운 경제사정을 감안하여 생활이 곤란한 사람에게는 납부예외자로 전환하도록 할 예정이다.

### ◈ 공무원연금과의 형평성 문제

국민연금은 국민들의 노후기초생활을 보장하기 위한 것이지만, 공무원연금은 퇴직 후 안정된 생활을 보장하기 위한 것이므로, 두 제도를 동일선상에서 비교하는 것은 옳지 않다.

사회·문화

## Chapter ❷

# 로또 복권 열기 지나치다

로또 복권이 세간의 ① 話題(화제)가 되고 있다. 이번 설날 ② 抽籤(추첨)을 앞두고 전국에서는 너도나도 '인생역전'을 노리며 이 복권 열풍에 가세해 복권 판매소마다 ③ 長蛇陣(장사진)을 이뤘다는 소식이다. 이처럼 로또 복권 열풍이 몰아친 것은 2주 연속 1등 당첨자가 나오지 않아 이월된 당첨금을 포함해 1등 당첨금이 총 250억원을 넘어설 것이라는 예상 때문이었다. 그러나 1일 실시된 공개추첨에서도 1등 당첨자가 나오지 않았다. 그 결과 오는 8일 실시될 추첨에서 1등 당첨자가 나올 경우 당첨금은 3주 동안 이월된 당첨금 258억여원에 다음주 판매금액까지 포함해 무려 400억원이 넘어설 것으로 예상되고 있다. 이에 따라 이번 주에는 지난주를 ④ 凌駕(능가)하는 로또 열풍이 전국을 휩쓸 전망이다.

정부는 이처럼 로또 복권이 ⑤ 過熱(과열) 양상을 보이자 1일 복권발행조정위원회를 열어 ⑥ 緊急對策(긴급대책)을 내놓았다. 오는 8일 추첨에서 1등 당첨자가 없더라도 2위 이하 당첨자들에게 당첨금을 나눠주고 오는 9일 판매분부터는 1등 당첨금 이월횟수를 2회로 제한하기로 했다.

로또 복권이 이처럼 인기를 끌면서 찬반양론이 분분하다. 일각에서는 복권이 ⑦ 公共基金(공공기금)의 조성에 기여하는만큼 생활 속의 오락 정도로 여기면 건전한 ⑧ 娛樂文化(오락문화)로 정착될 수 있다고 주장하고 있으나 정부가 앞장서서 사회전반에 한탕을 노리는 ⑨ 射倖心理(사행심리)를 ⑩ 蔓延(만연)시키는 것은 잘못된 일이라는 지적이 더 많은 실정이다. 로또 복권 판매 ⑪ 收益金(수익금)의 40% 가량이 국민주택조성기금 등 각종 정부 기금으로 쓰인다고는 하지만 ⑫ 勤勞意慾(근로의욕)을 상실시키는 등 ⑬ 逆機能(역기능)이 만만치 않다. 정부는 공공기금 마련이라는 당초의 목적을 달성하면서 지나친 사행심을 조장하지 않는 방향으로 종합적인 대책 마련을 서두르고 시민들도 ⑭ 節制(절제)의 ⑮ 美德(미덕)을 발휘, 재미 수준 이상으로 빠져들지 말아야 건전한 복권문화가 정착될 수 있을 것이다.

국민일보 2003. 2. 3

사회·문화

## Zoom Ⅰ » 한자 엿보기

| | | | | | | | | | | | | | | |
|---|---|---|---|---|---|---|---|---|---|---|---|---|---|---|
| ① | 話 말씀 화 | ⑤ | 過 지날 과 | | 金 쇠 금 | ⑩ | 蔓 덩굴 만 | ⑬ | 逆 거스릴 역 | | | | | |
| | 題 제목 제 | | 熱 더울 열 | | 娛 즐거울 오 | | 延 끌 연 | | 機 틀 기 | | | | | |
| ② | 抽 뺄 추 | ⑥ | 緊 긴할 긴 | ⑧ | 樂 즐길 락 | | 收 거둘 수 | | 能 능할 능 | | | | | |
| | 籤 제비 첨 | | 急 급할 급 | | 文 글월 문 | ⑪ | 益 더할 익 | ⑭ | 節 마디 절 | | | | | |
| | 長 긴 장 | | 對 대할 대 | | 化 될 화 | | 金 쇠 금 | | 制 절제할 제 | | | | | |
| ③ | 蛇 뱀 사 | | 策 꾀 책 | | 射 쏠 사 | | 勤 부지런할 근 | | 美 아름다울 미 | | | | | |
| | 陣 진칠 진 | | 公 공평할 공 | ⑨ | 倖 요행 행 | ⑫ | 勞 일할 로 | ⑮ | 德 큰 덕 | | | | | |
| ④ | 凌 능가할 릉 | ⑦ | 共 한가지 공 | | 心 마음 심 | | 意 뜻 의 | | | | | | | |
| | 駕 멍에 가 | | 基 터 기 | | 理 다스릴 리 | | 慾 욕심 욕 | | | | | | | |

## Zoom Ⅱ » 응용한자 알아보기

③ 長蛇陣(장사진) : 많은 사람이 길게 늘어서 있는 모양.

　* 葬事(장사) : 葬[장사지낼 장] 事[일 사]

　　　사람이 죽은 후 시체를 묻거나 화장하는 일.

　* 壯士(장사) : 壯[장할 장] 士[선비 사]

　　　기개와 골격이 굳센 사람. 天下壯士(천하장사)

❖ 용두사미(龍頭蛇尾) : 龍[용 룡] 頭[머리 두] 尾[꼬리 미]

크게 시작했다가 흐지부지 끝남.

⑥ 緊急對策(긴급대책) : 긴급한 사건 또는 시국에 대한 방책.

　* 大責(대책) : 大[큰 대] 責[꾸짖을 책]

　　　큰 꾸짖음.

---

**한자능력검정시험 3급 기출**

－ 稅[세](18회 115번) － 蛇尾[사미](19회 7번) － 頭[두](6회 150번, 10회 56번) － 急[급](14회 107번, 16회 107번)

❖ 생계대책(生計對策) : 生[날 생] 計[셀 계]

살아갈 방도에 대한 방책.

❖ 연미지급(燃眉之急) : 燃[탈 연] 眉[눈썹 미] 之[갈 지]

한시도 늦을 수 없는 급한 일.

⑨ 射倖心理(사행심리) : 요행을 바라는 마음 상태.

 * 私行(사행) : 私[사사 사] 行[다닐 행]

   개인의 사사로운 행위.

 * 邪行(사행) : 邪[간사할 사] 行[다닐 행]

   올바르지 못한 행위.

 * 審理(심리) : 審[살필 심] 理[다스릴 리]

   소송 사건에 대하여 법관이 판결에 필요한 모든 증거들을 심사함.

❖ 심리묘사(心理描寫) : 描[그릴 묘] 寫[베낄 사]

등장인물의 심리의 변화상태를 그려내는 일.

❖ 사석위호(射石爲虎) : 石[돌 석] 爲[할 위] 虎[범 호]

돌을 보고 호랑이인 줄 알고 화살을 쏘았더니 돌에 화살이 꽂혔다는 뜻으로, 성심을 다하면 어려운
일도 이루어낼 수 있음.

⑫ 勤勞意慾(근로의욕) : 열심히 일하고자 하는 마음.

❖ 근로봉사(勤勞奉仕) : 奉[받들 봉] 仕[섬길 사]

공익을 위하여 무상으로 공공의 작업에 종사하는 일.

❖ 근로소득세(勤勞所得稅) : 所[바 소] 得[얻을 득] 稅[세금 세]

근로소득에 대하여 부과하는 조세.

⑭ 節制(절제) : 적당한 수준으로 조절함.

 * 切除(절제) : 切[끊을 절] 除[덜 제]

   잘라냄. 切除術(절제술)

❖ 무절제(無節制) : 無[없을 무]

절제함이 없음.

# ZOOM Ⅲ» 시사 흐름잡기

## 로또(LOTTO)

### ■ 로또에 대하여

이탈리아어로 행운을 뜻하는 로또는 2002년 12월부터 발매되기 시작하였다. 45개 숫자 중 6개를 맞추면 1등에 당첨되는데, 당첨금은 주별 판매액에 따라 매번 바뀐다. 1등 당첨금은 "로또 총 판매액 * 50% * (5등 당첨금을 제외한 금액의 60%)"로 결정된다. 로또는 1등에 당첨될 경우 다른 복권에 비해서 당첨금의 액수가 매우 높기 때문에 발매 초기부터 로또 열풍이 불었었다. 그러나, 로또 1등 당첨으로 인해서 인생역전이 될 확률은 814만분의 1로서 평생 벼락 한번 맞을 확률(50만분의 1)보다 10배는 낮다.

### ■ 로또 열풍으로 인한 사회적 현상 및 부작용

작년에 로또 열풍과 때를 같이하여 사회를 흔든 이슈는 '부자 신드롬'이었다. 정치인, 기업인들의 수십억 비자금 사건으로 상대적 박탈감을 느끼던 서민들은 "나도 부자가 되고 싶다"는 꿈에 젖어있었고 그 꿈을 달성할 수 있는 수단으로 로또가 부각된 것이다. 특히 최근 몇 년간 경기불황의 여파로 서민들의 생활이 힘들어지면서 로또를 통해서 인생역전을 노리는 한탕심리가 더욱 확산되었다. 비록 로또를 통한 판매수익이 공익을 위해서 사용된다고 하지만 국민의 사행심을 조장한다는 우려가 높고, 이러한 대박열풍이 복권 이외의 경마, 카지노 등의 다른 도박으로 확산되어서 심각한 부작용을 낳고 있는 실정이다.

### ■ 현행 복권사업의 문제점

❖ 현재 우리나라에는 지나치게 많은 복권(49개)이 발행되고 있다.
  관계부처가 기금마련을 위해서 개별법에 근거하여 경쟁적으로 복권을 발행하면서 우후죽순으로 늘어나게 되었다.
❖ 복권을 통해서 조성된 기금의 규모와 기금의 사용처에 대해서 확인할 수 있는 방법이 없다.

### ■ 현행 복권사업의 개선안

새로 통과된 '통합복권법'이 2004년 4월부터 발효되면서 복권발행 및 복권 수익금의 사용체계가 많이 변화하게 되었다. 지금까지는 각 관계부처가 개별적으로 복권을 발행해왔으나 앞으로는 '복권위원회'의 주도 아래 통합되어 발행된다. 총리실 산하에 위치한 복권위원회에서는 발행되는 복권의 수, 가격, 기금의 사용처 등을 결정하게 되며, 이러한 운영계획은 홈페이지에 모두 투명하게 공개된다. 복권수익금의 30%는 기존 복권의 발행용도(기금 조성)에 사용하고, 70%는 저소득층 지원사업 등의 새로운 용도로 사용하게 된다. 또한 로또의 경우 판매가를 1000원으로 낮춰서 과열을 방지하고, 대신 기존 복권의 당첨금액을 2~5배가량 늘려서 (5~10억) 복권간의 형평성을 유지하기로 하였다.

## ■ 개선안의 한계점

2004년 4월부터 효력을 발생하는 통합복권법에 의해서 많은 문제점들이 개선되었다. 그러나 이번 개선안이 정부가 2002년 11월에 발표한 '복권시장의 단계적 정비방안'을 백지화하는 정책이여서 논란이 예상되고 있다. 이 정책에는 경쟁력 없는 복권을 퇴출시켜서 과당경쟁을 자제한다는 것이 핵심이었다. 복권간의 형평성을 이유로 인위적인 경쟁력을 부여한 정부의 방안에는 관계부처의 이해관계가 작용했다는 비판이 일고 있다.

# Chapter ❸

# 호주제 이제 정리되어야 한다

※ 한자 Zoom In
  戶主制(호주제) 廢止(폐지) 順理(순리) 許可(허가) 摸索(모색)
※ 시사 Zoom In
  호주 유림 헌법의 평등원리 호주제 존치론 호주제 폐지론

① 戶主制(호주제) ② 廢止(폐지) 법안이 논란 끝에 국무회의를 통과해 국회 ③ 議決(의결)을 앞두고 있다. 그 동안 ④ 離婚(이혼)이 급증하면서 호주제가 많은 사람들에게 눈물과 고통을 안겨 줬다는 점에서 오히려 때늦은 느낌마저 없지 않다. ⑤ 傳統的(전통적)인 ⑥ 家族(가족) ⑦ 形態(형태)에 익숙해 있는 우리 사회에서 호주제 폐지는 당혹스러운 일임에 틀림없다. 하지만 호주제는 사회 변화를 반영해야 할 법과 ⑧ 制度(제도)로서 이미 한계점에 이르렀다.

⑨ 再婚(재혼)가정 ⑩ 偏父母(편부모)가정 등 새로운 가족형태는 이제 엄연한 현실로 받아들여야 한다. 이혼율을 강제로 낮출 수 없듯이 이런 가족들이 늘어나는 것을 인위적으로 막을 수는 없다. 가족 형태의 변화가 어쩔 수 없는 것이라면 그에 맞춰 제도가 달라지는 수밖에 없다. 재혼가정 아이들이 새 아버지와 성이 달라 ⑪ 社會生活(사회생활)에서 고통을 겪는 일이 급증하고 있다. 이들이 상처받지 않고 살아갈 수 있는 길을 열어 주어야 한다. 더구나 호주제가 ⑫ 女性差別(여성차별)적인 조항으로 일부에서 위헌 주장까지 제기되고 있는 상황이라면 하루빨리 새로운 가족제도를 마련하는게 ⑬ 順理(순리)다. 현행 호주제에 문제가 많다는 점은 호주제 폐지 반대론자들도 인정하고 있지 않는가.

호주제가 사라지면 당장 가족질서가 무너질 것으로 생각하는 것은 맞지 않다. 사회적 관습의 힘이 법보다 훨씬 강하기 때문이다. 사회 구성원들이 지금처럼 아버지 성(姓)을 따르는 것에 압도적인 지지를 보내고 있다는 사실이 이를 입증한다. 반대로 호주제를 유지한다고 해서 가족 해체가 막아지지도 않을 것이다.

우리 정서에서 다소 꺼려지는 것은 '아버지 성'을 마음대로 바꿀 수 있느냐는 것이다. 새 법안이 원칙적으로 아버지 성을 따르되 불가피한 경우에만 법원의 ⑭ 許可(허가)를 얻어 성을 바꿀 수 있게 한 것은 이 같은 정서를 반영한 것이다. 호주제 논란은 이제 정리되어야 한다. 호주제

한자능력검정시험 2급 기출
- 制[제](12회 91번, 21회 78번) - 案[안](21회 91번)

폐지는 더 이상 미룰 수 없다. 앞으로 논쟁의 초점은 호주제를 대체할 합리적인 가족제도를 ⑮ 摸索(모색)하는 데 맞춰져야 한다.

동아일보 2003. 10. 30

## ZOOM Ⅰ ≫ 한자 엿보기

| | | | | | | | | | | | |
|---|---|---|---|---|---|---|---|---|---|---|---|
| ① | 戶 | 집 호 | | 婚 | 혼인할 혼 | ⑧ | 制 | 절제할 제 | | 會 | 모일 회 | | 理 | 다스릴 리 |
| | 主 | 주인 주 | | 傳 | 전할 전 | | 度 | 법도 도 | ⑪ | 生 | 날 생 | ⑭ | 許 | 허락할 허 |
| | 制 | 절제할 제 | ⑤ | 統 | 거느릴 통 | ⑨ | 再 | 다시 재 | | 活 | 살 활 | | 可 | 옳을 가 |
| ② | 廢 | 폐할 폐 | | 的 | 과녁 적 | | 婚 | 혼인할 혼 | | 女 | 계집 녀 | ⑮ | 摸 | 찾을 모 |
| | 止 | 그칠 지 | ⑥ | 家 | 집 가 | | 偏 | 치우칠 편 | ⑫ | 性 | 성품 성 | | 索 | 찾을 색 |
| ③ | 議 | 의논할 의 | | 族 | 겨레 족 | ⑩ | 父 | 아비 부 | | 差 | 다를 차 | | | |
| | 決 | 결단할 결 | ⑦ | 形 | 모양 형 | | 母 | 어미 모 | | 別 | 다를 별 | | | |
| ④ | 離 | 떠날 리 | | 態 | 모양 태 | | 社 | 모일 사 | ⑬ | 順 | 순할 순 | | | |

## ZOOM Ⅱ ≫ 응용한자 알아보기

① 戶主制(호주제) : 민법상 '호주'를 중심으로 가족을 구성하는 제도로서, 호주를 통해서 가계를 계승하는 제도.

* 好酒(호주) : 好[좋을 호] 酒[술 주]

　　술을 좋아함.

* 濠洲(호주) : 濠[호주 호] 洲[물가 주]

　　오스트레일리아 대륙의 한자음 표기.

❖ 호주상속(戶主相續) : 相[서로 상] 續[이을 속]

　　호주가 죽거나 그 밖의 사유로 인하여 호주권을 상실한 경우에 법적 상속순위에 따라 그 다음 사람이 호주로서의 지위를 이어받는 일.

한자능력검정시험 3급 기출
– 續[속](19회 149번, 24회 105번, 25회 142번) – 廢止[폐지](22회 33번) – 營業[영업](20회 140번) – 摸索[모색](6회 8번)

❖ 호주권(戸主權) : 權[권세 권]
　가족을 통솔할 수 있는 호주의 권리.

②廢止(폐지) : 실시하던 제도, 법규 등을 없앰.
　＊廢地(폐지) : 廢[폐할 폐] 地[땅 지]
　　　쓸모없는 토지.
　＊廢紙(폐지) : 廢[폐할 폐] 紙[종이 지]
　　　못 쓰게 된 종이.

❖ 폐지안(廢止案) : 案[책상 안]
　실시되어 오던 제도나 법규 등을 폐지하자는 의안.
❖ 화의폐지(和議廢止) : 和[화목할 화] 議[의논할 의]
　화의절차를 화의 가결 전에 법원의 결정으로 중지하는 일.

⑬順理(순리) : 마땅한 이치나 도리.
　＊殉利(순리) : 殉[따라죽을 순] 利[이로울 리]
　　　이익만을 바라보고 몸을 망침.
　＊純理(순리) : 純[순수할 순] 理[다스릴 리]
　　　학문의 순수한 원리, 이론.

⑭許可(허가) : 법령으로 금지 또는 제한되어 있는 일을 특정한 경우에 할 수 있도록 허락해 주는 것.
　＊虛家(허가) : 虛[빌 허] 家[집 가]
　　　임시로 꾸민 집.

❖ 허가영업(許可營業) : 營[경영할 영] 業[업 업]
　행정상의 허가를 받아서 하는 영업.
❖ 가고문적(可考文籍) : 考[생각할 고] 文[글월 문] 籍[문서 적]
　후일에 참고가 될만한 문서.
❖ 불가사의(不可思議) : 不[아닐 불] 思[생각 사] 議[의논할 의]
　보통 생각으로는 알 수 없음.

⑮ 摸索(모색) : 좋은 방법이나 돌파구를 생각하여 찾는 것.

　＊暮色(모색) : 暮[저물 모] 色[빛 색]

　　해질 무렵의 풍경.

❖ 암중모색(暗中摸索) : 暗[어두울 암] 中[가운데 중]

어둠 속에서 손으로 더듬으며 물건을 찾는다는 뜻으로 확실한 방법을 모른체 어림짐작으로 사물을 알아내려 함을 이르는 말.

# ZOOM Ⅲ ≫ 시사 흐름잡기

## 호주제

### ■ 호주제란 무엇인가?

　민법상 '호주'를 중심으로 가족을 구성하는 제도로서, 호주를 통해서 가계를 계승하는 제도이다. 우리나라는 호주제가 규정하는 바에 따라 호주를 기준으로 다른 가족구성원을 편제하여 각 개인의 모든 신분변동사항(출생, 혼인, 사망, 입양, 피양 등)을 하나의 공적부에 기록하여 관리하고 있다. 호주제는 1958년에 도입되었으나 이후 사회구조가 변화하고 국민들의 사회적 인식이 높아짐에 따라 여성단체를 중심으로 많은 문제점들이 제기되어 왔다. 17대 국회에서 호주제 폐지 안건이 재 상정될 예정이여서 기존의 호주제를 유지하려는 유림들과 호주제의 폐지를 주장하는 여성단체 사이의 마찰이 예상된다.

### ■ 여성단체가 주장하는 호주제의 문제점

❖ 호주제는 호주를 중심으로 가족구성원을 지배하며 통솔한다는 종적인 사고를 내포하고 상징한다는 점에서 '개인의 존엄'과 '양성의 평등'을 가족법 질서의 가치지표로 명시하고 있는 헌법의 평등원리에 위배될 수 있다.

❖ 호주제는 아들 중심의 승계순위를 통해 남성우월과 여성경시를 상징한다.

　호주 사망시 승계순위 : 아들, 손자, 딸(미혼), 배우자, 어머니, 며느리.

❖ 출생, 이혼, 혼인 등 국민들의 일상생활이 호주로 대표되는 남성을 중심으로 구성되어 있다.

　ex) 자녀는 夫의 성과 본을 따름. 아내는 혼인과 동시에 夫家에 입적하여 출가외인이 됨.

❖ 호주제는 가족 내에서 남성과 여성을 차별화할 뿐만 아니라 사회 구성원들의 인식을 권위주의적으로 형성해왔다.

❖ 호주제는 우리나라의 전통이 아니라 일제가 조선인들을 쉽게 통제하기 위해 만든 제도이다.

❖ 사회적으로 남아선호사상이 일반화되면서 남녀 성비의 불균형문제가 발생하게 되었다.

■ 현행 호주제로 인한 구체적 피해사례

❖ 호주승계의 남녀차별

호주가 사망시 승계순위에 따라 3살인 손자가 70살인 할머니의 호주가 될 수 있다.

❖ 재혼자녀의 성씨 문제

여자가 이혼한 후에 다른 남자와 재혼을 할 경우에 전 남편으로부터의 자녀는 호적을 옮길 수 없기 때문에 지금의 새 아버지와 성이 다를 수밖에 없다. 또한 호적에는 입적되지 못하고 동거인의 자격이 주어질 수밖에 없다.

❖ 부가입적 차별

남편의 혼인 외 자녀를 입적시킬 때에는 아내의 동의가 필요하지 않지만 아내 입장에서 혼인 외 자녀를 입적시킬 때에는 남편의 동의가 필요하다.

■ 호주제의 존치를 주장하는 유림의 입장

❖ 가족 내에서 남녀의 역할이 다르므로 남녀의 지위가 평등할 수 없다.

❖ 호주제는 민족전통문화로서 미풍양속에 해당하므로 보존되어야 한다.

❖ 호주제가 폐지되면 어른 공경사상이 사라지고 가족이 해체될 수 있다.

■ 호주제를 둘러싼 쟁점

현재 유림을 중심으로 한 호주제 존치론과 여성단체를 중심으로 한 호주제 폐지론이 팽팽히 맞서고 있다. 사회적 여론은 현 호주제가 문제가 있음을 공감하는 분위기지만 문제점의 보완이냐 완전한 폐지냐에 대해서는 의견들이 다양하다. 특히 호주제를 폐지한 후 그 대안을 찾는 것이 쉽지 않고, 여러 분야에 걸쳐서 대대적으로 수정하는데 많은 예산이 소요될 예정이므로 신중한 선택이 요망된다.

■ 호주제의 대안

| 1인1적 편제 | 신분기록을 가족별이 아닌 개인별 신분등록 자료로 기록하여 하나의 시스템으로 전산화한다. 전산 시스템을 새로 구축하는 데 시간과 예산이 소요된다. |
|---|---|
| 기본가족별 편제 | 가족단위로 신분등록을 하되, 부부동적, 친자동적을 원칙으로 한다. 다양한 가족 구성형태를 반영하기가 어렵다. |
| 주민등록제 보완 | 현행 주민등록제와 신분등록제를 통합하여 신분등록을 한다. |

# Chapter ❹

## 병역거부를 어떻게 양심의 자유로 보는가

> ※ 한자 Zoom In
> 拒否(거부) 良心(양심) 一波萬波(일파만파) 無罪宣告(무죄선고) 各樣各色(각양각색)
> ※ 시사 Zoom In
> 양심적 병역거부 국방의 의무 양심의 자유 인권보장 대체복무제 국제인권규약

법원이 ① 宗敎的(종교적) ② 信念(신념)이라는 이유로 ③ 兵役義務(병역의무)를 ④ 拒否(거부)한 피고인에 대해 '⑤ 良心(양심)의 ⑥ 自由(자유)'를 인정, 무죄를 선고했다. 이번 판결은 미군 감축으로 국가 방위력의 약화가 우려되는 가운데 나온 것이어서 그 충격은 ⑦ 一波萬波(일파만파)다. 우리는 이 판결이 향후 ⑧ 國家防衛(국가방위)체계의 기본인 병역의무를 송두리째 흔들 수 있고, 그 파장이 국론분열로 이어질 수도 있다는 취지에서 심각한 유감을 표시한다.

⑨ 憲法(헌법)에 보장된 양심의 자유는 인간의 ⑩ 基本權(기본권)이다. 그러나 종교적 신념에 따른 병역거부 행동을 양심의 자유로 폭넓게 해석한 것은 무리라고 본다. 병역 의무는 국민 누구에나 공평하게 부여되어 있는 국가방위에 대한 의무여서 그 근간이 흔들려서는 안 된다. 병역의무를 신성시하는 것은 그 의무에 의해 국민의 생명과 안위 그리고 국가의 안보가 지켜지고, 유지되고 있기 때문이다.

지금 우리는 남북 대치관계에서 힘의 ⑪ 均衡(균형)을 잡아오던 미군이 감군을 선언해 논란을 빚고 있는 상황이라는 점을 간과해서는 안 된다. 그래서 병역거부에 대한 무죄 판결을 심각하게 받아들일 수밖에 없다. 미군철수 찬성–병역거부 운동–병역거부 ⑫ 無罪宣告(무죄선고)로 이어지는 일련의 사태가 이 사회를 엄습하고 있어 그것이 갖는 의미가 예사롭지 않다는 뜻이다.

그런 의미에서 병역의무를 양심의 자유라는 이름아래 거부하는 것은 옳지 않고, 이에 대해 무죄를 선고한 것 또한 그렇다. 이 세상에는 종교가 '여호와의 증인'만 있는 게 아니라 무수한 종교가 산재해 있고, 병역 기피 행위도 ⑬ 各樣各色(각양각색)이다. 그 수도 해마다 급증 추세다. 만약 이들이 양심의 자유를 내세워 병역의무를 거부한다면 누가 국민의 생명과 국가 안위를 돌볼 것인가.

그중에서도 판결이 미칠 '병역거부 바람'을 우려하지 않을 수 없다. 지금 대학가에서는 병역거

> 한자능력검정시험 2급 기출
> – 拒否[거부](22회 79번)

부운동이 날로 확산되고 있다. 일부 시민단체가 '⑭代替服務(대체복무)'를 빌미로 전개하고 있는 병역거부 운동을 보면 심상치 않은 점이 하나 둘이 아니다. 국민 ⑮皆兵制(개병제)를 근간으로 하는 국가방위체제를 전면 거부하는 행동이다. 어떻게 병역거부가 민주화 운동인가. 병역거부에 대한 무죄를 심각하게 보는 이유도 여기에 있다.

문화일보 2004. 5. 23

## ZOOM Ⅰ » 한자 엿보기

| | | | | | | | | | | | |
|---|---|---|---|---|---|---|---|---|---|---|---|
| ① | 宗 | 마루 종 | ④ | 拒 | 막을 거 | | 波 | 물결 파 | | 權 | 권세 권 | | 各 | 각각 각 |

(표)

| | 한자 | 훈음 | | 한자 | 훈음 | | 한자 | 훈음 | | 한자 | 훈음 | | 한자 | 훈음 |
|---|---|---|---|---|---|---|---|---|---|---|---|---|---|---|
| ① | 宗 | 마루 종 | ④ | 拒 | 막을 거 | ⑧ | 波 | 물결 파 | ⑪ | 權 | 권세 권 | | 各 | 각각 각 |
| | 敎 | 가르칠 교 | | 否 | 아닐 부 | | 國 | 나라 국 | | 均 | 고를 균 | | 色 | 빛 색 |
| | 的 | 과녁 적 | ⑤ | 良 | 어질 양 | | 家 | 집 가 | | 衡 | 저울대 형 | ⑭ | 代 | 대신 대 |
| ② | 信 | 믿을 신 | | 心 | 마음 심 | | 防 | 막을 방 | ⑫ | 無 | 없을 무 | | 替 | 바꿀 체 |
| | 念 | 생각할 념 | ⑥ | 自 | 스스로 자 | | 衛 | 지킬 위 | | 罪 | 허물 죄 | | 服 | 옷 복 |
| ③ | 兵 | 군사 병 | | 由 | 말미암을 유 | ⑨ | 憲 | 법 헌 | | 宣 | 베풀 선 | | 務 | 힘쓸 무 |
| | 役 | 부릴 역 | | 一 | 한 일 | | 法 | 법 법 | | 告 | 아뢸 고 | ⑮ | 皆 | 다 개 |
| | 義 | 옳을 의 | ⑦ | 波 | 물결 파 | ⑩ | 基 | 터 기 | ⑬ | 各 | 각각 각 | | 兵 | 군사 병 |
| | 務 | 힘쓸 무 | | 萬 | 일만 만 | | 本 | 근본 본 | | 樣 | 모양 양 | | 制 | 절제할 제 |

## ZOOM Ⅱ » 응용한자 알아보기

④拒否(거부) : 승낙하지 아니하고 물리침.

＊巨富(거부) : 巨[클 거] 富[부자 부]

큰 부자.

◈ 거부반응(拒否反應) : 反[돌이킬 반] 應[응할 응]

장기 이식시 체내에서 그것을 배제하려고 일어나는 생체반응.

한자능력검정시험 3급 기출
– 拒否[거부](13회 127번) – 猶豫[유예](21회 31번) – 脚色[각색](9회 45번) – 波[파](16회 97번) – 萬[만](7회 139번) – 息[식](16회 84번, 22회 114번)

❖ 당랑거철(螳螂拒轍) : 螳[사마귀 당] 螂[사마귀 랑] 轍[바퀴자국 철]

　사마귀가 수레바퀴를 막는다는 뜻으로 자신의 힘은 헤아리지 않고 무모하게 덤비는 것을 의미함.

　하룻강아지 범 무서운 줄 모른다.

---

⑤ **良心**(양심) : 자신의 행위에 대하여 옳고 그름을 판단하고, 바른 행동을 하려는 마음가짐

　＊**兩心**(양심) : 兩[두 량] 心[마음 심]

　　　겉 다르고 속 다른 마음.

　＊**養心**(양심) : 養[기를 양] 心[마음 심]

　　　심성을 바르게 기름.

---

❖ 양심선언(良心宣言) : 宣[베풀 선] 言[말씀 언]

　어떤 잘못된 사실 따위에 대하여 많은 사람들 앞에서 양심에 따라 고백하는 일.

❖ 양심수(良心囚) : 囚(가둘 수)

　사상, 신념의 이유만으로 투옥된 사람.

---

⑦ **一波萬波**(일파만파) : 한 사건이 그 사건으로만 한정되지 않고 많은 사건으로 번짐.

　＊**萬派**(만파) : 萬[일만 만] 派[갈래 파]

　　　여러 갈래.

　＊**晚播**(만파) : 晚[늦을 만] 播[뿌릴 파]

　　　씨앗을 늦게 뿌리는 일.

---

❖ 만파식적(萬波息笛) : 息[숨쉴 식] 笛[피리 적]

　신라 신문왕 때의 전설적인 피리. 만파식적을 불면 나라의 근심이 사라지고 온갖 소원이 성취되었으므로 국보로 삼았음.

❖ 십시일반(十匙一飯) : 十[열 십] 匙[숟가락 시] 飯[밥 반]

　열 사람이 한술씩 보태면 한 사람 먹을 분량이 된다는 뜻으로 힘을 합하는 것을 의미함.

❖ 정문일침(頂門一鍼) : 頂[정수리 정] 門[문 문] 鍼[바늘 침]

　정수리에 침을 꽂는다는 뜻으로, 남의 급소를 찌르는 듯한 충고를 이르는 말.

---

⑫ **無罪宣告**(무죄선고) : 당사자에게 죄가 없음을 판결을 통해서 알려주는 것.

　＊**船庫**(선고) : 船[배 선] 庫[곳집 고]

　　작은 배를 넣어두는 곳집.

❖ 선고유예(宣告猶豫) : 猶[오히려 유] 豫[미리 예]

범죄자의 정상을 참작하여 형의 선고를 일정 기간 유예하고 그 기간을 무사히 경과하였을 경우에는 유죄 판결을 하지 않음.

❖ 파산선고(破産宣告) : 破[깨트릴 파] 産[낳을 산]

파산 법원이 파산 신고를 인정하여 파산 절차를 실행에 옮긴다는 결정을 내리는 선고.

---

⑬ **各樣各色**(각양각색) : 여러 가지. 각기 다름.

 * **脚色**(각색) : 脚[다리 각] 色[빛 색]

  문학작품을 무대 상영 등을 목적으로 각본으로 고쳐 쓰는 일.

---

❖ 각인각색(各人各色) : 人[사람 인]

사람마다 언행, 태도 등이 각각 다름.

❖ 물각유주(物各有主) : 物[물건 물] 有[있을 유] 主[주인 주]

물건에는 각기 주인이 있다는 뜻으로, 어떤 물건을 소유하는 것에는 임자가 따로 있다는 것을 이르는 말.

---

## ZOOM Ⅲ》 시사 흐름잡기

### 양심적 병역거부

■ **양심적 병역거부란?**

양심적 병역거부란 병역법에 근거한 징집대상자가 종교적, 양심적 신념에 따라 군복무를 비롯한 전쟁 및 무력행위의 참여를 거부하는 것을 말한다. 현재 대한민국 헌법에는 모든 성인 남성에게 '국방의 의무'를 부여하고 있는 동시에 국민의 기본권으로서 '양심의 자유'를 명시하고 있기 때문에 양심적 병역거부자의 경우 '국방의 의무'와 '양심의 자유' 사이에서 갈등할 수밖에 없다. 지금까지는 양심적 병역거부자들에게 병역법 위반을 이유로 유죄를 선고하여 한해 평균 700명 내외의 사람들이 감옥에 수감되어 왔으나 최근 그 동안의 판례를 깨고 무죄선고를 함으로써 사회적 논란이 되고 있다.

■ **양심적 병역거부에 대해서 찬성하는 사람들의 주장**

❖ 인권보장을 바탕으로 양심적 병역거부를 인정하는 것은 세계적인 추세다.

현재 징병제를 유지하고 있는 독일, 이스라엘, 대만 등을 비롯한 40여 개국에서 양심적 병역거부를 헌법에서 보장한 국민의 기본권으로 보장하고 있다.

❖ 병역기피의 수단으로 양심적 병역거부를 악용할 것을 우려하여 양심적 병역거부자의 인권을 무시
할 수는 없다.

사회 고위층의 병역비리 파문 등으로 인하여 국민적 불신감이 높아진 가운데 병역기피의 수단으로
악용될 소지가 있기는 하다. 그러나 '대체복무제' (양심에 따른 병역거부자에게 종교적 신념과 양
심에 반하지 않는 비군사적, 민간 봉사적 성격의 분야에서 군복무를 이행할 수 있는 제도)에 대한
법적 보장이 없기 때문에 매년 700여명의 양심적 병역거부자들이 전과자가 되고 있다.

❖ 현역복무와의 형평성 시비는 불합리한 군복무제도에 기인한 것이지 양심적 병역거부로 인해서 새
롭게 나온 사항이 아니다.

군대내 인권문제나 매년 발생하고 있는 사건, 사고 등으로 미루어 볼 때 현재의 비효율적이고 불합
리한 군복무제도는 많은 문제점을 안고 있다.

❖ 남북의 군사적 대치상황을 감안한다 하더라도 대체 복무의 인정으로 인하여 안보상에 커다란 문제
점이 발생하지는 않는다.

양심적 병역거부자는 매년 700여명에 달하는 극소수이며, 전체 군복무자 중에서 1/3 정도에 해당
하는 인력이 비군사분야에 복무하고 있는 현 상황에서도 아무런 문제점이 발생하지 않았다.

## ■ 양심적 병역거부에 대해서 반대하는 사람들의 주장

❖ 남북의 군사적 대치상황이라는 한국의 특수성을 감안할 때 양심적 병역거부는 인정할 수 없다.

❖ 병역 기피자와 양심적 병역거부자를 가려내는 기준이 자의적으로 해석이 가능한 '양심'인데 이것
은 매우 애매모호한 기준이 될 수 있으므로 병역 기피수단으로 악용될 소지가 충분히 있다.

❖ 특정 종교집단(여호와의 증인)에 있는 사람들에게 병역혜택을 줄 수는 없다.

## ■ 양심적 병역거부에 대한 최근의 판결

2004년 5월 21일 종교적 이유로 병역을 거부한 양심적 병역거부자에 대해서 그 동안의 판례를 깨고
무죄가 선고되었다.(남부지원 이정렬 판사) 무죄 판결에 대한 근거는 다음과 같다.

❖ 입영 또는 소집 거부 행위가 오직 양심상의 결정에 따른 것일 경우 양심의 자유라는 헌법적 보호사
유로 정당하다.

❖ 양심의 자유라는 것은 윤리적 판단에 국가가 개입해서는 안 되는 내심적 자유는 물론 국가권력에
의해 외부에 표명하도록 강제받지 않는 침묵의 자유까지도 포괄한다.

❖ 우리나라가 1990년에 가입한 시민적, 정치적 권리에 관한 국제인권규약 제18조 2항에도 스스로
선택하는 신념을 가질 자유를 침해해서는 안 된다고 규정하고 있다.

❖ 2004년 4월 19일 제60차 유엔 인권위원회에서 한국을 포함해 53개 이사국들이 양심적 자유에 따른 병역거부권 결의안을 채택하였다.

그러나 2004년 6월 15일 남부지방법원 김진형 판사는 양심적 병역거부자에 대해서 1년 6개월의 실형을 선고하였다. 재판부가 실형을 선고한 근거로 양심의 자유는 국가 안전보장 등을 위해 제한될 수 있는 상대적 자유이고, 종교의 자유 역시 밖으로 표현되는 대외적 행위의 자유로 법적 제한이 가능하다는 것을 들었다. 이처럼 양심적 병역거부자에 대한 판결이 엇갈리는 가운데 앞으로도 논란이 계속될 것으로 보인다.

# Chapter ⑤

# 위안부 누드 상품화 안 된다

사회·문화

---

※ 한자 Zoom In
映像畫報(영상화보) 歷史(역사) 一般情緒(일반정서) 常識(상식) 禁忌(금기)
※ 시사 Zoom In
누드 섹슈얼리티 성상업주의 관음주의적 쾌감

---

탤런트 이승연씨가 '일본군 위안부'를 ①主題(주제)로 누드 ②映像畫報(영상화보)를 찍고 이를 유료 서비스한다니 어처구니가 없다. 이래도 되는가라는 ③忿怒(분노)감마저 자아내고 있다. 우리의 뼈아픈 ④歷史(역사)가 '연예인 누드 산업' 열풍 속에서 '성 상품화'의 대상이 되었다고 보여지기 때문이다. '위안부 누드'가 국민의 ⑤一般情緒(일반정서)와 ⑥常識(상식)에 맞지 않음은 물론이다.

이씨와 제작사는 "종군위안부라는 의미있는 주제로 그들이 겪었을 고통을 ⑦表現(표현)하려 했다"고 말했다. '종군위안부' 문제가 국민들에게 자꾸 잊혀지는 것이 안타까웠다고도 했다. 상업적 목적이 아니라는 것이다. 하지만 이런 말을 액면 그대로 믿을 사람이 얼마나 되겠는가. 이씨나 제작사가 평소 성피해 여성들에게 얼마나 관심을 가져왔는지도 의문이다. 성적 ⑧興味(흥미)와 욕구의 대상물인 누드를 통해 역사의 아픔을 말한다는 것은 ⑨說得力(설득력)이 없다.

'일본군 위안부'는 일제가 한국 여성에게 가한 비인간적인 범죄이다. 우리의 여성들을 인격체가 아닌 성적 ⑩欲望(욕망)의 대상으로 전락시킨 현재진행형의 ⑪悲劇(비극)이다. 역사의 ⑫犧牲者(희생자)들이 아직도 피맺힌 한을 삭이고 있는 때에 이를 주제로 누드 영상화보를 만든다는 것은 이들의 가슴에 다시 한번 못을 박는 행위이다. 14년 동안 일본과 외롭게 싸움을 해온 할머니들의 ⑬名譽(명예)도 ⑭傷處(상처)를 입었다. 일본의 과거 미화 등 역사 왜곡의 위험성이 갈수록 커져가는 상황이어서 더욱 그렇다.

아무리 표현의 자유가 있다고 해도 해서 될 일과 해서는 안 될 일이 있다. 우리가 지켜야 할 최소한의 ⑮禁忌(금기)는 지켜져야 한다. 사회적 파문을 불러일으키고 있는 이른바 '위안부 프로젝트'는 중단되어야 한다.

경향신문 2004. 2. 14

---

한자능력검정시험 2급 기출
- 一般[일반](25회 82번) - 端緒[단서](5회 61번)

## ZOOM Ⅰ » 한자 엿보기

| | | | | | | | | | | |
|---|---|---|---|---|---|---|---|---|---|---|
| ① | 主 주인 주<br>題 제목 제 | ④ | 歷 지날 력<br>史 역사 사 | ⑦ | 表 겉 표<br>現 나타날 현 | | 望 바랄 망<br>悲 슬플 비 | ⑭ | 傷 상처 상<br>處 곳 처 |
| ② | 映 비칠 영<br>像 모양 상<br>畵 그림 화<br>報 갚을 보 | ⑤ | 一 한 일<br>般 가지 반<br>情 뜻 정<br>緒 실마리 서 | ⑧ | 興 일 흥<br>味 맛 미<br>說 말씀 설 | ⑪ | 劇 심할 극<br>犧 희생할 희 | ⑮ | 禁 금할 금<br>忌 꺼릴 기 |
| ③ | 忿 성낼 분<br>怒 성낼 노 | ⑥ | 常 떳떳할 상<br>識 알 식 | ⑨ | 得 얻을 득<br>力 힘 력 | ⑫ | 牲 희생 생<br>者 놈 자 | | |
| | | | | ⑩ | 欲 바랄 욕 | ⑬ | 名 이름 명<br>譽 기릴 예 | | |

## ZOOM Ⅱ » 응용한자 알아보기

② 映像畵報(영상화보) : 영화나 텔레비전의 화상(畵像)을 그림이나 사진을 위주로 하여 편집한 지면(紙面)이나 인쇄물, 또는 그 그림이나 사진.
  * 零上(영상) : 零[떨어질 영] 上[위 상]
    0도 이상을 나타내는 기온의 도수.

❖ 자화자찬(自畵自讚) : 自[스스로 자] 讚[기릴 찬]
  자기가 그린 그림을 자기 스스로 칭찬한다는 뜻으로, 자기가 한 일을 자기 스스로 자랑함을 의미하는 말이다.
❖ 응보(應報) : 應[응할 응]
  선악(善惡)의 인연에 응하여 화복(禍福)의 갚음을 받음.

④ 歷史(역사) : 인간이 거쳐 온 변천의 기록.
  * 力士(역사) : 力[힘 력] 士[선비 사]

한자능력검정시험 3급 기출
– 歷史[역사](19회 136번) – 經歷[경력](6회 18번) – 端緒[단서](7회 29번, 12회 43번) – 常識[상식](9회 68번, 18회 121번) – 沒[몰](22회 34번, 24회 21번)

힘이 센 사람.

*   **驛舍(역사)** : 驛[역 역] 舍[집 사]

    역으로 쓰는 건물.

❖ **역사소설(歷史小說)** : 小[작을 소] 說[말씀 설]

역사적 사실을 근거로 하여 꾸민 소설.

❖ **경력(經歷)** : 經[지날 경] 歷[지날 력]

지금까지 거쳐 온 학업·직업 등의 내용.

⑤ **一般情緖**(일반정서) : 크게 다를 바가 없는 보통의 감정.

*   **淨書(정서)** : 淨[깨끗할 정] 書[글 서]

    글씨를 깨끗하게 씀.

❖ **천서만단(千緖萬端)** : 千[일천 천] 萬[일만 만] 端[끝 단]

수많은 일의 갈피.

❖ **단서(端緖)** : 端[끝 단]

일의 실마리.

⑥ **常識**(상식) : 일반인들이 공통으로 가지고 있는 지식이나 판단력.

*   **相識(상식)** : 相[서로 상] 識[알 식]

    서로 본적이 있음.

*   **常食(상식)** : 常[떳떳할 상] 食[먹을 식]

    늘 먹는 음식.

❖ **몰상식(沒常識)** : 沒[빠질 몰]

상식이 없음.

❖ **박학다식(博學多識)** : 博[넓을 박] 學[배울 학] 多[많을 다]

학문이 넓고 식견이 많음.

❖ **목불식정(目不識丁)** : 目[눈 목] 不[아닐 불] 丁[장정 정]

'丁' 자도 알아보지 못한다는 뜻으로 '글자를 전혀 모르는 사람'을 비유하여 이르는 말.

⑮ **禁忌**(금기) : 꺼리어서 금하거나 싫어함.

  ＊**今期(금기)** : 今[이제 금] 期[기약할 기]

    이번 시기.

❖ **구금(拘禁)** : 拘[잡을 구]

  피의자를 신체의 자유를 구속하여 교도소 등에 유치하는 일.

❖ **엄금(嚴禁)** : 嚴[엄할 엄]

  절대 못하도록 금함.

## ZOOM Ⅲ » 시사 흐름잡기

### 누드 비즈니스(nude business)

#### ■ 연예인 누드 비즈니스 열풍의 실태

　유명 연예인들 사이에서 누드 열풍이 불고 있다. 마약복용혐의로 구속된 후 재기를 위해 누드를 선택한 성현아가 상업적으로 성공을 거둔 후에 유명 연예인들이 경쟁적으로 누드 프로젝트에 참여했다. 이는 몸과 섹슈얼리티에 대한 사회적 인식의 변화, 기존의 초고속 인터넷 인프라, 모바일 인터넷 등의 IT 기술 발전에 따른 누드 컨텐츠의 수요급증, 매체 상업주의가 결합되면서 수십억 원대의 수익을 남기는 사업영역으로 발전하게 되었다. 이처럼 정상급 연예인들의 누드 촬영 열풍이 불고 있는 이유는 누드 촬영에 대한 사회적 인식의 변화나 연예인들의 누드에 대한 예술적 차원으로의 승화가 아니라 누드 촬영으로 인한 엄청난 수익성 때문이라는 의견이 지배적이다. 최근에는 유명 탤런트가 역사적으로 민감한 사건인 종군위안부를 테마로 누드 촬영을 감행하여 사회적으로 엄청난 물의를 일으켰고, 이 사건을 계기로 극단적인 성상업주의에 빠진 연예인 누드 비즈니스에 대한 사회적 제동이 필요하다는 지적도 나오고 있는 실정이다.

#### ■ 연예인 누드 열풍에 대한 전문가의 의견

❖ "보여줄 게 없기 때문에 몸을 누드로 찍어 보여주는 성상업주의의 극단이다".

　－주철환 이화여대 언론홍보영상학부 교수－

❖ "여성연예인이라는 상품을 기획·판매하는 엔터테인먼트 회사 입장에서 누드란 단기간에 최대 이익을 낼 수 있는 피할 수 없는 유혹으로, 누드가 여성연예인들의 최종 종착점이나 터닝 포인트가 돼 버린 느낌이다." － 김종휘, 문화평론가 －

❖ 나는 벗지 않은 채 벗은 상대를 마음껏 훔쳐보며 자신의 성적 대상으로 요리하는 것은 성적 쾌감 이상의 정복적 권력욕을 충족시킬 수 있다. 사회적 억압과 극심한 경쟁 속에서 권력의 말단에 있는 대중에게 톱 스타들의 누드는 좌절된 권력욕을 보상시켜 주는 기능을 한다.

−데즈먼드 모리스, 성인류학자−

## ■ 연예인 누드 비즈니스 열풍의 문제점

❖ 여성의 성상품화를 부추기고 있다.

❖ 성인용으로 제작된 컨텐츠가 해킹이 가능하고, 이것이 인터넷을 통해서 급속히 확산될 경우 결국 청소년들이 피해를 입을 수 있다.

❖ 누드를 찍는 당사자들은 예술적인 면을 강조하고 있지만 현재 제작되고 있는 유명 연예인들의 누드는 대중의 말초적 흥미와 성적 흥분을 불러일으키기 쉽고, 관음주의적 쾌감을 극대화하는 행위에 불과하며, 스타 마케팅의 한 방법으로 사용되는 악덕 상술이라 할 수 있다.

사회·문화

## 가로-세로열쇠로 복습하기

※ 한글로 가로-세로 열쇠를 채워봅시다.

**가로열쇠**

4. 한 집안에 주인이 되는 주인.

5. 꼭 믿고 의심하지 아니한다는 뜻의 4자 성어.

7. 의심하여 두려워하는 마음.

8. 등장인물의 심리의 변화상태를 그려내는 일.

9. 일이 중대하고 급함.

10. 범죄자의 정상을 참작하여 형의 선고를 일정 기간 유예하고 그 기간을 무사히 경과하였을 경우에는 유죄 판결을 하지 않음.

11. 물건에는 각기 주인이 있다는 뜻으로, 어떤 물건을 소유하는 것에는 임자가 따로 있다는 것을 뜻하는 4자 성어.

13. 사람마다 언행, 태도 등이 각각 다름을 뜻하는 4자 성어.

15. 정수리에 침을 꽂는다는 뜻으로, 남의 급소를 찌르는 듯한 충고를 뜻하는 4자 성어.

17. 해질 무렵의 풍경.

19. '丁' 자도 알아보지 못한다는 뜻으로 '글자를 전혀 모르는 사람'을 비유할 때 쓰는 4자 성어

21. 수많은 일의 갈피라는 뜻의 4자 성어.

22. 법령으로 금지 또는 제한되어 있는 일을 특정한 경우에 할 수 있도록 허락해주는 것.

23. 후일에 참고가 될만한 문서라는 뜻의 4자 성어.

26. 장기 이식시 체내에서 그것을 배제하려고 일어나는 생체반응.

28. 많은 사람이 길게 늘어서 있는 모양.

## 세로 열쇠

1. 나라의 주권은 국민에게 있다고 하는 사상.

2. 한시도 늦을 수 없는 급한 일이라는 뜻의 4자 성어.

3. 어떤 잘못된 사실 따위에 대하여 많은 사람들 앞에서 양심에 따라 고백하는 일.

6. 당사자에게 죄가 없음을 판결을 통해서 알려주는 것.

7. 의심스러운 점이나 생각.

12. 여러 가지. 각기 다름.

14. 사람의 얼굴 생김새와 골격.

16. 한 사건이 그 사건으로만 한정되지 않고 많은 사건으로 번진다는 뜻의 4자 성어.

18. 서로 본적이 있음.

20. 보통 생각으로는 알 수 없음.

24. 사마귀가 수레바퀴를 막는다는 뜻으로 자신의 힘은 헤아리지 않고 무모하게 덤비는 것을 의미하는 4자 성어.

25. 크게 시작했다가 흐지부지 끝난다는 뜻의 4자 성어.

27. 선악(善惡)의 인연에 응하여 화복(禍福)의 갚음을 받음.

사회·문화

※ 한자로 가로-세로 열쇠를 채워봅시다.

|   |   |   | 1 |   | 2 |   |   |   |   |   |   |   |
|---|---|---|---|---|---|---|---|---|---|---|---|---|
|   |   |   |   |   |   |   |   |   | 3 |   |   |   |
|   |   | 4 |   | 5 |   | 6 | 7 |   | 8 |   |   |   |
|   |   |   |   | 9 |   |   |   |   | 10 |   |   |   |
| 11 | 12 |   |   |   |   |   |   |   |   |   |   |   |
|   |   |   |   |   |   |   |   |   |   |   |   |   |
|   | 13 | 14 |   |   |   | 15 |   | 16 |   |   |   |   |
| 17 |   | 18 |   |   |   |   |   |   |   |   |   |   |
| 19 | 20 |   |   |   |   | 21 |   |   |   |   |   |   |
| 22 | 23 |   |   | 24 |   |   |   |   |   | 25 |   |   |
|   |   |   |   |   |   |   |   |   |   |   |   |   |
|   |   |   |   | 26 |   |   | 27 |   | 28 |   |   |   |
|   |   |   |   |   |   |   |   |   |   |   |   |   |

**가로 열쇠**

4. 한 집안에 주인이 되는 주인.

5. 꼭 믿고 의심하지 아니한다는 뜻의 4자 성어.

7. 의심하여 두려워하는 마음.

8. 등장인물의 심리의 변화상태를 그려내는 일.

9. 일이 중대하고 급함.

10. 범죄자의 정상을 참작하여 형의 선고를 일정 기간 유예하고 그 기간을 무사히 경과하였을 경우에는 유죄 판결을 하지 않음.

11. 물건에는 각기 주인이 있다는 뜻으로, 어떤 물건을 소유하는 것에는 임자가 따로 있다는 것을

뜻하는 4자 성어.

13. 사람마다 언행, 태도 등이 각각 다름을 뜻하는 4자 성어.

15. 정수리에 침을 꽂는다는 뜻으로, 남의 급소를 찌르는 듯한 충고를 뜻하는 4자 성어

17. 해질 무렵의 풍경.

19. 丁'자도 알아보지 못한다는 뜻으로 '글자를 전혀 모르는 사람'을 비유할 때 쓰는 4자 성어.

21. 수많은 일의 갈피라는 뜻의 4자 성어.

22. 법령으로 금지 또는 제한되어 있는 일을 특정한 경우에 할 수 있도록 허락해주는 것.

23. 후일에 참고가 될만한 문서라는 뜻의 4자 성어.

26. 장기 이식시 체내에서 그것을 배제하려고 일어나는 생체반응.

28. 많은 사람이 길게 늘어서 있는 모양.

**세로 열쇠**

1. 나라의 주권은 국민에게 있다고 하는 사상.

2. 한시도 늦을 수 없는 급한 일이라는 뜻의 4자 성어.

3. 어떤 잘못된 사실 따위에 대하여 많은 사람들 앞에서 양심에 따라 고백하는 일.

6. 당사자에게 죄가 없음을 판결을 통해서 알려주는 것.

7. 의심스러운 점이나 생각.

12. 여러 가지. 각기 다름.

14. 사람의 얼굴 생김새와 골격.

16. 한 사건이 그 사건으로만 한정되지 않고 많은 사건으로 번진다는 뜻의 4자 성어.

18. 서로 본적이 있음.

20. 보통 생각으로는 알 수 없음.

24. 사마귀가 수레바퀴를 막는다는 뜻으로 자신의 힘은 헤아리지 않고 무모하게 덤비는 것을 의미하는 4자 성어.

25. 크게 시작했다가 흐지부지 끝난다는 뜻의 4자 성어.

27. 선악(善惡)의 인연에 응하여 화복(禍福)의 갚음을 받음.

사회·문화

**가로-세로 열쇠로 복습하기 정답**

| | | | 국 | | 연 | | | | | | | |
|---|---|---|---|---|---|---|---|---|---|---|---|---|
| | | | 민 | | 미 | | | 양 | | | | |
| | | 호 | 주 | 신 | 지 | 무 | 의 | 구 | 심 | 리 | 묘 | 사 |
| | | | 권 | 긴 | 급 | 죄 | 문 | | 선 | 고 | 유 | 예 |
| 물 | 각 | 유 | 주 | | | 선 | | | 언 | | | |
| | 양 | | 의 | | | 고 | | | | | | |
| | 각 | 인 | 각 | 색 | | 정 | 문 | 일 | 침 | | | |
| 모 | 색 | 상 | | | | | 파 | | | | | |
| 목 | 불 | 식 | 정 | | 천 | 서 | 만 | 단 | | | | |
| 허 | 가 | 고 | 문 | 적 | 당 | | 파 | | | | 용 | |
| | 사 | | | | 랑 | | | | | | 두 | |
| | 의 | | | | 거 | 부 | 반 | 응 | | 장 | 사 | 진 |
| | | | | | 철 | | | 보 | | | 미 | |

| | | | 國 | | 燃 | | | | | | | |
|---|---|---|---|---|---|---|---|---|---|---|---|---|
| | | | 民 | | 眉 | | | 良 | | | | |
| | | 戶 | 主 | 信 | 之 | 無 | 疑 | 懼 | 心 | 理 | 描 | 寫 |
| | | | 權 | 緊 | 急 | 罪 | 問 | | 宣 | 告 | 猶 | 豫 |
| 物 | 各 | 有 | 主 | | | 宣 | | | 言 | | | |
| | 樣 | | 義 | | | 告 | | | | | | |
| | 各 | 人 | 各 | 色 | | 頂 | 門 | 一 | 鍼 | | | |
| 暮 | 色 | 相 | | | | | 波 | | | | | |
| 目 | 不 | 識 | 丁 | | 千 | 緒 | 萬 | 端 | | | | |
| 許 | 可 | 考 | 文 | 籍 | 螳 | | 波 | | | | 龍 | |
| | 思 | | | | 螂 | | | | | | 頭 | |
| | 議 | | | | 拒 | 否 | 反 | 應 | | 長 | 蛇 | 陣 |
| | | | | | 轍 | | | 報 | | | 尾 | |

# 현실감 있는 불법체류자 대책을

> ※ 한자 Zoom In
> 不法滯留(불법체류) 從事者(종사자) 團束(단속) 量産(양산) 發想(발상)
> ※ 시사 Zoom In
> 3D 산업기술 연수생 제도 외국인 고용허가제

12만 명에 이르는 ①不法滯留(불법체류) 외국인 단속에 나서면서 정부가 제조업체 ②從事者(종사자)에 대해선 ③限時的(한시적)으로 예외를 인정키로 ④急遽(급거) 방침을 바꾼 것은 불가피한 측면이 크다고 본다. 외국인 근로자들을 모두 단속하면 수많은 중소기업들이 하루아침에 공장 문을 닫을 수밖에 없기 때문이다. 하지만 정책을 갑자기 뒤집은 것은 정부의 준비가 얼마나 소홀했는지를 ⑤立證(입증)해 주는 것에 다름 아니라고 본다.

갑작스런 한시적 예외인정 조치는 법의 ⑥權威(권위)를 스스로 떨어뜨린 것일 뿐 아니라 형평성 ⑦次元(차원)에서도 큰 문제가 있다. 정부 ⑧方針(방침)대로 시한 내에 출국한 근로자에게는 불이익을 주고 끝까지 버틴 불법 체류자에게는 혜택을 주는 결과가 됐기 때문이다.

또, 서비스업 종사자들이 제조업 쪽으로 흘러들면서 또 다른 부작용을 야기할 가능성까지 남기고 있다.

불법체류자 단속은 오랜 논란 끝에 어렵게 도입한 ⑨外國人雇用許可制(외국인고용허가제)를 정착시키기 위해서라도 당연히 해야 할 일임이 분명하다. 하지만 출국시한을 수차례나 연기했던 사실이 보여주듯 이 문제는 보통 복잡한 사안이 아니다. 이미 예견해 온대로 스스로 출국한 근로자는 2만 명에도 미치지 못한다. 반면 강제출국을 비관한 외국인근로자 2명이 스스로 목숨을 끊었고 조선족 3천여명은 단식농성까지 벌이고 있는 형편이다. 중소업체들은 일손이 모자란다며 아우성이고 민간단체들은 인권문제까지 내세우고 있다. 자칫하면 성과는 별로없이 ⑩團束(단속)과 강제출국과정에서 부작용만 ⑪量産(양산)하는 결과를 빚지나 않을지 우려될 정도다.

정부 역시 곤혹스런 입장에 빠져 있다는 사실을 모르는 바는 아니다. 하지만 애시당초 불법체류자를 모두 몰아내겠다는 비현실적 ⑫發想(발상)을 하지 않았다면 정책을 손바닥 뒤집듯 해서 신뢰성을 스스로 떨어뜨리는 일은 없었을 것이

**한자능력검정시험 2급 기출**
- 事必歸正[사필귀정](25회 121번) - 事[사](12회 108번, 115번) - 想[상](20회 98번)

다 . 그런 점에서 외국인고용허가제의 근간을 해치지 않는 범위 내에서 필요하다면 더 많은 근로자들을 ⑬合法化(합법화)시키는 등 보다 현실적이고 ⑭融通性(융통성)있는 보완책 마련이 시급하다고 본다. 물론 이 경우는 자진 출국한 ⑮熟練工(숙련공)들이 불이익을 받지 않는 방안도 함께 강구하는 것이 옳을 것이다.

한국경제 2003. 11. 18

## ZOOM Ⅰ » 한자 엿보기

| | | | | | | | | | | | | |
|---|---|---|---|---|---|---|---|---|---|---|---|---|
| ① | 不 | 아닐 불 | ④ | 的 | 과녁 적 | | 方 | 모 방 | ⑩ | 制 | 절제할 제 | 化 | 될 화 |
| | 法 | 법 법 | | 急 | 급할 급 | | 針 | 바늘 침 | | 團 | 둥글 단 | 融 | 녹일 융 |
| | 滯 | 막힐 체 | | 遽 | 급할 거 | | 外 | 바깥 외 | | 束 | 묶을 속 | ⑭ 通 | 통할 통 |
| | 留 | 머무를 류 | ⑤ | 立 | 설 립 | ⑨ | 國 | 나라 국 | ⑪ | 量 | 헤아릴 량 | 性 | 성품 성 |
| ② | 從 | 좇을 종 | | 證 | 증거 증 | | 人 | 사람 인 | | 産 | 낳을 산 | 熟 | 익을 숙 |
| | 事 | 일 사 | ⑥ | 權 | 권세 권 | | 雇 | 품팔 고 | ⑫ | 發 | 필 발 | ⑮ 練 | 익힐 련 |
| | 者 | 놈 자 | | 威 | 위엄 위 | | 用 | 쓸 용 | | 想 | 생각 상 | 工 | 장인 공 |
| ③ | 限 | 한할 한 | ⑦ | 次 | 버금 차 | | 許 | 허락 허 | ⑬ | 合 | 합할 합 | | |
| | 時 | 때 시 | | 元 | 으뜸 원 | | 可 | 옳을 가 | | 法 | 법 법 | | |

## ZOOM Ⅱ » 응용한자 알아보기

① **不法滯留**(불법체류) : 법적 허가받지 않은 사람이 한 곳에 오랫동안 머물러 있음.

　＊佛法(불법) : 佛[부처 불] 法[법 법]

　　　부처의 가르침. 불교.

◈ 체증(滯症) : 症[증세 증]

　소화가 잘 안 되는 증세. 길이 막혀서 교통의 흐름이 어려운 상태.

◈ 정체(停滯) : 停[머무를 정]

　더 나아가지 못하고 한곳에 머물러 막힘.

> **한자능력검정시험 3급 기출**
> – 遺産[유산](6회 112번) – 留[류](18회 79번, 19회 81번) – 從[종](20회 125번) – 産[산](26회 91번)

❖ 체불(滯拂) : 拂[떨칠 불]
지급되어야 할 것이 지급되지 못하고 미뤄짐.

② 從事者(종사자) : 어떤 일을 직업으로 삼아서 일하는 사람.
* 宗社(종사) : 宗[마루 종] 社[사직 사]
종묘와 사직이라는 뜻으로 나라의 뜻.

❖ 일부종사(一夫從事) : 一[한 일] 夫[지아비 부]
한 남편만을 섬김.

❖ 이법종사(以法從事) : 以[써 이] 法[법 법]
법에 따라 일을 처리함.

❖ 사필귀정(事必歸正) : 必[반드시 필] 歸[돌아갈 귀] 正[바를 정]
처음에는 시비를 가리지 못하더라도 결국 모든 일은 반드시 바른 길로 돌아감.

❖ 호사다마(好事多魔) : 好[좋을 호] 多[많을 다] 魔[마귀 마]
좋은 일에는 방해되는 일이 많다.

⑩ 團束(단속) : 법률이나 규칙 등을 어기지 않도록 잘 통제함.
* 斷續(단속) : 斷[끊을 단] 續[이을 속]
끊어졌다 이어졌다 함.

❖ 문단속(門團束) : 門[문 문]
문을 단단히 잠그는 일.

❖ 단결(團結) : 結[맺을 결]
많은 사람이 한데 뭉침.

❖ 속수무책(束手無策) : 手[손 수] 無[없을 무] 策[꾀 책]
손이 묶여서 더 이상 방법이 없다는 뜻으로, 꼼짝 못하게 됨을 의미함.

⑪ 量産(양산) : 물건 등을 대량으로 만들어내는 것.
* 陽傘(양산) : 陽[볕 양] 傘[우산 산]
햇빛을 가리기 위해 필요한 우산 모양의 물건.

❖ 유산(遺産) : 遺[남길 유] 죽은 사람이 남겨 놓은 재산.
❖ 산란(産卵) : 卵[알 란] 알을 낳음.

⑫ **發想**(발상) : 어떤 일에 대하여 새로운 생각을 해내는 것.
* **發祥**(발상) : 發[필 발] 祥[상서로울 상]
    어떤 일이 처음으로 나타남. ;發祥地(발상지)
* **發喪**(발상) : 發[필 발] 喪[잃을 상]
    초상난 것을 이웃에 알림.

❖ **무념무상(無念無想)** : 無[없을 무] 念[생각 념]
    일체의 생각이 없음.
❖ **몽상(夢想)** : 夢[꿈 몽]
    꿈속의 허황된 생각.

## ZOOM Ⅲ » 시사 흐름잡기

### 외국인 불법체류 노동자

■ 외국인 불법체류 노동자 급증 문제의 발단

우리나라는 1991년 10월에 법무부 훈령 제255호 '외국인 산업기술 연수사증 발급 등에 관한 업무지침'에 근거하여 외국 인력을 도입하기 시작하였다. 이는 1990년 이후부터 3D(Dirty, Difficult, Dangerous)업종에 대한 노동기피 현상으로 이들 업계로의 인력수급에 차질이 발생하면서 취한 조치였다.

'산업기술 연수생 제도'는 해외투자 현지 기업의 기술력 제고와 생산성 향상을 위해서 기술연수를 목적으로 외국 인력의 도입과 고용이 허가되는 제도인데, 이를 통하여 많은 저개발국가의 외국 인력이 국내로 유입될 수 있었다. 그러나 이들은 최소한의 노동법 적용대상에서도 제외되었기 때문에 산재보험 혜택을 받을 수 없었고, 장시간의 노동에 대한 대가로 받는 임금은 법정 최저임금에 한참 미달되는 수준이었다. 최악의 근로조건에 인권유린까지 자행되자 곳곳에서 사업장을 이탈하는 수가 급증하게 되었다. 그러나 정부는 3D업종과 전통적 제조기업의 인력부족 현상이 계속되자 '산업기술 연수생 제도'를 지속적으로 확대하였고, 국기 내 불법체류자는 계속해서 늘어나게 되었다.

이후 불법체류자가 사회문제시 되자 1997년('2+1제도')과 2002년('외국인력제도 개선방안')에 기존의 연수생 제도를 보완하는 대책이 나왔으나 해당 부처들과 당사자간에 이해관계가 얽히면서 오히려 불법체류자의 수가 증가하는 현상이 발생하게 되었다. 2003년말 현재 36만7천158명의 외국인 노동자가 한국에서 일하고 있으며, 이중 78.4%인 28만7천808명이 불법체류자이다.

## ■ 외국인 불법체류자에 대한 정부의 대책(외국인 고용허가제)

2002년 대통령 선거에서 여·야 후보들의 공약이기도 했던 산업기술 연수생제도 철폐와 '고용허가제'는 2003년 2월 임시국회에 상정되어 '외국인 근로자의 고용 등에 관한 법률안'이 2003년 7월 31일에 국회를 통과하였다. 2003년 8월 16일에 공포된 이 법률안을 통해서 10년 만에 합법적인 외국인 인력수급제도를 마련하였지만 산업연수제도와의 병행실시를 전제로 통과된 법률이기 때문에 불법체류자의 근본적인 원인을 제거하지 못했다는 지적이 있다. 이 법률안에 따르면 2003년 3월 31일 현재 국내 체류 기간이 4년 미만인 자(22만 7천여명)에 대해서 합법화 대상자로 하고, 그 외에 4년 이상인 자와 2003년 3월 31일 이후 신규 불법체류자는 2003년 11월 15일까지 자진 출국해야 한다. 외국인 고용허가제는 2004년 8월 17일부터 효력을 발생하며, 1개월 동안 내국인 고용노력을 거친 사업주는 외국 인력을 3년 동안 합법적으로 고용할 수 있게 된다. 또한 외국인 근로자에 대한 고용보험이 임의가입에서 의무가입으로 전환된다.

## ■ 외국인 고용허가제 정책의 문제점

❖ 불법체류자가 발생했던 근본적인 문제가 연수제도에 있었음에도 불구하고 입법과정에서 정당간의 이해관계로 인하여 연수제도가 사실상 그대로 남게 되었다. 이러한 연수제도는 불법체류자를 지속적으로 생산해 낼 것이므로 고용허가제의 정착에 걸림돌로 작용할 수 있다.

❖ 불법체류자의 선별적 합법화(2003년 3월 31일 기준 체류기간이 4년 미만인 자) 기준의 모호성으로 인하여 기준의 사각지대에 있는 9만7천여명 이상의 사람들은 불법체류자의 신분을 벗어날 수 없게 되었다.

❖ 국내 여건으로 볼 때 현실적으로 정부가 불법체류자들을 강제로 추방한다는 것은 불가능하다.

❖ 외국인 노동자의 처우 개선 및 인권유린 문제는 아직도 해결되지 못하고 있다.

## ■ 외국인 고용허가제 정책에 대한 반대의 입장

현재 우리나라는 전반적인 경기 침체로 인하여 전 국민이 고통을 받고 있다. 특히 고용불안으로 인한 청년, 노년 실업자의 증가는 사회적인 문제로 인식되고 있다. 이런 상황에서 정부가 자국민이 아닌 사람들에게 합법적으로 일할 권리를 보장해주고 일자리를 제공해 준다면 저개발 국가에서 '코리안 드림'을 꿈꾸며 양성적 음성적으로 밀려드는 불법체류자들을 막아낼 수 없을 것이다. 또한 이들의 수가 늘어나면서 발생되는 비용까지 국가 재정에서 부담할 경우 국민들의 부담은 더욱 늘어날 것이다. 현재 우리나라에는 아직까지 국가의 도움이 필요한 극 빈곤층이 다수 존재하며, 국가는 자국민이 아닌 사람들까지 책임져야 할 의무는 없다. 또한 불법체류자들이 단일 민족 국가인 한국사회에 정상적으로 정착하지 못할 경우 발생할 수 있는 각종 범죄들에 대해서 심각하게 고려해 보아야 한다.

**사회·문화**

**Chapter ❼**

# 한류열풍에 관광 마케팅도 변한다

> ※ 한자 Zoom In
> 演藝人(연예인) 專用劇場(전용극장) 傍證(방증) 受容(수용) 流行(유행)
> ※ 시사 Zoom In
> 한류열풍 홍콩 영화 역한류

① 韓流(한류)가 ② 觀光(관광)산업의 패턴을 바꾸고 있다. '겨울연가' 촬영지인 남이섬 방문과 한류 ③ 演藝人(연예인)을 보려는 마니아들의 발길이 이어진다. 지난해 23만여명이던 순수 한류 관광객은 올해 30만 여명으로 예상된다. 아직은 미약한 수준이다. 여행 ④ 收支赤字(수지적자) 규모가 엄청난 우리에게 한류는 기회다.

서울에 오는 관광객의 볼거리는 극히 미약하다. 낮에는 ⑤ 古宮(고궁)과 ⑥ 博物館(박물관) 등을 둘러보지만 밤에는 할 일이 없다고 한다. 워커힐 호텔 가야금홀의 ⑦ 民俗(민속)공연과 퇴계로 '한국의 집'의 전통공연 ⑧ 觀覽(관람) 정도가 고작이다. 그나마 난타 ⑨ 專用劇場(전용극장)이 개관돼 관광객의 야간 볼거리 하나가 추가됐다. 난타 관람객의 80%가 관광객이라는 사실은 관광객의 볼거리가 그만큼 빈약하다는 ⑩ 傍證(방증)이기도 하다.

2002년에 시작된 중국의 중·고교생 한국 수학여행도 한류의 도움으로 이뤄졌다. 일본 학생의 한국여행은 간간히 있어왔지만 규모가 어마어마한 중국 학생들에 대한 관광 마케팅은 때늦은 감이 있다. 중국 수학여행단의 일정은 제주도 방문과 난타 관람, 동대문시장 방문, 케이블TV 음악방송국 녹화장 견학과 한류가수 팬 미팅으로 이뤄져 있다. 이 정도 일정으로는 중국 학생을 지속적으로 ⑪ 受容(수용)할 수 없다.

추계예술대 김휴종 교수는 "한류와 관광산업은 ⑫ 文化商品(문화상품)에 의해 촉발된 한류의 영향을 관광산업이 일방적으로 수혜하는 관계였다"면서 "이런 관계는 지속될 수 없다"고 지적한다. 성공한 드라마·영화의 촬영지를 관광상품으로 개발하는 것도 중요하지만 앞으로 선보일 드라마와 영화의 촬영지 방문, 배우들과의 만남 등을 마련해 한국 ⑬ 大衆文化(대중문화) 상품에 대한 수요를 확산하고 다시 이에 의한 관광수요를 확대하는 전략이 필요하다. 그녀는 과정에서

---

**한자능력검정시험 2급 기출**
– 藝[예](19회 102번) – 機[기](22회 87번) – 線[선](25회 77번) – 證[증](8회 122번) – 受容[수용](21회 86번, 22회 100번) – 收用[수용](21회 111번)

자연스럽게 한국적인 콘텐츠를 받아들이게 된다. 예컨대, '겨울연가' 윤석호 PD의 차기작인 '봄의 왈츠'는 기획 단계에서 한국의 무엇을 수요할지를 스토리와 연결시킨다면 엄청난 한류 관광객을 만들어낼 수 있다.

세계적인 ⑭流行(유행)을 타고 있는 '웰빙'과 '슬로 푸드'는 또 다른 ⑮好材(호재)다. 한국은 참선·침술·찜질방·태권도·김치·인삼·김·비빔밥 등 고유의 웰빙과 슬로 푸드 자원이 풍부하다. 세계적인 여행가인 토니 휠러씨는 "비빔밥은 먹는 사람이 고추장 양만 조절할 줄 알면 되는 훌륭한 웰빙 요리"라고 치켜세웠다. 웰빙과 슬로 푸드 열풍에 맞춰 이들을 적극 관광 상품화해야 할 것이다. 　　　　　　　　　스포츠서울 2004. 5. 28

## ZOOM I » 한자 엿보기

| | | | | | | | | | | | | | |
|---|---|---|---|---|---|---|---|---|---|---|---|---|---|
| ① | 韓 한국 한 | ④ | 支 지탱할 지 | ⑦ | 民 백성 민 | ⑩ | 傍 곁 방 | ⑬ | 大 큰 대 |
| | 流 흐를 류 | | 赤 붉을 적 | | 俗 풍속 속 | | 證 증거 증 | | 衆 무리 중 |
| ② | 觀 볼 관 | ⑤ | 字 글자 자 | ⑧ | 觀 볼 관 | ⑪ | 受 받을 수 | | 文 글월 문 |
| | 光 빛 광 | | 古 예 고 | | 覽 볼 람 | | 容 얼굴 용 | | 化 될 화 |
| ③ | 演 펼 연 | | 宮 집 궁 | ⑨ | 專 오로지 전 | | 文 글월 문 | ⑭ | 流 흐를 류 |
| | 藝 재주 예 | | 博 넓을 박 | | 用 쓸 용 | ⑫ | 化 될 화 | | 行 다닐 행 |
| | 人 사람 인 | ⑥ | 物 물건 물 | | 劇 심할 극 | | 商 장사 상 | ⑮ | 好 좋을 호 |
| | 收 거둘 수 | | 館 객사 관 | | 場 마당 장 | | 品 물건 품 | | 材 재목 재 |

## ZOOM II » 응용한자 알아보기

③ 演藝人(연예인) : 연예계에 종사하는 모든 사람들을 일컫는 말.

　*鍊銳(연예) : 鍊[단련할 련] 銳[날카로울 예]

　　조련이 잘 된 군사.

◈ 연예란(演藝欄) : 欄[난간 란]

한자능력검정시험 3급 기출
– 專用[전용](8회 132번) – 劇[극](20회 76번) – 轉用[전용](18회 103번) – 降[강](8회 92번, 14회 115번) – 歌[가](22회 115번) – 病[병](18회 84번)

신문이나 잡지 등에서 연예에 관한 기사를 싣는 곳.

⑨ **專用劇場**(전용극장) : 오로지 연극이나 영화 등 어떤 한 가지만을 감상할 수 있도록 시설을 갖춘 곳.
 * **轉用(전용)** : 轉[구를 전] 用[쓸 용]
   써야할 곳에 쓰지 않고 다른 목적으로 사용함.

❖ 전용승강기(專用乘降機) : 乘[탈 승] 降[내릴 강] 機[틀 기]
 특정 사용자만이 탈 수 있도록 만들어 놓은 승강기.
❖ 전용회선(專用回線) : 回[돌아올 회] 線[줄 선]
 특정한 곳에서만 쓰이는 전신전화회로.

⑩ **傍證**(방증) : 어떤 일의 진상을 간접적으로 증명하는데 도움을 주는 증거.

❖ 박인방증(博引傍證) : 博[넓을 박] 引[끌 인]
 널리 많은 예를 끌어대고 두루 증거를 보임.
❖ 방약무인(傍若無人) : 若[같을 약] 無[없을 무] 人[사람 인]
 곁에 아무도 없는 것처럼 거리낌 없이 함부로 행동하는 태도.

⑪ **受容**(수용) : 인정하거나 용납하여 받아들임.
 * **收用(수용)** : 收[거둘 수] 用[쓸 용]
   거두어 들여 씀.
 * **收容(수용)** : 收[거둘 수] 容[얼굴 용]
   물건이나 사람 따위를 일정한 장소에 데려다 넣어둠.

❖ 수용성(受容性) : 性[성품 성]
 다른 것으로부터 사물을 받아들이는 능력.
❖ 수납(受納) : 納[바칠 납]
 받아서 넣음.

⑭ **流行**(유행) : 어떤 현상이 새로운 형식으로 한동안 사회에 널리 퍼짐.
 * **遊行(유행)** : 遊[놀 유] 行[다닐 행]
   유람을 목적으로 여러 지방을 돌아다님.

❖ 유행가수(流行歌手) : 歌[노래 가] 手[손 수]

유행가를 부르는 것을 직업으로 하는 사람.

❖ 유행병(流行病) : 病[병 병]

전염되어 유행하는 병. 돌림병.

## ZOOM Ⅲ » 시사 흐름잡기

### 한류열풍

#### ■ 한류란?

한류란 최근 3~4년 사이에 생긴 신조어로서, 한국의 대중문화가 중국에 보급되어 10대, 20대를 중심으로 폭발적인 인기를 얻는 현상을 말한다. 1997년 '사랑이 뭐길래'라는 드라마가 사상 최초로 중국에 방영된 뒤에 크게 히트하면서 한국 드라마에 대한 관심이 높아지게 되었고, 이후 수많은 드라마들이 중국 CCTV에 방영되면서 안재욱, 김희선, 송혜교 등의 한류 스타들을 만들어 냈다. 현재는 한류열풍이 중국뿐만 아니라 동남아 전 지역으로 확산되고 있는 가운데 드라마뿐만 아니라 영화, 대중가요 등으로 그 영역이 확대되고 있다.

#### ■ 중국내 한류열풍의 원인

❖ 한국의 대중문화는 서구 대중문화를 빠르게 받아들인 다음 이를 자신의 몸에 맞게 재창조하였다.

한국의 대중문화는 동서양의 색채를 모두 가지고 있으면서 동양적인 냄새가 많아서 중국인의 호감을 사고 있다.

❖ 자존심이 강한 중국에게 한국은 같은 문화권인 일본보다 훨씬 거부감이 덜한 국가이다.

13억 중국인에게는 중일 전쟁의 패배, 난징대학살 만행 등으로 인하여 반일감정의 뿌리가 깊이 박혀있다.

❖ 지리적인 가까움으로 인하여 양국간의 민간교류가 빈번하다.

❖ 다민족 국가인 중국의 특성으로 인하여 한국 대중문화의 유입에 관대하다.

55개 소수민족의 문화가 뒤섞여 있는 중국이기 때문에 한국의 대중문화 역시 그들의 문화중 하나로 여기는 관대함이 있다.

#### ■ 한류열풍의 영향

❖ 한류열풍으로 인하여 중국 내 한국제품의 브랜드 인지도가 높아지고 있다.

사회·문화

삼성의 애니콜, LG의 PDP, 농심의 신라면 등의 제품이 해당 상품군에서 시장점유율 1위를 달리고 있다.

❖ 중국 내 한국 따라하기 열풍이 불고 있다.

중국에서는 한류 스타를 닮기 위한 성형수술의 붐이 일고 있는 가운데, 한국어 배우기 및 한국으로의 유학이 늘어나고 있다.

❖ 한국의 엔터테인먼트사들은 국내 활동만을 위한 연예인이 아닌 중국을 비롯한 동남아시아에서도 호응을 얻을 수 있는 연예인들을 육성하기 위해 노력하고 있다.

❖ 한국 내에서도 한류열풍을 국가의 문화적 역량으로 키우기 위한 노력이 진행되고 있으며, 관광산업 등의 분야와 연계를 통한 시너지 효과에 주목하고 있다.

## ■ 한류열풍의 문제점

❖ 연예인 기획사들이 한류열풍만을 믿고 진출 국가에 대한 치밀한 사전조사 없이 일을 진행하여 물의를 일으키는 경우가 발생하고 있다.

❖ 최근 한국은 국내 음반시장의 침체, 스크린 쿼터의 철폐 문제로 혼란을 겪고 있는 가운데 무작정 국외에서만 돌파구를 찾으려는 비정상적인 경향을 보이고 있다.

❖ 한류열풍은 한국의 대중문화 자체의 우수성 때문이라기보다는 아직까지 서구의 개방화 속도를 따라가지 못하는 중국의 대중문화의 상대적 지체성으로 인하여 발생한 것이다.

❖ 한국의 대중문화는 소비적·상업적 성향을 강하게 띠면서 일시적인 유행으로 그칠 가능성을 내포하고 있다.

❖ 한류열풍이 불고 있는 국가들의 견제와 역한류의 움직임이 보이고 있다.

## ■ 한류열풍의 전망 및 앞으로의 과제

한류열풍에 대하여 하나의 거대한 트랜드로 형성되어 상당기간 지속될 것이라는 긍정적인 전망과 10~20대로 한정되어 있는 한류열풍이 일시적인 미풍에 그칠 것이라는 부정적인 전망이 교차하고 있다. 특히 1980년대 한국에서 선풍적인 인기를 끌었던 홍콩 영화의 쇠락을 예로 들면서 머지않아 한류도 같은 길을 걷게 될 것이라는 우려의 목소리도 있다. 따라서 문화 관계자들은 지속적으로 한류열풍을 이어가기 위해 성장 역량을 키우는데 주력해야 할 것이며, 끊임없는 변화의 움직임을 보여야 할 것이다.

# 출산장려 정책 실효성 없다

---

※ 한자 Zoom In
保健福祉部(보건복지부) 家庭危機(가정위기) 認證書(인증서) 奇拔(기발) 眞摯性(진지성)

※ 시사 Zoom In
육아보육시설 영유아 보육비용 저출산

---

①保健福祉部(보건복지부)가 26일 이혼·②低出産(저출산) 등 ③家庭危機(가정위기)를 해소해보겠다며 몇 가지 방안들을 내놓았다. 이혼하기 전에 신설예정인 건강가정 지원 센터 ④認證書(인증서)를 받도록 절차를 까다롭게 하고, 세 자녀 이상 둔 부모에게 ⑤就業(취업)·⑥昇進(승진) 혜택을 준다는 내용이 눈에 띈다. 발상은 ⑦奇拔(기발)해보이지만 ⑧眞摯性(진지성)이나 실효성에서는 고개를 갸웃거리게 하는 대책들이다.

우리나라 이혼율은 이미 세계최고 수준에 와 있고 저출산에도 어느 정도 영향이 있다고 한다. 그러나, 병목 코스를 만들고 과속방지 턱을 설치한다고 이혼이 줄어든다는 보장은 없다. 오히려 돌이킬 수 없는 이혼을 지연시키는데서 오는 부작용도 예상된다. 이미 이혼 전 ⑨調停(조정)·⑩和解(화해)제도가 있는 판에 국가가 개인의 가정사에 지나치게 개입하는 모양새 또한 좋지 않다.

세 자녀 가구에 인센티브를 주는 방안은 현실적으로 무리다. 공공 부문부터 ⑪加算點(가산점)을 주는 방식을 추진한다지만 형평성 시비를 불러 올게 뻔하다. 사회전반에서 가산점제 자체가 제동이 걸리는 ⑫趨勢(추세)다. 민간기업에 적용될 가능성은 더더욱 ⑬稀薄(희박)하다. 복지부의 고정 레퍼토리인 출산비용 지원 역시 궁색하다. 둘째를 낳을 때 본인부담금의 절반, 셋째는 전액을 대준다는데 ⑭全額支援(전액지원)이라야 기껏 10만원이 안 된다. 이정도로 '출산파업'이 진정될 것이라고 본다면 순진하다.

아이디어 수준의 대책을 양산하는 게 ⑮能事(능사)는 아니다. 이혼·출산율이 최악의 상황에 이르기까지의 근원을 살피는 게 먼저다. '이혼을 어렵게, 출산을 쉽게' 하는 절차에만 매달릴게 아니라 자발적인 선택을 유도할 여건마련에 중점을 둬야한다.

문화일보 2004.03.28

---

한자능력검정시험 2급 기출
- 證[증](8회 122번) - 奇[기](5회 98번) - 拔[발](24회 91번)

## ZOOM I » 한자 엿보기

| ① | 保 | 지킬 보 | ③ | 庭 | 뜰 정 | ⑦ | 進 | 나아갈 진 | ⑪ | 解 | 풀 해 | ⑭ | 額 | 이마 액 |
|---|---|---|---|---|---|---|---|---|---|---|---|---|---|---|
| | 健 | 굳셀 건 | | 危 | 위태할 위 | | 奇 | 기이할 기 | | 加 | 더할 가 | | 支 | 가를 지 |
| | 福 | 복 복 | | 機 | 틀 기 | | 拔 | 뺄 발 | | 算 | 셈 산 | | 援 | 도울 원 |
| | 祉 | 복지 | ④ | 認 | 알 인 | ⑧ | 眞 | 참 진 | | 點 | 점 점 | ⑮ | 能 | 능할 능 |
| | 部 | 떼 부 | | 證 | 증거 증 | | 摯 | 잡을 지 | ⑫ | 趨 | 달아날 추 | | 事 | 일 사 |
| ② | 低 | 낮을 저 | | 書 | 글 서 | | 性 | 성품 성 | | 勢 | 형세 세 | | | |
| | 出 | 날 출 | ⑤ | 就 | 이룰 취 | ⑨ | 調 | 고를 조 | | 稀 | 드물 희 | | | |
| | 産 | 낳을 산 | | 業 | 업 업 | | 停 | 머무를 정 | ⑬ | 薄 | 엷을 박 | | | |
| | 家 | 집 가 | ⑥ | 昇 | 오를 승 | ⑩ | 和 | 화목할 화 | | 全 | 온전 전 | | | |

## ZOOM Ⅱ » 응용한자 알아보기

① 保健福祉部(보건복지부) : 보건·위생·복지·사회보장 등의 일을 맡아 보는 중앙 행정기관

*福智(복지) : 福[복 복] 智[지혜 지]

　　복덕과 지혜.

*伏地(복지) : 伏[엎드릴 복] 地[땅 지]

　　땅에 엎드림. ;伏地不動(복지부동)

*福地(복지) : 福[복 복] 地[땅 지]

　　행복을 누리며 살만한 땅.

❖ 세계보건기구(世界保健機構) : 世[인간 세] 界[지경 계] 機[틀 기] 構[얽을 구]

　보건 분야에서의 세계적인 협력을 위해 설립된 기구.

❖ 보건위생비(保健衛生費) : 衛[지킬 위] 生[날 생] 費[쓸 비]

　건강을 유지하는 데 필요한 의료·미용·목욕 등에 쓰이는 비용.

한자능력검정시험 3급 기출
– 福[22회 108번, 26회 125번] – 危[위](13회 114번) – 認[인](14회 92번, 18회 121번) – 書[서](17회 138번) – 是認[시인](6회 131번, 8회 134번) – 眞[진](25회 122번)

③ 家庭危機(가정위기) : 가정이 어떤 원인에 의해서 위험한 고비에 처한 상황.
  * 偉器(위기) : 偉[클 위] 器[그릇 기]
      뛰어난 큰 인재.

◈ 안불망위(安不忘危) : 安[편안 안] 不[아닐 불] 忘[잊을 망]
   편안한 때에도 마음을 놓지 않고 늘 스스로를 경계하여 불시에 닥쳐올 위기에 대처함.
◈ 안위(安危) : 安[편안 안] 危[위태할 위]
   편안함과 위태함.
◈ 임기응변(臨機應變) : 臨[임할 림] 應[응할 응] 變[변할 변]
   예상하지 못한 일을 당했을 때 알맞게 대처하는 일.

④ 認證書 (인증서) : 어떤 행위 또는 문서의 성립이 정당한 절차로 이루어졌음을 증명하는 문서.
  * 引證(인증) : 引[끌 인] 證[증거 증]
      인용하여 증거로 삼음.

◈ 묵인(默認) : 默[잠잠할 묵] 認[인정할 인]
   말이 없는 가운데서 승인함. 보았지만 모르는 척하고 그냥 넘겨 버림.
◈ 시인(是認) : 是[옳을 시] 認[알 인]
   옳다고 인정함.

⑦ 奇拔(기발) : 유난히 뛰어남.
  * 旣發(기발) : 旣[이미 기] 發[필 발]
      일이 이미 일어남.

◈ 진기(珍奇) : 珍[보배 진] 奇[기이할 기]
   희귀하고 기이함.
◈ 발본색원(拔本塞源) : 本[근본 본] 塞[막힐 색] 源[근원 원]
   사물의 폐단을 없애기 위해 근본적인 원인을 제거함.
◈ 견문발검(見蚊拔劍) : 見[볼 견] 蚊[모기 문] 劍[칼 검]
   모기를 보고 칼을 뺀다는 뜻으로, 하찮은 일에 너무 거창하게 대책을 세우는 것.

사회·문화

⑧ 眞摯性(진지성) : 말이나 태도가 진실되고 착실한 성품.

＊陣地(진지) : 陣[진칠 진] 地[땅 지]

전투부대의 공격이나 방어를 위해 구축해놓은 지역.

❖ 진실(眞實) : 實[열매 실]

거짓이 아닌 바르고 참된 사실.

❖ 진가(眞價) : 價[값 가]

참된 값어치.

## ZOOM Ⅲ » 시사 흐름잡기

### 출산 장려 정책

■ **출산 기피 현상 원인**

❖ 결혼과 출산이 의무가 아닌 선택으로 여겨지는 등 사회 전반적으로 결혼관과 자녀관이 급변하고 있는 가운데 특히 여성의 변화가 두드러졌다.

❖ 현재의 사회 여건상 자녀를 낳고 기르는 과정 자체가 부부에겐 엄청난 스트레스로 작용하고 있다. 자녀 출산 후 부부의 노동량이 늘어나고 성적 불평등 관계가 두드러진다.

❖ 현실적으로 여성이 직장과 가정을 양립하기가 힘들기 때문에 여성의 임신과 출산은 여성으로서의 삶과 직업을 박탈하는 계기로 작용한다.

❖ 현재 우리나라에서는 자녀들의 사교육비 부담이 엄청나고, 이를 책임져 줄 수 있는 부모들의 조기 퇴직으로 인하여 자녀들의 양육 자체에 많은 부담을 느끼고 있는 상황이다.

❖ 현재의 사회여건상 자녀의 출산보다 아이를 믿고 맡길 수 있는 육아보육시설이 턱없이 부족하다. 현재 등록된 육아보육시설 중 국·공립 시설은 6%에 불과하고, 5세 이하 어린이 중 실제 보육시설을 이용하는 아이는 19%에 불과하다.

■ **저출산에 대한 정부의 대책**

❖ 2005년부터 6세 이하 영유아를 부양하는 근로자에 대해서는 소득공제한도를 기존의 250만원에서 400만원으로 올리고, 적용 대상도 모든 근로자로 확대한다. 또한 육아휴직급여도 월30만원에서 40만원으로 확대한다.

❖ 취학 전 아동을 둔 근로자의 영유아 보육비용에 대한 소득공제액을 현행 연간 150만원에서 200만원으로 인상한다.

❖ 기업이 직장 내 보육시설에 투자할 경우의 투자세액 공제비율을 현행 3%에서 7%로 올린다.

❖ 서울시에서는 셋째 자녀에 대해서 보육기관 이용금 등을 전액 제공한다.

## ■ 출산장려정책에 대한 찬반 논란

❖ 출산장려정책을 찬성하는 입장

낮은 출산율은 고령화 사회로의 급진전뿐만 아니라 경제 전체의 규모를 축소시키는 등 국가 전체의 위기 상황을 초래할 수 있다. 따라서 정부주도하의 적극적인 출산장려정책으로 세계 최저 출산율을 보이고 있는 현 상태를 벗어나야 한다.

❖ 출산장려정책을 반대하는 입장

앞으로 도래할 미래사회는 인구수가 곧 경제력과 국력인 시대가 아니다. 즉, 노동집약적이 아닌 기술집약적 고부가가치 산업이 미래의 산업구조 형태가 될 것이므로 인구량이 중요한 것이 아니라 인구의 질이 중요한 시대인 것이다. 특히 현재가 국경 없는 글로벌 시대임을 감안한다면 노동력 감소로 인한 경제역량의 후퇴를 우려하는 것은 편협한 사고이다.

## ■ 출산장려정책에 대한 선진국 사례

❖ 프랑스 : 출산 관련 비용은 전액 사회보험기금이 지원한다. 신생아 환영수당제도를 통해서 출산 보너스로 아이 1명당 1백만원을 지급한다. 아이가 3세 때까지 매월 아이 1인당 20만원을 지급한다. 아이 양육을 위해 직장을 그만둔 여성에게는 3년 동안 매월 44만원을 지급한다. 직장을 다닐 경우에는 탁아비용의 일부를 지원한다.

❖ 일본 : 불임부부에 대한 치료비로 1인당 연간 1백만원을 지원한다. 첫째와 둘째 아이에게 9세가 될 때까지 매월 5만원, 셋째 아이에게는 10만원을 지급한다. 초등학교 입학 전의 의료비(의료보험의 자기부담액)은 전액 무료다.

### TIP 출산에 관한 사회적 인식(설문조사)

❖ 한국여성개발원에서 2003년 9~11월에 전국의 25~35세 미혼여성 9100여명을 대상으로 결혼계획에 대해서 조사한 결과 '있다' 고 응답한 자가 49%에 불과했다.

❖ 한국갤럽에서 2003년에 전국의 20~30대 미혼여성 1033명을 대상으로 결혼 후 자녀계획에 대해서 조사한 결과 56%가 결혼 후 자녀가 없어도 된다고 응답했다.

❖ 한국보건사회연구원의 2004년 조사에 따르면 부부의 평균 희망 자녀수는 2.1명으로 나타났으나 실제 출산율은 1.17명에 이르는 것으로 조사되었다.

❖ 여성부의 의뢰로 TNS가 2004년 상반기에 실시한 조사에 따르면 여성근로자 중 직장 보육시설을 이용하는 비율이 전체의 9.3%밖에 되지 않았고, 육아휴직제도를 이용하는 경우도 전체의 50%미만 이었다. 응답자들의 56.2%가 가장 필요로 하는 제도로 육아보육시설의 설치를 꼽았다.

---

**TIP** 과거 한국 정부의 가족계획정책에 사용되었던 표어

❖ 1963년 '덮어놓고 낳다보면 거지꼴 못면한다'

❖ 1966년 '3명의 자녀를 3년 터울로 낳되 35세까지만 낳자'

❖ 1971년 '딸·아들 구별 말고 둘만 낳아 잘 기르자'

❖ 1982년 '둘도 많다'

❖ 1982년 '잘 키운 딸 하나 열 아들 안 부럽다'

❖ 1987년 '하나 낳아 젊게 살고 좁은 땅 넓게 살자'

❖ 1989년 '사랑 모아 하나 낳고 정성 모아 잘 키우자'

❖ 2000년대 '엄마젖 건강한 다음 세대를 위한 약속입니다'

❖ 2004년 '아빠, 혼자는 싫어요, 엄마, 저도 동생을 갖고 싶어요'

---

# '얼짱' '몸짱'에 얼빠진 사회

> ※ 한자 Zoom In
> 至上主義(지상주의) 美貌(미모) 風潮(풍조) 證據(증거) 價値觀(가치관)
> ※ 시사 Zoom In
> '짱' 문화 외모지상주의 상업주의

①外貌(외모) ②至上主義(지상주의)가 도를 넘고 있다. ③美貌(미모)를 의미하는 '얼짱'에서 아름다운 몸매라는 '몸짱'까지 외모만으로 무조건 찬사를 보내는 ④風潮(풍조)가 우리 사회에 ⑤橫行(횡행)하고 있다. 여성을 흉기로 위협해 납치하고 금품을 빼앗은 특수강도를 단지 수배 전단지에 찍힌 얼굴이 예쁘다는 이유로 인터넷 사이트 팬클럽에 1만 여명의 회원이 몰려들었다는 것은 외모에 대한 비정상적인 ⑥崇拜(숭배)가 위험수위에 다다랐다는 ⑦證據(증거)다.

외모 신드롬은 이제 여성 ⑧專有物(전유물)이 아니다. 젊은 남성들은 '꽃미남'이 되기 위해, 중년의 남자들은 '젊은 남자'가 돼 퇴출당하지 않으려고 피부과와 성형외과를 전전하고 있다. 외모 지상주의가 사회적으로 '외모도 능력'이라는 등식을 만들어낸 탓이다. 이런 과정에서 ⑨犧牲(희생)되는 것은 아직 자아가 완성되지 못한 청소년들이다. 무리한 다이어트로 헌혈을 할 수 없을 정도의 빈혈 환자가 급증하고 있고 거식증, 폭식증 등 섭식 ⑩障碍(장애)를 겪는 이들도 많다. 특히 여성의 경우 생리불순과 골다공증의 위험도 높아지고 있다.

얼짱과 몸짱이 되기 위해 뷰티 산업에 몰리는 돈이 1년이면 7조원에 육박한다고 한다. 아름다워지고 싶은 것은 인간의 기본 욕구다. 따라서 이를 무조건 비난할 수는 없다. 문제는 건강을 해치면서까지 아름다움을 추구하고 있으며 이런 가운데 사회 구성원의 ⑪價値觀(가치관)이 빠른 속도로 오도돼 가고 있다는 것이다. ⑫人格(인격)을 ⑬涵養(함양)하고 실력을 갖추는 기본 덕목을 제쳐두고 오로지 외모만으로 승부를 걸려 한다든가, 이것으로 다른 사람을 판단하는 척도로 삼는 풍조를 바로잡지 않는 한 건전한 사회가 될 수 없다.

우리는 외모 신드롬을 급속도로 퍼져나가게 한 책임의 일단이 TV ⑭媒體(매체)에 있음을 지적하고자 한다. 얼짱을 내세우고, 프로그램마다 연예인들로 도배하는 것은 외모만으로 '신데렐

> **한자능력검정시험 2급 기출**
> – 觀[관](9회 129번, ) – 論[론](5회 146번) – 臺[대](24회 149번) – 容[용](21회 86번, 22회 100번)

라' 가 되려는 사회적 ⑮雰圍氣(분위기)를 부채질하기만 할 뿐이다. 끝을 모르고 빗나가고 있는 외모 신드롬을 바로잡기 위한 방송사의 노력이 어느 때보다 필요하다.　　　중앙일보 2004. 1. 27

## ZOOM Ⅰ » 한자 엿보기

| ① | 外 | 바깥 외 | | 貌 | 모양 모 | ⑦ | 證 | 증거 증 | ⑩ | 障 | 막을 장 | ⑬ | 涵 | 젖을 함 |
|---|---|---|---|---|---|---|---|---|---|---|---|---|---|---|
| | 貌 | 모양 모 | ④ | 風 | 바람 풍 | | 據 | 근거 거 | | 碍 | 거리낄 애 | | 養 | 기를 양 |
| | 至 | 이를 지 | | 潮 | 조수 조 | | 專 | 오로지 전 | | 價 | 값 가 | ⑭ | 媒 | 중매 매 |
| ② | 上 | 위 상 | ⑤ | 橫 | 가로 횡 | ⑧ | 有 | 있을 유 | ⑪ | 値 | 값 치 | | 體 | 몸 체 |
| | 主 | 주인 주 | | 行 | 다닐 행 | | 物 | 물건 물 | | 觀 | 볼 관 | | 雰 | 안개 분 |
| | 義 | 옳을 의 | ⑥ | 崇 | 높을 숭 | ⑨ | 犧 | 희생할 희 | ⑫ | 人 | 사람 인 | ⑮ | 圍 | 둘레 위 |
| ③ | 美 | 아름다울 미 | | 拜 | 절 배 | | 牲 | 희생 생 | | 格 | 격식 격 | | 氣 | 기운 기 |

## ZOOM Ⅱ » 응용한자 알아보기

② 至上主義(지상주의) : 어떤 특정한 것을 최상의 것으로 여기는 주의.
  * 地上(지상) : 地[땅 지] 上[위 상]
    땅의 위 ; 地上天國(지상천국)

❖ 연애지상주의(戀愛至上主義) : 戀[그리워할 련] 愛[사랑 애]
  연애가 인생의 최고 목적이라고 생각하는 주의.

❖ 탁상공론(卓上空論) : 卓[높을 탁] 空[빌 공] 論[논할 론]
  탁자 위에서만 펼쳐지는 실현성 없는 헛된 이론.

❖ 하석상대(下石上臺) : 下[아래 하] 石[돌 석] 臺[대 대]
  아랫돌을 빼서 윗돌을 괴고 윗돌을 빼서 아랫돌을 괸다는 뜻으로 임기응변으로 어려운 일을 처리하

한자능력검정시험 3급 기출
– 證據[증거](17회 99번, 3회 3번) – 價値[가치](10회 8번) – 觀[관](10회 123번) – 愛[애](21회 108번) – 卓[탁](22회 80번)

는 것을 말함.

③ **美貌**(미모) : 아름다운 얼굴 모습.
　＊**美毛**(미모) : 美[아름다울 미] 毛[털 모]
　　　아름다운 것이나 털.
　＊**眉毛**(미모) : 眉[눈썹 미] 毛[털 모]
　　　꼬리털.

❖ 용모(**容貌**) : 容[얼굴 용]
　사람의 얼굴 모양.
❖ 이모취인(**以貌取人**) : 以[써 이] 取[가질 취] 人[사람 인]
　생김새만 보고 사람을 쓴다는 뜻으로, 사람의 덕을 고려하지 않고, 용모만으로 판단하는 것.
❖ 면모(**面貌**) : 面[낮 면]
　상태나 됨됨이. 얼굴의 생김새.

④ **風潮**(풍조) : 세상이 되어 가는 추세.
　＊**風鳥**(풍조) : 風[바람 풍] 鳥[새 조]
　　　풍조과류의 새.

❖ 사조지별(**四鳥之別**) : 四[넉 사] 之[갈 지] 別[다를 별]
　네 마리 새의 이별이라는 뜻으로, 모자간의 이별을 비유한 말.
❖ 궁조입회(**窮鳥入懷**) : 窮[다할 궁] 入[들 입] 懷[품을 회]
　쫓기던 새가 사람의 품안에 들어온다는 뜻으로, 사람이 궁하면 적에게도 의지할 수도 있음을 의미하는 말.

⑦ **證據**(증거) : 어떤 사실을 증명할 수 있는 근거.

❖ 증거능력(**證據能力**) : 能[능할 능] 力[힘 력]
　재판에서 증거가 증명 자료로 쓰이기 위해서 필요한 자격.
❖ 법정증거주의(**法定證據主義**) : 法[법 법] 定[정할 정] 主[주인 주] 義[옳을 의]
　법관이 어떤 사실을 인정할 때에는 일정한 증거를 바탕으로 해야 한다는 주의.

사회·문화

⑪ 價値觀(가치관) : 자신이 속해 있는 세계나 만물에 대하여 가지는 태도나 견해.

* 假齒(가치) : 假[거짓 가] 齒[이 치]

가짜 이.

❈ 희소가치(稀少價値) : 稀[드물 희] 少[적을 소]

흔치 않기 때문에 인정되는 가치.

❈ 가치척도(價値尺度) : 尺[자 척] 度[법도 도]

가치를 재는 기준.

## ZOOM Ⅲ » 시사 흐름잡기

### 2004년 문화코드 '짱'

■ 사회 속의 '짱' 문화

2003~2004년에 우리는 언론매체를 통해서 '짱'이라는 단어를 어렵지 않게 들을 수 있었다. 아직 국어사전에 나오지 않은 신조어로서 네티즌들로부터 계속해서 새롭게 생성되고 있는 '짱'에 대하여, 멀티미디어 시대를 맞이한 신세대들의 새로운 표현 방식인가, 아니면 외모지상주의의 극단적인 표출인가를 놓고 의견이 분분하다. 얼짱의 시초는 한 여고생이 만들었다던 '5대 얼짱' 인터넷 카페에 실린 사진들이었다. 재미로 올린 사진들에 대하여 신세대 네티즌들이 자발적으로 참여하면서 급속히 확산되기 시작한 '짱' 문화는 이후 각 분야별로 몸짱, 노래짱, 춤짱, 정치짱, 강짱 등의 새로운 짱들을 계속해서 배출하였다. 현재 네티즌들로부터 '짱'이라고 인정받은 사람들은 대부분 연예계로 진출하여 방송활동을 하고 있으며, 제2, 제3의 '짱'이 되기를 바라는 사람들이 지속적으로 활발한 활동을 하고 있다.

■ '짱' 문화의 부작용

신세대 네티즌들로부터 시작된 '짱' 문화. 자신들의 재미를 충족시켜줄 수 있는 또 하나의 새로운 신세대 문화라는 측면에서 판단할 때 그 자체가 문제가 되지 않는다. 그러나 이것이 지나치게 확산되면서 겉으로 드러난 외모만으로 모든 것을 판단해버리는 극단적 외모지상주의의 징조라고 본다면 그것은 매우 심각한 일이 아닐 수 없다. 운동선수의 가치를 판단하는 것도 실력보다 외모를 바탕으로 한 상품가치를 더 평가하는 경향이 있고, 정치권에서도 후보를 선출하는 데 있어서 다른 경력보다 남들에게 어필할 수 있는 외모가 중요한 판단기준이 되고 있다. 최근에는 특수강도 혐의로 현상 수배된 강도 용의자에 대하여 단지 얼굴이 예쁘다는 이유만으로 수십여 개의 인터넷 카페가 생기고, 그녀의 죄에 대하여 선처를 바라는 네티즌들의 움직임이 있어서 사회적 논란이 된 적이 있었다. 또한 이러한 '짱' 문화에 깊숙이 빠져든 청소년들을 대상으로 하여 각종 범죄들이 발생하기도 하였다.

## ■ '짱' 문화에 대한 사회적 해석

'짱'은 인터넷이라는 새로운 매체를 통해서 급속히 확산된 새로운 문화현상이다. 특히 젊은층을 기반으로 하여 내면적인 것보다는 외면적인 표현에 좀더 큰 비중을 두는 가볍고 재미가 있는 문화인 것이다. '짱' 문화는 그동안 수동적으로 스타를 기다리던 대중들이 적극적으로 자신들의 우상을 만든다는 측면에서는 긍정적일 수 있다. 그러나 '짱'의 선택기준이 오로지 겉으로 드러난 것으로만 판단된다는 한계를 지닌다.

사회 속에서 '짱'이 일시적인 유행이 아닌 '짱' 신드롬으로 발전하여 신 문화 코드로 정착되기까지는 좀더 자극적이고 강렬한 것을 바라는 기업과 언론 매체의 상업주의와 외모지상주의의 역할이 컸다. 따라서 신세대 네티즌들은 자신들의 주체성 확보를 통한 올바른 '짱' 문화를 형성해 나갈 수 있도록 해야 하며, 변질된 '짱' 문화가 사회 가치관으로 정착되지 않도록 고민해야 할 것이다.

### TIP '짱'의 다양한 의미

❖ '진짜', '정말' 등의 긍정적인 의미를 강조할 때 사용한다.
"이 게임 짱 재밌어", "이 책 짱 무서워"

❖ 복합명사형이 되어 하나의 단어를 만들 때 사용한다.
'얼짱', '몸짱', '누드짱', '강짱'

❖ '제일이다', '진짜 좋다'의 의미로서 '짱'이 단독으로 사용된다.
"너 정말 짱이다."

❖ "짜증난다"를 짧게 표현하고자 할 때 사용된다.
"너 정말 짱난다."

# 道知事(도지사) 투신에 비친 시대의 그림자

> ※ 한자 Zoom In
> 捜査(수사) 瞬間(순간) 抛棄(포기) 反轉(반전) 無力感(무력감)
> ※ 시사 Zoom In
> 정치적, 사회적 타살 자살신드롬

박태영 전남 지사가 29일 한강으로 뛰어내려 스스로 목숨을 끊었다. 무엇이 그를 죽음으로 몰고 갔는지 정확히 알 수는 없다. 박 지사는 과거의 ①非理(비리)사건과 관련해 검찰 ②捜査(수사)를 받고 있던 중이었다. 이 때문에 수사에 따른 심리적 ③壓迫感(압박감)이 자살의 이유가 됐을 것이라고 ④推測(추측)해볼 뿐이다. 박 지사의 자살이 검찰의 수사 과정에서 빚어진 인격적 ⑤侮辱感(모욕감)을 견디지 못한 때문인지 여부는 밝혀내야 한다.

한 개인이 스스로 택한 죽음을 놓고 이런저런 말을 하기는 쉽지 않다. 그러나, 박 지사의 자살 동기나 ⑥背景(배경)과는 무관하게 그의 죽음이 단순한 개인적 차원의 문제로만 여겨지지 않는 것은 최근 들어 부쩍 ⑦社會指導級(사회지도급) 인사들의 자살이 줄을 잇고 있기 때문이다.

작년 8월 정몽헌 현대아산 회장이 회사건물에서 뛰어내린 이후 안상영 부산시장, 남상국 전 대우건설 사장, 김인곤 광주대 이사장 등이 차례로 목숨을 끊었다. 각자가 죽음을 택한 이유는 물론 다를 것이다.

그러나, 정치적으로나 경제적으로 또는 사회적으로 각자의 분야에서 적잖은 성취를 이룬 사람들이 ⑧挫折(좌절)의 ⑨瞬間(순간)에 왜 자신을 통째로 ⑩抛棄(포기)해 버리는 것인가. 우리 사회의 숨겨진 한 단면, 또는 어느 때부터인가 자라기 시작한 삶과 죽음에 대한 우리의 인식 변화가 이런 비극적인 형태로 그 모습을 드러내고 있는 것은 아닌가 하는 생각이 드는 것이다.

비단 유명 인사가 아니더라도 지금 우리 사회의 중 노년층에게는 성공과 좌절의 ⑪反轉(반전)이 예기치 않게 너무나 ⑫極端的(극단적)인 모습으로 몰아닥치고 있다. 평생을 바쳐 이룬 성취와 지위가 어느 한순간에 구렁 속에 매장되는 그 삶의 ⑬突然變異(돌연변이)를 견뎌내기란 누구에게도 쉽지 않을 것이다. 변화와 개혁이란 '추

---

한자능력검정시험 2급 기출
- 捜査[수사](4회 9번, 12회 10번) - 修辭[수사](9회 137번) - 網[망](5회 16번, 9회 22번) - 抛棄[포기](21회 21번, 24회 39번) - 遺棄[유기](12회 112번)

상명사'가 시대를 휩쓸어 가면서 젊음의 에너지 만이 모든 것인 양 여겨지는 흐름 속에서 중년층 이상의 ⑭疏外感(소외감)과 ⑮無力感(무력감) 은 더욱 커지고 있는 것일지도 모른다.

조선일보 2004. 4. 30

## ZOOM I » 한자 엿보기

| | | | | | | | | | | | | | |
|---|---|---|---|---|---|---|---|---|---|---|---|---|---|
| ① | 非 | 아닐 비 | | 測 | 헤아릴 측 | | 指 | 가리킬 지 | | 棄 | 버릴 기 | | 變 | 변할 변 |
| | 理 | 다스릴 리 | ⑤ | 侮 | 업신여길 모 | ⑦ | 導 | 인도할 도 | ⑪ | 反 | 돌이킬 반 | | 異 | 다를 이 |
| ② | 搜 | 찾을 수 | | 辱 | 욕될 욕 | | 級 | 등급 급 | | 轉 | 구를 전 | ⑭ | 疏 | 드물 소 |
| | 査 | 조사 사 | | 感 | 느낄 감 | ⑧ | 挫 | 꺾을 좌 | ⑫ | 極 | 극진할 극 | | 外 | 바깥 외 |
| | 壓 | 누를 압 | | 背 | 등 배 | | 折 | 꺾을 절 | | 端 | 끝 단 | | 感 | 느낄 감 |
| ③ | 迫 | 핍박할 박 | | 景 | 볕 경 | ⑨ | 瞬 | 눈 깜짝일 순 | | 的 | 과녁 적 | ⑮ | 無 | 없을 무 |
| | 感 | 느낄 감 | ⑥ | 社 | 모일 사 | | 間 | 사이 간 | ⑬ | 突 | 갑자기 돌 | | 力 | 힘 력 |
| ④ | 推 | 밀 추 | | 會 | 모일 회 | ⑩ | 抛 | 던질 포 | | 然 | 그럴 연 | | 感 | 느낄 감 |

## ZOOM II » 응용한자 알아보기

②搜査(수사) : 찾아서 조사함.

* 修辭(수사) : 修[닦을 수] 辭[말 사]

  말이나 글을 아름답고 정연하게 하는 일이나 재주.

◈ 수사기관(搜査機關) : 機[틀 기] 關[관계할 관]

범죄 수사의 권한을 가진 국가기관.

◈ 수사망(搜査網) : 網[그물 망]

효율적인 수사를 위해 수사관을 그물처럼 배치하여 놓은 수사조직.

한자능력검정시험 3급 기출
– 査[사](21회 143번) – 修[수](3회 134번, 9회 84번) – 關[관](22회 104번) – 間[간](3회 91번) – 反[반](18회 123번, 21회 141번) – 轉[전](18회 103번)

사회·문화

❖ **작사도방(作査道傍)** : 作[지을 작] 道[길 도] 傍[곁 방]

　　이론이 많아 결정짓지 못함.

⑨ **瞬間**(순간) : 극히 짧은 시간. 눈 깜짝할 사이.

　　＊ **旬刊(순간)** : 旬[열흘 순] 刊[책펴낼 간]

　　　　열흘마다 한 번씩 발행하는 간행물.

❖ **순간풍속(瞬間風速)** : 風[바람 풍] 速[빠를 속]

　　어떤 시각에 있어서의 풍속.

❖ **일순간(一瞬間)** : 一[한 일]

　　삽시간.

❖ **순간살균(瞬間殺菌)** : 殺[죽일 살] 菌[버섯 균]

　　매우 짧은 시간에 높은 열로 균을 소멸하는 것.

⑩ **抛棄**(포기) : 하던 일을 중도에 그만두어 버림.

　　＊ **暴棄(포기)** : 暴[모질 포] 棄[버릴 기]

　　　　절망에 빠져서, 자신을 돌보지 아니한다는 뜻의 自暴自棄(자포자기)의 준말.

❖ **파기(破棄)** : 破[깨뜨릴 파]

　　계약 등을 취소하여 무효로 함.

❖ **투기(投棄)** : 投[던질 투]

　　내던져 버림.

❖ **유기(遺棄)** : 遺[남길 유]

　　내버리고 돌아보지 않음.

⑪ **反轉**(반전) : 일의 형세가 뒤바뀌는 것.

　　＊ **反戰(반전)** : 反[돌이킬 반] 戰[싸움 전]

　　　　전쟁하는 것을 반대함.

❖ **욕교반졸(欲巧反拙)** : 欲[하고자할 욕] 巧[공교할 교] 拙[졸할 졸]

　　너무 기교를 부리면 오히려 졸렬하게 된다는 뜻으로, 너무 잘하려는 의욕이 앞서면 도리어 잘 안됨을 이르는 말.

❖ **전화위복(轉禍爲福)** : 禍[재앙 화] 爲[할 위] 福[복 복]

화가 바뀌어 오히려 복이 된다는 뜻으로, 어떤 불행한 일이 발생했다 하더라도 좌절하지 않고 끊임 없는 노력과 의지가 있으면 곧 행복으로 바꾸어 놓을 수 있음을 의미하는 말.

---

⑮ **無力感**(무력감) : 힘이나 능력이 없음.

 \* **武力**(무력) : 武[호반 무] 力[힘 력]

   군사상의 위력.

---

❖ **무력소치(無力所致)** : 所[바 소] 致[이를 치]

힘이나 능력이 없는 까닭.

❖ **무력증(無力症)** : 症[증세 증]

나이가 들거나 병을 얻어서 몸의 기운이 떨어지고 힘이 부치는 증세.

사회·문화

# ZOOM Ⅲ » 시사 흐름잡기

## 고위층 자살 신드롬

### ■ 사회 속 자살 현상

최근 우리 사회에 일반인들부터 사회 고위층에 이르기까지 자살이 계속되고 있다. 어려운 경제 상황을 비관하여 스스로의 목숨을 포기하는 서민들, 노사분규 현장에서 분신자살을 시도하는 노동자들, 비리 혐의로 검찰의 수사를 받는 와중에 한강에 투신한 사회 고위층 인사들에 이르기까지 이제는 자살이 자신의 의사를 강력히 표현하기 위한 하나의 수단이 되어버렸다. 수많은 사람들이 자신의 의견을 관철하기 위하여 제각각 큰 목소리를 내고 있는 가운데 자살을 통한 사회적 이목집중과 감정에의 호소는 가장 효과적인 무언의 커뮤니케이션이라는 말까지 나오고 있는 실정이다.

### ■ 고위층의 자살 신드롬, 자살인가? 타살인가?

2004년 4월 29일에 비리 혐의로 조사를 받던 박태영 전남도지사가 한강에 투신했다. 그의 죽음에 대하여 매스컴에서는 다시 한번 검찰의 강압수사 관행을 언급하며 대서특필 하였고, 고위층의 잇단 자살에 대한 우려를 표시하였다. 그의 죽음을 비롯한 사회 고위층들의 자살에 대하여 스스로의 자괴감을 이기지 못하고 선택한 죽음이었다는 시각과 자살을 선택할 수밖에 없도록 만든 정치적, 사회적 타살이라는 양분된 시각이 존재하고 있는 상황이다.

## ■ 고위층 자살 신드롬에 대한 정치적, 사회적 이해

최근의 고위층 자살 신드롬에 대해서 일부 학자들은 사회의 투명성을 높여가는 과정에서의 진통이라고 분석한다. 즉, 과거에는 사회 고위층에 대한 수사가 진행될 경우 비공식 정치적 협상을 통한 압박이 있었다. 정치적인 거래를 통해서 자신의 살길을 마련하는 것이다. 그러나, 참여의 정부가 들어서고 검찰의 원칙수사가 정착되면서 과거의 수사관행을 탈피한 검찰의 개혁의지와 국민들의 높은 정치의식에 대한 부담감으로 그들은 '사무라이식 자살' 을 선택한 것이다.

이런 현상에 대하여 전문가들은 "자신의 불만과 책임을 회피하는 극단적인 표현"이며, "과거에 사회적으로 용인되던 관행이 최근 들어 반도덕적이고 옳지 않은 행위로 비난을 받게 되자 자신이 쌓아온 모든 지위와 명예가 한순간에 무너져버렸다는 절망감으로 자살을 선택했을 것"이라고 분석한다. 또한 대구 정신병원 이성용 과장은 "자살이 자신의 분노를 표출할 최대의 무기라고 의식하고 상대에게 분노의 메시지를 전함과 동시에 동정심, 자신의 잘못에 대한 면죄부를 받고자 하는 심리가 깔려 있다"고 진단했다.

이러한 사회 고위층의 자살은 사회가 좀더 밝고 투명해져서 부정부패가 사라지게 되면 자연스럽게 줄어들게 될 것이라고 전망된다.

---

### TIP 정·재계 고위층 인사들의 자살일지

❖ **정몽헌(1948년생) 현대아산 회장**

2003년 8월 4일 새벽에 2장의 유서를 남기고 서울 종로구 계동 현대아산 집무실에서 투신자살 했다. 그는 7월 26일, 31일에 대검찰청에서 현대 비자금 관련 조사를 받았다.

❖ **안상영(1938년생) 부산시장**

2004년 2월 4일 새벽에 부산구치소 의료사동 10호실에서 자살했다. 2003년 10월 16일 부산지검은 모 건설회사로부터 1억원 상당의 뇌물을 받은 혐의로 안시장을 구속·수사하고 있었다.

❖ **남상국(1945년생) 대우건설 사장**

2004년 3월 11일 노무현 대통령 기자회견 직후 한강에 투신하였다. 서울중앙지검은 2004년 1월 7일 대우건설을 압수 수색하며 불법 정치자금 제공 혐의로 불구속·수사를 하고 있었다.

❖ **박태영(1941년생) 전남도지사**

2004년 4월 29일에 승용차를 타고 가다가 내려 한강에 투신했다. 서울남부지검은 박지사가 국민건강보험 이사장으로 제직할 당시 납품비리와 인사비리에 관여한 혐의를 포착하고 수사를 진행하고 있었다.

---

# 가로-세로열쇠로 복습하기

※ 한글로 가로-세로 열쇠를 채워봅시다.

| | | | | 1 | | | 2 | | 3 | | |
|---|---|---|---|---|---|---|---|---|---|---|---|
| | | 4 | | | 5 | 6 | | | | | |
| 7 | | | 8 | 9 | | 10 | | | | | |
| | | 11 | | | | | 12 | | | | |
| | | | | | | | 13 | | | | |
| | | 14 | | | | | | | | | |
| | | 15 | | 16 | | 17 | | | | | |
| | 18 | | | | | 19 | | | | | |
| | | | | | | 20 | | | | | |
| | | 21 | | 22 | | | 23 | | | | |
| | | | | | 24 | | 25 | | | | |
| 26 | | 27 | | | | | | | | | |
| | | | 28 | | | | | | | | |

**가로 열쇠**

5. 물건이나 사람 따위를 일정한 장소에 데려다 넣어 둠.

6. 사람의 얼굴 모양.

7. 아랫돌을 빼서 윗돌을 괴고 윗돌을 빼서 아랫돌을 괸다는 뜻으로 임기응변으로 어려운 일을 처리하는 것을 뜻하는 4자 성어.

8. 일의 형세가 뒤바뀌는 것.

9. 써야할 곳에 쓰지 않고 다른 목적으로 사용함.

10. 편안한 때에도 마음을 놓지 않고 늘 스스로를 경계하여 불시에 닥쳐올 위기에 대처한다는 뜻의 4자 성어.

12. 예상하지 못한 일을 당했을 때 알맞게 대처한다는 뜻의 4자 성어.

14. 보건·위생·복지·사회보장 등의 일을 맡아 보는 중앙 행정기관.

18. 범죄 수사의 권한을 가진 국가기관.

19. 법관이 어떤 사실을 인정할 때에는 일정한 증거를 바탕으로 해야 한다는 주의.

21. 곁에 아무도 없는 것처럼 거리낌 없이 함부로 행동하는 태도를 뜻하는 4자 성어.

24. 한 남편만을 섬긴다는 뜻의 4자 성어.

25. 처음에는 시비를 가리지 못하더라도 결국 모든 일은 반드시 바른 길로 돌아간다는 뜻의 4자 성어.

26. 문을 단단히 잠그는 일.

27. 손이 묶여서 더 이상 방법이 없다는 뜻으로, 꼼짝 못하게 됨을 의미하는 4자 성어.

28. 어떤 일에 대하여 새로운 생각을 해내는 것.

세로
열쇠

1. 너무 기교를 부리면 오히려 졸렬하게 된다는 뜻으로, 너무 잘하려는 의욕이 앞서면 도리어 잘 안 됨을 뜻하는 4자 성어.

2. 상태나 됨됨이. 얼굴의 생김새.

3. 가정이 어떤 원인에 의해서 위험한 고비에 처한 상황.

4. 탁자 위에서만 펼쳐지는 실현성 없는 헛된 이론을 뜻하는 4자 성어.

5. 거두어 들여 씀.

9. 화가 바뀌어 오히려 복이 된다는 뜻으로, 어떤 불행한 일이 발생했다 하더라도 좌절하지 않고 끊임없는 노력과 의지가 있으면 곧 행복으로 바꾸어 놓을 수 있음을 의미하는 4자 성어.

11. 보건 분야에서의 세계적인 협력을 위해 설립된 기구.

13. 널리 많은 예를 끌어대고 두루 증거를 보임.

15. 이론이 많아 결정짓지 못한다는 뜻의 4자 성어.

16. 생김새만 보고 사람을 쓴다는 뜻으로, 덕을 고려하지 않고, 용모만으로 판단함을 뜻하는 4자 성어.

17. 법적 허가받지 않은 사람이 한 곳에 오랫동안 머물러 있음.

20. 법에 따라 일을 처리함.

22. 일체의 생각이 없음을 뜻하는 4자 성어.

23. 좋은 일에는 방해되는 일이 많다는 뜻의 4자 성어.

24. 삼시간.

※ 한자로 가로–세로 열쇠를 채워봅시다.

| | | | | 1 | | | 2 | | 3 | | |
| --- | --- | --- | --- | --- | --- | --- | --- | --- | --- | --- | --- |
| | | 4 | | | 5 | 6 | | | | | |
| 7 | | | 8 | 9 | | 10 | | | | | |
| | | 11 | | | | | 12 | | | | |
| | | | | | | | 13 | | | | |
| | | 14 | | | | | | | | | |
| | 15 | | | 16 | | 17 | | | | | |
| 18 | | | | | | 19 | | | | | |
| | | | | | | 20 | | | | | |
| | 21 | | 22 | | | | 23 | | | | |
| | | | | 24 | | 25 | | | | | |
| 26 | 27 | | | | | | | | | | |
| | 28 | | | | | | | | | | |

**가로 열쇠**

5. 물건이나 사람 따위를 일정한 장소에 데려다 넣어 둠.

6. 사람의 얼굴 모양.

7. 아랫돌을 빼서 윗돌을 괴고 윗돌을 빼서 아랫돌을 괸다는 뜻으로 임기응변으로 어려운 일을 처리하는 것을 뜻하는 4자 성어.

8. 일의 형세가 뒤바뀌는 것.

9. 써야할 곳에 쓰지 않고 다른 목적으로 사용함.

10. 편안한 때에도 마음을 놓지 않고 늘 스스로를 경계하여 불시에 닥쳐올 위기에 대처한다는 뜻의 4자 성어.

사회·문화

12. 예상하지 못한 일을 당했을 때 알맞게 대처한다는 뜻의 4자 성어.

14. 보건·위생·복지·사회보장 등의 일을 맡아 보는 중앙 행정기관.

18. 범죄 수사의 권한을 가진 국가기관.

19. 법관이 어떤 사실을 인정할 때에는 일정한 증거를 바탕으로 해야 한다는 주의.

21. 곁에 아무도 없는 것처럼 거리낌 없이 함부로 행동하는 태도를 뜻하는 4자 성어.

24. 한 남편만을 섬긴다는 뜻의 4자 성어.

25. 처음에는 시비를 가리지 못하더라도 결국 모든 일은 반드시 바른 길로 돌아간다는 뜻의 4자 성어.

26. 문을 단단히 잠그는 일.

27. 손이 묶여서 더 이상 방법이 없다는 뜻으로, 꼼짝 못하게 됨을 의미하는 4자 성어.

28. 어떤 일에 대하여 새로운 생각을 해내는 것.

## 세로 열쇠

1. 너무 기교를 부리면 오히려 졸렬하게 된다는 뜻으로, 너무 잘하려는 의욕이 앞서면 도리어 잘 안 됨을 뜻하는 4자 성어.

2. 상태나 됨됨이. 얼굴의 생김새.

3. 가정이 어떤 원인에 의해서 위험한 고비에 처한 상황.

4. 탁자 위에서만 펼쳐지는 실현성 없는 헛된 이론을 뜻하는 4자 성어.

5. 거두어 들여 씀.

9. 화가 바뀌어 오히려 복이 된다는 뜻으로, 어떤 불행한 일이 발생했다 하더라도 좌절하지 않고 끊임없는 노력과 의지가 있으면 곧 행복으로 바꾸어 놓을 수 있음을 의미하는 4자 성어.

11. 보건 분야에서의 세계적인 협력을 위해 설립된 기구.

13. 널리 많은 예를 끌어대고 두루 증거를 보임.

15. 이론이 많아 결정짓지 못한다는 뜻의 4자 성어.

16. 생김새만 보고 사람을 쓴다는 뜻으로, 덕을 고려하지 않고, 용모만으로 판단함을 뜻하는 4자 성어.

17. 법적 허가받지 않은 사람이 한 곳에 오랫동안 머물러 있음.

20. 법에 따라 일을 처리함.

22. 일체의 생각이 없음을 뜻하는 4자 성어.

23. 좋은 일에는 방해되는 일이 많다는 뜻의 4자 성어.

24. 삽시간.

**가로-세로 열쇠로 복습하기 정답**

사회·문화

| 1 | 2 | 3 | 4 | 5 | 6 | 7 | 8 | 9 | 10 | 11 | 12 | 13 |
|---|---|---|---|---|---|---|---|---|----|----|----|----|
|  |  |  | 욕 |  |  |  | 면 |  | 가 |  |  |  |
|  |  | 탁 | 교 |  | 수 | 용 | 모 |  | 정 |  |  |  |
| 하 | 석 | 상 | 태 | 반 | 전 | 용 | 안 | 불 | 망 | 위 |  |  |
|  |  | 공 | 세 | 졸 | 화 |  | 임 | 기 | 응 | 변 |  |  |
|  |  | 론 | 계 |  | 위 |  |  |  | 박 |  |  |  |
|  |  | 보 | 건 | 복 | 지 | 부 |  |  | 인 |  |  |  |
|  |  | 작 | 건 |  | 이 |  | 불 |  | 방 |  |  |  |
|  | 수 | 사 | 기 | 관 | 모 |  | 법 | 정 | 증 | 거 | 주 | 의 |
|  |  | 도 | 구 |  | 취 |  | 체 | 이 |  |  |  |  |
|  |  | 방 | 약 | 무 | 인 |  | 류 | 법 | 호 |  |  |  |
|  |  |  |  | 념 |  | 일 | 부 | 종 | 사 | 필 | 귀 | 정 |
| 문 | 단 | 속 | 수 | 무 | 책 | 순 |  | 사 | 다 |  |  |  |
|  |  |  | 발 | 상 |  | 간 |  |  | 마 |  |  |  |

| 1 | 2 | 3 | 4 | 5 | 6 | 7 | 8 | 9 | 10 | 11 | 12 | 13 |
|---|---|---|---|---|---|---|---|---|----|----|----|----|
|  |  |  | 欲 |  |  |  | 面 |  | 家 |  |  |  |
|  |  | 卓 | 巧 |  | 收 | 容 | 貌 |  | 庭 |  |  |  |
| 下 | 石 | 上 | 臺 | 反 | 轉 | 用 | 安 | 不 | 忘 | 危 |  |  |
|  |  | 空 | 世 | 拙 | 禍 |  | 臨 | 機 | 應 | 變 |  |  |
|  |  | 論 | 界 |  | 爲 |  |  |  | 博 |  |  |  |
|  |  | 保 | 健 | 福 | 祉 | 部 |  |  | 引 |  |  |  |
|  |  | 作 | 健 |  | 以 |  | 不 |  | 旁 |  |  |  |
|  | 搜 | 查 | 機 | 關 | 貌 |  | 法 | 定 | 證 | 據 | 主 | 義 |
|  |  | 道 | 構 |  | 取 |  | 滯 | 以 |  |  |  |  |
|  |  | 傍 | 若 | 無 | 人 |  | 留 | 法 | 好 |  |  |  |
|  |  |  |  | 念 |  | 一 | 夫 | 從 | 事 | 必 | 歸 | 正 |
| 門 | 團 | 束 | 手 | 無 | 策 | 瞬 |  | 事 | 多 |  |  |  |
|  |  |  | 發 | 想 |  | 間 |  |  | 魔 |  |  |  |

# 스크린 쿼터 국익 고려 판단

> ※ 한자 Zoom In
> 　公式的(공식적) 開放(개방) 杞憂(기우) 固守(고수) 豫斷(예단)
> ※ 시사 Zoom In
> 　스크린 쿼터 한미투자협정(BIT) '잭 발렌티'

　스크린 쿼터제 유지 여부가 다시 도마 위에 오른 것 같다. 한·미 ①頂上會談(정상회담)을 전후해 한·미 ②投資協定(투자협정)(BIT) 추진과 관련, 문제가 제기되던 터에 최근 도하개발 어젠더(DDA) 서비스 분야 한·미 협상에서 미국이 ③映畵(영화)상영을 포함한 서비스 분야 개방을 ④公式的(공식적)으로 요청하자 공식적인 문제로 떠올랐다. 시간이 급한 문제는 아니지만 여러 상황을 종합해 정부 입장을 결정해야 할 과제로 등장한 셈이다. 국제협상에 관련된 사안이니 만큼 덮어두었다가 나중에 시간에 쫓겨 국익에 그르치지 않아야 한다는 점에서 정부의 적절한 결정이 요구된다.

　스크린 쿼터는 늘 '문화주권'과 '⑤通商(통상) 증진'이라는 국가적 가치 사이에서 절충되곤 했던 문제다. 현재도 당사자격인 영화계는 물론 일부 ⑥市民團體(시민단체)와 문화관광부까지 나서서 현행 쿼터 사수를 주장하고 있는가 하면 반대로 정치권과 경제부처 및 단체들은 쿼터제 변

경을 요구하고 있다고 볼 수 있다. 하나는 그래도 ⑦計量化(계량화)가 가능한 주장인 반면에 다른 하나는 문화 특성상 명확한 비교가 어렵다는 점에서 항상 논란 대상이 될 수밖에 없다.

　이 때문에 원론적 얘기에 그칠지 모르지만 이럴 때일수록 어느 판단이 종합적으로 국익에 더 보탬이 되느냐에 따라 선택될 수밖에 없다고 본다. 먼저 개방이 ⑧大勢(대세)라는 전제하에 모든 분야가 예외가 되기 어렵다는 점을 이해해야 할 것 같다. 이 점에서 볼 때 국민의 정부 시절 한·일 문화 ⑨開放(개방)과 관련해 많은 논란이 있었으나 오늘의 결과를 보면 당초 우려가 한낱 ⑩杞憂(기우)였다는 점이 고려됐으면 한다. 노무현 대통령이 개방은 ⑪拒逆(거역)할 수 없는 대세라고 한 점과 정책실장에게 이 문제를 풀도록 지시한 이유도 이 같은 ⑫脈絡(맥락)에서라고 여겨진다.

　쿼터제가 있었기에 오늘날 한국영화가 이만큼 발전했다는 문화계 주장에는 분명 일리가 있다.

한자능력검정시험 2급 기출
– 署[서](12회 86번) – 公布[공포](5회 125번) – 滅[멸](16회 92번) – 官[관](21회 143번, 8회 105번)

그러나 그 밖에도 영화산업에 대한 투자 증대나 ⑬素材(소재) 개발의 다양화 등 여타 요인도 함께 했다고 볼 때, 예컨대, 보조금 지급이나 세제 감면 같은 간접적인 지원으로는 효과가 없는지에 대해서도 종합적인 검토가 있어야 한다. 무조건 현행을 ⑭固守(고수)하기에는 다른 여건이 유리하다고 말할 수 없기 때문이다.

역시 이 문제는 정부안에서 머리를 맞대고 풀어나가야 하는데 문화관광부가 마치 이익대변자로서 결과를 ⑮豫斷(예단)하는 듯한 입장을 취하는 것은 모양이 좋지 않은 것 같다.

매일경제 2003. 6. 7

## ZOOM I » 한자 엿보기

| | | | | | | | | | | | |
|---|---|---|---|---|---|---|---|---|---|---|---|
| ① | 頂 정수리 정 | ③ | 映 비칠 영 | ⑥ | 民 백성 민 | ⑨ | 開 열 개 | ⑬ | 素 본디 소 | | |
| | 上 위 상 | | 畫 그림 화 | | 圓 둥글 단 | | 放 놓을 방 | | 材 재목 재 | | |
| | 會 모일 회 | | 公 공평할 공 | | 體 몸 체 | ⑩ | 杞 나무이름 기 | ⑭ | 固 굳을 고 | | |
| | 談 말씀 담 | ④ | 式 법 식 | | 計 셀 계 | | 憂 근심 우 | | 守 지킬 수 | | |
| ② | 投 던질 투 | | 的 과녁 적 | ⑦ | 量 헤아릴 량 | ⑪ | 拒 막을 거 | ⑮ | 豫 미리 예 | | |
| | 資 재물 자 | ⑤ | 通 통할 통 | | 化 될 화 | | 逆 거스릴 역 | | 斷 끊을 단 | | |
| | 協 도울 협 | | 商 장사 상 | ⑧ | 大 큰 대 | ⑫ | 脈 줄기 맥 | | | | |
| | 定 정할 정 | | 市 저자 시 | | 勢 형세 세 | | 絡 이을 락 | | | | |

## ZOOM II » 응용한자 알아보기

④ 公式的(공식적) : 관공서 등에서 공적(公的)으로 규정한 형식이나 방식.

　* 空食(공식) : 空[빌 공] 食[먹을 식]
　　　　노력을 기울이지 않고 재물을 얻거나 음식을 먹는 것.

◈ 멸사봉공(滅私奉公) : 滅[멸할 멸] 私[사사 사] 奉[받들 봉]
　사사로움을 버리고 공공을 위해서 일함.

한자능력검정시험 3급 기출
– 開放[개방](18회 90번, 19회 104번, 20회 105번) – 奉[봉](16회 139번) – 守[수](12회 109번, 18회 144번)

사회·문화

❖ **관공서(官公署)** : 官[벼슬 관] 署[관청 서]

관청과 공서.

❖ **공포(公布)** : 布[베 포]

일반인에게 널리 알림.

⑨ **開放**(개방) : 금하던 것을 풀고 자유를 줌.

＊**開房(개방)** : 開[열 개] 房[방 방]

교도소에서 일을 시키기 위해 재소자들을 감방에서 내보내는 일.

❖ **문호개방(門戶開放)** : 門[문 문] 戶[집 호]

외국 사람이 무역이나 여행 등을 통해서 마음대로 드나들 수 있도록 터놓음.

❖ **개방조약(開放條約)** : 條[가지 조] 約[맺을 약]

조약에 정해진 절차에 따라 가입할 의사를 보인 즉시로 가입이 인정되는 조약.

⑩ **杞憂**(기우) : 기(杞)나라 사람이 하늘이 내려앉지나 않나 하고 걱정했다는 고사에서 유래한 것으로, 쓸데없는 걱정을 이르는 말.

＊**祈雨(기우)** : 祈[빌 기] 雨[비 우]

날이 가물 때 비가 오기를 빎. 祈雨祭(기우제)

❖ **우국지사(憂國之士)** : 國[나라 국] 之[갈 지] 士[선비 사]

나라의 장래에 대하여 근심하는 기개가 높고 포부가 큰 사람.

❖ **식자우환(識字憂患)** : 識[알 식] 字[글자 자] 患[근심 환]

글자를 아는 것이 오히려 더 근심을 사게 된다는 뜻으로, 알기는 알되 제대로 알고 있지 못하기 때문에 그 지식이 오히려 근심거리가 됨.

⑭ **固守**(고수) : 굳고 단단하게 지킴.

＊**高手(고수)** : 高[높을 고] 手[손 수]

수가 높은 사람.

❖ **독수공방(獨守空房)** : 獨[홀로 독] 空[빌 공] 房[방 방]

빈방에서의 홀로 잠이란 뜻으로, 여자가 남편 없이 홀로 밤을 지냄을 뜻함.

❖ **수주대토(守株待兎)** : 株[그루 주] 待[기다릴 대] 兎[토끼 토]

그루터기를 지켜 토끼를 기다린다는 뜻으로, 고지식하고 융통성이 없어서 한 가지만을 어리석게 고집함을 비유한 말.

⑮ 豫斷(예단) : 미리 짐작하여 내린 판단.
  * 禮單(예단) : 禮[예도 례] 單[홑 단]
      예물을 적은 단자.

☞ 예측(豫測) : 測[잴 측]
앞으로의 일을 미리 짐작함.
☞ 유예(猶豫) : 猶[오히려 유]
망설이면서 시일을 늦춤.
☞ 단장취의(斷章取義) : 章[글월 장] 取[가질 취] 義[옳을 의]
전체와 상관없이 중간에 끊어서 마음대로 해석하여 씀.

# ZOOM Ⅲ » 시사 흐름잡기

## 스크린 쿼터제(screen quota)

### ■ 최근의 스크린 쿼터 논란

자신의 임기 내에서는 절대 스크린 쿼터를 폐지하는 일은 없을 것이라던 영화인 출신의 이창동 문화관광부 장관이 스크린 쿼터 폐지에 대해서 언급하자 다시 논란이 가속화되고 있다. 스크린 쿼터가 미국과의 한미투자협정(BIT)의 체결에 있어 가장 큰 걸림돌로 작용하자 이창동 장관도 더 이상 스크린 쿼터제도 유지만을 고수할 수 없는 단계까지 이른 것이다.

스크린 쿼터를 사수해 줄 수 있을 것이라고 굳게 믿고 있던 영화인들은 '믿는 도끼에 발등 찍힌 격'이라며 강력한 투쟁을 예고하고 있다. 영화인들은 한국 영화가 1000만 관객 시대를 열었고, 2004년 상반기 시장점유율 68.8%라는 쾌거를 이뤘지만 이는 소수 몇몇의 대형 블록버스터에 의해 만들어진 숫자 놀음이므로, 한미투자협정을 빌미로 한 미국의 스크린 쿼터 폐지 압력에 굴복해서는 안 된다고 주장한다. 이에 대한 정부의 시각은 약간 다르다. 그 동안의 스크린 쿼터제도 유지를 통해서 한국 영화는 시장점유율 68.8%라는 엄청난 힘을 축적할 수 있었고, 이 정도의 역량이라면 더 이상 보호받을 필요가 없다는 것이다.

시민들의 반응도 엇갈린다. 한국 영화의 지속적인 발전을 위해서 유지해야 한다고 주장하는 사람이 있는가 하면, 영화인들이 주장하는 스크린 쿼터는 자기 밥그릇을 지속적으로 챙기기 위한 집단 이기주의의 한 모습이라고 보는 사람들도 있다. FTA체결 시 농민들이 국익을 위해 양보를 했듯이 영화인들도 이제는 국익을 위해서 스크린 쿼터를 양보해야 한다는 것이다.

## ■ 한국 영화의 현주소

영화인을 포함한 대부분의 사람들은 최근 5~6년 사이에 스크린 쿼터 제도의 엄격한 적용을 통해서 한국 영화가 급성장했음을 느끼고 있다. 한국 최초의 블록버스트인 '쉬리'의 성공을 기반으로 하여 한국에서도 할리우드 영화 못지않은 대규모 블록버스터 영화들이 속속 등장하였고, 그 여파로 할리우드 영화는 전 세계에서 유일하게 한국에서만 맥을 못 추고 있다. 이는 2004년 상반기 한국 영화 시장점유율이 무려 68.8%에 달한다는 통계에서 확인할 수 있다.

그러나 영화인들이 보는 한국영화의 현주소는 약간 다르다. 관객 1,000만의 영향으로 68.8%라는 외형적인 성장은 이뤘지만 그 내적인 성장 면에서는 할리우드 영화와 비교할 수 없다는 것이다. 즉, 일반적으로 관객 50만 명을 손익분기점이라고 할 때, 전체 생산되고 있는 영화 중 오직 25%만이 손익분기점을 넘고 있다고 한다. 2004년 상반기의 높은 시장점유율도 '태극기 휘날리며', '실미도'가 대 히트를 치며, 나온 결과일 뿐이며, 2004년 6월 한국영화 시장점유율은 33.6%로 5월의 61.1%에 비해 절반 가까이 떨어진 상황이라는 것이다. 이처럼 한국 영화는 상위 몇몇 영화들의 흥행에 의존하는 실정이며, 혹 한 영화사에서 1~2편의 영화가 흥행을 해도 그 다음 영화가 흥행에 실패하면 회사 전체가 흔들거릴 수밖에 없는 현실이다. 또한 확보한 상영관 수만큼 관객을 불러 모을 수 있기 때문에 확보한 상영관만큼 들어가는 중복된 마케팅 비용 또한 영화사들을 속빈 강정으로 만드는 주요 원인이다.

## ■ 한미 투자 협정(BIT) 이면의 미국의 속셈

미국은 왜 한미투자협정의 전제조건으로 스크린 쿼터의 폐지를 요구하고 있을까? 미국에서 할리우드 영화가 경제 전반에서 차지하는 비중은 엄청나다. 미국영화협회(MPA)의 회장으로 있는 '잭 발렌티'의 정·제계에 미치는 영향력은 결코 무시할 수 없으며, 한미투자협정에 스크린 쿼터가 전제조건으로 걸린 것도 '잭 발렌티'의 로비에 의한 것이라는 분석이 지배적이다. 전 세계의 영화시장을 장악하고 있는 미국영화가 유독 한국에서만 고전을 면치 못하고 있는 원인으로 1993년에 발족된 '스크린 쿼터 감시단'에 의해서 철저하게 지켜지고 있는 스크린 쿼터를 꼽는다.

그러나, 일부 전문가들은 미국의 이런 행동에 대해서 또 다른 속셈이 있다고 말한다. 미국이 생각하는 한국의 영화시장 자체는 크지 않으나 한국영화 시장의 장악을 교두보로 하여 인도, 중국을 비롯한 아시아시장을 석권하려 한다는 것이다. 현재 중국 또한 미국으로부터 영화를 포함한 문화개방을 요구받고 있는 실정이나, 한국의 스크린 쿼터제도 유지를 통한 자국영화산업의 수성을 예로 들며, 버티고 있는 중이다. 따라서 한국영화의 장악은 할리우드 미국영화의 자존심의 문제이고, 아시아권의 진출을 위해 반드시 넘어야 하는 장벽인 것이다.

미국은 한미투자협정을 빌미로 한국의 투자를 약속하며, 여러 가지 당근들을 제시하고 있는 중이다. 여러 제품들에 대한 수입 비중의 확대를 약속하며, 스크린 쿼터의 축소를 요구하고 있는 것이다. 한국에서 미국영화 1편만 흥행하면 그 수익이 우리나라가 반도체를 1년 동안 팔아서 남긴 수익을 능가한다고 하니, 정부에서는 '스크린 쿼터 폐지' 그 이면에 있는 핵심 사안들을 직시해야 할 것이다.

### TIP 스크린 쿼터에 대한 설문조사

'스크린 쿼터 축소에 반대' 하는 사람이 전체의 36.19%였고, '국내 영화 시장점유율과 연동한다면 축소할 수 있다'고 응답한 사람이 42.66%였다. 1990년대 후반에 스크린 쿼터 폐지 논란이 있었을 때에 대부분의 사람들이 반대했던 것과 비교한다면 스크린 쿼터 폐지에 대한 인식이 많이 관대해졌음을 알 수 있다.

Film2.0과 Daum이 6.12~16일에 걸쳐 공동으로 설문조사를 실시하였으며, 조사방식은 인터넷 설문조사였다. 총 조사인원은 851명이었다.

사회·문화

# Chapter ⑫

## 여성의원 등원에 기대와 주문

※ 한자 Zoom In
議員(의원) 比例代表(비례대표) 選擧法(선거법) 輿望(여망) 試驗臺(시험대)
※ 시사 Zoom In
여성 전용 선거구제 타협과 상생 박근혜 강금실

4·15총선결과의 ①特徵(특징) 중 하나가 여성 ②議員(의원)이 전체 ③議席(의석)의 13%로 늘어 39명이 됐다는 점이다. ④地域區(지역구)에서 9명, 비례대표에서 30명의 여성이 금배지를 달았다. 16대의 16명에 비해 배 이상 늘었고, 역대국회 중 가장 많다. 선진국의 35~45%나 심지어는 베트남 23.7% 중국의 21.1% 필리핀의 17.5%에 비하면 별 것 아니지만 ⑤刮目(괄목)할 만한 성장임에는 틀림없다.

여성의 원내진출 증가는 ⑥比例代表(비례대표)에서 2명 중 1명을 여성으로 하도록 의무화한 개정 ⑦選擧法(선거법)에 힘입은 바 크다. 한나라당의 박근혜 대표와 민주당의 추미애 의원이 선대위원장을 맡았고, 주요정당의 대변인에 모두 여성이 ⑧拔擢(발탁)됐을 때부터 ⑨轉換點(전환점)에 선 한국정치에서 여성이 중요한 역할을 할 것이라는 기대가 있었다. 하지만 지역구출마 여성후보 66명 중 9명만이 당선됐고, 비례대표 여성의원 중 상당수가 그저 ⑩名望家(명망가)형

일 뿐 정치인으로서는 아직 검증되지 않았다는 지적 등은 유의해야 할 대목이다. 정당 측에서는 선거법 개정이 늦어지고 정치판이 혼돈을 거듭했기 때문에 ⑪適任者(적임자)를 ⑫充員(충원)하는 데 어려움이 있었다고 설명한다.

여성의 원내진출 증가는 정치판을 바꿔야 한다는 ⑬輿望(여망)과 남성위주의 기성정치가 부패와 비리로 얼룩져 국민의 신뢰를 잃은 데 대한 반작용에서 비롯됐다. 39명의 여성의원 중 자력으로 원내에 들어간 경우보다는 정책적 배려로 도움을 받은 케이스가 많다.

여성의원은 이제 실력으로 남성의원과 겨뤄야 하는 ⑭試驗臺(시험대)에 섰다. 이를 위해서는 전문성과 활동력을 갖춰야 할 것이다. 훌륭한 의정활동과 활발한 행보 등을 통해 기대에 ⑮副應(부응)할 때에만 여성정치인 시대는 성공할 수 있다. 여성정치인의 성공이 한국정치 패러다임의 근본변화와 질적 향상에 직결된다는 점에서 관심이 크다.　　　　　　한국일보 2004. 4. 17

**한자능력검정시험 2급 기출**
- 制[제](21회 78번, 25회 124번) - 代表[대표](4회 115번) - 試驗[시험](2회 96번) - 臺[대](24회 149번, 25회 88번)

## ZOOM I » 한자 엿보기

| | | | | | | | | | | | | | | |
|---|---|---|---|---|---|---|---|---|---|---|---|---|---|---|
| ① | 特 | 특별할 특 | | 區 | 구역 구 | ⑦ | 擧 | 들 거 | ⑩ | 望 | 바랄 망 | | 望 | 바랄 망 |
| | 徵 | 부를 징 | ⑤ | 刮 | 비빌 괄 | | 法 | 법 법 | | 家 | 집 가 | | 試 | 시험 시 |
| ② | 議 | 의논할 의 | | 目 | 눈 목 | ⑧ | 拔 | 뽑을 발 | | 適 | 맞을 적 | ⑭ | 驗 | 시험할 험 |
| | 員 | 인원 원 | | 比 | 견줄 비 | | 擢 | 뽑을 탁 | ⑪ | 任 | 맡길 임 | | 臺 | 대 대 |
| ③ | 議 | 의논할 의 | ⑥ | 例 | 법식 례 | | 轉 | 구를 전 | | 者 | 놈 자 | ⑮ | 副 | 버금 부 |
| | 席 | 자리 석 | | 代 | 대신 대 | ⑨ | 換 | 바꿀 환 | ⑫ | 充 | 채울 충 | | 應 | 응할 응 |
| ④ | 地 | 땅 지 | | 表 | 겉 표 | | 點 | 점 점 | | 員 | 인원 원 | | | |
| | 域 | 지경 역 | | 選 | 뽑을 선 | | 名 | 이름 명 | ⑬ | 輿 | 수레 여 | | | |

## ZOOM II » 응용한자 알아보기

② 議員(의원) : 국회나 지방의회 따위의 합의 기관을 구성하고 의결권을 가지고 있는 사람.

　＊醫院(의원) : 醫[의원 의] 院[집 원]

　　　병자를 치료하기 위해 시설을 갖추어 놓은 곳. 법적으로 20명 이하의 수용시설을 갖춘 곳을 말함.

　＊醫員(의원) : 醫[의원 의] 員[인원 원]

　　　의사와 의생의 총칭.

◈ 의원내각제(議員內閣制) : 內[안 내] 閣[집 각] 制[절제할 제]

민주주의 국가의 주요 정부 형태의 한 가지. 국회를 통하여 국민이 정부의 정책을 감시하는 것이 특징임.

◈ 의원특권(議員特權) : 特[특별할 특] 權[권세 권]

의원들에게만 주어지는 특별한 배려.

⑥ 比例代表(비례대표) : 정당의 총득표 수의 비례에 따라서 당선자수를 결정하는 선거 제도에 따라 선출되는 대의원.

**한자능력검정시험 3급 기출**
– 制[제](13회 147번) – 輿望[여망](16회 27번) – 飛行[비행](13회 133번)

    \* **備禮(비례)** : 備[갖출 비] 禮[예도 례]
        예의나 예절을 갖춤.

❖ **대비(對比)** : 對[대할 대]
서로 맞대어 비교함.

❖ **비견(比肩)** : 肩[어깨 견]
어깨를 나란히 한다는 뜻으로, 낫고 못함에 없이 서로 비슷함.

⑦ **選擧法(선거법)** : 선거에 관한 법률
    \* **船車(선거)** : 船[배 선] 車[수레 거]
        배와 수레.

❖ **선거사범(選擧事犯)** : 事[일 사] 犯[범할 범]
선거법에 저촉된 범법 행위를 한 사람.

❖ **선거공영제(選擧公營制)** : 公[공평할 공] 營[경영할 영] 制[절제할 제]
선거운동의 자유방임에서 오는 폐단을 막기 위하여 정부 산하 기관으로 하여금 선거를 관리하게 하는 제도.

❖ **보궐선거(補闕選擧)** : 補[기울 보] 闕[대궐 궐]
선거에 의하여 선출된 의원이 임기를 마치지 못하고 사직·사망·실격 등으로 궐석이 생긴 경우에 하는 선거.

⑬ **輿望(여망)** : 여러 사람의 기대.
    \* **餘望(여망)** : 餘[남을 여] 望[바랄 망]
        앞날의 희망.

❖ **촉망(囑望)** : 囑[부탁할 촉]
잘 되기를 바라고 기대함.

❖ **지망(志望)** : 志[뜻 지]
뜻이 있어 바람.

⑭ **試驗臺(시험대)** : 가치나 기량 등을 시험하는 자리.
    \* **猜險(시험)** : 猜[시기할 시] 險[험할 험]
        시기심이 많고 음험함.

◈ **임용시험(任用試驗)** : 任[맡길 임] 用[쓸 용]

　임용시험(任用試驗) : 任[맡길 임] 用[쓸 용]

　공무원의 임용을 위한 시험.

◈ **시험비행(試驗飛行)** : 飛[날 비] 行[다닐 행]

　비행기를 본격적으로 사용하기 전에 시험적으로 가동해보는 것.

## ZOOM Ⅲ » 시사 흐름잡기

### 여성의 사회진출

#### ■ 여성의 사회진출 상황 추이(2004년)

◈ 14대 국회 전체 의원의 1%에 머물렀던 여성 의원 수가 16대에는 5.9%, 17대에는 13%로 늘었다.

◈ 사법고시와 행정고시의 합격자 가운데 여성의 비율이 각각 24%, 28.4%로 크게 높아졌다.

◈ 서울에 거주하는 여성의 경제활동 참가율은 49.9%로 증가 추세이나, 근무 환경은 개선되지 않아 2000년 이후 근로여성의 절반인 47.1%가 비정규적인 임시·일용직 근로자로 집계됐다.

◈ 서울에 거주하는 여성 근로자의 임금 수준은 남성 근로자의 65.3%에 불과했다.

◈ 서울에 거주하는 여성근로자 중 대졸은 28.3%이며, 여고생 100명 중 67명만이 대학에 진학하는 것으로 나타났다.

◈ 서울시 4급 이상 고위직 공무원 408명 중 여성은 5%인 23명인 것으로 나타났다.

#### ■ 정치권에서의 여성 파워

　2004년 4·15 총선에서는 특히 여성의 정계 진출이 두드러졌다. 16대 총선에서 5.9%에 불과했던 것을 감안한다면 17대 총선에서의 13%(39명)는 주목할만한 성과라고 할 수 있다. 이와 같은 여성의원들의 정계진출 러시에 대하여 전문가들은 다음과 같이 진단한다. 그 동안 거칠고 투쟁적이었던 남성 중심의 정치에서 발생한 수많은 부패와 비리로 인하여 국민들은 많은 실망을 느꼈었다. 이제는 국민들이 원하는 사회적 변화의 움직임을 읽어내고 그것을 실천에 옮겨줄 수 있는 리더를 원한다. 국민들은 여성의 섬세하고 부드러운 힘으로 타협과 상생을 통해서 국가를 이끌 수 있는 새로운 정치세력을 원했었고, 여성정치를 그 대안으로 선택한 것이다.

　그러나 이번 17대 총선에서 여성정치인이 많이 당선된 것에 대해서 비례대표의 절반을 여성에 할당한다는 법의 규정이 큰 몫을 했을 뿐 여성의 정계진출을 원하는 대중들의 열망이 실린 것으로 보기는 어렵다는 시각도 있다.

　여성단체에서는 '여성 전용 선거구제' 등의 혁신적인 정치개혁 법안을 통해서 여성들의 국회 진입 장벽을 낮춰줄 것을 요구했으나, 위헌의 소지가 있고, 역차별의 논란에 빠질 수 있다는 이유로 사실상 거부되었다.

## ■ 주목할만한 여성 정치인들

### ❖ 박근혜 한나라당 총재

고 박정희 대통령의 첫째 딸로써, 이번 17대 총선에서 위기에 빠진 한나라당을 살린 인물이다. 부패 혐의가 드러나 한때 '차떼기 정당'으로 불리던 한나라당을 여성 특유의 부드러운 리더십으로 이끌어 총선을 훌륭히 치러낸 인물로 평가받고 있다. 박근혜 대표에 대해서 전문가들은 일관되고 안정적인 스타일로 국민들에게 신뢰감을 주고, 누구든지 접근하기 쉬운 포용력을 갖춘 것이 장점이라고 평가한다.

### ❖ 강금실 법무부 장관

최초의 여성 법무부 장관으로서, 부임 초기부터 기존의 검찰 관행을 깬 파격적인 인사로 검찰개혁을 주도한 인물이다. 부임 초기에는 기존의 검찰 세력과 마찰이 많았지만 소신있게 개혁을 추진하여 긍정적인 평가를 받고 있다. 특히 강금실 장관은 '강효리'라 불리며, 인터넷에 수십여 개의 팬 카페를 가지고 있을 정도로 대중적인 인기를 얻고 있는데, 그의 사적인 활동 및 언행까지 대중들의 주목을 받고 있다. 2003년 9월에 한국 리더십 센터에서 5,000명을 상대로 실시한 설문조사에서 '가장 신뢰받는 리더'로 강금실 법무부 장관이 1위에 뽑혔다. 이러한 강금실 장관의 인기는 일반적으로 여성이 가지고 있는 이미지가 아닌 능력있고 자신감 있는 모습으로 원칙을 지키며 조직을 운영했던 것이 대중에게 어필되었다는 평가이다.

### ❖ 한명숙 열린우리당 의원

여성 첫 지역구 의원으로 5선 의원이었던 홍사덕 의원을 누루고 당선되었다. 여성부 초대 장관으로 2년간의 임기 동안 육아휴직제도 신설, 호주제 폐지를 수면위로 부각시킨 장본인이다. 또한, 환경부 장관 재직 당시 장관이 직접 직원들에게로 가서 업무보고를 받는 등 권위적인 조직제도의 철폐를 위해서 노력했다는 평을 받고 있다.

### ❖ 최순영 민주노동당 의원

초선 의원으로 1979년 일명 YH사건을 주도했던 여성 노동운동가 출신으로 유명하다.

# 부끄러운 미국 원정 출산

> ※ 한자 Zoom In
> 遠征(원정) 適正水位(적정수위) 國籍(국적) 賦課(부과) 人選過程(인선과정)
> ※ 시사 Zoom In
> 해외 원정출산 인권침해 태아 성감별 병역의무 천민자본주의 속지주의 속인주의

미국 ①遠征(원정)출산이 마침내 미국 ②移民(이민)세관국과 국세청의 조사를 받기에 이르렀다. 한국 정부가 ③放置(방치)하는 사이 미국에서 한국인의 원정출산이 ④適正水位(적정수위)를 넘었다고 판단하고 손을 쓰기 시작한 것이라고 볼 수 있다. 만삭의 임신부들이 신생아에게 미국 ⑤國籍(국적)을 따 주기 위해 줄줄이 미국행 비행기를 타는 풍경이 세계 다른 나라에 또 있을지 모르겠다. ⑥主權國家(주권국가)의 국민으로서 부끄럽기 짝이 없는 노릇이다.

자녀의 미국 국적 취득과 이를 이용한 ⑦兵役免除(병역면제)는 우리 사회의 일부 계층이 누려 온 비뚤어진 특권이다. 그러나 지금은 평범한 중산층까지 원정출산 대열에 참여해 자식을 이중국적자로 만들고 있다니 ⑧深刻(심각)한 문제다.

원정출산 패키지 상품을 파는 여행업체가 생겨났고 미국에는 한국인 산모를 전문으로 입원시키는 병원들도 있다고 한다. 이 나라에서 온갖 혜택을 누리다가 18세 때 미국 국적을 선택해 병역 의무를 저버리는 '국적 놀음'이 더 확산되다 보면 ⑨社會共同體(사회공동체)의 ⑩龜裂(균열)을 가져올 위험성마저 없지 않다. 여기에 비하면 우리 국적을 아예 포기하고 다른 나라로 떠나는 이민은 오히려 건전한 측면이 있다.

사회 ⑪一角(일각)에는 국제화 시대의 논리를 원용해 원정출산을 ⑫寬大(관대)하게 바라보는 관점도 있지만 이는 잘못된 것이다. 해외에 뿌리를 내린 교민에게 이중국적을 허용하자는 논의는 한국 국민에게 ⑬賦課(부과)된 각종 의무를 기피하려는 원정출산과 엄격히 구분돼야 한다.

현 정부가 출범할 때도 장차관급 인사의 ⑭人選過程(인선과정)에서 원정출산을 통한 자녀와 손자의 이중국적 보유 사례가 상당수 드러났다. 일부 인사는 인선에서 탈락했지만 몇몇 인사는 그대로 검증을 통과했다. 원정출산을 막으려면 이런 이중 잣대를 없애 사회지도층부터 '노블레스 오블리주'의 원칙을 확립해 나가야 한다.

---

한자능력검정시험 2급 기출
– 率[률](24회 108번) – 復[복](12회 56번) – 額[액](6회 38번) – 適[적](20회 97번, 21회 95번) – 賦[부](8회 145번)

미국이 한국 임신부에 대한 비자발급을 규제하려는 움직임을 보이고 있다고 한다. 미국 정부와 협조해서라도 부끄러운 원정출산을 막는 ⑮措置 (조치)를 서둘러야 한다.

동아일보 2003. 9. 22

## ZOOM Ⅰ ≫ 한자 엿보기

| ① | 遠 | 멀 원 | ⑤ | 位 | 자리 위 | ⑧ | 免 | 면할 면 | ⑩ | 龜 | 터질 균 | ⑭ | 選 | 뽑을 선 |
|---|---|---|---|---|---|---|---|---|---|---|---|---|---|---|
| | 征 | 칠 정 | | 國 | 나라 국 | | 除 | 덜 제 | | 裂 | 찢어질 렬 | | 過 | 지날 과 |
| ② | 移 | 옮길 이 | | 籍 | 문서 적 | | 深 | 깊을 심 | ⑪ | 一 | 한 일 | | 程 | 길 정 |
| | 民 | 백성 민 | ⑥ | 主 | 주인 주 | | 刻 | 새길 각 | | 角 | 뿔 각 | ⑮ | 措 | 둘 조 |
| ③ | 放 | 놓을 방 | | 權 | 권세 권 | | 社 | 모일 사 | ⑫ | 寬 | 너그러울 관 | | 置 | 둘 치 |
| | 置 | 둘 치 | | 國 | 나라 국 | | 會 | 모일 회 | | 大 | 큰 대 | | | |
| | 適 | 마침 적 | | 家 | 집 가 | ⑨ | 共 | 한가지 공 | ⑬ | 賦 | 부세 부 | | | |
| ④ | 正 | 바를 정 | ⑦ | 兵 | 군사 병 | | 同 | 같을 동 | | 課 | 공부할 과 | | | |
| | 水 | 물 수 | | 役 | 부릴 역 | | 體 | 몸 체 | | 人 | 사람 인 | | | |

## ZOOM Ⅱ ≫ 응용한자 알아보기

① 遠征(원정) : 먼 곳으로 싸우러 감.
* 遠程(원정) : 遠[멀 원] 程[길 정]
   멀리 가는 길이나 멀리서 오는 길.

◈ 원정대(遠征隊) : 隊[무리 대]
   먼 곳으로 경기나 탐험 등을 하러 가는 단체.
◈ 원근(遠近) : 近[가까울 근]
   멀고 가까움.

**한자능력검정시험 3급 기출**
– 隊[대](18회 126번) – 復[복](19회 135번) – 額[액](13회 101번, 24회 97번) – 過程[과정](19회 139번) – 選[선](6회 117번, 10회 18번)

❖ 원대(遠大) : 大[큰 대]
계획 등이 규모가 크고 뜻이 심원하다.

④ 適正水位(적정수위) : 적당하고 바른 선에서 어떤 일을 처리함.
* 敵情(적정) : 敵[대적할 적] 情[뜻 정]
　　적군의 형편. 동정.
* 守衛(수위) : 守[지킬 수] 衛[지킬 위]
　　경비를 보는 사람.
* 首位(수위) : 首[머리 수] 位[자리 위]
　　등급이나 지위 등에서 첫째가는 자리.

❖ 적정성장률(適正成長率) : 成[이룰 성] 長[긴 장] 率[비율 률]
자본재의 수요와 공급이 일치하고 있을 경우의 경제성장률.

❖ 경계수위(警戒水位) : 警[깨우칠 경] 戒[경계할 계]
물이 크게 불어나기 전에 경계해야할 물 높이.

⑤ 國籍(국적) : 법률상으로 인정된 국가의 구성원으로서의 자격·신분.
* 國賊(국적) : 國[나라 국] 賊[도둑 적]
　　나라를 망친 역적.

❖ 국적회복(國籍回復) : 回[돌아올 회] 復[돌아올 복]
국적을 다시 얻음.

❖ 경국지재(經國之才) : 經[지날 경] 之[갈 지] 才[재주 재]
나라의 일을 경륜할 만한 능력을 가진 사람 (= 經國之士)

⑬ 賦課(부과) : 세금 등을 통해서 물게 함. 책임 등을 지워지게 함.
* 附過(부과) : 附[붙을 부] 過[지날 과]
　　잘못이나 허물을 적어 두는 일.

❖ 부과과세(賦課課稅) : 課[공부할 과] 稅[세금 세]
행정기관이 세금을 매기고 당사자에게 부담하게 함.

❖ 부과액(賦課額) : 額[이마 액]

매겨서 물리는 돈의 액수.

⑭ 人選過程(인선과정) : 사람을 뽑는 과정.
  * 仁善(인선) : 仁[어질 인] 善[착할 선]
    성질이 어질고 착함.

❖ 교직과정(教職課程) : 教[가르칠 교] 職[직분 직]
  교사가 되기 위해 이수해야 하는 교육과정.
❖ 야간과정(夜間課程) : 夜[밤 야] 間[사이 간]
  야간에 수업을 하기 위해 설정한 교육과정.

## ZOOM Ⅲ ≫ 시사 흐름잡기

### 해외 원정출산

#### ■ 해외 원정출산의 실태

최근 미국으로 해외 원정출산을 갔던 한국 여성들이 미 국토안보부 이민세관에 적발되어 국제적 망신을 당한 일이 있었다. 또한 원정출산 알선업체 사장이 캐나다 일간지와의 인터뷰에서 해외 원정출산은 떳떳하고 당당한 일이라는 의견을 피력했다가 현지 언론의 집중 포화를 맞은 일도 있었다. 이처럼 해외 원정출산이 개인적인 문제에 그치지 않고 사회적인 문제로 비화될 조짐을 보이고 있어 대책 마련이 시급한 실정이다. 검찰에서도 물의를 일으킨 알선업체를 특정 병원의 소개·알선 혐의로 고발하였으나 알선 대상 병원이 해외 현지 병원이므로 국내 의료법의 적용대상에서 제외되어 무혐의로 풀려나게 되었다. 주한 미 대사관은 실정법을 어기지 않는 한도 내에서 해외 원정출산이 이루어지고 있기 때문에 그 자체만으로 시민권을 박탈하는 것은 인권침해의 논란이 있어서 대책 마련을 고려하고 있지 않다고 한다. 그러나 상당수의 해외 원정출산 여성들이 떠나기 전에 태아 성감별을 통해서 성별을 확인한 후 남자일 경우 해외 원정출산을 떠나고 있어 문제가 되고 있다. 해외 원정출산을 통해서 태어나는 아이들의 80%가 남아이다.

통계에 따르면 매년 6,000~7,000여명 정도가 해외 원정출산 알선업체의 도움을 받아 1인당 2,000~5,000만원의 비용을 들여 해외 원정출산을 떠난다고 한다. 과거에는 일부 특권계층만이 해외 원정출산을 떠났으나, 최근에는 불투명한 경제현실과 교육환경을 이유로 중산층에까지 확대되는 추세이다.

## ■ 왜 산모들은 해외 원정출산을 선택하는가?

해외 원정출산을 떠나는 여성들은 그 이유로 아이들의 미래를 책임져줄 수 없는 불투명한 경제현실과 열악한 교육환경을 꼽는다. 또한 그들은 남자에게 큰 부담으로 작용하는 병역의무로부터 해방시켜서 국제적인 인물로 성장할 수 있는 여건을 마련해주기 위한 선택이었다고 주장한다.

그러나 해외 원정출산을 비판하는 이들은 교육여건은 핑계이고, 병역회피를 목적으로 한 해외 원정출산이라고 주장한다. 즉, 이러한 행동들은 왜곡된 모성의 대표적인 예로써, 돈으로 자녀의 '사회적 조건'을 미리 결정해주고, 자녀에게 부과될 의무를 회피하게 해주려는 천민자본주의의 단적인 모습이라는 것이다.

미국이나 캐나다 등의 나라에서 출산을 하면 이들 자녀는 국가의 속지주의(屬地主義) 원칙(국적에 관계없이 자국의 영토 안에서 출생한 사람에게 모두 국적을 부여하는 원칙)에 따라 미국국적을 부여받을 수 있다. 따라서 해외 원정출산 자녀들은 속인주의(屬人主義) 원칙(부모 중 한 사람만 자국 사람이면 자녀는 자동적으로 해당국가의 국적을 부여받을 수 있다는 원칙)을 채택하고 있는 한국의 국적과 미국의 국적을 동시에 가질 수 있는 것이다.

## ■ 해외 원정 출산의 위험성

❖ 만삭인 상태의 산모가 평균 10시간 이상의 항공기를 탑승한다는 것 자체가 임산부와 아이에게 엄청난 부담으로 작용한다.

장거리 비행으로 인한 피로, 스트레스, 해외 원정출산으로 인한 심리적 부담감, 시차로 인한 부적응, 숙식을 비롯한 갑작스런 생활환경의 변화 등이 모두 위험요인이다. 더욱이 임산부가 비행기 속에서 경험하는 기압차가 태아에게 심각한 악영향을 끼칠 수 있다.

❖ 장기간 비행시 발생할 수 있는 응급사태에 대하여 항공기 내에서는 적절한 조치를 취할 수 없다.

❖ 상당수의 산모들이 비용절감을 이유로 출산예정일이 가까운 시점에서 출국하고 있고, 숙식을 비롯한 여러 가지 시설들이 열악한 곳에서 생활하고 있다.

❖ 일반적으로 알선업체들은 산모들에게 출산 후 한달 이전에 한국으로 돌아오는 일정을 잡아주고 있다. 따라서 태어난 지 한달밖에 안되는 영아들에게 장시간의 여행은 매우 위험하며, 특히 기압차로 인하여 고막이 손상될 수 있다.

## Chapter ⑭

# 원지동 추모공원 흔들려선 안 된다

---

※ 한자 Zoom In
飽和狀態(포화상태) 拂拭(불식) 貫徹(관철) 苦肉之策(고육지책) 百年大計(백년대계)
※ 시사 Zoom In
매장문화 사회적 혐오시설 님비(NIMBY)현상

---

실마리가 풀리는가 싶던 서울 서초구 원지동 ①追慕(추모)공원 건립 사업이 다시 암초에 부닥쳤다. 서울시는 최근 지역 내 화장장 유치에 반대하는 주민들이 제기한 소송에서 이기자 추모공원 내에 국가중앙의료원을 세우고 여기에 2010년까지 화장로 11기를 짓는 방안을 적극 추진하고 있다. 하지만 건설교통부는 수용하기 어렵다는 입장이다. 추모공원 설립이 급하다고 해서 그린벨트를 해제했는데 이제 와서 병원을 세우겠다니 무슨 소리냐는 것이다. 이대로 가면 파주시 용미리 서울시립화장시설의 용량이 ②飽和狀態(포화상태)에 이르는 2010년에는 화장 대란이 불가피하게 됐다.

사태가 이렇게 된 데는 서울시의 책임이 크다. 원지동 추모공원 건립은 전임 시장이 화장장에 대한 부정적 인식을 ③拂拭(불식)시키기 위해 시장 공관까지 옮겨 가겠다며 강력한 의지를 보인 사업이었다. 하지만 이명박(李明博)시장이 시

난해 선거 기간 중 해당지역 ④住民(주민)의 표를 의식해 규모 축소를 ⑤公約(공약)한 이후 줄곧 표류해 왔기 때문이다.

서울시가 주민 설득을 게을리하고 시간을 허송하다 뒤늦게 건교부가 받아들이기 어려운 국가중앙의료원 건립안을 들고 나온 것은 비판받아 마땅하다. 화장장 건설 용도로 그린벨트 해제에 동의했기 때문에 병원 설립은 허용할 수 없다는 건교부의 입장은 그린벨트 관리에 책임있는 부서로서 충분히 주장할 수 있다. 그러나 서울시의 새 계획은 반대하는 주민을 설득해 ⑥火葬場(화장장) 건립을 ⑦貫徹(관철)하기 위한 ⑧苦肉之策(고육지책)이라는 점을 건교부는 살펴야 한다. 중앙의료원은 국가시설인 데다 특히 ⑨醫療(의료)시설이 포함된 추모공원을 짓겠다는 서울시의 ⑩折衷案(절충안)이 주민 대다수와 ⑪合意(합의)된 내용이라는 점도 고려돼야 한다.

추모공원이 건교부의 반대로 ⑫白紙化(백지

---

한자능력검정시험 2급 기출
– 一貫[일관](25회 84번) – 策[책](12회 102번) – 百年[백년](21회 147번) – 尾[미](9회 105번) – 窮[궁](8회 94번)
– 效[효](12회 83번, 25회 81번)

---

화)된다면 화장 대란이 닥치게 되고 장묘문화 개혁은 물건너 간다. 부안 원전수거물 관리시설의 진통에서 보듯이 ⑬嫌惡(혐오) 시설은 주민과의 합의 없이는 유치하기 어렵다. 정부는 국가 ⑭百年大計(백년대계)를 위해 ⑮大乘的(대승적) 차원의 판단을 내려야 한다.　중앙일보 2003.10.21

## ZOOM I ≫ 한자 엿보기

| | | | | | | | | | | | | | | |
|---|---|---|---|---|---|---|---|---|---|---|---|---|---|---|
| ① | 追 쫓을 추 | ④ | 住 살 주 | | 徹 통할 철 | ⑩ | 衷 속마음 충 | | 惡 미워할 오 |
| | 慕 그릴 모 | | 民 백성 민 | | 苦 괴로울 고 | | 案 책상 안 | ⑭ | 百 일백 백 |
| ② | 飽 배부를 포 | ⑤ | 公 공평할 공 | ⑧ | 肉 고기 육 | ⑪ | 合 합할 합 | | 年 해 년 |
| | 和 화할 화 | | 約 맺을 약 | | 之 갈 지 | | 意 뜻 의 | | 大 큰 대 |
| | 狀 형상 상 | | 火 불 화 | | 策 꾀 책 | | 白 흰 백 | | 計 셀 계 |
| | 態 모양 태 | ⑥ | 葬 장사 장 | ⑨ | 醫 의원 의 | ⑫ | 紙 종이 지 | ⑮ | 大 큰 대 |
| ③ | 拂 떨칠 불 | | 場 마당 장 | | 療 병고칠 료 | | 化 될 화 | | 乘 탈 승 |
| | 拭 닦을 식 | ⑦ | 貫 꿸 관 | | 折 꺾을 절 | ⑬ | 嫌 싫어할 혐 | | 的 과녁 적 |

## ZOOM II ≫ 응용한자 알아보기

② 飽和狀態(포화상태) : 더 이상 더할 수 없는 양에 이른 상태.

*砲火(포화) : 砲[대포 포] 火[불 화]

　총포를 쏠 때 일어나는 불.

◈ 포화인구(飽和人口) : 人[사람 인] 口[입 구]

지역의 인구의 수용력이 극에 달한 때의 인구.

◈ 포화용액(飽和溶液) : 溶[녹을 용] 液[진 액]

일정한 온도에서 일정량의 용매에 녹을 수 있는 용질의 양이 극에 다다랐을 때의 용액.

**한자능력검정시험 3급 기출**

– 始終[시종](8회 114번, 17회 23번) – 策[책](20회 134번) – 頭[두](6회 150번) – 計[계](20회 134번) – 鬪[투](14회 67번, 19회 32번)

③ 拂拭(불식) : 말끔하게 치워 없앰.
  * 不息(불식) : 不[아닐 불] 息[숨쉴 식]
      쉬지 아니함.
  * 不食(불식) : 不[아닐 불] 食[먹을 식]
      먹지 아니함.

❖ 수불(受拂) : 受[받을 수] 拂[떨칠 불]
  받음과 치름.
❖ 염불(鹽拂) : 鹽[소금 염] 拂[떨칠 불]
  장례식이 끝난 뒤에 소금을 뿌려 부정을 씻어 내는 일.

⑦ 貫徹(관철) : 자신의 주장을 처음부터 일관성 있게 밀고 나가서 목적을 이룸.
  * 觀徹(관철) : 觀[볼 관] 徹[통할 철]
      사물을 꿰뚫어 봄.

❖ 초지일관(初志一貫) : 初[처음 초] 志[뜻 지] 一[한 일]
  처음에 세운 뜻을 이루려고 끝까지 밀고 나감.
❖ 시종일관(始終一貫) : 始[비로소 시] 終[마칠 종] 一[한 일]
  처음부터 끝까지 같은 태도로 나감.
❖ 철두철미(徹頭徹尾) : 頭[머리 두] 尾[꼬리 미]
  머리부터 꼬리까지 통한다는 뜻으로, 처음부터 끝까지 방침을 바꾸지 않고 끝까지 같은 태도로 나
  간다는 것.

⑧ 苦肉之策(고육지책) : 적을 속이기 위해서 자신의 몸을 괴롭히면서까지 쓰는 계책.
  * 苦肉之計(교육지계) : 計[셀 계]
      적을 속이기 위해서 자신의 몸을 괴롭히면서까지 쓰는 계책.

❖ 악전고투(惡戰苦鬪) : 惡[악할 악] 戰[싸움 전] 鬪[싸움 투]
  어려운 상황에서 강력한 적을 상대로 힘든 싸움을 함.
❖ 궁여지책(窮餘之策) : 窮[다할 궁] 餘[남을 여] 之[갈 지]
  막다른 처지에서 그런 상황을 타개하기 위해 생각다 못해 짜낸 꾀.

⑭ <u>百年大計</u>(백년대계) : 먼 장래를 내다보고 세우는 큰 계획.

❖ 일벌백계(一罰百戒) : 一[한 일] 罰[벌할 벌] 戒[경계할 계]

한 사람에게 무거운 벌을 줌으로써 여러 사람에게 경각심을 불러일으키는 일.

❖ 백약무효(百藥無效) : 藥[약 약] 無[없을 무] 效[본받을 효]

백가지 약을 다 써봐도 병이 낫지 않음.

## ZOOM Ⅲ » 시사 흐름잡기

### 한국의 장묘문화

#### ■ 한국 장례문화의 실태

우리나라는 전통적으로 유교적 장례의식에 기초한 매장문화를 따르고 있다. 그러나 장례 형식과 절차가 까다롭고 복잡하며, 사회적 체면 및 대외적 과시문화로 인하여 낭비적인 요소가 많이 존재한다. 특히 돌아가신 분에 대한 마지막 예우 차원에서 무리가 따르더라도 장례를 잘 치러야 한다는 생각과 이를 이용하려는 장례업체들의 무분별한 상업주의가 고비용 장례구조를 만들어내고 있다.

통계에 따르면 우리나라 연 장묘관련 총 비용은 약 1조6천1백56억원, 1건당 장묘비용은 약 6백38만원, 1기당 묘지 사용비는 평균 3백4만원 정도로 추정된다. 그러나 일반적으로 기본적인 비용 이외에 드러나지 않은 비용들이 추가로 소요되는 경우가 많으므로 총 비용은 더욱 늘어날 것으로 추정된다.

이러한 한국의 장묘문화의 개선을 위하여 시민단체와 정부가 같이 나서고 있다. 이는 고비용 장례절차와 더불어 좁은 국토에서 많은 인구가 살고 있는 우리나라의 경우 지금과 같은 추세로 매장이 이루어질 경우 머지않아 묻을 수 있는 묘지가 고갈될 것이기 때문이다. 현재 우리나라의 화장률은 23.8%로 외환위기 이후 꾸준히 늘어가고 있는 추세이나 일본(97%)과 기타 선진국(평균 55% 이상)들에 비하면 매우 떨어진다.

#### ■ 화장장 건립과 갈등(님비현상)

사회적 혐오시설의 유치에 관하여 우리나라 국민들은 매우 부정적이다. 서울시는 현존하는 화장장과 납골당의 수용능력이 거의 포화상태에 이름에 따라 2000년 8월 '추모공원 건립 추진위원회'를 발족하여 접근성, 주변지역 여건을 고려한 환경성, 토지의 활용성, 경제성 등을 기준으로 대상지역을 선정하였다. 그러나 해당 지역 주민대표들은 환경오염, 주거환경의 침해, 교통난 가중, 혐오시설 유치에 따른 부동산 가격 하락 등을 이유로 반대하고 있어 난항이 예상된다. 사회적 필요성은 인정하지만 혐오시설을 자신의 주변에 두는 것을 반대하는 현상을 '님비(NIMBY)현상'이라고 하는데 이로 인한 갈등은 다음과 같은 원인으로 인하여 발생한다.

❖ 지방자치제의 실시로 인하여 지방의회 세력이 또 하나의 정치세력을 이루면서 자신의 정치적 입지와 연결되는 지역문제에 매우 민감하게 반응하게 되었다.

❖ 지역주민들의 민주주의 의식이 높아지면서 자신의 의견을 분명히 밝히고 이를 선거에서의 투표권을 행사하는 방법으로 자신들의 의지를 반영한다.

❖ 시·도·군 별로 지방자치가 이루어지면서 독립된 자치모델의 성격을 가지게 되었고, 이들 간의 심각한 갈등이 발생하기도 한다. 즉, 좋은 것은 먼저 유치하고 문제가 될 수 있는 민감한 문제들은 다른 지역에서 맡아주기를 바라는 것이다.

❖ 정부 부처간에 이기주의가 지역이기주의에 영향을 미칠 수 있다. 서울의 원지동 추모공원 건립의 경우 서울시와 건설교통부간의 갈등으로 현재 답보상태에 있다.

## ■ 장례시설 건립의 활성화를 위한 개선 방안

❖ 장례문화에 대한 국민의 인식을 바꿔야 한다.

종래의 매장문화를 고집할 것이 아니라 토지의 효율적 이용이라는 측면에서 화장 문화가 정착될 수 있도록 시민단체를 중심으로 한 지속적인 장례문화 개선운동이 이루어져야 한다.

❖ 화장장 자체가 혐오시설이라는 부정적 이미지를 탈피할 수 있도록 하며, 이를 위해 화장 시설의 현대화를 이룰 수 있도록 노력해야 한다.

일반적으로 사람들은 화장장 하면 검은 연기와 악취, 굴뚝 등을 떠올리는 고정관념에 사로잡혀 있다. 이와 같은 부정적, 공포적 이미지가 바꿔야 한다.

❖ 사회적 혐오시설의 건립으로 인한 갈등을 정치적으로 이용해서는 안 된다.

지역의 현안 문제를 정치적으로 이용하여 갈등을 증폭시키고 문제해결 과정에서 유권자의 환심을 얻어 자신의 정치적 발판으로 삼으려는 것은 바람직하지 않다.

사회·문화

# Chapter ⑮

## '4强 신화' 이후 준비할 때다

※ 한자 Zoom In
正體性(정체성) 一體感(일체감) 毅然(의연) 自信感(자신감) 高揚(고양)
※ 시사 Zoom In
붉은 악마 신드롬' 스포츠 국가주의 집단적 카타르시스 촛불시위

한 달 동안 ①地球村(지구촌)을 축구 열기로 들뜨게 했던 한일 월드 컵 축구대회가 어젯밤 막을 내렸다. 이번 대회에서 한국축구는 첫 승리, 16강 진출의 목표를 넘어 아무도 예상하지 못했던 '4강 신화'를 이뤄냈다. 한국축구사의 ②偉業(위업)이자 아시아축구의 쾌거다. 1년 반이라는 짧은 시간 안에 한국축구를 세계적 수준으로 끌어올린 거스 히딩크 감독과 순수한 열정으로 투혼을 불사른 23인 태극전사가 이룬 ③榮光(영광)이다.

이번 월드 컵의 영광은 '붉은 악마' 응원단과 4700만 국민 모두의 몫이기도 하다. 한국팀의 경기 때마다 전국에 넘쳐흐른 붉은 물결과 질서있는 ④應援(응원)은 전 세계에 한국인의 놀라운 활력과 수준 높은 국민 이미지를 ⑤刻印(각인)시켰다. '코리아 브랜드'를 세계에 알린 값진 성과다. 우리는 이번 대회를 통해 '대한민국' 국민이라는 ⑥正體性(정체성)과 나라 사랑을 확인할

수 있었다. 그에 따른 ⑦一體感(일체감)과 ⑧自矜心(자긍심)으로 우리 사회의 갈등과 분열을 하나로 ⑨融合(융합)시킬 수 있다는 소중한 가능성도 열어 놓았다.

그러나 아직은 가능성일 뿐이다. 국민의 통합된 에너지를 국가발전의 ⑩動力(동력)으로 이끌어가기 위한 사회 각계의 꾸준한 노력이 뒤따를 때만이 가능성이 현실로 변할 수 있다. '6월의 축제'는 그러한 사회적 노력을 위한 밑거름이 되어야 한다.

축제의 뒤풀이가 길어져서는 안 된다. 그러기에는 우리 현실은 여전히 엄혹하다. 엊그제 서해에서는 북측의 도발로 다수의 우리 젊은 군인들이 숨지거나 부상하는 참사가 빚어졌다. 비극적 분단현실의 본질은 변치 않고 있는 것이다. 서해 교전 소식이 전해지자 전사한 병사들에게 묵념으로 조의를 표하고 응원을 펼친 젊은 응원단의 ⑪毅然(의연)한 자세는 웬만한 북의 도발에도

**한자능력검정시험 2급 기출**
– 自身[자신](5회 93번) – 滿[만](6회 120번) – 揚[양](21회 87번) – 體[체](25회 83번) – 停[정](20회 91번) – 茫
[망](6회 43번, 24회 141번) – 失[실](22회 83번)

사회·문화

흔들리지 않는 ⑫自信感(자신감)의 표출이란 점에서 긍정적이다. 이제는 일상으로 돌아가 그런 자신감으로 맡은 바 일에 최선을 다해야 한다.

월드컵으로 ⑬高揚(고양)된 국민적 자신감을 미래의 비전에 ⑭接木(접목)시키는 것이야말로 정치권이 담당해야 할 일이다. 그러나 정치권은 국회 원구성을 질질 끌며 한 달 이상 '식물국회'를 면치 못했다. 입으로는 월드 컵을 계기로 미래 지향적 정치, 생산적 정치를 하자면서도 구체적 ⑮實踐方案(실천방안)은 내놓지 못하고 있다. 국민 눈에는 오로지 정권 다툼에 골몰하고 있는 것으로 비칠 뿐이다. '선진 축구' '후진 정치'의 모습이다.

이래서는 한국축구가 이뤄낸 '4강 신화'는 단지 신화에 그칠 것이다. 모처럼 이뤄낸 국민적 일체감과 자부심도 빠르게 사라질지 모른다. 축제보다 '4강 신화' 이후를 준비할 때다.

동아일보 2002. 7. 1

## ZOOM Ⅰ » 한자 엿보기

| | | | | | | | | | | | | | | |
|---|---|---|---|---|---|---|---|---|---|---|---|---|---|---|
| ① | 地 | 땅 지 | ⑤ | 援 | 도울 원 | ⑧ | 感 | 느낄 감 | ⑪ | 毅 | 굳셀 의 | ⑮ | 木 | 나무 목 |
| | 球 | 공 구 | | 刻 | 새길 각 | | 自 | 스스로 자 | | 然 | 그럴 연 | | 實 | 열매 실 |
| | 村 | 마을 촌 | | 印 | 도장 인 | | 矜 | 자랑할 긍 | | 自 | 스스로 자 | | 踐 | 밟을 천 |
| ② | 偉 | 클 위 | | 正 | 바를 정 | | 心 | 마음 심 | ⑫ | 信 | 믿을 신 | | 方 | 모 방 |
| | 業 | 업 업 | ⑥ | 體 | 몸 체 | ⑨ | 融 | 녹일 융 | | 感 | 느낄 감 | | 案 | 책상 안 |
| ③ | 榮 | 영화 영 | | 性 | 성품 성 | | 合 | 합할 합 | ⑬ | 高 | 높을 고 | | | |
| | 光 | 빛 광 | ⑦ | 一 | 한 일 | ⑩ | 動 | 움직일 동 | | 揚 | 오를 양 | | | |
| ④ | 應 | 응할 응 | | 體 | 몸 체 | | 力 | 힘 력 | ⑭ | 接 | 접할 접 | | | |

## ZOOM Ⅱ » 응용한자 알아보기

⑥ 正體性(정체성) : 본디의 참모습.

＊ 停滯(정체) : 停[머무를 정] 滯[막힐 체]
　　　더 나아가지 못하고 한곳에 머물러 막힘.

**한자능력검정시험 3급 기출**
– 感[감](19회 106번, 21회 149번) – 漠然[막연](16회 26번) – 滿[만](20회 84번, 22회 141번)

❖ 일심동체(一心同體) : 一[한 일] 心[마음 심] 同[같을 동]
여러 사람이 마음을 한데 뭉쳐서 뜻을 합하는 일.

❖ 신체발부(身體髮膚) : 身[몸 신] 髮[터럭 발] 膚[살갗 부]
사람의 머리부터 발끝까지의 온몸.

⑦ 一體感(일체감) : 한 몸임을 느끼는 것.
  * 一切(일체) : 一[한 일] 切[온통 체]
    모든 것. 온갖 것.

❖ 혼연일체(渾然一體) : 渾[흐릴 혼] 然[그럴 연] 一[한 일]
의지와 행동이 조금도 어긋남이 없이 한 덩어리가 되는 일.

❖ 삼위일체(三位一體) : 三[석 삼] 位[자리 위] 一[한 일]
세 가지가 하나로 통일되는 일.

⑪ 毅然(의연) : 의지가 강하고 태도가 꿋꿋하고 단호함.
  * 義捐(의연) : 義[옳을 의] 捐[버릴 연]
    자선이나 공익을 위하여 돈이나 물품 등을 기부함.
  * 依然(의연) : 依[의지할 의] 然[그럴 연]
    전과 다름이 없음. ;舊態依然(구태의연)

❖ 막연(漠然) : 漠[넓을 막]
아득하고 어렴풋함.

❖ 돌연(突然) : 突[갑자기 돌]
별안간. 갑작스러움.

❖ 망연자실(茫然自失) : 茫[아득할 망] 自[스스로 자] 失[잃을 실]
멍하니 제 정신을 잃고 어리둥절함.

⑫ 自信感(자신감) : 어떤 일에 대하여 자신이 있다고 스스로의 능력을 믿는 굳센 마음.
  * 自身(자신) : 自[스스로 자] 身[몸 신]
    자기. 자기 몸.

❖ 자신만만(自信滿滿) : 滿[찰 만]
매우 자신이 있음.

❖ 붕우유신(朋友有信) : 朋[벗 붕] 友[벗 우] 有[있을 유]

　오륜(五倫)의 하나로서 친구 사이의 도리는 믿음에 있음을 이르는 말.

❖ 반신반의(半信半疑) : 半[반 반] 疑[의심할 의]

　반은 믿고 반은 의심함.

⑬ 高揚(고양) : 정신이나 기분 따위를 북돋우어 드높이는 것.

＊高陽(고양) : 高[높을 고] 陽[볕 양]

　　경기도의 한 군.

❖ 의기양양(意氣揚揚) : 意[뜻 의] 氣[기운 기] 揚[오를 양]

　의기가 드높아 아주 자랑스럽게 행동하는 모양.

❖ 입신양명(立身揚名) : 立[설 입] 身[몸 신] 名[이름 명]

　사회적으로 출세하여 자신의 이름을 세상에 드날림.

## ZOOM Ⅲ» 시사 흐름잡기

### 2002년 한·일 월드컵

#### ■ 2002년 한·일 월드 컵 속 붉은 악마

　2002년 6월. 한국은 월드 컵 축구 4강이라는 성적으로 세계를 놀라게 하였고, '붉은 악마 신드롬'을 일으키며, 세계의 주목을 받았다. 단순한 응원을 넘어선 붉은 악마의 폭팔적이고 다이내믹한 길거리 응원은 서구의 '훌리건' 응원 문화와 비교되면서 사회의 전 계층을 아우르면서도 자발적이고, 평화적인 응원·축제 문화라고 평가받고 있다. 2002년 당시 붉은 악마의 길거리 응원이 앞으로 사회에 어떤 영향을 미칠 것인가에 대해서 긍정론과 부정론이 엇갈리는 등 의견이 분분하였다. 국민적 역동성이 월드 컵을 계기로 분출되어 사회의 발전에 기여할 것이라는 긍정론과 국민들이 자각하지 못하는 사이에 스포츠 국가주의에 이용될 수 있다는 부정론이 바로 그것이다. 그러나 분명한 것은 붉은 악마의 길거리 응원은 그 동안 사회의 고질적인 병폐로 여겨졌던 세대차이, 남녀차별, 이념대립 등을 해결할 수 있는 하나의 가능성을 시사했다는 점에서 우리사회에 주는 메시지가 크다.

#### ■ '붉은 악마 신드롬' 분석

　붉은 악마의 길거리 응원에 대한 전문가들의 분석은 다음과 같다.

❖ 한국 국민성의 원형질에는 단결성과 열정이 숨어있으며, 한국인의 유전자 속에는 위기를 곧 기회

로 만드는 능력이 있다. 특히 분명한 목표가 설정되고 자발적 동기만 유발되면 엄청난 위력을 발휘하는 국민성이 잠재되어 있으며, 1960~70년대의 새마을 운동이나 1998년의 금 모으기 운동이 그 대표적인 예이다. 이러한 성향이 기업경영 현장에서는 '신바람 경영'으로, 경제성장 측면에서는 '압축성장'으로, 문화면에서는 '한류열풍'으로 나타나고 있는 것이다.

## ■ 현대경제연구원, '레즈 이코노미의 의미와 시사점' –

◈ 외환위기 이후 급변하는 사회·경제적 변화와 빈부격차의 심화로부터 발생하는 스트레스를 푸는 집단적 카타르시스의 과정이다. 즉, 외환위기 이후 구조조정 및 취업난이 계속되어 왔고, 정치권의 부패 및 소득의 불평등이 갈수록 심화되고 있는 답답한 사회적 현실을 벗어나고 싶은 욕구의 분출이다.

–LG경제연구원 송태정 연구위원, 삼성경제연구소 강신장 상무–

## ■ 2002년 한·일 월드컵 그 후

정부는 2002년 한·일 월드 컵 효과를 극대화하기 위하여 각종 대책을 발표했었다. '업그레이드 코리아'라는 이름의 포스트 월드 컵 대책은 국민적 역동성을 '국가적 성장동력 에너지'로 전환하겠다는 것이 주요 내용이었다. 이 대책에는 에펠탑에 맞먹는 대규모 조형물 건립에서부터 '국가 이미지 제고위원회' 출범까지 다양한 내용이 포함되어 있었다.

그러나, 한국은 월드 컵에서의 경제적 효과를 극대화하지 못하고, 월드 컵 후 경제침체를 겪으면서 그 후유증에 시달리고 있다. 특히 월드 컵에서 넘쳐흘렀던 국민적 에너지를 결집하고 새로운 비전을 제시해 줄 수 있는 강한 리더십을 가진 지도자가 필요하였으나 김대중 정권 말기의 레임덕 현상과 정치권의 각종 부패 사실 발각, 대통령 선거로 인한 여러 가지 사회적 혼란은 국민들을 허탈감에 빠져들게 하였다.

한국의 길거리 응원 문화는 그 후 미군 장갑차 여중생 사망 사건을 계기로 촛불시위로 변모하였으며, 노무현 대통령 탄핵사건 때에 이르러 절정을 맞이하게 된다. 그러나 최근에는 당초 우려했던 대로 국민의 집단적 성향이 약간 변모되는 모습을 보이고 있다. 즉, 자신들의 이익에 반하는 일에 대해서 수시로 집단적 행동을 보여 정부를 압박하고, 자신의 뜻을 관철하려는 움직임이 바로 그것이다. 이러한 모습은 최근 이라크 파병 문제부터 노사분규 투쟁에 이르기까지 자주 볼 수 있다.

사회·문화

## 가로-세로열쇠로 복습하기

※ 한글로 가로-세로 열쇠를 채워봅시다.

|  |  |  | 1 |  |  |  |  |  |  |  | 2 |
|---|---|---|---|---|---|---|---|---|---|---|---|
|  |  |  |  |  |  |  |  |  |  | 3 |  |
|  |  |  |  |  |  |  |  |  |  |  |  |
|  | 4 | 5 | 6 |  | 7 |  | 8 |  |  |  |  |
| 9 |  | 10 |  |  |  |  | 11 |  |  |  |  |
|  |  |  |  |  |  |  | 12 |  |  |  |  |
|  | 13 |  |  |  |  | 14 |  |  |  |  |  |
|  | 15 |  |  |  | 16 |  |  |  |  |  |  |
|  |  |  |  | 17 |  |  |  |  |  |  |  |
| 18 |  | 19 |  |  |  |  |  |  |  |  | 20 |
|  |  |  |  | 21 |  |  |  | 22 |  |  |  |
|  |  | 23 |  |  |  |  |  |  |  |  |  |
|  |  |  |  |  |  |  |  |  |  |  |  |

**가로열쇠**

5. 사회적으로 출세하여 자신의 이름을 세상에 드날린다는 뜻의 4자 성어.

7. 지역의 인구의 수용력이 극에 달한 때의 인구.

9. 의지와 행동이 조금도 어긋남이 없이 한 덩어리가 된다는 뜻의 4자 성어.

11. 선거운동의 자유방임에서 오는 폐단을 막기 위하여 정부 산하 기관으로 하여금 선거를 관리하게 하는 제도.

15. 본디의 참모습.
16. 나라의 일을 경륜할 만한 능력을 가진 사람.
17. 적을 속이기 위해서 자신의 몸을 괴롭히면서까지 쓰는 계책이라는 뜻의 4자 성어.
18. 세 가지가 하나로 통일된다는 뜻의 4자 성어.
22. 오륜(五倫)의 하나로서 친구 사이의 도리는 믿음에 있음을 이르는 말.
23. 먼 장래를 내다보고 세우는 큰 계획.

1. 의기가 드높아 아주 자랑스럽게 행동하는 모양.
2. 민주주의 국가의 주요 정부 형태의 한 가지. 국회를 통하여 국민이 정부의 정책을 감시하는 것이 특징임.
3. 사사로움을 버리고 공공을 위해서 일한다는 뜻의 4자 성어.
4. 전과 다름이 없음.
6. 사람의 머리부터 발끝까지의 온몸.
7. 일정한 온도에서 일정량의 용매에 녹을 수 있는 용질의 양이 극에 다다랐을 때의 용액.
8. 사람을 뽑는 것.
10. 여러 사람이 마음을 한데 뭉쳐서 뜻을 합하는 일이라는 뜻의 4자 성어.
12. 막다른 처지에서 그런 상황을 타개하기 위해 생각다 못해 짜낸 꾀라는 뜻의 4자 성어.
13. 적당하고 바른 선에서 어떤 일을 처리함.
14. 나라의 장래에 대하여 근심하는 기개가 높고 포부가 큰 사람.
17. 적을 속이기 위해서 자신의 몸을 괴롭히면서까지 쓰는 계책이라는 뜻의 4자 성어.
19. 한 사람에게 무거운 벌을 줌으로써 여러 사람에게 경각심을 불러일으키는 일이라는 뜻의 4자 성어.
20. 반은 믿고 반은 의심한다는 뜻의 4자 성어.
21. 계획 등이 규모가 크고 뜻이 심원하다.

※ 한자로 가로−세로 열쇠를 채워봅시다.

**가로 열쇠**

5. 사회적으로 출세하여 자신의 이름을 세상에 드날린다는 뜻의 4자 성어.

7. 지역의 인구의 수용력이 극에 달한 때의 인구.

9. 의지와 행동이 조금도 어긋남이 없이 한 덩어리가 된다는 뜻의 4자 성어.

11. 선거운동의 자유방임에서 오는 폐단을 막기 위하여 정부 산하 기관으로 하여금 선거를 관리하게 하는 제도.

15. 본디의 참모습.

16. 나라의 일을 경륜할 만한 능력을 가진 사람.

17. 적을 속이기 위해서 자신의 몸을 괴롭히면서까지 쓰는 계책이라는 뜻의 4자 성어.

18. 세 가지가 하나로 통일된다는 뜻의 4자 성어.

22. 오륜(五倫)의 하나로서 친구 사이의 도리는 믿음에 있음을 이르는 말.
23. 먼 장래를 내다보고 세우는 큰 계획.

**세로 열쇠**

1. 의기가 드높아 아주 자랑스럽게 행동하는 모양.
2. 민주주의 국가의 주요 정부 형태의 한 가지. 국회를 통하여 국민이 정부의 정책을 감시하는 것이 특징임.
3. 사사로움을 버리고 공공을 위해서 일한다는 뜻의 4자 성어.
4. 전과 다름이 없음.
6. 사람의 머리부터 발끝까지의 온몸.
7. 일정한 온도에서 일정량의 용매에 녹을 수 있는 용질의 양이 극에 다다랐을 때의 용액.
8. 사람을 뽑는 것.
10. 여러 사람이 마음을 한데 뭉쳐서 뜻을 합하는 일이라는 뜻의 4자 성어.
12. 막다른 처지에서 그런 상황을 타개하기 위해 생각다 못해 짜낸 꾀라는 뜻의 4자 성어.
13. 적당하고 바른 선에서 어떤 일을 처리함.
14. 나라의 장래에 대하여 근심하는 기개가 높고 포부가 큰 사람.
17. 적을 속이기 위해서 자신의 몸을 괴롭히면서까지 쓰는 계책이라는 뜻의 4자 성어.
19. 한 사람에게 무거운 벌을 줌으로써 여러 사람에게 경각심을 불러일으키는 일이라는 뜻의 4자 성어.
20. 반은 믿고 반은 의심한다는 뜻의 4자 성어.
21. 계획 등이 규모가 크고 뜻이 심원하다.

**가로-세로 열쇠로 복습하기 정답**

| | | | 의 | | | | | | | | | 의 |
|---|---|---|---|---|---|---|---|---|---|---|---|---|
| | | | 기 | | | | | | | 멸 | | 원 |
| | | | 양 | | | | | | | 사 | | 내 |
| | 의 | 입 | 신 | 양 | 명 | 포 | 화 | 인 | 구 | 봉 | | 각 |
| 혼 | 연 | 일 | 체 | | | 화 | | 선 | 거 | 공 | 영 | 제 |
| | | 심 | 발 | | | | 용 | 궁 | | | | |
| | 적 | 동 | 부 | | | | 액 | 우 | 여 | | | |
| | 정 | 체 | 성 | | | | 경 | 국 | 지 | 재 | | |
| | 수 | | | | 고 | 육 | 지 | 책 | | | | |
| 삼 | 위 | 일 | 체 | | 육 | | | 사 | | | | 반 |
| | | 벌 | | 원 | 지 | | | | 붕 | 우 | 유 | 신 |
| | | 백 | 년 | 대 | 계 | | | | | | | 반 |
| | | 계 | | | | | | | | | | 의 |

| | | | 意 | | | | | | | | | 議 |
|---|---|---|---|---|---|---|---|---|---|---|---|---|
| | | | 氣 | | | | | | | 滅 | | 院 |
| | | | 揚 | | | | | | | 私 | | 內 |
| | 毅 | 立 | 身 | 揚 | 名 | 飽 | 和 | 人 | 口 | 奉 | | 閣 |
| 渾 | 然 | 一 | 體 | | | 和 | | 選 | 舉 | 公 | 營 | 制 |
| | | 心 | 髮 | | | | 溶 | 窮 | | | | |
| | 適 | 同 | 膚 | | | | 液 | 憂 | 餘 | | | |
| | 正 | 體 | 性 | | | | 經 | 國 | 之 | 才 | | |
| | 水 | | | | 苦 | 肉 | 志 | 策 | | | | |
| 三 | 位 | 一 | 體 | | 肉 | | | 士 | | | | 半 |
| | | 罰 | | 遠 | 之 | | | | 朋 | 友 | 有 | 信 |
| | | 百 | 年 | 大 | 計 | | | | | | | 半 |
| | | 戒 | | | | | | | | | | 疑 |

# 학생부 CD 문제, 그래서 NEIS가 필요

※ 한자 Zoom In
  法院(법원) 防止(방지) 判斷(판단) 同意(동의) 提供(제공)
※ 시사 Zoom In
  전국단위 교육행정정보 시스템 교육정보화

①法院(법원)이 고교 3학년 3명이 교육부를 상대로 낸 대입 ②銓衡資料(전형자료) CD 제작 배포 금지 가처분신청을 받아들인 것은 교육행정의 효율성보다 ③人權(인권)침해 ④防止(방지)가 더 중요하다고 ⑤判斷(판단)한 것이다. 이 결정에도 불구하고 교육부가 3명을 뺀 CD의 제작을 강행키로 한 것은 대입 정시모집 일정을 감안한 불가피한 선택으로 보여진다. 그렇다 하더라도 교육부는 ⑥情報化(정보화)시대에 개인의 정보는 본인의 ⑦同意(동의)없이 외부에 ⑧流出(유출)되거나 다른 기관에 ⑨提供(제공)될 수 없다는 법원의 결정을 존중해 새로운 자료 제공방법을 개발해야 할 것이다. 사실상 가처분신청을 주도했던 전교조는 앞으로는 CD 제작 불가능이라는 성과를 얻어냈다. 그러나 당장 코앞에 닥친 입시에 차질없도록 교육부가 올해 제작하는 CD에 대해 반발하지 말아야 한다. 혼란을 우려하고 있는 수험생과 학부모의 불안감을 씻어줘야 하

기 때문이다.

1997년부터 시행된 CD 방식에는 대학에 지원한 모든 학생의 학교생활기록부가 담겨 있어 원치 않는 학교에 다른 학생의 ⑩身上情報(신상정보)도 제공된다. 또 입시 후 ⑪返還(반환)되지 않고 4년간 보관되면서 인적사항이 입시학원이나 신용회사로 빠져나가는 ⑫副作用(부작용)도 잦았다. 따라서 교육부와 각 대학은 올해 제공분은 물론 보관기간이 남아 있는 CD의 내용이 새어나가 악용되지 않도록 철저하게 관리해야 한다. 교육부는 가처분신청을 낸 학생 외에 다른 학생으로부터 자료제공에 대한 동의를 받는 절차도 밟아야 할 것이다. 학생들의 반대를 무시하고 CD를 만들어 ⑬配布(배포)하는 행위는 위법이므로 나중에 손해배상책임 가능성이 크다는 법원의 의견을 참작할 필요가 있다.

해마다 60만명 이상의 수험생이 대학에 지원하는데 CD 제작을 못한다고 수기로 자료를 제출

---

한자능력검정시험 2급 기출
 – 法[법](8회 150번, 25회 90번) – 院[원](16회 136번) – 事故[사고](9회 135번) – 策[책](12회 102번) – 提供[제공](5회 103번, 21회 93번)

할 경우 고교와 대학이 연중 수개월을 입시에 매달릴 수밖에 없다. 각 대학이 교육행정정보 시스템(NEIS)을 통해 지원자의 ⑭電算資料(전산자료)만 선별적으로 제공받을 수 있는 ⑮體系(체계)의 구축이 필요하다는 법원의 권고는 아주 적절하다. 수개월째 NEIS 시행에 격렬하게 반대하고 있는 전교조가 귀담아 들어야 할 대목이다.

중앙일보 2003. 11. 28

## ZOOM Ⅰ » 한자 엿보기

| | | | | | | | | | | | | | | |
|---|---|---|---|---|---|---|---|---|---|---|---|---|---|---|
| ① | 法 법 법 | ④ | 防 막을 방 | ⑧ | 意 뜻 의 | ⑪ | 報 갚을 보 | ⑭ | 電 번개 전 |
| | 院 집 원 | | 止 그칠 지 | | 流 흐를 류 | | 返 돌아올 반 | | 算 셈 산 |
| ② | 銓 저울질할 전 | ⑤ | 判 판단할 판 | | 出 날 출 | | 還 돌아올 환 | | 資 재물 자 |
| | 衡 저울대 형 | | 斷 끊을 단 | ⑨ | 提 끌 제 | ⑫ | 副 버금 부 | | 料 헤아릴 료 |
| | 資 재물 자 | | 情 뜻 정 | | 供 받들 공 | | 作 지을 작 | ⑮ | 體 몸 체 |
| | 料 헤아릴 료 | ⑥ | 報 갚을 보 | | 身 몸 신 | | 用 쓸 용 | | 系 이어맬 계 |
| ③ | 人 사람 인 | | 化 될 화 | ⑩ | 上 위 상 | ⑬ | 配 짝 배 | | |
| | 權 권세 권 | ⑦ | 同 한가지 동 | | 情 뜻 정 | | 布 베 포 | | |

## ZOOM Ⅱ » 응용한자 알아보기

① 法院(법원) : 재판을 하는 권한인 사법권을 가지는 국가 기관.

*法源(법원) : 法[법 법] 源[근원 원]

법의 존재형식, 법의 타당근거.

❖ 민사지방법원(民事地方法院) : 民[백성 민] 事[일 사] 地[땅 지] 方[모 방]

민사사건만을 다루는 지방법원.

❖ 하급법원(下級法院) : 下[아래 하] 級[등급 급]

상위 법원의 지휘 감독을 받는 법원.

한자능력검정시험 3급 기출
- 止[지](7회 150번, 12회 136번) - 策[책](20회 134번) - 判斷[판단](3회 17번) - 祭[제](8회 81번) - 斷[단](21회 138번)

❖ 대법원(大法院) : 大[큰 대]

헌법에 보장된 우리나라의 최고 법원. 상고, 항고 사건 등 종심(終審)으로 재판함.

④ 防止(방지) : 어떤 현상이 일어나지 않도록 막음.
  * 旁支(방지) : 旁[곁 방] 支[지탱할 지]
      본체에서 갈려 나간 가닥.

❖ 사고방지(事故防止) : 事[일 사] 故[연고 고]

사고를 막음.

❖ 방지책(防止策) : 策[꾀 책]

방지하기 위한 방책.

⑤ 判斷(판단) : 전후 사정을 종합하여 어떤 사물에 대한 자신의 생각을 정함.

❖ 정황판단(情況判斷) : 情[뜻 정] 況[상황 황]

여러 가지 상황을 판단하는 일.

❖ 가치판단(價値判斷) : 價[값 가] 値[값 치]

어떤 것에 대한 가치를 정하는 일.

⑦ 同意(동의) : 같은 의견.
  * 同義(동의) : 同[한가지 동] 義[뜻 의]
      뜻이 같음. ;同義語(동의어)
  * 動議(동의) : 動[움직일 동] 議[의논할 의]
      회의중에 예정된 의안 이외의 의제를 제의하는 일.
  * 冬衣(동의) : 冬[겨울 동] 衣[옷 의]
      겨울 옷.

❖ 동의자(同意者) : 者[놈 자]

어떤 의견에 찬성을 하는 사람.

⑨ 提供(제공) : 가지거나 누리도록 주는 것.
  * 祭供(제공) : 祭[제사 제] 供[이바지할 공]
      제사에 이바지함.

223

☞ **자료제공(資料提供)** : 資[재물 자] 料[헤아릴 료]

자료를 누리도록 주는 것.

---

**ZOOM Ⅲ »  시사 흐름잡기**

### NEIS (National Education Information System)

#### ■ NEIS란 무엇인가?

디지털화, 정보화, 통합화라는 세계적인 흐름에 맞춰서 정부는 열린 행정, 스마트한 전자정부를 구현하고자 11대 중점과제를 추진하게 되었다. 이 과정 속에서 교육행정 분야가 포함되었고, 교육인적자원부가 주관하고 삼성SDS가 참여한 『전국단위 교육행정정보 시스템』인 NEIS가 구축되었다. NEIS는 현대적 경영기법으로 알려진 전사적 자원 관리 시스템(Enterprise Resource Planning : ERP)를 응용하여 만들어진 시스템으로 인터넷만 연결된 곳이라면 실시간으로 교육행정에 관한 정보 서비스가 가능하게 된다.

#### ■ NEIS 사건 전모 및 진행상황(2004년 6월 22일 현재)

대입전형에서의 NEIS 활용방안을 놓고 인권침해를 주장하는 전교조와 교육 행정의 정보화를 실현하려는 교육부가 갈등을 빚어왔다. 이 과정에서 교육부가 2004년도 대학입시에 NEIS 형태의 학생부 제공을 결정하였고, 이에 일부 학생이 반발하여 법원에 CD제작과 배포 금지에 대한 가처분 신청을 냄으로써 2004년 대학입시에 큰 혼란이 있기도 하였다. 결국 법원은 학생들의 가처분 신청을 받아들임으로써 2005년 대학입시에서는 CD형태의 전산자료의 제공이 불가능하게 되었다.

이러한 혼란은 개인정보 3개영역을 삭제하고, 각 학교별로 서버를 운영하도록 하는 NEIS 대안 시스템에 대한 합의가 2003년 12월경에 이루어짐으로써 일단락되었다. 그러나, NEIS 시스템의 재 구축안을 놓고 교육부와 합동분과위원회의 견해가 차이를 보이면서 이를 객관적으로 판단하기 위해 제3기관에 컨설팅을 의뢰해 놓은 상황이다. 한편 교육부는 이번 2005년 대학입시에서 학생부를 온라인을 통해 수험생의 고등학교에서 지원대학으로 직접 전송하는 방식을 도입하기로 결정을 내렸다(6월 20일).

#### ■ NEIS의 도입을 반대하는 입장의 의견

❖ NEIS시스템은 개인의 프라이버시를 침해할 수 있다.

NEIS는 학생정보에 대하여 18개 단위로 구분되고 단위당 100가지 이상의 세부항목으로 분할됨으로써 개인별 수집되는 정보량이 엄청나다. 이러한 정보를 한곳으로 모아둔다는 것 자체가 문제가 있으며, 아동 및 청소년들이 개인정보에 대한 인식적 한계가 있음을 감안할 때 외부로 유출될 경우 장기적으로 엄청난 피해가 발생할 수 있다.

❖ NEIS시스템은 법률적 근거를 갖추고 있지 않다.

(공공기관의 개인정보보호에 관한 법률) 제4조, 5조에 따르면 정보 수집을 위해서는 정보주체의 동의가 있어야 하고, 특히 공공기관에서 정보를 수집할 때에는 업무수행에 필요한 범위로만 국한되어야 한다고 명시되어 있다.

❖ 중대한 사안인 만큼 국민적 여론을 수렴해야 함에도 불구하고 비민주적인 방식으로 처리하였다.

교육부가 독단적으로 사업을 추진하면서 사태를 악화시켰고, 새로운 시스템에 대해서 당사자들에 대한 홍보 및 여론 수렴이 부족했다.

❖ NEIS는 교육행정의 효율성을 추구하는 시스템일 뿐 학생들을 위한 교육적 시스템이 아니다.

추가적인 인적, 물적 지원은 없는 상황에서 NEIS의 도입으로 교사의 업무량만 늘어나게 되므로 교육의 질이 떨어질 수 있고, 따라서 교육현실에 맞지 않는 시스템이다. 고민해야할 부분은 '교육행정의 정보화'가 아니라 학생들을 위한 '교육과정의 정보화'이다.

## ■ NEIS시스템의 도입을 찬성하는 입장의 의견

❖ NEIS를 통하여 교육정보화의 효과를 극대화할 수 있다.

❖ NEIS를 통하여 선생님들의 정보화 역량을 제고할 수 있도록 하고, 이를 바탕으로 학생들을 이해하는 선진교육을 실천할 수 있도록 한다.

❖ 현재 운영중인 '학교종합정보시스템'은 UNIX체제에서 운영되므로 유지·관리가 어려워서 일부 전산담당 교사에게 업무가 가중되는 문제점이 있다. 또한 '학교종합정보시스템'을 추가 보급하고 유지·보수하는데 비용이 과다하게 든다.

❖ 정보의 통합관리는 정보화시대의 대세이다.

## ■ '학교종합정보시스템'과 'NEIS'의 비교

| 구분 | 학교종합정보시스템 | NEIS |
|---|---|---|
| 주요업무 | 교무업무(학사, 교무행정)에 한정 | 교육행정 전반 |
| 물리적 환경 | 학교단위로 서버를 두고 C/S(Client Server) 환경에서 사용 | 시도교육청 단위로 서버를 두고 일선학교에서 인터넷을 이용하여 사용 |
| DATA 관리 | 단위 학교별로 학교가 관리 | 모든 DATA는 시도교육청 서버에 있음. 정보의 접근은 학교사용자만이 가능 |
| DATA 보안관리 | 단위학교에서 자체적으로 해결 | 시도교육청에서 보안 시스템 가동 |
| 대민 서비스 | 실시간 대민 서비스 불가능 | 실시간 대민 서비스 가능 |

사회·문화

# 이공계 기피에 두뇌마저 떠나면

※ 한자 Zoom In
周知(주지) 技術人力(기술인력) 適材(적재) 輕視(경시) 風潮(풍조)
※ 시사 Zoom In
이공계 위기론 이공계 채용 목표제 산학협동 이공계 지원 중장기 마스터 플랜

우리 경제가 지금은 어려움에 처해 있지만 과연 미래는 그렇지 않다고 자신할 수 있을까. 아마 적지 않은 사람이 ①懷疑的(회의적) 반응을 보이리라 믿는다. 그런 ②渦中(와중)에도 밝은 미래를 확신하는 사람들이 있다면 그것은 무엇보다 우리 국민의 잠재적 능력을 믿고 있기 때문이라고 짐작된다. 이제껏 40여 년 동안 어떻게 이만한 경제를 이루었는가를 보면 ③首肯(수긍)이 갈 것이다. 다시 말해 우수 인력의 확보야말로 다가오는 미래에 우리의 국가 경쟁력을 보장할 수 있는 주된 원천이라는 점이다.

그런데, 이토록 중요한 우수 인력이 소리없이 사라져가고 있다면 보통 문제가 아니다. 미래의 우수 인력을 ④培養(배양)시키게 될 중·고교, 대학에서 이공계 기피 현상이 ⑤深化(심화)되고 있음은 ⑥周知(주지)의 사실이다. 개발연대 '기술입국'의 ⑦旗幟(기치)를 내걸고 많이 양성해 놓았던 이공계 우수 인력들이 젊은 세대의 외면

으로 자칫 맥이 끊길 운명에 처하게 된 셈이다.

이공계 지원 학생에 대한 여러 혜택과 학교에 대한 각종 지원이 펼쳐지고 있지만 뜻대로 되지 않고 있는 게 현실이다. 이렇게 미래 우수 인력의 확보가 불투명해지고 있는 상황에서 그나마 국내에서 활동하고 있는 '두뇌'들이 외국행을 서두르고 있거나 해외 유학을 마친 우수 인력들마저 국내행을 ⑧躊躇(주저)하고 있다는 사실은 우리로 하여금 위기마저 느끼게 한다. 정말 '⑨頭腦(두뇌)' 유출과 이공계 기피 현상을 바로잡지 못한다면 우리 미래는 누가 보장하느냐 하는 불안감이 높아질 수밖에 없을 것이다. 이렇듯 우수 인력의 ⑩喪失可能(상실가능)성을 단순하게 보아선 안되겠다. 적극적인 대안이 모색돼야 한다.

우선 정부의 ⑪技術人力(기술인력) 정책이 바로 서야만 한다. 과학기술 분야 지원을 아무리 늘린들 현장에서 ⑫適材(적재)에게 전달되지 않는다면 아무 소용이 없다. "한국에서 과학자로 살아

**한자능력검정시험 2급 기출**
– 技術[기술](20회 90번) – 記述[기술](24회 147번) – 提[제](5회 103번, 21회 93번) – 携[휴](9회 97번) – 適材[적재](21회 45번) – 積載[적재](2회 91번) – 輕視[경시](12회 94번)

가기 위해서는 연구보다 정치에 더 신경을 써야 한다" 면서 모국을 떠난 한 명문대 교수의 말을 새겨야 할 일이다. 정부 시책보다 오히려 중요한 것은 사회 전반의 이공계, 기술 ⑬輕視(경시) ⑭風潮(풍조)를 없애는 것이라고 말할 수 있다. 21세기에는 '두뇌강국'이 되느냐에 국가 ⑮命運(명운)이 달려 있는데 국민의 인식과 행보는 거꾸로 가고 있다고 본다. 얼마 전 기능올림픽에 우승하고서도 쓸쓸하게 귀국하도록 한 현재의 풍토를 방치하고서는 정부의 어떤 백약도 무효일 것이다.                                   매일경제 2003. 7. 4

## ZOOM I ≫ 한자 엿보기

| | | | | | | | | | | | | |
|---|---|---|---|---|---|---|---|---|---|---|---|---|
| ① | 懷 품을 회 | ④ | 培 북돋울 배 | ⑧ | 幟 기 치 | ⑪ | 可 옳을 가 | ⑬ | 材 재목 재 |
| | 疑 의심할 의 | | 養 기를 양 | | 躊 머뭇거릴 주 | | 能 능할 능 | | 輕 가벼울 경 |
| | 的 과녁 적 | ⑤ | 深 깊을 심 | | 躇 머뭇거릴 저 | | 技 재주 기 | | 視 볼 시 |
| ② | 渦 소용돌이 와 | | 化 될 화 | ⑨ | 頭 머리 두 | | 術 재주 술 | ⑭ | 風 바람 풍 |
| | 中 가운데 중 | ⑥ | 周 두루 주 | | 腦 뇌수 뇌 | | 人 사람 인 | | 潮 조수 조 |
| ③ | 首 머리 수 | | 知 알 지 | ⑩ | 喪 죽을 상 | | 力 힘 력 | ⑮ | 命 목숨 명 |
| | 肯 즐길 긍 | ⑦ | 旗 기 기 | | 失 잃을 실 | ⑫ 適 마침 적 | | 運 옮길 운 |

## ZOOM II ≫ 응용한자 알아보기

⑥ 周知(주지) : 여러 사람이 어떤 사실을 두루 앎.
* 住持(주지) : 住[살 주] 持[가질 지]
  한 절을 책임지고 맡아보는 중.

❖ 용의주도(用意周到) : 用[쓸 용] 意[뜻 의] 到[이를 도]
  마음의 준비가 두루 미쳐 빈틈이 없다는 뜻으로, 실수가 없음을 의미함.
❖ 격물치지(格物致知) : 格[격식 격] 物[물건 물] 致[이를 치]

한자능력검정시험 3급 기출
– 格[격](17회 76번) – 人力車[인력거](14회 134번) – 潮[조](8회 103번) – 鳥[조](18회 85번, 21회 83번)

사회·문화

실제 사물의 이치를 연구하여 지식을 다듬어 간다는 의미.

❖ 추일사가지(推一事可知) : 推[옮길 추] 一[한 일] 事[일 사] 知[알 지]

한 가지 일로 미루어 다른 모든 일을 알 수 있음을 이르는 말.

---

⑪ 技術人力 (기술인력) : 어떤 일을 능률적으로 처리하는 솜씨를 가진 사람들.

  * 記述(기술) : 記[기록할 기] 述[펼 술]

     기록하여 논술함.

  * 引力(인력) : 引[끌 인] 力[힘 력]

     물질이 서로 당기는 힘/ 萬有引力(만유인력)

---

❖ 인력거(人力車) : 車[수레 거]

사람을 태우고 사람이 끄는 두 개의 바퀴가 달린 수레.

❖ 기술제휴(技術提携) : 提[끌 제] 携[가질 휴]

공동 목적을 위하여 특허, 기술 등을 서로 교환하는 것.

❖ 인력차출(人力差出) : 差[다를 차] 出[날 출]

어떤 일을 위하여 사람을 뽑아냄.

---

⑫ 適材(적재) : 어떤 일에 알맞은 인재, 재목.

  * 積載(적재) : 積[쌓을 적] 載[실을 재]

     물건을 실음.

---

❖ 적재적소(適材適所) : 適[맞을 적] 所[바 소]

어떤 일에 알맞은 재능을 가진 사람에게 알맞은 지위나 임무를 맡기는 일.

❖ 적중(適中) : 中[가운데 중]

지나치거나 부족함이 없이 꼭 알맞음.

---

⑬ 輕視(경시) : 대수롭지 않게 가볍게 봄.

  * 庚時(경시) : 庚[일곱째 천간 경] 時[때 시]

     오후 5~6시.

---

❖ 경거망동(輕擧妄動) : 擧[들 거] 妄[망녕될 망] 動[움직일 동]

깊이 생각해 보지 않고 가볍고 망녕스럽게 행동한다는 뜻으로 경솔하고 함부로 행동함을 의미.

❖ 경조부박(輕佻浮薄) : 佻[경박할 조] 浮[뜰 부] 薄[엷을 박]

깊이 생각해 보지 않고 가볍고 망녕스럽게 행동한다는 뜻으로 경솔하고 함부로 행동함을 의미

⑭ 風潮(풍조) : 세상이 되어가는 추세. 시대에 따라 변하는 세태.

　* 風鳥(풍조) : 風[바람 풍] 鳥[새 조]

　　　뉴기니의 산림 등지에서 사는 깃털이 아름다운 새. 극락조라고도 함.

❖ 신풍조(新風潮) : 新[새로울 신]

　　새로운 풍조.

## ZOOM Ⅲ » 시사 흐름잡기

### 이공계 위기론

#### ■ 사회 속에서 바라본 우리나라 이공계의 현실

❖ 이공계 기피현상으로 대학 입학전형에서 이공계 대학 지원률이 갈수록 떨어지고 있는 가운데 2004년 자연계열 응시자는 전체 응시자의 31.3%에 그쳤다.

❖ 이공계 기피 현상과 외국 석·박사 선호현상이 심화되면서 이공계 대학원들이 학생 확보에 비상이 걸렸다. KAIST, 포항공대 등 상당수의 대학에서 정원 미달 사태가 벌어졌다.

❖ 사회 전체적으로 청년실업이 문제가 되고 있는 가운데 특히 이공계 대졸자들의 취업난이 심각하다. 2002년에는 졸업자 9만8,213명 중 4만8,740명, 2003년에는 10만4,694명 중 5만1,301명만이 취업에 성공했다.

❖ 기업에서는 연구·개발(R & D)등에 투입될 인력이 부족하여 해외에서 조달하고 있다. 삼성전자의 경우 중국에 반도체 관련 연구소를 설립하여 중국 내 우수 인재를 스카우트하고 있다.

#### ■ 이공계 위기론의 실상

　현재의 이공계 위기론은 단순히 이공계 기피로 인한 이공계 인력의 부족문제가 아니다. 오히려 우리나라에서 수용할 수 있는 이공계 인력보다 대학이 배출하는 인력이 너무 많은 까닭에 인력시장이 왜곡되어 보상체계가 무너진 것이다. 그런데, 더욱 심각한 것은 공급되는 이공계 인력은 많은데 그 중에서 정작 기업이 원하는 자질과 역량을 갖춘 인재는 없다는 것이다. 현재 기업들은 연구·개발(R & D)인력이 부족하여 어려움을 겪고 있으며, 그 부족분을 외국에서 스카우트하는 방식으로 충당하고 있다.

　이처럼 이공계 대졸자들은 구직난을 호소하고, 기업 측에서는 구인난을 호소하는 상황이 발생한 가장 큰 이유로 미래의 인력수요에 대한 철저한 분석이 결여된 상태에서 무계획하게 이공계를 지원한 정부

를 꼽을 수 있다. 즉, 이공계 분야별 특성을 고려하여 선택과 집중을 통한 계획성 있는 지원이 이루어져야 함에도 불구하고 이공계 전체를 살린다는 취지 아래 장학금 지급 등의 단순한 정책만을 시도한 것이다. 또한 이공계 교육의 질적 하락을 방치한 대학도 큰 책임이 있다고 하겠다. 대학 교육의 부실로 인하여 기업들이 대졸자의 자질과 역량을 의심하는 가운데서도 예산부족만을 이유로 대학교육의 개혁을 미루고 있는 것이다.

### ■ 이공계 위기론에 대한 정부의 대책

❖ 2004년 11월말부터 정부 산하기관을 대상으로 일정 비율의 이공계 전공자 채용을 권고하고 이를 시행하는 기관에 적절한 인센티브를 부여하는 '이공계 채용 목표제'가 시행된다.

❖ 산업자원부는 산·학 협력 중심대학을 육성하고 공학교육 인증제도를 도입한다. 또한 이공계 실업난과 중소·벤처기업의 기술인력 부족 해소를 위해서 2004년에 250억원을 투입하고, 이공계 대졸 실업자 5,700명의 취업을 지원하기로 하였다. 또한 산업기능요원 제도를 존속시키고 전문연구요원의 인원을 확충하는 방안을 추진한다.

❖ 병역대체복무제도인 '전문연구요원제도'를 4년에서 3년으로 단축하고 그 인원도 3,000여명 규모로 확대한다.

❖ 과학기술부는 우수인력이 이공계 쪽으로 갈 수 있도록 1998년부터 대학이나 연구소에서 연구원을 뽑을 때 인건비를 지원하는 '신진 연구원 연수 지원 사업'을 진행하고 있다.

❖ 공기업과 출연기관 등의 이공계 출신자 채용이 의무화되는 2007년까지 이공계 석·박사의 일자리를 1만개 이상 만들기로 하였다.

❖ 정부는 새로 채용하는 5급 공무원 중 기술직 비율을 2002년 23.5%에서 2004년 26.8%로 늘리고, 2013년에는 50%까지 확대하기로 하였다.

### ■ 정부의 이공계 지원 대책의 문제점 및 개선 방향

지금까지 정부가 제시한 이공계 지원 대책은 단기적인 미봉책에 불과하다는 지적이 많았다. 따라서 정부는 인력시장의 수요와 공급에 대한 정확한 분석과 예측을 통해서 인력수급의 미스매치 현상을 최소화해야 한다. 이를 위해 대학 정원의 조정과 대학간 구조조정 과정이 필요하다. 또한, 대학은 학생들과 기업이 원하는 교육을 제공할 수 있도록 이공계 현장교육 및 산학협동 강화, 기업의 요구를 반영한 커리큘럼의 마련을 통하여 대학 교육의 질적 개혁을 이룰 수 있도록 노력해야 할 것이다. 장기적으로는 이공계로의 진학, 이공계 교육, 졸업 후 진로 지원 등에 대한 세가지 사안이 균형감 있게 고려된 '이공계 지원 중장기 마스터 플랜'이 확고하게 세워져야 한다.

사회·문화

Chapter ⑱

# 항만 勞(노), 使(사), 政(정)의 '평화선언' 결단

※ 한자 Zoom In
  信認度(신인도) 急浮上(급부상) 誘致(유치) 平和宣言(평화선언) 契機(계기)
※ 시사 Zoom In
  노동유연성 고비용·저효율 구조 LG 칼텍스 정유 주5일 근무제 비정규직

전국항운노동조합연맹과 한국항만물류협회, 해양수산부 등 항만 노·사·정이 무쟁의 평화합의서에 ① 署名(서명)한 것은 노동계의 본격적인 ② 春鬪(춘투)를 앞두고 ③ 模範的(모범적)인 노사관계의 전형을 제시했다는 점에서 우리는 그 결단을 높이 평가하고자 한다. 올해 노사관계는 총선과 뒤얽혀 ④ 暗鬱(암울)한 갈등요인이 많고, 특히 노사간 임금인상을 둘러싼 인식차이가 커 어느 때보다 협상난항이 예상되고 있는 터에 이번 항만노사의 무쟁의 평화선언은 여타산업에도 긍정적인 ⑤ 影響(영향)을 미칠 것이다.

아직도 ⑥ 賃金引上(임금인상)만 고집하는 노조의 집단이기주의가 여전히 판을 치는 살벌한 분위기 속에서 항만노조가 평화선언에 합의한 것은 말처럼 그리 쉬운 일은 아니다. 오히려 평화합의서를 이끌어내는 과정에서 노조측이 더 적극적이었다니 대결적 노조 이미지에 비추어 그저 놀라울 따름이다. 물론, 지난해 발생한 화물연대 운송거부사태와 태풍 '매미'로 국내항만의 ⑦ 信認度(신인도)가 크게 추락하면서 노사 모두 그 어느 때보다 많은 위기감을 갖고 있었던 것은 사실이다.

불과 1년 전 우리가 화물연대의 운송거부사태 등으로 ⑧ 內訌(내홍)을 겪는 사이 중국 상하이 등의 ⑨ 周邊(주변)도시가 ⑩ 急浮上(급부상)하면서 세계물동량 3위의 부산항이 5위로 추락하는 뼈아픈 선례를 남겼기 때문이다. 이런 추세가 계속되면 부산항이 국제경쟁에서 뒤쳐져 근로자들의 일자리마저 담보할 수 없음은 자명한 일이다.

그렇지 않아도 해외신인도와 투자⑪誘致(유치)의 큰 걸림돌이 되고 있는 우리의 대결적인 노조문제는 여전히 숙제로 남아 있다.

정말 노사간에 힘의 균형만 외치고 있다가는 동북아중심이고, 소득 2만달러 시대고 하는 이 모두가 헛구호에 그칠 것은 불을 보듯 뻔하다. 우

**한자능력검정시험 2급 기출**
– 認[인](22회 73번) – 必罰[필벌](9회 107번) – 浮[부](24회 124번) – 契機[계기](21회 92번, 22회 87번) – 計器[계기](21회 112번)

사회·문화

리의 ⑫鬪爭的(투쟁적)이고 대결적인 노사관계를 이대로 방치하고는 선진국을 향해 한 발짝도 전진할 수 없기 때문이다. 따라서 이번 노사평화선언을 계기로 우리도 얼마든지 선진적인 노사관계를 구축할 수 있다는 자신감과 희망을 갖게 됐다.

상생의 파트너십을 설정해 나가는 노사관계야말로 모든 노사문제에 있어 궁극적인 해결책이고, 항만 노·사·정의 평화선언은 그 출발점이 될 것이다. 나아가 이번 ⑬平和宣言(평화선언)은 작금의 대결적인 노사구도와 우리의 과격한 노동국가 이미지를 탈바꿈시키는 ⑭絶好(절호)의 ⑮契機(계기)가 되었으면 한다.

파이낸셜 뉴스 2004. 4. 8

## ZOOM Ⅰ » 한자 엿보기

| | 한자 | 뜻 | | 한자 | 뜻 | | 한자 | 뜻 | | 한자 | 뜻 | | 한자 | 뜻 |
|---|---|---|---|---|---|---|---|---|---|---|---|---|---|---|
| ① | 署 | 관청 서 | ⑤ | 鬱 | 막힐 울 | ⑦ | 認 | 알 인 | ⑪ | 上 | 위 상 | | 宣 | 베풀 선 |
| | 名 | 이름 명 | | 影 | 그림자 영 | | 度 | 법도 도 | | 誘 | 꾈 유 | | 言 | 말씀 언 |
| ② | 春 | 봄 춘 | | 響 | 울림 향 | ⑧ | 內 | 안 내 | | 致 | 이를 치 | ⑭ | 絶 | 끊을 절 |
| | 鬪 | 싸움 투 | ⑥ | 賃 | 품삯 임 | | 訌 | 내분 홍 | | 鬪 | 싸움 투 | | 好 | 좋을 호 |
| ③ | 模 | 본뜰 모 | | 金 | 쇠 금 | ⑨ | 周 | 두루 주 | ⑫ | 爭 | 다툴 쟁 | ⑮ | 契 | 맺을 계 |
| | 範 | 법 범 | | 引 | 끌 인 | | 邊 | 가 변 | | 的 | 과녁 적 | | 機 | 틀 기 |
| | 的 | 과녁 적 | | 上 | 위 상 | ⑩ | 急 | 급할 급 | ⑬ | 平 | 평평할 평 | | | |
| ④ | 暗 | 어두울 암 | | 信 | 믿을 신 | | 浮 | 뜰 부 | | 和 | 화할 화 | | | |

## ZOOM Ⅱ » 응용한자 알아보기

⑦信認度(신인도) : 믿고 인정하여 의심하지 않는 정도.

＊新人(신인) : 新[새 신] 人[사람 인]
체육계나 예술계에서 새롭게 등장한 사람.

❖ 국가 신인도(國家 信認度) : 國[나라 국] 家[집 가]

**한자능력검정시험 3급 기출**
– 認[인](14회 92번, 20회 147번) – 富貴[부귀](3회 45번, 19회 110번) – 誘致[유치](7회 4번) – 共[공](18회 140번)

타국이 판단하는 믿을만한 정도. 국가 신인도가 떨어질 경우 외국에서 돈을 빌리기가 힘듦.

❖ 신상필벌(信賞必罰) : 賞[상줄 상] 必[반드시 필] 罰[죄 벌]

상을 줄만한 사람에게는 반드시 상을 주고, 벌을 줄만한 사람에게는 꼭 벌을 준다는 뜻으로 상벌을 분명하게 하는 일을 의미함.

⑩ 急浮上(급부상) : 어떤 대상이 갑자기 등장하여 알려지거나 주목을 끄는 상태가 되는 것을 이르는 말.

　* 負傷(부상) : 負[질 부] 傷[상처 상]

　　　몸에 상처를 입음.

　* 副賞(부상) : 副[버금 부] 賞[상줄 상]

　　　상장과 더불어서 주는 상.

❖ 부귀부운(富貴浮雲) : 富[부자 부] 貴[귀할 귀] 雲[구름 운]

부귀는 뜬 구름과 같다.

❖ 부언(浮言) : 言[말씀 언]

근거 없이 떠돌아다니는 말.

⑪ 誘致(유치) : 설비 등을 갖추어 놓고 오도록 권함.

　* 留置(유치) : 留[머무를 류] 置[둘 치]

　　　구속 집행 및 재판의 진행이나 그 결과의 집행을 위하여 일정한 곳에 사람을 가두어 두는 일/ ~장.

　* 幼稚(유치) : 幼[어릴 유] 稚[어릴 치]

　　　나이가 어리다. 생각하는 것이 어리다.

❖ 투자유치(投資誘致) : 投[던질 투] 資[재물 자]

사업에 자금을 투자할 수 있도록 유도함.

❖ 견위치명(見危致命) : 見[볼 견] 危[위태할 위] 命[목숨 명]

나라의 위급함을 보고 몸을 바침/ 견위수명(見危授命)

⑬ 平和宣言(평화선언) : 전쟁이 없이 세상이 평온함을 정식으로 공표하는 것.

　* 善言(선언) : 善[착할 선] 言[말씀 언]

　　　교훈이 될 만한 좋은 말.

❖ 폭탄선언(爆彈宣言) : 爆[터질 폭] 彈[탄알 탄]

어떤 상황이나 국면에서 큰 반향을 불러일으키는 결정적인 선언.

◈ 양심선언(良心宣言) : 良[어질 량] 心[마음 심]

양심에 따라 많은 사람들 앞에서 고백하는 일.

◈ 인권공동선언(人權共同宣言) : 人[사람 인] 權[권세 권] 共[한가지 공] 同[한가지 동]

1789년 8월 26일 프랑스의 국민의회(國民議會)의 결의로 발표된 국민의 자유, 평등의 기본적 인권에 관한 선언.

⑮ 契機(계기) : 어떤 일이 일어나는 동기.

＊計器(계기) : 計[셀 계] 器[그릇 기]

길이, 면적 등의 수량을 재는 각종 기구.

◈ 금란지계(金蘭之契) : 金[쇠 금] 蘭[난초 란] 之[갈 지]

좋은 벗끼리는 쇠도 끊을 힘이 있고, 좋은 벗의 말은 난초처럼 향기롭다는 뜻으로 친구 사이의 돈독한 우정을 의미함.

# ZOOM Ⅲ » 시사 흐름잡기

## 한국의 노사 문제

### ■ 한국의 노사문제

우리나라는 외국으로부터 투자를 유치하는 데 있어 노조문제가 항상 걸림돌이 되곤 한다. 노동유연성이 다른 나라들에 비하여 떨어지고, 노조파업이 너무 잦다는 것이다. 매년 노조들의 파업으로 인한 국가적 손실은 엄청나며, 그들의 요구수준 또한 매년 높아져서 다른 선진국들 못지않다. 따라서 우리나라의 노동 생산성은 점점 떨어질 수밖에 없고, 기업들의 경영상황 악화로 생산 시설들을 해외로 옮기고 있는 실정이다. 민주노총, 한국노총 등의 노동조합은 노동자들의 이익을 대변하며, 매 계절별 투쟁을 계획하고 있고, 최근 17대 국회에서는 이들이 정치 세력화되어 국회로 진출하였다.

### ■ 2004년 노사문제의 쟁점 사안(1) : 임금협상

우리나라는 노조들의 주장에 따라 2000년 이후 매년 10%이상의 임금인상률이 있어왔다. 그러나 이러한 노조들의 생산성을 능가하는 임금인상 주장은 국가 전체를 고비용·저효율 구조로 만들 수 있으며, 대외경쟁력은 약화될 수밖에 없다. 특히 최근에는 이미 높은 임금을 받고 있는 대기업의 노동자들이 추가로 임금 인상을 요구하여 사회적 비판을 받고 있다. LG 칼텍스 정유의 경우 2003년 생산직 1인당 평

균연봉이 7,160만원에 달하는 업계 최고 수준의 높은 임금을 받고 있으나 2004년에 또다시 10.5%의 임금인상을 요구하고 이의 관철을 위해 2004년 7월 7일에 파업을 결정하였다. 이와 같은 노조의 무리한 임금인상 요구는 곧 외국자본의 투자 기피에 따른 신규고용 창출 실패로 이어질 수 있기 때문에 어려운 경제여건을 감안하여 자제해야 할 것이다.

## ■ 2004년 노사문제의 쟁점 사안(2) : 주5일 근무제

2004년 7월부터 대기업, 금융부문 등에 주5일 근무제가 본격적으로 시행된다. 노동계는 기존의 근로조건이 저하가 없는 가운데서 주5일 근무제를 실시할 것을 요구하고 있다. 그러나 기업의 입장에서 본다면 이는 노동비용의 상승으로 이어져서 경영하는데 큰 부담으로 작용할 수 있다. 최근 LG 칼텍스 정유 노조는 5조 3교대의 주4·5일 근무제를 요구하고 이것을 파업으로 연계하기로 결정하여 파장이 예상된다. 이럴 경우 기업은 대규모 인력충원과 이로 인한 추가 인건비 부담이 있게 된다. 결국 이는 제품 단가의 상승으로 이어져 소비자들에게 전가되기 때문에 자신의 이익만을 위한 집단 이기주의의 모습이라고 할 수 있다.

## ■ 2004년 노사문제의 쟁점 사안(3) : 비정규직 철폐

우리나라에서 비정규직에 관한 논의는 외환위기 이후 본격화되기 시작하였다. 기업의 구조조정을 이유로 직원들을 대거 감원하였고, 그 인력을 계약직 직원들로 충원하였기 때문이다. 이후 비정규직은 꾸준히 증가하였으며, 이로 인한 노동시장의 유연성은 높아질 수 있었다. 그러나 정규직에 비해 비정규직의 처우 격차가 벌어지면서 노동계는 계속해서 비정규직 철폐를 주장하고 있다. 하지만 비정규직의 정규직화는 기업의 입장에서 볼 때 인건비의 증가와 증가노동시장의 경직성을 높이는 결과를 초래하므로 부담스러울 수 있다. 노동계가 주장하는 것처럼 현재 정규직에 대한 처우는 변함이 없으면서 비정규직을 정규직화 하여 똑같은 수준의 대우를 요구하는 것은 기업의 입장에서 받아들이기가 어려우므로 양 측간의 적절한 절충안이 요구된다.

# 美(미) 명문고 교육경쟁력 확대 계기로

※ 한자 Zoom In
名門(명문) 選拔(선발) 經濟自由區域(경제자유구역) 早期(조기) 研修費用(연수비용)
※ 시사 Zoom In
뉴라운드  양허안  '경제자유구역 및 국제자유도시의 외국교육기관 설립·운영특별법'

2008년까지 인천 송도신도시에 미국 동부의 ① 名門(명문)사립학교를 ② 誘致(유치)한다는 방안이 발표됐다. 내국인 ③選拔(선발)비율이 40% 가량이니 지금껏 닫혀 있던 초·중·고교 ④ 敎育(교육)시장이 사실상 개방되는 조치다. ⑤經濟自由區域(경제자유구역) 내에 외국학교가 들어섬으로써 수준 높은 교육을 원하는 외국인투자자 유치뿐 아니라 국제경쟁력을 갖춘 인재 육성에도 큰 역할을 할 것으로 기대된다.

우리나라에서 ⑥ 早期(조기)유학, 기러기가족, 교육이민 등은 집안 갈등을 넘어 사회문제로 떠오른 지 오래다. 해외로 빠져나가는 유학 및 ⑦ 研修費用(연수비용)이 2년 만에 2배로 급증할 만큼 수준 높은 외국교육에 대한 수요가 존재하고 있다. 송도의 외국학교를 시작으로 '교육 엑소더스'를 막을 우수한 외국교육기관이 국내에 들어설 필요가 있다. 이미 태국 홍콩 싱가포르 등 아시아 각국은 교육경쟁력을 높이기 위해 선진국의 교육기관 설립을 자유화했다. 이런 흐름에서 뒤져 경제는 물론 미래 ⑧ 人的資源(인적자원) 개발에서 ⑨ 落伍(낙오)돼서는 안 될 일이다.

특히 기대되는 효과는 송도 외국학교가 위기 상태에 놓인 국내 공교육에 큰 ⑩ 刺戟(자극)이 되는 것이다. 학교 간 선의의 경쟁이 공교육의 전면적 개선으로 이어지고 나아가 교육경쟁력이 ⑪ 劃期的(획기적)으로 확대되는 계기가 되기 바란다. 국내 학교가 손발이 묶인 상태에서 경쟁하는 일이 없도록 ⑫ 自立型(자립형)사립고를 늘리는 조치도 필요하다.

전교조 등 교육계 일각에서는 외국학교가 계층 간의 ⑬ 違和感(위화감)과 교육 ⑭ 不平等(불평등)을 낳는다는 이유 등으로 반대하고 있으나 교육개방은 실(失)보다 득(得)이 크다고 본다. 교육 수요자에게 ⑮ 良質(양질)의 서비스를 제공하기 위해서라면 교육개방보다 더한 교육개혁도 해야 한다.

동아일보 2004. 5. 1

한자능력검정시험 2급 기출
– 名門[명문](4회 116번) – 拔[발](24회 91번) – 逆[역](8회 112번) – 栽培[재배](8회 41번)

## ZOOM Ⅰ ≫ 한자 엿보기

| | | | | | | | | | | | | | | | |
|---|---|---|---|---|---|---|---|---|---|---|---|---|---|---|---|
| ① | 名 | 이름 명 | ⑤ | 濟 | 건널 제 | | 費 | 쓸 비 | | 戟 | 찌를 극 | | 感 | 느낄 감 |
| | 門 | 문 문 | | 自 | 스스로 자 | | 用 | 쓸 용 | ⑪ | 劃 | 그을 획 | ⑭ | 不 | 아닐 불 |
| ② | 誘 | 꾀일 유 | | 由 | 까닭 유 | ⑧ | 人 | 사람 인 | | 期 | 기약할 기 | | 平 | 평평할 평 |
| | 致 | 이를 치 | | 區 | 구역 구 | | 的 | 과녁 적 | | 的 | 과녁 적 | | 等 | 같을 등 |
| ③ | 選 | 뽑을 선 | | 域 | 지경 역 | | 資 | 재물 자 | ⑫ | 自 | 스스로 자 | ⑮ | 良 | 어질 량 |
| | 拔 | 뺄 발 | ⑥ | 早 | 일찍 조 | | 源 | 근원 원 | | 立 | 설 립 | | 質 | 바탕 질 |
| ④ | 教 | 가르칠 교 | | 期 | 기약할 기 | ⑨ | 落 | 떨어질 락 | | 型 | 거푸집 형 | | | |
| | 育 | 기를 육 | ⑦ | 研 | 갈 연 | | 伍 | 다섯 오 | ⑬ | 違 | 어길 위 | | | |
| | 經 | 지날 경 | | 修 | 닦을 수 | ⑩ | 刺 | 찌를 자 | | 和 | 화할 화 | | | |

## ZOOM Ⅱ ≫ 응용한자 알아보기

① 名門(명문) : 문벌이 좋은 집안. 이름 있는 학교.

* **名聞(명문)** : 名[이름 명] 聞[들을 문]

  세상의 평판이나 명성.

* **明文(명문)** : 明[밝을 명] 文[글월 문]

  사실이나 권리 따위를 증명해놓은 문서. 뚜렷하게 규정되어 있는 문구.

❖ **명문자제(名門子弟)** : 子[아들 자] 弟[아우 제]

문벌 좋은 집안의 자녀들.

❖ **명문세족(名門世族)** : 世[인간 세] 族[겨레 족]

명문가 집안으로써 대를 거듭하여 중요한 벼슬을 하여 국가의 운명과 집안의 운명을 같이 하는 집안.

---

**한자능력검정시험 3급 기출**

– 區[구](20회 145번) – 開[개](20회 105번, 26회 115번) – 早[조](14회 96번, 26회 109번) – 修習[수습](9회 84번, 10회 88번) – 修身齊家[수신제가](3회 134번)

사회·문화

③ **選拔**(선발) : 많은 사람들 가운데서 추려서 뽑음.

* **先發**(선발) : 先[먼저 선] 發[필 발]

  남보다 미리 나서거나 앞서 길을 떠남.

❖ 선발고사(**選拔考査**) : 考[시험 고] 査[조사할 사]

많은 인원 가운데서 추려 뽑을 수 있는 근거를 마련하기 위한 시험.

❖ 견문발검(**見蚊拔劍**) : 見[볼 견] 蚊[모기 문] 劍[칼 검]

모기를 보고 칼을 뺀다는 뜻으로 작은 일에 지나치게 큰 대책을 세움.

⑤ **經濟自由區域**(경제자유구역) : 외국기업들의 관세나 국내법의 적용을 면제해주는 등의 혜택을 줄 수 있도록 특별히 지정한 지역.

* **嘔逆**(구역) : 嘔[토할 구] 逆[거스릴 역]

  속이 메스꺼워 토할 것 같은 느낌.

❖ 개발제한구역(**開發制限區域**) : 開[열 개] 發[필 발] 制[절제할 제] 限[한할 한]

개발이 제한되는 지역. 그린벨트.

❖ 통화구역(**通話區域**) : 通[통할 통] 話[말씀 화]

전화국에서 정한 일정한 요금으로 통화할 수 있는 지역.

❖ 금지구역(**禁止區域**) : 禁[금할 금] 止[그칠 지]

허가 없이 드나들지 못하게 하는 땅.

⑥ **早期**(조기) : 빠른 시기. 이른 시기.

* **弔旗**(조기) : 弔[조상할 조] 旗[기 기]

  조의(弔意)를 나타내기 위하여 검은 선(線)을 두른 기.

❖ 조기청소(**早期淸掃**) : 淸[맑을 청] 掃[쓸 소]

아침 일찍 일어나 동네를 청소하는 일.

❖ 조기재배(**早期栽培**) : 栽[심을 재] 培[북돋울 배]

다른 농작물보다 한두 달 징도 일찍 심어서 일찍 거두는 것.

❖ 방공조기경보(**防空早期警報**) : 防[막을 방] 空[빌 공] 警[경계할 경] 報[갚을 보]

적의 공중에서의 공격을 빨리 알아내어 경계하도록 알리는 일.

⑦ **研修費用**(연수비용) : 학문 따위를 연구하고 닦는데 소요되는 비용.

　\* **年數(연수)** : 年[해 년] 數[셈 수]

　　　해의 수.

❖ **수습(修習)** : 修[닦을 수] 習[익힐 습]

　정식으로 업무를 맡기 전에 학업이나 실무 따위를 배워 익힘.

❖ **수식어(修飾語)** : 飾[꾸밀 식] 語[말씀 어]

　말이나 글을 또렷하게 표현하기 위하여 쓰는 꾸밈이나 한정의 말.

❖ **수신제가(修身齊家)** : 身[몸 신] 齊[가지런할 제] 家[집 가]

　자기 몸을 닦고 집안을 잘 다스림.

## ZOOM Ⅲ » 시사 흐름잡기

### 교육 개방 전면화

■ **교육 개방 전면화 논란**

　제4차 WTO 각료회의 결정에 따라 출범한 뉴 라운드(도하개발의제; DDA)는 농업 서비스 분야(교육, 의료, 금융, 통신, 법률 등)의 개방을 관철하기 위해 각 국과 협상을 벌이고 있다. 이러한 국제적 개방화 추세에 맞추어 한국 정부는 2003년 3월 교육개방에 대한 계획을 담은 양허안(개방계획서)을 WTO에 제출하며 교육 분야의 개방에 대한 국가적 의지를 보여주었다. 그러나 전교조를 비롯한 교원단체들은 '교육개방은 곧 교육주권의 상실'이라고 주장하며, 강력히 반발하고 나섰다. 이에 대해 '바른 사회를 위한 시민회의' 등의 교육·시민단체들은 국제화 시대에 교육개방은 피할 수 없는 대세로써 경쟁력 제고를 위한 불가피한 선택이라며 정부의 교육개방 정책을 옹호하고 있다.

■ **'경제자유구역 및 국제자유도시의 외국교육기관 설립·운영특별법' 논란**

　정부가 지난 3월에 제출했던 양허안에서 고등·성인교육만 현재의 개방수준을 유지하고 초·중등교육은 개방하지 않겠다는 계획을 밝힌바 있다. 그러나 정부는 외국자본의 투자유치를 활성화한다는 취지아래 경제자유구역(제주 국제 자유도시, 인천 송도)을 지정하고 이 구역 안에서 초·중·고·대학의 설립요건과 내국인 입학 제한을 대폭 완화한다는 내용의 '경제자유구역 및 국제자유도시의 외국교육기관 설립·운영특별법'을 제정하였다. 이에 대하여 전교조를 비롯한 교원단체들은 외국 투자자본의 유치를 핑계로 조기에 교육개방 전면화를 이루려는 정부의 술책이라고 비판하고 나섰다. 이들의 주장을 간단히 정리하면 다음과 같다.

◈ 특별법은 공교육과 교육주권을 포기하는 행위이고, 교육시장 전면개방의 가이드라인 역할을 할 수 있다.

◈ 새로운 귀족형 교육특구가 생겨나게 되고, 사교육비 문제 심화 등의 부작용이 발생한다.

◈ 외국인 학교는 등록금 책정부터 학생선발에 이르기까지 자율권을 가질 수 있으므로 교육비의 상승 및 지역간 교육 불평등 현상이 발생할 수 있다.

◈ 내국인 입학 허용은 계층간의 위화감을 조성할 수 있고, 학생들로 하여금 평등하게 교육받을 수 있는 권리를 박탈하게 된다.

◈ 외국인 학교의 이익잉여금을 본국으로 송환할 수 있도록 하는 것은 정부가 국부 유출 통로를 합리적으로 만들어 주는 것이다.

◈ 현재 열악한 국내의 교육현실로 판단해볼 때 외국 교육기관과의 경쟁이라기보다는 외국인 학교의 일방적인 선호로 나타날 수 있다.

■ 정부의 특별법에 대하여 찬성하는 측의 주장을 정리하면 다음과 같다.

◈ 외국에서 검증받지 못한 사설교육단체들이 국내에 난립하는 것을 막는 법적·제도적 장치만 갖춘다면 교육 분야에 긍정적으로 작용할 것이다.

◈ 경제구역이라는 한정된 지역에서 시범적으로 개방해 봄으로써, 사전에 교육 개방의 장·단점을 파악할 수 있다.

◈ 외국계 투자자본을 유치하는 데 긍정적으로 작용할 수 있다.

이와 같이 양측의 주장이 맞서고 있는 가운데 재정경제부는 인천 송도신도시 경제자유지역에 미국의 명문 사립학교를 유치하여 2008년 이전에 개교하겠다고 밝힌 데 이어 서울 용산에도 2006년 8월에 외국인 학교가 개교할 예정임을 밝혔다.

■ 교육 개방 정책에 찬성하는 측의 주장

◈ 국제화 시대의 개방은 거스를 수 없는 시대적 흐름이며, 교육 분야 역시 예외는 아니다.

◈ 교육시장의 개방으로 자유경쟁체제가 도입되면서 그동안 지석받아 온 교육서비스의 질적 향상을 꾀할 수 있을 것이다.

◈ 교육 수요자들은 다양한 교육 서비스를 선택할 수 있는 권리를 부여받게 된다.

◈ 국내의 교육 경쟁력 제고를 위한 불가피한 조치이다.

◈ 매년 해외 유학으로 인한 외화유출을 막을 수 있다.

## ■ 교육 개방 정책에 반대하는 측의 주장

❖ 경제적 논리를 가지고 교육에 접근하는 것은 교육의 근간을 흔드는 일이다.

❖ 교육시장이 전면적으로 개방되면 공교육은 무너지게 된다.

❖ 외국인들로부터 교육을 받게 되면 학생들은 한민족 자체의 정체성을 상실하게 될 것이고, 한국은 문화적, 지적 식민지로 전락하게 될 것이다.

❖ 모든 교육정책의 결정권은 WTO로 넘어가게 되며, 국민들은 치솟는 교육비로 인하여 삶을 질의 하락을 경험하게 될 것이다.

❖ 실적을 기반으로 한 효율성이 모든 가치 판단의 기준이 되면서 교사들의 신분 또한 흔들리게 될 것이다.

### TIP '경제자유구역 및 국제자유도시의 외국교육기관 설립·운영특별법' 내용 요약

❖ 국내 교육관련법 적용이 배제되며 자율적 운영 가능(등록금, 선발, 교원, 과정).

❖ 설립·운영 등의 규제 대폭 완화, 설립 촉진을 위한 각종 혜택(세제, 재정 지원).

❖ WTO 협상과는 별개로 초·중등, 대학에 이르기까지 교육기관설립 허용.

❖ 분교형 외국교육기관 설립 추진.

❖ 결산잉여금의 해외송금 허용.

❖ 한국사와 한국어를 주1회 이상 이수하면 국내학교와 동일한 학력인정.

❖ 내국인 입학 허용, 내국인 학생 비율을 학교장이 정함.

사회·문화

# 고속전철은 지금부터 중요하다

> ※ 한자 Zoom In
> 高速鐵道(고속철도) 便宜(편의) 地殼變動(지각변동) 聯關(연관) 顧客感動(고객감동)
> ※ 시사 Zoom In
> 속도혁명, 지방분권 효과, KTX증후군, 자기부상열차

①高速鐵道(고속철도)(KTX)가 여객수송 개시와 함께 1일 공식 개통돼 전국 반나절 ②生活圈(생활권) 시대를 활짝 열었다. 그러나, 벌써부터 개통에 따른 안전, ③便宜(편의), 관리 등의 문제가 지적돼 불안감을 감출 수 없다. 물론 이는 고속철이 갖는 ④象徵(상징)적 의미에 대한 대가다. 교통혁명은 물론 물류, 지역개발, 문화·레저 등 산업 전반에 ⑤地殼變動(지각변동)이 ⑥可視化(가시화)하기 때문이다.

고속철 성공 여부는 지금부터 하기에 달렸다. 단순히 ⑦交通(교통)수단으로만 볼 것이 아니라 국토 ⑧均衡開發(균형개발), ⑨聯關(연관) 산업과의 시너지 효과 창출 등을 ⑩極大化(극대화)해 나가야 한다. 일본 프랑스 사례에서 보듯 유동인구를 되레 서울로 집중시키는 역(逆)현상, 역세권과 비역세권 간 ⑪兩極化(양극화) 현상 등 부작용에 대한 철저한 연구와 사전방비책이 마련돼야 한다. 다소 숨통을 틀 고속도로나 여타 교통

망은 물류 시스템 개선으로 잇고, 고속버스 등 대중교통수단이나 항공여객과의 상호 보완이 중요하다. 대한항공과의 전략적 제휴는 좋은 본보기다. 항공노선이 최고 70%, 새마을호와 무궁화 열차가 55~70% 감축되면서 기존 이용객들의 불편이 큰 것도 보완할 문제다.

무엇보다 안전이 최우선 과제다. 스페인 마드리드 열차 폭탄 테러 사태를 교훈삼아 경계태세 고삐를 바짝 조이되 이는 지속적이길 바란다. 일본 정부는 신칸센을 테러 요주의 대상으로 지목, 범정부 차원에서 특별관리 중이다. 한국적 지형지물도 간단치 않다. 교량과 터널 그리고 건널목이 유별나다. 교량만도 1단계 구간에 86개, 2010년 2단계 합치면 전 구간의 26%에 이른다. 평면 건널목이 수십 곳이라니 아찔할 뿐이다. 겨울 강설, 여름 폭우 대비책도 별도로 세워야 함은 물론 운전, 보수 등 필수 부문 전문 인력을 충분히 확보하고 안전⑫點檢(점검) 시스템도 최상을 유지

---

**한자능력검정시험 2급 기출**
– 速[속](25회 115번) – 店[점](2회 106번) – 變[변](4회 95번) – 關[관](12회 85번) – 絡[락](22회 88번)

해야 한다. 크지는 않았어도 안전사고 소식이 들리는 것은 유감이다.

속도만 자랑할 것이 못 된다. 빨리 달릴수록 넘어지면 크게 다치는 법이다. 투자 회수에 급급하면 서비스는 저급이 될 수밖에 없다. 아예 쓰레기를 버릴 수 없도록, 금연수칙을 지키지 않을 수 없도록 ⑬高品格(고품격) 환경과 서비스를 제공, 먼저 ⑭顧客感動(고객감동)을 이끌어내는 것이 한 방법이다. 바르게, 깨끗하게, 함께 편하게 라는 철도청 선진 여행문화 캠페인만 제대로 실천해도 된다. 고속철의 성공은 안전과 서비스에 달렸음을 ⑮銘心(명심)하기 바란다.

헤럴드경제 2004. 4. 1

## ZOOM I »  한자 엿보기

|  | | | | | | | | | | | | |
|---|---|---|---|---|---|---|---|---|---|---|---|---|
| ① | 高 높을 고 | ④ | 象 코끼리 상 | ⑦ | 交 사귈 교 | ⑩ | 大 큰 대 | | 格 격식 격 |
| | 速 빠를 속 | | 徵 부를 징 | | 通 통할 통 | | 化 될 화 | | 顧 돌아볼 고 |
| | 鐵 쇠 철 | | 地 땅 지 | | 均 고를 균 | | 兩 두 량 | ⑭ | 客 손님 객 |
| | 道 길 도 | ⑤ | 殼 껍질 각 | ⑧ | 衡 저울대 형 | ⑪ | 極 극진할 극 | | 感 느낄 감 |
| ② | 生 날 생 | | 變 변할 변 | | 開 열 개 | | 化 될 화 | | 動 움직일 동 |
| | 活 살 활 | | 動 움직일 동 | | 發 필 발 | ⑫ | 點 점 점 | ⑮ | 銘 새길 명 |
| | 圈 우리 권 | | 可 옳을 가 | | 聯 연이을 련 | | 檢 검사할 검 | | 心 마음 심 |
| ③ | 便 편할 편 | ⑥ | 視 볼 시 | ⑨ | 關 관계할 관 | ⑬ | 高 높을 고 | | |
| | 宜 마땅 의 | | 化 될 화 | | 極 극진할 극 | | 品 물건 품 | | |

## ZOOM II »  응용한자 알아보기

① 高速鐵道(고속철도) : 전용 노선을 이용하여, 시속 200km 이상으로 달리는 철도.

  * 古俗(고속) : 古[예 고] 俗[풍속 속]

     옛 풍속.

❖ 초고속(超高速) : 超[넘을 초]

**한자능력검정시험 3급 기출**
– 地殼[지각](25회 36번) – 關[관](17회 77번, 22회 104번) – 滿足[만족](22회 141번)

고속보다 더 빠른 속도.

❖ **고속투하(高速投下)** : 投[던질 투] 下[아래 하]

매우 빠른 속도로 높은 곳에서 아래로 떨어뜨림.

❖ **고속도로(高速道路)** : 道[길 도] 路[길 로]

고속으로 달릴 수 있도록 만든 자동차 전용도로.

---

③ **便宜**(편의) : 사용하는데 편리함.

＊ **偏倚(편의)** : 偏[치우칠 편] 倚[기울 의]

한쪽으로 기울어 있음.

---

❖ **편의점(便宜店)** : 店[가게 점]

고객의 편의를 위하여 휴일도 없이 밤낮으로 영업을 하는 가게.

❖ **편의주의(便宜主義)** : 主[주인 주] 義[옳을 의]

어떤 일을 하는데 근본적인 처리를 하지 않고 상황에 따라 적당히 넘어가려고 하는 주의.

❖ **편의재량(便宜裁量)** : 裁[마를 재] 量[헤아릴 량]

법의 규정이 불분명하여 여러 가지로 해석이 가능한 경우에 가장 적합하다고 판단되는 것을 행할 수 있는 행정관청의 재량.

---

⑤ **地殻變動**(지각변동) : 지구내부의 원인으로 인하여 지각에 일어나는 여러 가지 변동.

＊ **知覺(지각)** : 知[알 지] 覺[깨달을 각]

알아서 깨달음.

＊ **遲刻(지각)** : 遲[더딜 지] 刻[새길 각]

정해진 시각보다 늦음.

---

❖ **계절변동(季節變動)** : 季[계절 계] 節[마디 절]

해마다 계절적인 원인으로 거의 같은 모습으로 발생하는 경제현상.

❖ **물권변동(物權變動)** : 物[물건 물] 權[권세 권]

물건을 직접 지배할 수 있는 권리의 발생, 이전, 소멸 등을 통틀어서 일컬음.

---

⑨ **聯關**(연관) : 어떤 사물과 사물이 서로 어떠한 관계가 있음.

＊ **煙管(연관)** : 煙[연기 연] 管[대롱 관]

보일러에서 화기를 통과시키는 관.

❀ **연락(聯絡)** : 絡[이을 락]

서로 사정을 주고받는 일.

❀ **연동(聯動)** : 動[움직일 동]

어떤 한부분의 변화에 따라 같이 움직이는 일/ 물가~.

---

⑭ *顧客感動*(고객감동) : 물건을 사러 오는 손님에게 깊이 느끼게 하여 마음을 움직이는 것.

 *孤客(고객) : 孤[외로울 고] 客[손님 객]

외로운 나그네.

---

❀ **고객지향(顧客志向)** : 志[뜻 지] 向[향할 향]

고객을 위주로 모든 경영활동을 하는 것.

❀ **고객만족(顧客滿足)** : 滿[가득찰 만] 足[발 족]

고객이 모자람없이 흐뭇하게 느낄 수 있도록 함.

---

# ZOOM Ⅲ » 시사 흐름잡기

## 고속철도(KTX)

### ■ KTX개통. 그 후 4개월

2004년 4월 1일 개통된 KTX는 개통 초기의 잦은 고장이 사라지고 정시 운행률이 98.2%에 이르는 등 안정화 단계에 접어들었다. 대체적으로 긍정적인 평가를 받고 있지만 문제점이 없는 것은 아니다. 당초 예상한 것 보다 이용 승객이 적어 적자가 예상되고, 역방향 좌석에 대한 고객의 불만과 터널 속에서 소음이 증가하는 점이 지적되고 있다. 또한 KTX의 개통으로 기존의 열차들에 대한 이용이 불편하게 되었다. 이는 기존 열차와 KTX가 같은 선로를 사용하는 데에 따른 기술적 문제로 기존 열차에 대한 운임의 추가할인으로 보상하고 있다.

### ■ KTX로 인한 변화

❀ 속도의 혁명으로 전국이 반나절 생활권으로 좁혀지게 되었다.

서울~부산이 2시간 40분이 걸리며, 2단계 공사가 완료되는 2010년에는 전국을 2시간 이내에 도달할 수 있게 된다.

❀ 충청권(천안, 아산)으로 출퇴근권이 확대되었고, 기업입지로 주목받고 있다.

서울에서 불과 30분 거리에 있기 때문에 'KTX 통근족'이 생겨나게 되었다.

❖ 주5일 근무제, 웰빙 열풍과 맞물려서 레져·관광문화의 활성화에 기여하게 되었다.

❖ KTX의 개통으로 지방 공항들이 사실상 몰락하게 되었다.

　평균 36%의 항공 이용객이 감소한 가운데 대구의 경우 72%나 감소하였다.

## ■ KTX로 인한 향후 기대효과

❖ KTX 정차역의 접근성을 기반으로 한 지역경제의 활성화가 기대된다.

❖ 수도권 집중현상이 완화되고, 지방분권의 효과가 극대화 된다.

❖ 부산이 KTX와 항만 시설, 공항 등을 연계하는 동북아 물류의 허브로 재도약할 수 있다.

❖ KTX는 남북철도, 한반도 종단철도, 시베리아 횡단철도 연계사업에도 긍정적인 영향을 미쳐서 한반도를 대륙으로 뻗어나가는 거점의 역할을 수행할 수 있도록 한다.

### TIP 'KTX 증후군'

　콩나물(Kongnamul) 시루, 늘어난 시간(Time), 비싸진(Expensive) 운임을 뜻하는 신조어로써, 일반 열차 탑승객의 고초를 의미한다.

### TIP 자기부상열차

| 소개 | 자기력에 의해서 객차가 레일 위를 아주 미세한 높이만큼 부양된 상태에서 달리는 열차이다. |
|---|---|
| KTX와 자기 부상열차 | KTX는 일반 기차와 같은 바퀴식 열차에서 추진력을 높이고 전용레일을 만들어 최대한 속도를 높인 것이다. 그러나 바퀴와 레일 사이의 마찰력 때문에 300km 이상의 속도를 낼 수 없다는 한계를 지닌다. 그러나 자기부상열차는 바퀴가 없는 상태에서 자기력과 추진력을 통해서 움직이기 때문에 400~500km의 속력을 낼 수 있다. |
| 장점 | ☞ 조용하고 진동이 적다.<br>☞ 바퀴의 미끄러짐 현상이 없음으로 상대적으로 언덕을 잘 올라갈 수 있다. |
| 단점 | ☞ 초기의 시설투자비가 많이 들고 화물 수송에 부적합하다.<br>☞ 노선 변경할 때 바퀴식 열차보다 어려움을 겪는다. |

# 가로–세로열쇠로 복습하기

※ 한글로 가로–세로 열쇠를 채워봅시다.

|  |  |  |  | 1 |  | 2 |  | 3 |  |  |
|---|---|---|---|---|---|---|---|---|---|---|
|  |  |  | 4 |  |  | 5 |  |  |  |  |
|  |  |  |  |  | 6 |  |  |  |  |  |
|  |  | 7 |  | 8 |  |  |  |  |  |  |
|  |  |  |  |  |  |  |  |  |  |  |
| 9 |  |  |  |  |  |  | 10 |  |  |  |
|  |  |  |  |  |  |  |  |  |  |  |
| 11 |  |  |  |  |  | 12 |  |  |  |  |
| 13 |  | 14 | 15 |  | 16 | 17 |  |  |  |  |
|  |  |  |  |  |  |  |  | 18 |  |  |
|  |  |  |  |  |  | 19 |  |  |  |  |
|  |  |  |  |  | 20 |  |  |  |  |  |
|  |  |  |  |  |  |  |  |  |  |  |

## 가로 열쇠

2. 어떤 대상이 갑자기 등장하여 알려지거나 주목을 끄는 상태가 되는 것을 이르는 말.

4. 1789년 8월 26일 프랑스의 국민의회(國民議會)의 결의로 발표된 국민의 자유, 평등의 기본적 인권에 관한 선언.

6. 마음의 준비가 두루 미쳐 빈틈이 없다는 뜻으로, 실수가 없음을 의미하는 4자 성어.

7. 깊이 생각해 보지 않고 가볍고 망녕스럽게 행동한다는 뜻으로 경솔하고 함부로 행동함을 의미.

9. 부귀는 뜬 구름과 같다는 뜻의 4자 성어.

12. 나라의 위급함을 보고 몸을 바친다는 뜻의 4자 성어.

13. 매우 빠른 속도로 높은 곳에서 아래로 떨어뜨림.

16. 한 가지 일로 미루어 다른 모든 일을 알 수 있음을 뜻하는 4자 성어.

19. 적의 공중에서의 공격을 빨리 알아내어 경계하도록 알리는 일.

20. 허가 없이 드나들지 못하게 하는 땅.

1. 물건을 직접 지배할 수 있는 권리의 발생, 이전, 소멸 등을 통틀어서 일컬음.

3. 근거 없이 떠돌아다니는 말.

5. 같은 의견.

7. 깊이 생각해 보지 않고 가볍고 망녕스럽게 행동한다는 뜻으로 경솔하고 함부로 행동함을 뜻하는 4자 성어.

8. 회의 중에 예정된 의안 이외의 의제를 제의하는 일.

10. 실제 사물의 이치를 연구하여 지식을 다듬어 간다는 의미.

11. 고속보다 더 빠른 속도.

14. 사업에 자금을 투자할 수 있도록 유도함.

15. 상위 법원의 지휘 감독을 받는 법원.

17. 사고를 막음.

18. 아침 일찍 일어나 동네를 청소하는 일.

※ 한자로 가로−세로 열쇠를 채워봅시다.

|   |   |   |   |   | 1 |   | 2 |   | 3 |   |   |
|---|---|---|---|---|---|---|---|---|---|---|---|
|   |   |   |   | 4 |   |   | 5 |   |   |   |   |
|   |   |   |   |   | 6 |   |   |   |   |   |   |
|   |   |   | 7 |   | 8 |   |   |   |   |   |   |
|   |   |   |   |   |   |   |   |   |   |   |   |
| 9 |   |   |   |   |   |   |   | 10 |   |   |   |
|   |   |   |   |   |   |   |   |   |   |   |   |
| 11 |   |   |   |   |   | 12 |   |   |   |   |   |
| 13 |   | 14 | 15 |   | 16 | 17 |   |   |   |   |   |
|   |   |   |   |   |   |   |   | 18 |   |   |   |
|   |   |   |   |   |   | 19 |   |   |   |   |   |
|   |   |   |   |   | 20 |   |   |   |   |   |   |
|   |   |   |   |   |   |   |   |   |   |   |   |

**가로 열쇠**

2. 어떤 대상이 갑자기 등장하여 알려지거나 주목을 끄는 상태가 되는 것을 이르는 말.

4. 1789년 8월 26일 프랑스의 국민의회(國民議會)의 결의로 발표된 국민의 자유, 평등의 기본적 인권에 관한 선언.

6. 마음의 준비가 두루 미쳐 빈틈이 없다는 뜻으로, 실수가 없음을 의미하는 4자 성어.

7. 깊이 생각해 보지 않고 가볍고 망녕스럽게 행동한다는 뜻으로 경솔하고 함부로 행동함을 의미.

9. 부귀는 뜬 구름과 같다는 뜻의 4자 성어.

12. 나라의 위급함을 보고 몸을 바친다는 뜻의 4자 성어.

13. 매우 빠른 속도로 높은 곳에서 아래로 떨어뜨림.

16. 한 가지 일로 미루어 다른 모든 일을 알 수 있음을 뜻하는 4자 성어.

19. 적의 공중에서의 공격을 빨리 알아내어 경계하도록 알리는 일.

20. 허가 없이 드나들지 못하게 하는 땅.

1. 물건을 직접 지배할 수 있는 권리의 발생, 이전, 소멸 등을 통틀어서 일컬음.

3. 근거 없이 떠돌아다니는 말.

5. 같은 의견.

7. 깊이 생각해 보지 않고 가볍고 망녕스럽게 행동한다는 뜻으로 경솔하고 함부로 행동함을 뜻하는 4자 성어.

8. 회의 중에 예정된 의안 이외의 의제를 제의하는 일.

10. 실제 사물의 이치를 연구하여 지식을 다듬어 간다는 의미.

11. 고속보다 더 빠른 속도.

14. 사업에 자금을 투자할 수 있도록 유도함.

15. 상위 법원의 지휘 감독을 받는 법원.

17. 사고를 막음.

18. 아침 일찍 일어나 동네를 청소하는 일.

**가로-세로 열쇠로 복습하기 정답**

| | | | | 물 | | | 급 | 부 | 상 | |
|---|---|---|---|---|---|---|---|---|---|---|
| | | | | 인 | 권 | 공 | 동 | 선 | 언 | |
| | | | | 변 | 용 | 의 | 주 | 도 | | |
| | | 경 | 거 | 망 | 동 | | | | | |
| | | 조 | | 의 | | | | | | |
| 부 | 귀 | 부 | 운 | | | | | 격 | | |
| | | 박 | | | | | | 물 | | |
| 초 | | | | | 견 | 위 | 치 | 명 | | |
| 고 | 속 | 투 | 하 | | 추 | 일 | 사 | 가 | 지 | |
| 속 | | 자 | 급 | | | 고 | | | 조 | |
| | | 유 | 법 | | 방 | 공 | 조 | 기 | 경 | 보 |
| | | 치 | 원 | | 금 | 지 | 구 | 역 | 청 | |
| | | | | | | | | | 소 | |

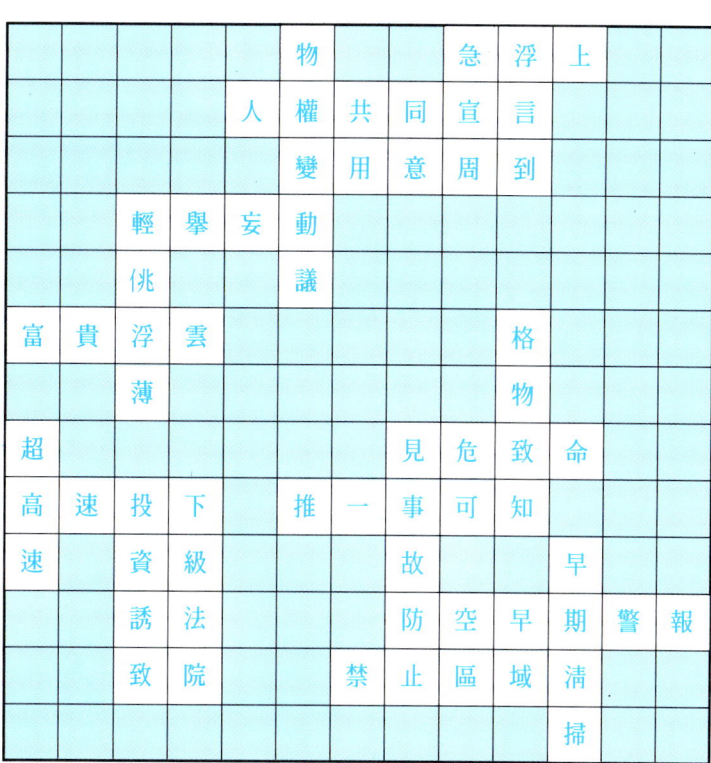

| | | | | 物 | | | 急 | 浮 | 上 | |
|---|---|---|---|---|---|---|---|---|---|---|
| | | | | 人 | 權 | 共 | 同 | 宣 | 言 | |
| | | | | 變 | 用 | 意 | 周 | 到 | | |
| | | 輕 | 擧 | 妄 | 動 | | | | | |
| | | 佻 | | 議 | | | | | | |
| 富 | 貴 | 浮 | 雲 | | | | | 格 | | |
| | | 薄 | | | | | | 物 | | |
| 超 | | | | | 見 | 危 | 致 | 命 | | |
| 高 | 速 | 投 | 下 | | 推 | 一 | 事 | 可 | 知 | |
| 速 | | 資 | 級 | | | 故 | | | 早 | |
| | | 誘 | 法 | | 防 | 空 | 早 | 期 | 警 | 報 |
| | | 致 | 院 | | 禁 | 止 | 區 | 域 | 清 | |
| | | | | | | | | | 掃 | |

# Ⅲ. 국제·정치

03

# 스페인 테러, 강건너 불이 아니다

---

※ 한자 Zoom In
地球村(지구촌) 無辜(무고) 想起(상기) 旣定事實(기정사실) 保安警戒(보안경계)
※ 시사 Zoom In
9·11 테러 대량살상무기(WMD) 테러방지법 애국법

---

①地球村(지구촌)에 또다시 테러 비상이 걸렸다. 이미 이라크 내에서 각종 테러와 ②散發(산발)적인 전투로 숱한 민간인 희생자가 발생하고 있는 가운데 지난 11일엔 스페인의 마드리드에서 이슬람 무장과격단체인 알카에다가 저지른 것으로 보이는 테러로 200여명의 사망자와 1500여명의 ③負傷者(부상자)가 발생했다. 우리는 ④無辜(무고)한 민간인을 상대로 한 이 같은 테러 ⑤行爲(행위)를 인류의 이름으로 규탄하며, 이러한 테러에 굴복한다면 오히려 테러가 더 횡행할 것이라는 점을 ⑥想起(상기)시키고자 한다.

자이툰 부대의 파병을 앞두고 있는 우리로서는 이번 테러가 결코 남의 일 같지가 않다. 무엇보다 알카에다가 그동안 미국을 도와 이라크에 파병한 동맹국들을 상대로 보복 테러를 ⑦恣行(자행)할 것임을 공언해왔고, 다음 테러의 목표로 폴란드, 호주, 이탈리아 등이 거론되고 있기 때문이다. 상황이 이런 식으로 악화된다면 이라크의 전후 ⑧復舊(복구)와 조속한 ⑨安定回復(안정회복)을

위해 파병을 결정한 우리 군대도 이슬람 과격세력의 테러로부터 완전히 자유로울 수는 없게 된다.

이미 미국과 유럽 국가들은 이슬람 무장투쟁단체들의 후속 테러를 ⑩旣定事實(기정사실)화하면서 테러 예방을 위한 조치에 나서고 있다. 유럽연합(EU)은 테러 대책을 위한 고위급 회의 개최를 결정했고, 미국도 열차나 지하철 등 ⑪大衆(대중)교통수단에 대한 ⑫保安警戒(보안경계)를 강화하고 나섰다. 그 때문에 우리도 이번 마드리드 테러 사태를 계기로 동맹국 및 서방국가들과 긴밀한 협의 체제를 구축하는 한편 국내적으로는 대중교통수단과 주요 건물에 대한 테러 예방 및 적절한 보안조치를 취해야 한다. 또한 4월 파병을 앞두고 있는 우리 군의 안전대책에도 더 신경을 써야 한다. 특히 탄핵정국이라는 과도적 상황에서 군과 나라 전체의 안전 확보에 한 치의 허점도 없도록 해야 한다.

테러는 어떤 이유로도 ⑬容納(용납)할 수 없

---

한자능력검정시험 2급 기출
– 根[근](25회 76번) – 線[선](25회 77번) – 保[보](22회 120번) – 告[고](9회 135번)

국제·정치

다. 또 여기에 굴복해서도 안 된다. 세계인 대다수는 각국 정부가 테러 위협에 협박당하거나 굴복해 외교정책을 변경하는 것을 원치 않는다. 강력한 반(反)테러전에 대한 동참과 ⑭不屈(불굴)의 용기만이 지구촌에서 테러를 ⑮終熄(종식)시킬 수 있다.

중앙일보 2004. 3. 17

## ZOOM Ⅰ » 한자 엿보기

| | | | | | | | | | | | |
|---|---|---|---|---|---|---|---|---|---|---|---|
| ① | 地 땅 지 | ④ | 無 없을 무 | ⑧ | 復 돌아올 복 | | 事 일 사 | ⑬ | 容 얼굴 용 |
| | 球 공 구 | | 辜 허물 고 | | 舊 예 구 | | 實 열매 실 | | 納 바칠 납 |
| ② | 村 마을 촌 | ⑤ | 行 다닐 행 | ⑨ | 安 편안할 안 | ⑪ | 大 큰 대 | ⑭ | 不 아닐 불 |
| | 散 흩어질 산 | | 爲 할 위 | | 定 정할 정 | | 衆 무리 중 | | 屈 굽을 굴 |
| | 發 필 발 | ⑥ | 想 생각 상 | | 回 돌아올 회 | | 保 지킬 보 | ⑮ | 終 마칠 종 |
| | 負 질 부 | | 起 일어날 기 | | 復 돌아올 복 | ⑫ | 安 편안할 안 | | 熄 꺼질 식 |
| ③ | 傷 상처 상 | ⑦ | 恣 방자할 자 | ⑩ | 旣 이미 기 | | 警 깨우칠 경 | | |
| | 者 놈 자 | | 行 다닐 행 | | 定 정할 정 | | 戒 경계할 계 | | |

## ZOOM Ⅱ » 응용한자 알아보기

① 地球村(지구촌) : 지구를 작은 마을에 비유하여 이르는 말.

   * 持久(지구) : 持[가질 지] 久[오랠 구]

     오래 버팀.

   * 地區(지구) : 地[땅 지] 區[구역 구]

     일정하게 땅을 여럿으로 나눈 범위. 일정한 목적에 의하여 지정된 지역.

   ❖ 지구위성(地球衛星) : 衛[지킬 위] 星[별 성]

   지구 둘레를 도는 별 전체.

   ❖ 지구본(地球本) : 本[근본 본]

   **한자능력검정시험 3급 기출**
   – 衛[위](19회 126번) – 星[성](26회 84번) – 本[본](3회 90번) – 想[상](13회 123번) – 氣[기](26회 82번)
   – 念[념](13회 123번, 15회 128번)

지구 모형을 본떠서 만든 모형

④ 無辜(무고) : 아무런 잘못이나 허물이 없음.

　＊誣告(무고) : 誣[무고할 무] 告[고할 고]

　　　없는 사실을 거짓으로 꾸며서 남을 고소하거나 고발하는 것/ ~죄

❖ 사고무친(四顧無親) : 四[넉 사] 顧[돌아볼 고] 親[친할 친]

　사방을 둘러보아도 친척이 없다는 뜻으로, 의지할 사람이 없음을 의미함.

❖ 천의무봉(天衣無縫) : 天[하늘 천] 衣[옷 의] 縫[꿰맬 봉]

　선녀의 옷에는 솔기(바느질한 자국)가 없다는 뜻으로 사물이 완벽하여 흠잡을 때가 없음을 의미함.

❖ 제행무상(諸行無常) : 諸[모두 제] 行[다닐 행] 常[떳떳할 상]

　우주 만물은 항상 돌고 변하여 잠시도 한 모양으로 머무르지 않음을 이르는 말.

⑥ 想起(상기) : 기억하고 있는 지난 일을 생각해 냄.

　＊上氣(상기) : 上[위 상] 氣[기운 기]

　　　얼굴이 화끈 달아오르는 현상

❖ 무념무상(無念無想) : 無[없을 무] 念[생각 념]

　무아의 경지에 이르러 일체의 상념이 없음을 이르는 말.

❖ 기사회생(起死回生) : 死[죽을 사] 回[돌아올 회] 生[날 생]

　죽을 고비를 넘김.

❖ 묵상(默想) : 默[잠잠할 묵]

　말없이 조용히 생각하거나 기도드리는 것.

⑩ 旣定事實(기정사실) : 이미 정해진 사실.

　＊欺情(기정) : 欺[속일 기] 情[뜻 정]

　　　속마음을 드러내지 않음.

　＊寫實(사실) : 寫[베낄 사] 實[열매 실]

　　　사물의 실제 모습을 있는 그대로 그려냄.

❖ 사실무근(事實無根) : 無[없을 무] 根[뿌리 근]

　사실이라는 근거가 없음. 사실과 다름.

❖ 사실심리(事實審理) : 審[살필 심] 理[다스릴 리]

소송 사건에 관하여 판결에 필요한 모든 일을 심사함.

⑫ 保安警戒(보안경계) : 안전을 유지하도록 미리 조심함.
 * 境界(경계) : 境[지경 경] 界[지경 계]
   지역이 갈라지는 한계. 분야가 갈라지는 한계.

◈ 경계경보(警戒警報) : 警[깨우칠 경] 報[갚을 보]
  경계할 것을 미리 알려주는 보도.
◈ 경계선(警戒線) : 線[줄 선]
  경계하기 위하여 설정한 지역.

## ZOOM Ⅲ》 시사 흐름잡기

### 테러리즘과 이라크 파병

#### ■ 9·11 테러 그리고 이라크 침공

  2001년 9월 11일에 뉴욕의 세계무역 센터 쌍둥이 빌딩과 펜타곤에 대한 비행기 자살 폭탄 테러 사건이 발생하였다. 9·11 테러가 국제 테러리스트 '빈 라덴'과 그를 추종하는 세력인 '알카이다'의 소행임이 밝혀지면서 미국은 테러 개입자에 대한 보복을 천명하고, 빈 라덴이 숨어 있는 아프가니스탄을 침공하게 된다. '빈라덴'과 '알카이다'의 완전 색출에 실패한 미국은 2003년 3월 20일에 이라크를 침공하게 된다. 사담 후세인 이라크 대통령이 '알카이다'를 비롯한 테러 조직에 무기를 지원하고 있으며, 대량살상무기(WMD)를 보유하고 있다는 것이 침공한 이유였다. 이라크는 저항하였으나 20일 만에 함락되었고, 2003년 12월 14일 후세인 이라크 대통령은 연합군 측에 생포되었다. 현재 미국은 주변 우방국들에게 대테러 전쟁에 동참 것을 강력히 요청하고 있으나 전 세계적으로 반전 여론이 확산되면서 그 입지가 줄어든 상황이다. 특히 미군들의 포로 학살 장면이 공개되면서 현재 중동지역의 반미 감정은 극에 달해 있다. 현재 이라크 저항세력은 파병국들을 대상으로 게릴라식 무차별 테러를 감행하여, 철군을 유도하고 있다.

#### ■ 이라크 파병 결정 그리고 김선일 피살

  미국은 한국정부에게 이라크 추가 파병을 요구했었다. 미국과 우방관계에 있던 한국 정부는 한미 관계를 고려하여 이를 수용하였고, 연합군 중 세 번째로 많은 규모의 병력을 투입하기로 결정했다. 이라크 파병을 놓고 명분 없는 전쟁에 한국이 참여할 이유가 없음을 들어 파병을 반대하는 측과 한미관계 및 국익을 고려한 파병 불가피론을 주장하는 측이 팽팽히 맞섰으나 결국 파병하게 되었다.

이라크 파병이 최종 결정된 후 이라크에서 일하던 민간인 김선일 씨가 이라크 무장세력에게 피살되는 사건이 발생하였다. 그들은 한국 정부에게 24시간의 여유를 주며 즉각 이라크 파병을 철회하라고 요구하였으나 한국 정부는 파병 방침을 고수하였고, 결국 김선일 씨는 죽음을 당하였다. 이 사건은 한국 역시 테러로부터 자유롭지 못함을 알려주는 계기가 되었으며, 테러 방지를 위한 국가적 차원에서의 대책이 필요함을 일깨워 주었다. 2004년 7월 10일에는 한국 선박, 항공기에 대한 테러 첩보가 입수되면서 국가적 차원의 대책마련에 고심하고 있다.

### ■ 테러 방지법 제정 논란

김선일 씨 피살 사건을 계기로 한국 내 테러 위협이 커진 가운데 테러 방지법 제정이 논의되고 있어 논란이 예상된다. 테러 방지법이란 테러의 위협으로부터 벗어나기 위하여 국가적 차원에서 적극적으로 대처할 수 있는 독립된 기관을 둘 수 있는 근거법률을 말한다. 테러 방지법은 16대 국회에 상정되었으나 인권침해를 이유로 폐기되었다. 테러 방지법의 제정에 찬성하는 사람들은 국민들의 생명이 무엇보다도 중요하며, 테러 업무를 효율적으로 처리하기 위해 필요하다고 주장한다. 반면 반대하는 사람들은 국민을 통제할 수 있는 법으로 악용의 소지가 있으며, 기존의 조직으로도 충분히 대처가 가능하다고 주장한다. 미국은 9·11 테러 이후 테러에 대비하기 위하여 테러 방지법, 일명 '애국법'을 제정하였다.

**TIP** 미국의 '애국법'
- 테러 혐의가 있는 외국인은 영장 없이 7일간 구금이 가능.
- 외국인 유학생 감시 대상자 대폭 확대.
- 수사기관이 사법부 허가 없이 1년간 감청 가능.
- 영장 1개로 테러혐의자 전화, 이메일, 음성 메일 등 모든 통신 수단 감청 가능 .

# '독도 상륙' 단호하고 의연한 대처를

> ※ 한자 Zoom In
> 　眼下無人(안하무인) 紛爭地帶(분쟁지대) 堅持(견지) 延期(연기) 浮刻(부각)
> ※ 시사 Zoom In
> 　배타적 경제수역 신 한일어업협정 다케시마 메탄 하이드레이트

　일본의 한 우익단체가 ①獨島(독도)에 ②上陸(상륙)하겠다며 5일 출항한 것은 이웃나라의 주권을 침해하겠다는 가당치도 않은 짓이다. 그동안 총리를 비롯한 일본 지도자들의 숱한 ③妄言(망언)이 있었지만, 일본의 극우단체가 이같이 무모한 짓을 시도한 것은 처음이다.

　이번 망동은 일본 사회의 전반적인 보수우경화 움직임과 ④關聯(관련) 있다고 보인다. 고이즈미 준이치로(小泉純一郎)일본 총리의 신중하지 못한 태도가 ⑤觸發(촉발)한 측면도 있다. 그는 연초부터 주변국 입장은 아랑곳 않겠다는 듯이 ⑥挑發(도발)적 언행을 되풀이했다. 한국, 중국의 자제 요구에도 ⑦神社參拜(신사참배)를 강행했다. 특히 그는 "다케시마(竹島, 독도의 일본명)는 일본 영토며 한국은 잘 분별해 대응했으면 좋겠다"고 말해 우리의 부아를 돋우기도 했다. 자기네 총리가 ⑧眼下無人(안하무인)격으로 나오니 '독도 상륙'을 기획하는 잉뚱한 사태가 발생하는 것이 아닌가 하는 생각이 든다.

　이 단체가 독도 상륙을 실제로 시도할지는 아직 알 수 없다. 그러나 속이 뻔히 들여다보이는 얄팍한 계산을 갖고 있는 것만은 분명하다. 독도가 ⑨紛爭地帶(분쟁지대)임을 ⑩國際(국제)사회에 널리 알리자는 것이다. 그러나 독도가 대한민국 영토라는 역사적, 실체적 진실은 변하지 않는다는 점을 이들은 명심해야 한다.

　정부를 포함한 우리 국민은 이들의 망동에 대해 일단 의연한 입장을 ⑪堅持(견지)할 필요가 있다. 지나치게 흥분한 모습을 보이는 것은 이들의 교묘한 의도에 말려들 수 있기 때문이다. 이들이 정보를 흘리고, 한 차례 출항을 ⑫延期(연기)하면서 벌써 이들은 뉴스의 초점에 섰다. 이 문제를 크게 ⑬浮刻(부각)하고 싶어하는 저들의 속셈을 무력화하려면 조용히 지켜보다 실제로 우리 영해에 들어오면 즉각적인 ⑭拿捕(나포) 등 ⑮斷乎(단호)하게 대처하면 된다.

　너욱 중요한 것은 이번 사건이 한·일 양국 간 분쟁으로 비화해서는 안 된다는 점이다. 이를 위해선 일본 정부가 이 단체의 독도 상륙 기도를 저지해야 한다. 만약 그런 일이 현실화한다면 양국 관계가 어떻게 되겠는가. 일본 정부의 현명한 대처를 촉구한다.　　　　　중앙일보 2004. 5. 6

## Z♥♥m I » 한자 엿보기

| | | | | | | | | | | | | | | | | | | | |
|---|---|---|---|---|---|---|---|---|---|---|---|---|---|---|---|---|---|---|---|
| ① | 獨 | 홀로 독 | ⑤ | 觸 | 닿을 촉 | ⑧ | 眼 | 눈 안 | ⑩ | 國 | 나라 국 | ⑭ | 拿 | 붙잡을 나 | | | | | | |
| | 島 | 섬 도 | | 發 | 필 발 | | 下 | 아래 하 | | 際 | 즈음 제 | | 捕 | 잡을 포 | | | | | | |
| ② | 上 | 위 상 | ⑥ | 挑 | 돋을 도 | | 無 | 없을 무 | ⑪ | 堅 | 굳을 견 | ⑮ | 斷 | 끊을 단 | | | | | | |
| | 陸 | 뭍 륙 | | 發 | 필 발 | | 人 | 사람 인 | | 持 | 가질 지 | | 乎 | 어조사 호 | | | | | | |
| ③ | 妄 | 망녕될 망 | ⑦ | 神 | 귀신 신 | ⑨ | 紛 | 어지러울 분 | ⑫ | 延 | 늘일 연 | | | | | | | | | |
| | 言 | 말씀 언 | | 社 | 모일 사 | | 爭 | 다툴 쟁 | | 期 | 기약할 기 | | | | | | | | | |
| ④ | 關 | 관계할 관 | | 參 | 참여할 참 | | 地 | 땅 지 | ⑬ | 浮 | 뜰 부 | | | | | | | | | |
| | 聯 | 연이을 련 | | 拜 | 절 배 | | 帶 | 띠 대 | | 刻 | 새길 각 | | | | | | | | | |

## Z♥♥m II » 응용한자 알아보기

⑧ 眼下無人(안하무인) : 눈 아래 사람이 없다는 뜻으로 사람됨이 교만하여 다른 사람을 업신여김을 이르는 말.

* 武人(무인) : 武[호반 무] 人[사람 인]
　　　　무예를 닦은 사람.

❖ 안중무인(眼中無人) : 中[가운데 중]
　눈 아래 사람이 없다는 뜻으로 사람됨이 교만하여 다른 사람을 업신여김을 이르는 말.

❖ 사고무인(四顧無人) : 四[넉 사] 顧[돌아볼 고]
　주위에 사람이 없어서 쓸쓸함.

❖ 무인지경(無人之境) : 之[갈 지] 境[지경 경]

한자능력검정시험 3급 기출
– 境[경](87번) – 盤[반](17회 135번, 18회 113번) – 延期[연기](25회 96번) – 煙氣[연기](26회 82번) – 刻骨難忘[각골난망](3회 135번, 17회 1번)

국제·정치

사람이 전혀 살지 않는 지역. 아무 것도 거칠 것이 없는 판.

⑨ 紛爭地帶(분쟁지대) : 말썽 때문에 서로 시끄럽게 다툼이 있는 지대.
* 忿爭(분쟁) : 忿[성낼 분] 爭[다툴 쟁] 성을 내며 다툼

❖ 국제분쟁(國際紛爭) : 國[나라 국] 際[즈음 제]
국가 사이의 다툼.
❖ 분규(紛糾) : 糾[얽힐 규]
의견이나 주장이 대립되어 말썽이 많고 시끄러움.

⑪ 堅持(견지) : 주장이나 태도를 굳게 지키는 일.
* 見地(견지) : 見[볼 견] 地[땅 지]
사물을 판단하는 처지.

❖ 견여반석(堅如盤石) : 如[같을 여] 盤[소반 반] 石[돌 석]
기초가 반석같이 튼튼함.
❖ 견인지구(堅引持久) : 引[끌 인] 持[가질 지] 久[오랠 구]
끝까지 참고 오래 견딤.
❖ 견실(堅實) : 實[열매 실]
사상이나 심성 따위가 확실하고 틀림없음.

⑫ 延期(연기) : 정한 때를 뒤로 물림.
* 演技(연기) : 演[펼 연] 技[재주 기]
관객 앞에서 재주를 나타내 보임.
* 煙氣(연기) : 煙[연기 연] 氣[기운 기]
물건이 탈 때 생기는 흐릿한 기체.

❖ 무기연기(無期延期) : 無[없을 무] 期[기약할 기]
기한이 없이 정해놓은 기한을 물리는 것.

⑬ 浮刻(부각) : 사물의 특징이 두드러질 수 있도록 나타냄.
* 腐刻(부각) : 腐[썩을 부] 刻[새길 각]
약물을 써서 유리나 쇠붙이 따위에 새기는 일.

❖ **각골난망(刻骨難忘)** : 骨[뼈 골] 難[어려울 난] 忘[잊을 망]

입은 은혜의 고마운 마음이 뼈에 새겨져 잊혀지지 않음 (= 白骨難忘, 結草報恩)

❖ **각주구검(刻舟求劍)** : 舟[배 주] 求[구할 구] 劍[칼 검]

칼을 강물에 떨어뜨리자 뱃전에 그 자리를 표시했다가 나중에 그 칼을 찾으려 했다는 뜻으로 어리석고 미련하여 융통성이 없음을 의미하는 말.

---

**ZOOM Ⅲ »   시사 흐름잡기**

---

### 독도는 우리땅

■ **한국과 일본의 독도 관련 사건**

❖ **한·일 어선들의 배타적 경제수역 침범**

1999년 신 한일어업협정에서 독도를 공동수역으로 결정하면서 어선들의 잦은 충돌이 발생하고 있다.

❖ **일본 외무성의 '한국의 독도 점유' 불법 규정 파문**

일본 외무성이 인터넷 홈페이지를 통해 일본의 독도 영유권을 주장하는 자료를 올렸고, 한국의 독도 점유는 불법이라는 주장을 폈다.

❖ **일본 교과서의 역사 왜곡 사건**

2002년 일본 문부과학성의 검정을 통과한 [최신 일본사]라는 고등학교 역사 교과서에는 '독도는 일본땅'이라는 표현이 실려 있고, 지리과부도에는 독도를 '다케시마'라고 표기하였다.

❖ **일본 극우 단체의 독도 상륙 시도 사건**

2004년 5월 초에 '니혼시도카이'라는 일본 극우단체 회원 4명이 독도에 상륙하여 일장기를 꽂으려는 시도가 있었다. 이에 대해 한국 정부는 일본 당국에 적극적인 차단을 요구하는 한편 독도 영해에 진입을 시도할 경우에는 나포 및 관련자 사법처리 등 강경한 입장을 표명하였다. 결국 일본 극우단체는 배를 돌려 일본으로 돌아갔다. 이들의 이런 돌발 행동에 대하여 실제로 독도에 상륙하는 것이 목적이 아니라, 전 세계인들을 대상으로 국제적 관심을 유도하여 독도를 분쟁지역으로 각인시키는 것이 목적이라는 분석이 지배적이다.

❖ **한국의 독도 관광유람선**

독도관광해운 주식회사는 2004년 6월 17일부터 독도 주변을 둘러볼 수 있는 관광유람선 '삼봉호'의 운항을 시작했다. 이에 대해 일본의 호소다 관방장관은 독도가 역사적 사실과 국제법을 고려할 때 일본 영토임이 분명하다며, 한국 정부에게 독도에 대한 유람선 운항 허가를 취소해 줄 것을 요구했다.

국제·정치

❖ '독도'와 '다케시마' 병행표기 논란

독도와 다케시마를 병행 표시한 해외 사이트가 최근 2만4000여개로 급증하는 등 한국의 역사 왜곡이 인터넷을 통해서 급속히 확산되고 있다. 특히 미국 중앙정보국(CIA)등의 유명 사이트가 기존의 독도와 다케시마의 병행 표기 방침을 고수하고 있고, 이 사이트로부터 복제한 다른 사이트들도 CIA가 바꾸지 않는 한 우리도 바꿀 수 없다는 입장을 표명하고 있다.

## ■ 일본의 행동에 대한 한국 정부의 고민

일본 정부와 민간단체의 간헐적인 돌출 행동에 대하여 한국 정부는 대응 수위를 놓고 매우 고심하고 있다. 즉, 이들의 첫 번째 목적은 독도 문제를 전 세계 언론에 자주 부각시키는 것이기 때문에 정부 차원에서 대응하기가 어려운 것이다. 한국 정부가 민감하게 대응하기를 일본은 바랄지도 모른다. 그러나 한국의 자존심상 이런 일본의 행동을 매번 두고만 볼 수도 없는 입장이다.

### ● 일본이 독도를 원하는 진짜 이유

일본이 독도를 원하는 이유는 독도가 어느 나라에 속하느냐에 따라 달라지는 양국의 해양 경계선 때문이다. 바다에는 '천연자원의 보고'라고 할 만큼 많은 천연자원이 매장되어 있는데, 특히 독도 인근해에 매장되어 있는 것으로 추정되는 '메탄 하이드레이트'라는 자원은 석유와 천연가스를 잇는 차세대 신에너지로 각광받고 있다.

---

**TIP** 일본의 독도 찬탈 시나리오

일부 언론(SBS 그것이 알고 싶다)에서 밝혀진바 있는 일본의 독도 침탈 시나리오를 공개한다.

❖ 1단계 : 독도가 일본땅이라는 역사성 확보
❖ 2단계 : 한-일 공동관리 수역화
❖ 3단계 : 일본 헌법 개정
❖ 4단계 : 일본인의 독도 상륙
❖ 5단계 : 국제 사법재판소 제소
❖ 6단계 : 독도 전쟁 발발

---

국제·정치

# Chapter ❸

# 부안주민투표 교훈 삼아야

※ 한자 Zoom In
   放射性(방사성) 舊態依然(구태의연) 前轍(전철) 一邊倒(일변도) 國策事業(국책사업)
※ 시사 Zoom In
   주민투표 지역이기주의

① 放射性(방사성) ② 廢棄物(폐기물) ③ 處理場(처리장) 유치 여부를 묻는 부안 주민 ④ 投票(투표)에서 반대표가 91.8%로 나타난 것은 예상했던 결과다. 주민들이 적극적인 ⑤ 反對(반대)운동을 벌여왔으며, 정부의 거듭된 중단 요청에도 불구하고 끝내 투표절차를 관철시킨 뜻도 거기에 있을 것이다. 정작 의견을 내야 할 위도 주민들의 투표 거부 등 몇 가지 흠집이 있었지만 지역 ⑥ 雰圍氣(분위기)가 그만큼 확고함을 말해준다.

이번 결과는 정부의 방폐장 사업 추진방식에 중대한 문제가 있었음을 단적으로 증명한다. 안전·경제성을 설득시키면서 여론을 ⑦ 收斂(수렴)해야 했으나 그 일련의 과정이 ⑧ 疎忽(소홀)했다. 특히 ⑨ 濾過(여과)되지 않은 ⑩ 善心性(선심성) 약속들이 연달아 제시되는 바람에 밀어붙이기식으로 인식된 측면도 없지 않다. 과거 안면도를 비롯해 몇 차례 곤욕을 치렀던 경험에도 불구하고 추진방식이 너무 안이했다.

이런 ⑪ 舊態依然(구태의연)한 ⑫ 前轍(전철)이 되풀이돼서는 결코 안된다. 정부가 최근 별도로 발표한 방폐장 공모 추진계획에서 주민들을 비롯한 시민·사회단체의 의견을 폭넓게 수용하겠다는 다짐이 어떻게 지켜지는지 유심히 지켜보고자 한다. 이번 투표에서 드러난 압도적인 반대의사로 다른 지자체에서도 거부감이 드세질 것으로 여겨지는 만큼 효과적인 홍보활동 대책도 강구해야 할 것이다.

지역 주민들과 시민단체들도 지금까지의 현실을 무시한 원칙 ⑬ 一邊倒(일변도)에서 벗어나 건전한 대안을 생각하는 책임있는 자세로 바뀌기를 바란다. 국내 전력수요의 40%를 원자력이 감당하고 있으며 그 결과로 방폐장이 필요하다는 사실을 부인할 수는 없을 것이다. 앞으로 중요한 ⑭ 國策事業(국책사업)이 우선적으로 주민들 의사에 따라 추진 여부가 좌우된다는 점에서도 그렇다. 이번 투표가 법적 효력과는 관계없이 조만간 도입될 주민투표제도의 ⑮ 先例(선례)가 됐음은 두말할 필요가 없다. 경향신문 2004.02.16

한자능력검정시험 2급 기출
– 菌[균](16회 70번) – 依他[의타](16회 116번) – 拒[거](22회 79번) – 踏[답](9회 87번) – 邊[변](24회 111번) – 置[치](5회 96번)

국제·정치

265

**ZOOM Ⅰ »** 한자 엿보기

| | | | | | | | | | | | | |
|---|---|---|---|---|---|---|---|---|---|---|---|---|
| ① | 放 놓을 방 | ④ | 場 마당 장 | ⑦ | 收 거둘 수 | ⑪ | 性 성품 성 | ⑬ | 邊 가 변 |
| | 射 궁술 사 | | 投 던질 투 | | 斂 거둘 렴 | | 舊 예 구 | | 倒 넘어질 도 |
| | 性 성품 성 | | 票 표 표 | ⑧ | 疎 트일 소 | | 態 모양 태 | | 國 나라 국 |
| ② | 廢 폐할 폐 | ⑤ | 反 돌이킬 반 | | 忽 소홀할 홀 | | 依 의지할 의 | ⑭ | 策 꾀 책 |
| | 棄 버릴 기 | | 對 대할 대 | ⑨ | 濾 거를 여 | | 然 그럴 연 | | 事 일 사 |
| | 物 물건 물 | | 雰 안개 분 | | 過 지날 과 | ⑫ | 前 앞 전 | | 業 업 업 |
| ③ | 處 곳 처 | ⑥ | 圍 둘레 위 | ⑩ | 善 착할 선 | | 轍 바퀴자국 철 | ⑮ | 先 먼저 선 |
| | 理 다스릴 리 | | 氣 기운 기 | | 心 마음 심 | | 一 한 일 | | 例 법식 례 |

**ZOOM Ⅱ »** 응용한자 알아보기

① 放射性(방사성) : 방사능을 가진 성질.
  \* 放飼(방사) : 放[놓을 방] 飼[먹일 사]
      가축을 놓아먹임.
  \* 紡絲(방사) : 紡[길쌈 방] 絲[실 사]
      섬유로부터 실을 뽑음.

❖ 방사선요법(放射線療法) : 線[줄 선] 療[병고칠 료] 法[법 법]
  방사선을 이용하여 질병을 치료하는 방법.
❖ 방사상균(放射狀菌) : 狀[형상 상] 菌[버섯 균]
  곰팡이와 세균의 중간 형태의 미생물.

⑪ 舊態依然(구태의연) : 변함이 없이 옛 모습 그대로임.
  \* 毅然(의연) : 毅[굳셀 의] 然[그럴 연]
      의지가 굳세고 태도가 단호함.

**한자능력검정시험 3급 기출**
– 環[환](9회 87번, 24회 102번) – 置[치](15회 81번, 26회 80번) – 責[책](3회 83번)

◈ 일견여구(一見如舊) : 一[한 일] 見[볼 견] 如[같을 여]
처음 만났지만 마음이 맞고 정이 들어오래 사귄 벗같이 친밀함.

◈ 의타심(依他心) : 他[다를 타] 心[마음 심]
남에게 의지하려는 마음.

⑫ 前轍(전철) : 앞서 지나간 수레바퀴의 자국이라는 뜻으로, 앞사람의 실패의 경험을 의미함.
 * 電鐵(전철) : 電[번개 전] 鐵[쇠 철]
    전기철도의 준말.

◈ 당랑거철(螳螂拒轍) : 螳[사마귀 당] 螂[사마귀 랑] 拒[막을 거]
사마귀가 수레바퀴를 막는다는 뜻으로 제 분수도 모르고 강한 적에 반항하여 덤벼드는 것을 의미함

◈ 부답복철(不踏覆轍) : 不[아닐 부] 踏[밟을 답] 覆[엎을 복]
앞 수레의 바퀴자국을 다시 밟지 않는다는 뜻으로 선인의 실패를 되풀이하지 아니함.

◈ 철환천하(轍環天下) : 環[고리 환] 天[하늘 천] 下[아래 하]
수레를 타고 천하를 돌아다닌다는 뜻으로, 세계 각지를 두루 여행함을 의미함.

⑬ 一邊倒(일변도) : 한쪽으로만 쏠리거나 치우치는 것.
 * 一變(일변) : 一[한 일] 變[변할 변]
    사물이 싹 달라짐.

◈ 주객전도(主客顚倒) : 主[주인 주] 客[손 객] 顚[꼭대기 전]
주인과 손님이 바꼈다는 뜻으로 입장이나 중요성의 순서가 뒤바뀜을 의미함.

◈ 도치(倒置) : 置[둘 치]
뒤바뀜. 거꾸로 됨.

⑭ 國策事業(국책사업) : 국가의 정책적으로 시행하는 활동.
 * 國責(국책) : 國[나라 국] 責[꾸짖을 책]
    나라의 소임

◈ 국책은행(國策銀行) : 銀[은 은] 行[다닐 행]
국책에 따라 설립된 은행. 한국은행, 기업은행 등이 있음.

◈ 국책회사(國策會社) : 會[모일 회] 社[모일 사]
국가의 산업정책을 추진하기 위하여 세운 반관반민의 회사.

국제·정치

**ZOOM Ⅲ »** 시사 흐름잡기

### 부안군 핵폐기장 사태

#### ■ 부안군 사태 일지

2003년 7월 14일 김종규 부안군수는 원전 센터 유치신청서를 정부에 제출한다. 김종규 군수가 하루 전날까지 유치 신청서를 제출하는 일은 없을 것이라며 주민들을 안심시켰기에 주민들의 반발은 거셌다. 특히, 핵폐기물을 유치하기까지 아직 절차가 많이 남아있음에도 불구하고 마치 핵폐기물 처리장 유치가 확정된 것처럼 정부가 발표해서 주민들을 자극시켰다. 군민들의 의사를 무시한 정부와 김 군수의 일방적인 결정에 대하여 군민들이 반발하며, 자녀들의 등교를 거부시키는 등의 방법으로 대처하였다. 평화적인 촛불시위로 시작된 규탄대회는 진압과정에서 주민과 경찰간의 피해가 속출하면서 점점 폭력성을 띠었고, 정부는 75개 중대 8,000여명에 달하는 대규모 공권력을 투입하여 사태를 진정시키려 하였다. 경찰의 과잉 진압이냐 군민들의 폭력 시위냐를 놓고 논란이 많은 가운데 2003년 12월 2일에 정부와 부안대책위원회가 대화를 재개하였다. 그러나 중재안으로 나왔던 주민투표를 정부가 법 제정 미비를 이유로 거부하면서 사실상 대화는 결렬되었다. 이후 주민들이 자체적으로 실시한 투표에서 핵폐기물 유치에 반대한다는 의견이 전체의 92%를 보여서 부안군민의 뜻을 표명하였다.

#### ■ 부안군 사태의 원인

부안군 사태의 가장 큰 원인으로 정부와 부안군의 비민주적인 정책 처리과정을 들 수 있다. 처음부터 주민들에게 올바른 정보를 공개하고 민주적인 절차를 밟아서 군민들을 설득시켜야 함에도 불구하고 '밀어붙이는 것이 곧 효율성'이라는 전근대적인 사고방식으로 일을 처리하다가 사태를 키우고 말았다.

다음으로 언론의 보도태도를 들 수 있다. 일부에서 발생했던 폭력사태를 지나치게 자극적으로 보도하여 경찰과 부안군민의 서로에 대한 분노를 확대 재생산하게 만드는 역할을 하였다.

또한, 부안군민들의 전형적인 지역이기주의를 지적할 수 있다. 처음부터 핵폐기 처리장에 대해서 색안경을 쓰고 바라봄으로써 정부의 어떤 설득도 소용이 없었다는 지적이 있었다.

마지막으로 지나치게 강경 대응한 경찰을 들 수 있다. 부안군에 8,000여명의 공권력이 투입되어 분위기를 지나치게 긴장시켰고, 흥분한 경찰들이 주민들을 무차별 구타하는 일이 비일비재하였다.

#### ■ 부안군 사태의 후유증

이번 사건으로 인한 부안군의 상처는 매우 컸다. 생업을 포기한 장기간의 시위로 인하여 지역 경제는 거의 파탄지경에 이르렀다. 또한 군민들과 정부뿐만 아니라 핵폐기장 유치에 대한 의견을 달리하는 군민들 사이에서도 서로에 대한 불신이 깊어지고 있다.

## ■ 2월 14일 유치 찬반 투표 후 부안군 사태의 전개 상황

정부는 법적 근거가 없이 진행된 자체 주민 투표의 결과에 대하여 원천 무효를 선언하고 2004년 9월에 주민투표를 실시할 예정이다. 그러나 부안군 대책 위원회도 부안군 핵폐기장 유치 완전 백지화를 촉구하며, 9월에 있을 주민투표를 원천봉쇄하기로 결정하여 또 한번의 마찰이 예상된다.

이후 정부는 부안군 외에 추가 접수를 받았는데 총 10개의 지역에서 신청서를 제출하여서 핵폐기장 건립 후보지역은 총 11곳이 되었다.

# 한미동맹 '윈-윈의 청사진' 보여야

> ※ 한자 Zoom In
> 減縮(감축) 再配置(재배치) 同盟(동맹) 機動軍(기동군) 懸案(현안)
> ※ 시사 Zoom In
> 한·미동맹 한미상호방위조약 반미감정 SOFA협정 GPR 자주 국방

정부가 28일 주한미군 ①減縮(감축) ②論難 (논란)의 배경을 설명했다. 2002년 11월에 이미 미국에서 주한미군 재조정을 협의하자는 요청이 있었고, 정부는 1년 뒤인 지난해 10월 이 문제를 공론화하려고 했으나 미국의 반대로 공개하지 못했다는 게 ③骨子(골자)다. 한마디로 "노무현 정부에 와서 한미관계가 급격하게 나빠진 것은 아니며, 그동안 정부가 해야 할 일은 다했다"는 것이다.

일단 이번 브리핑으로 중요한 부분이 해명됐다고 본다. 주한미군 감축이 미국의 해외주둔미군 ④再配置(재배치) 검토(GPR)의 ⑤一環(일환)임이 분명해졌고, 정부가 이에 나름대로 대비해 왔다는 것은 다행스러운 일이다. 그러나 정부가 국민에게 설명해야 할 근본적인 부분은 아직 불투명한 채 남아 있다는 게 우리의 생각이다.

근본은 앞으로 한미⑥同盟(동맹)을 어떤 모습으로 발전시켜 나갈 것인지에 대해 정부의 ⑦構想(구상)이 서 있느냐는 점이다. 주한미군의 감축 규모, 주한미군이 ⑧機動軍(기동군)화 할 경우 ⑨地域問題(지역문제)에 대한 한국의 개입 여부, 한국 방위의 한국화를 위한 구체적인 대비책 등은 한미동맹의 밑그림이 그려진 뒤에야 구체화될 수 있는 일들이다.

그러나 정부는 지난해 내내 미군기지 이전과 이라크 추가 ⑩派兵(파병) 등 눈앞의 사안에만 매달리는 모습을 보였다. 기지 이전 협상만 해도 주한미군의 감축 규모 및 역할 변경, 더 나아가 미래 동맹의 모습과 불가분의 관계에 있다는 점에서 정부는 '나무만 보고 숲은 보지 못하는' 우(愚)를 범한 셈이다. 엊그제 한미연합군의 활동 범위에 관한 찰스 캠벨 한미연합사 참모장의 발언에 정부가 뒤늦게 항의하는 ⑪騷動(소동)을 벌인 것 역시 두 나라 사이에 동맹의 미래상에 대한 최소한의 협의조차 없었음을 입증하는 사례가 아닌가.

나라 안팎의 안보환경이 ⑫搖動(요동)치고 있는 이때 정부가 해야 할 것은 근본을 튼튼하게 다

## 한자능력검정시험 2급 기출
- 減[감](22회 121번, 26회 110번) - 配[배](25회 101번) - 適[적](21회 95번) - 怠[태](21회 134번, 24회 82번) -
懸[현](24회 128번) - 賞[상](21회 124번)

지는 일이다. 한미동맹이라는 근본이 확실해야 나머지 ⑬懸案(현안)들도 두 나라가 윈-윈 (win-win)하는 결론을 ⑭導出(도출)할 수 있고, 국민도 안심시킬 수 있다. 정부는 이제라도 한미 동맹의 미래 ⑮靑寫眞(청사진)을 놓고 미국과 진지한 논의를 시작해야 한다.

동아일보 2004. 5. 29

## ZOOM I » 한자 엿보기

| | | | | | | | | | | | |
|---|---|---|---|---|---|---|---|---|---|---|---|
| ① | 減 덜 감 | ④ | 配 짝 배 | | 想 생각 상 | | 題 제목 제 | ⑬ | 懸 매달 현 |
| | 縮 줄일 축 | | 置 둘 치 | | 機 틀 기 | ⑩ | 派 갈래 파 | | 案 책상 안 |
| ② | 論 논의할 논 | ⑤ | 一 한 일 | ⑧ | 動 움직일 동 | | 兵 군사 병 | ⑭ | 導 이끌 도 |
| | 難 어려울 난 | | 環 고리 환 | | 軍 군사 군 | ⑪ | 騷 떠들 소 | | 出 날 출 |
| ③ | 骨 뼈 골 | ⑥ | 同 같을 동 | | 地 땅 지 | | 動 움직일 동 | | 靑 푸를 청 |
| | 子 아들 자 | | 盟 맹세 맹 | ⑨ | 域 지경 역 | | 搖 흔들 요 | ⑮ | 寫 베낄 사 |
| | 再 다시 재 | ⑦ | 構 얽을 구 | | 問 물을 문 | ⑫ | 動 움직일 동 | | 眞 참 진 |

## ZOOM II » 응용한자 알아보기

① 減縮(감축) : 덜어서 줄어듦.
  * 感祝(감축) : 感[느낄 감] 祝[빌 축]
    경사를 축하함.

◈ 농축(濃縮) : 濃[짙을 농]
  진하게 졸임.
◈ 압축(壓縮) : 壓[누를 압]
  압력을 주어 부피를 작게 함.

한자능력검정시험 3급 기출
- 縮[축](12회 79번, 18회 88번) - 濃[농](21회 139번) - 固[고](19회 143번, 25회 98번) - 盟[맹](18회 113번) - 罷業[파업](13회 6번, 19회 43번)

④ 再配置(재배치) : 다시 배치하다.

＊背馳(배치) : 背[등 배] 馳[달릴 치]

서로 반대가 되어 어긋남.

❖ 고정배치(固定配置) : 固[굳을 고] 定[정할 정]

변동없이 고정하여 놓는 배치.

❖ 적성배치(適性配置) : 適[맞을 적] 性[성품 성]

적성검사의 결과에 따라 인재를 뽑고 적당한 일에 앉히는 일.

⑥ 同盟(동맹) : 둘 이상의 개인이나 단체, 국가가 동일한 목적을 이루거나 이해를 함께 하기 위하여 공동 행동을 취할 것을 맹세하여 맺는 언약.

＊東盟(동맹) : 東[동녘 동] 盟[맹세 맹]

고구려 때 매년 10월에 지내던 일종의 추수 감사제로서 국가적인 제천행사 중 하나였다.

❖ 동맹파업(同盟罷業) : 罷[그만둘 파] 業[업 업]

노동 쟁의의 한 가지로써 근로자가 노동 조건의 유지 및 개선을 관철하기 위하여 집단적으로 노동의 제공을 거부하는 것.

❖ 동맹태업(同盟怠業) : 怠[게으를 태] 業[업 업]

노동쟁의 수단의 한 가지로써, 노동자가 동맹하여 일을 하면서 능률을 떨어뜨려서 기업주에게 손해를 주는 일.

❖ 관세동맹(關稅同盟) : 關[관계할 관] 稅[세금 세]

경제적, 정치적으로 관계가 깊은 둘 이상의 국가가 관세제도의 통일을 목적으로 맺는 동맹.

⑧ 機動軍(기동군) : 상황에 따라 조직적으로 재빠르게 전개하는 군대.

＊起動(기동) : 起[일어날 기] 動[움직일 동]

노인이나 앓던 사람이 몸을 일으켜 움직임. 발전기, 전동기 등의 운전을 시작함.

❖ 기동작전(機動作戰) : 作[지을 작] 戰[싸움 전]

군대의 기동력을 이용하여 행하는 작전.

❖ 기동타격부대(機動打擊部隊) : 打[칠 타] 擊[칠 격] 部[떼 부] 隊[무리 대]

언제 어디서나 재빨리 움직여서 공격을 지원할 수 있는 부대.

⑬懸案(현안) : 이전부터 논의되어 왔으나 해결이 안 되어 있는 문제나 의안.

＊賢顔(현안) : 賢[어질 현] 顔[얼굴 안]

현명하게 생긴 얼굴.

❖ 이현령비현령(耳懸鈴鼻懸鈴) : 耳[귀 이] 鈴[방울 령] 鼻[코 비]

귀에 걸면 귀걸이 코에 걸면 코걸이라는 뜻으로 어떠한 사실이 사람에 따라 이렇게도 해석되고 저렇게도 해석됨을 이르는 말.

❖ 현상광고(懸賞廣告) : 賞[상줄 상] 廣[넓을 광] 告[아뢸 고]

지정한 행위를 한 사람에게 어떤 댓가나 상을 주겠다는 뜻으로 나타낸 광고.

# ZOOM Ⅲ » 시사 흐름잡기

## 한미동맹과 주한미군 철수

### ■ 한·미 동맹 관계

6·25 전쟁 이후 한국을 전쟁의 위협으로부터 해방시켜 주는 데 가장 큰 역할을 했던 것은 한·미동맹이었다. 즉, 한국이 미국의 우방 국가이고, 한·미상호방위조약을 바탕으로 한 미군의 한반도 주둔이 북한의 군사적 도발을 막을 수 있었던 요인으로 작용한 것이다. 한국은 아직도 북한의 군사적 견제를 위해 상당부분을 미국에 의존하고 있다. 특히 군사용 위성을 갖추고 있지 못한 우리로서는 북한에 대한 정보를 거의 미국에 의존하고 있는 실정이다.

그런데, 최근 들어 견고했던 한·미 동맹 관계에 대해서 균열의 조짐이 보이고 있다. 여중생 장갑차 사망사건을 계기로 시작된 촛불시위를 통해서 반미감정이 표출되었고, 계속되는 주한 미군들의 사고 및 이라크 파병 압력 등으로 반미감정이 계속 고조되고 있는 중이다.

### ■ SOFA 협정

SOFA(Status Of Forces Agreement)협정은 주한 미군의 한반도 주둔 시 발생할 수 있는 다툼에 대비하여 그들의 법적 지위를 명시해놓은 주둔군 지위협정이다. 1966년에 한·미상호방위조약에 따라 처음 SOFA협정을 맺은 이래 불평등을 이유로 2차례 개정됐었다. SOFA 협정에 따르면 미군은 입·출국시 여행증명서만 있으면 곧바로 군용기를 탈 수 있으며, 우리 정부가 제공한 땅은 무상으로 무기한 사용할 수 있다. 또한, 미군 범죄자에 대해서 한국 사법기관이 수사할 수 있는 권리를 갖지 못하고, 재판에서 유죄가 확정된 뒤에만 구금할 수 있었다. 2001년 개정된 SOFA협정에서는 살인, 성폭행 등 12가지 중범죄에 대해서는 한국 검찰이 기소단계에서 구속할 수 있도록 하였다. 그러나 여중생 장갑차 사건의 예처럼 SOFA가 사실상 미군 범죄의 면죄부로 사용되면서 비판의 목소리가 높다.

## ■ 반미 감정과 주한 미군 철수

최근 미국에서 주한 미군 3600명을 이라크로 배치하고, 한반도 내에서 1만2000명까지 주한 미군을 감축할 것을 밝혔다. 주한 미군 감축 배경 원인에 대하여 여러 군사전문가들의 분석이 엇갈리고 있는 가운데 한·미 동맹의 이상 조짐과 한반도내 반미 감정 고조를 직접적인 원인으로 보는 이가 많다. 그러나 미군은 주한 미군의 재배치는 '해외주둔군 재배치 계획(GPR)'을 실행에 옮긴 것일 뿐이며, 3600명의 이라크 차출은 그 계획의 일환이었다고 밝혔다. GPR에 따르면 앞으로 미군은 상시주둔 형태로 존재하는 것이 아니라 상황에 따라 투입될 수 있는 경량화, 고속화, 기동화를 추구할 것이다. 한국에는 기존의 부대가 나가고 신속 기동 여단인 '스트라이커 부대'가 투입될 것으로 알려졌다.

## ■ 주한 미군 철수가 한반도에 미치는 영향

만약 주한 미군이 완전히 철수할 경우 한국은 다시 북측의 군사 위협에 노출되어 한반도의 긴장이 높아질 것이다. 또한 자주 국방을 위해 비용을 크게 들여야 하는데 전문가들은 약 300억불을 예상하고 있고, 최소한 6년여가 소요될 것으로 전망하고 있다. 특히 국방비 예산 증액에 따라 경제성장률이 매년 1.5% 정도 하락할 것으로 보고 있는데, 그만큼 국민들의 부담은 더 커질 것이다. 마지막으로 한반도의 정세 불안으로 외국 자본이 이탈될 경우 한국은 큰 경제위기에 직면할 수 있다. 따라서 주한 미군 철수 시 경쟁적으로 군비를 증액하는 것보다는 북한과의 정치적 협상을 통해서 평화적 군비축소를 할 수 있도록 해야 한다.

## ■ 주한미군에 대한 설문조사(출처 : 시사매거진 2580)

&#10070; 주한 미군이 필요한가?

'필요하다' 85%, '필요하지 않다' 13%

&#10070; 주한 미군이 이라크로 이동하여 불안한가?

'불안하다' 51.6%, '불안하지 않다' 47.6%

&#10070; 주한 미군 주둔에 대해서 어떻게 생각하는가?

'단계적 철수' 63.4%, '계속 주둔' 32%, '당장 철수' 3.6%

# 행정수도마저 지역감정 대상인가

※ 한자 Zoom In
新行政首都(신행정수도) 構成案(구성안) 再考(재고) 對立構圖(대립구도) 職務遺棄(직무유기)
※ 시사 Zoom In
신행정수도건설 특별법 연기·공주 헌법소원 국가의 균형발전 국민투표

정부가 추진하고 있는 ①新行政首都(신행정수도)건설 특별법이 국회의원들의 지역 눈치 보기의 덫에 걸려 ②漂流(표류)하고 있다. 특히 신행정수도건설 특별위원회의 경우 여야 총무가 설치에 합의했음에도 불구하고 지난 주말 본회의에서 ③構成案(구성안) 자체가 부결되는 ④異變(이변)이 일어났다. 정당들은 법안을 수정하거나 건교위 심의를 통해 처리하겠다는 입장을 밝히고 있으나 전도는 불투명한 실정이다.

당초 신행정수도 건설추진은 지난 18일 국내 원로학자들로 구성된 신행정수도 ⑤再考(재고)를 촉구하는 국민포럼이 반대 성명서를 발표한 이후 제동이 걸리는 분위기다. 국민포럼은 "수도권 인구 50만명을 줄이기 위해 45조원을 써야 하는가" "대통령의 선거공약이라도 당선이 곧 국민적 합의를 의미한다고 볼 수 없다" "충청권 신행정수도는 수도권의 확장에 불과하다"는 등의 논리로 이전 재검토를 촉구하고 있다. 특히 일각에서는 입법·사법부까지 이전하므로 천도(遷都)에

해당하며 그 비용도 다른 국책사업의 전례로 보아 100조원에 이를지도 모른다고 우려하고 있다.

반면 신행정수도건설추진지원단은 "45조원이라지만 ⑥住宅(주택), 병원 등 민간주도 건설비가 38조원인 만큼 중앙정부 부담비용은 7조 6,000억원에 지나지 않는다"며 "2030년까지 수도권 인구가 267만명 증가한다고 보면 신도시를 5개 이상 건설해야 하므로 신행정수도 건설비는 결코 ⑦浪費(낭비)가 아니다"는 주장을 펴고 있다.

신행정수도 건설은 수도권 ⑧過密(과밀)해소와 지역균형발전이라는 ⑨當爲性(당위성)에 바탕한 것이다. 그러나 반대론자들은 비용문제 등을 이유로 당위성조차 부인하려 들고 있다. 수도 이전으로 불이익을 보게 될 수도권 자치단체나 주민들의 반발은 이해 할 수 있는 것이지만 국회의 특위 구성안 표결에서 나타난 것처럼 충청권을 제외한 다른 지역의 의원들이 반대표를 던진 것은 신행정수도 건설 사업마저 지역감정으로 변

한자능력검정시험 2급 기출
– 部[부](12회 86번) – 構[구](22회 77번, 25회 89번) – 槪念[개념](24회 146번) – 求道[구도](20회 117번) – 遺棄[유기](12회 112번)

질시키려는 매우 우려되는 처사다. 행정수도 건설을 선거에 이용하려는 것은 능히 예상할 수 있는 일이지만 충청지역 대 비충청지역의 ⑩對立構圖(대립구도)로 변질시키거나 대통령에 대한 공격의 수단으로 이용하려는 시도는 철저히 ⑪排擊(배격)되어야 하리라고 본다. 이는 수도권 자치단체를 제외한 여타 자치단체들이 지역균형발전 차원에서 충청권 신행정수도 건설을 지지한 것과 비교해도 ⑫小兒病(소아병)적인 처사다.

그 점에서 국회가 신행정수도 건설 문제의 논의의 장하나 만들지 못한 것은 ⑬職務遺棄(직무유기)다. 국회는 신 행정수도 건설이 국가의 ⑭百年大計(백년대계) 사업인 만큼 ⑮近視眼(근시안)적 시각에서 벗어나 특별법과 특위구성 문제를 논의해야 할 것이다.

서울경제 2003. 11. 25

## ZOOM Ⅰ » 한자 엿보기

| | 新 | 새 신 | | 案 | 책상 안 | ⑧ | 過 | 지날 과 | ⑪ | 排 | 밀칠 배 | | 百 | 일백 백 |
|---|---|---|---|---|---|---|---|---|---|---|---|---|---|---|
| | 行 | 다닐 행 | ④ | 異 | 다를 이 | | 密 | 빽빽할 밀 | | 擊 | 칠 격 | | 年 | 해 년 |
| ① | 政 | 정사 정 | | 變 | 변할 변 | | 當 | 마땅 당 | | 小 | 작을 소 | ⑭ | 大 | 큰 대 |
| | 首 | 머리 수 | ⑤ | 再 | 다시 재 | ⑨ | 爲 | 할 위 | ⑫ | 兒 | 아이 아 | | 計 | 셀 계 |
| | 都 | 도읍 도 | | 考 | 생각할 고 | | 性 | 성품 성 | | 病 | 병 병 | | 近 | 가까울 근 |
| ② | 漂 | 떠다닐 표 | ⑥ | 住 | 살 주 | | 對 | 대할 대 | | 職 | 직분 직 | ⑮ | 視 | 볼 시 |
| | 流 | 흐를 류 | | 宅 | 집 택 | ⑩ | 立 | 설 립 | ⑬ | 務 | 힘쓸 무 | | 眼 | 눈 안 |
| ③ | 構 | 얽을 구 | ⑦ | 浪 | 물결 랑 | | 構 | 얽을 구 | | 遺 | 남길 유 | | | |
| | 成 | 이룰 성 | | 費 | 쓸 비 | | 圖 | 그림 도 | | 棄 | 버릴 기 | | | |

## ZOOM Ⅱ » 응용한자 알아보기

① 新行政首都(신행정수도) : 새로 정해진 행정상의 수도.

* 修道(수도) : 修[닦을 수] 道[길 도]

　도를 닦음.

한자능력검정시험 3급 기출
– 區劃[구획](20회 134번) – 構[구](20회 75번, 21회 97번) – 開[개](26회 115번)

❖ **행정구획(行政區劃)** : 區[구역 구] 劃[그을 획]

행정 당국이 권한이 미치는 범위를 정한 땅의 경계.

❖ **행정자치부(行政自治部)** : 自[스스로 자] 治[다스릴 치] 部[떼 부]

중앙행정기관의 하나로서 행정기관의 조직 및 행정사무를 봄.

③ **構成案**(구성안) : 여러 부분이나 요소들을 얽어서 하나로 만들기 위한 계획.

＊**久成(구성)** : 久[오랠 구] 成[이룰 성]

오랜 시일을 두고 닦아야만 불도를 깨달을 수 있음을 이르는 말.

❖ **재구성(再構成)** : 再[다시 재]

다시 구성함.

❖ **구성개념(構成槪念)** : 槪[대개 개] 念[생각 념]

과학적인 처리에 의해서 조직적으로 만들어진 개념.

❖ **구성원(構成員)** : 員[인원 원]

어떤 조직을 이루고 있는 사람.

⑤ **再考**(재고) : 다시 한번 생각함.

＊**在庫(재고)** : 在[있을 재] 庫[곳집 고]

창고에 있음.

❖ **재임명(再任命)** : 任[맡길 임] 命[목숨 명]

다시 임명함.

❖ **재결합(再結合)** : 結[맺을 결] 合[합할 합]

다시 결합함.

❖ **재개(再開)** : 開[열 개]

다시 엶.

⑩ **對立構圖**(대립구도) : 서로 마주 대할 수 있도록 배치하는 구성.

＊**求道(구도)** : 求[구할 구] 道[길 도]

불법의 정도를 탐구함.

❖ **대질심문(對質審問)** : 質[바탕 질] 審[살필 심] 問[물을 문]

원고와 증인 등을 대질시켜 심문함.

❖ **대진표(對陣表)** : 陣[진칠 진] 表[겉 표]

　서로 대진하게 될 짝과 경기 진행의 순서를 적어 놓은 표.

⑬**職務遺棄**(직무유기) : 담당하여 맡은 사무에 대한 책임을 다하지 않음.

　＊**有期**(유기) : 有[있을 유] 期[기약할 기]

　　　기한에 제한이 있음.

❖ **시체 유기(屍體遺棄)** : 屍 [주검 시] 體[몸 체]

　죽은 사람의 몸을 내버려 두는 것.

❖ **유기죄(遺棄罪)** : 罪[허물 죄]

　질병 등으로 보호해야 할 필요성이 있는 사람을 보호에 대한 의무를 가지고 있는 사람이 내버려두었을 때 적용되는 죄.

## ZOOM Ⅲ » 시사 흐름잡기

### 신행정수도, 이전인가 천도인가

■ '신행정수도' 논의 전개 상황

　행정수도 이전에 대한 논의는 지난 2002년 대선 때 노무현 후보의 공약을 계기로 시작되었다. 2003년 말 행정수도 이전의 근거가 되는 '신행정수도건설 특별법'이 여야 합의로 제정되면서 행정수도 이전에 대한 논의는 급물살을 타게 된다. 신행정수도 건설추진 위원회는 충청권 지역 중에서 가장 높은 점수를 얻은 연기·공주 지역을 신행정수도 후보지로 내정해놓고 세부 절차들을 진행 중이다.

　그러나, 순탄하기만 할 것 같은 행정수도 이전 논의는 당초 예상보다 행정수도 이전 규모가 커지고 그 비용이 초과되면서 재검토해야 한다는 반대 여론에 부딪치게 된다. 국가 권력의 3부를 포함한 85개의 국가기관이 이전되고, 그 비용도 45조6천억원에 이를 것이라는 조사 결과가 나오자 행정수도 이전이 아닌 천도의 성격을 가지므로 좀더 신중해야 한다는 것이다. 행정수도이전 위헌헌법소원 대리인단(간사 이석연 변호사)은 2004년 7월 12일에 헌법소원 청구서와 신행정수도 건설특별법의 시행을 정지시켜 달라는 '신행정수도 건설 추진위원회 활동정지 가처분신청'을 제출했다. 이에 대하여 노무현 대통령과 여권은 이 시기에 원론적인 문제가 다시 제기되는 것은 다분히 정치적 모략이라며 크게 반발하고 있다.

■ 신행정수도 이전에 대한 찬성측 주장

❖ 신행정수도에는 정치·행정 기능만 이전되는 것이고, 수도권은 경제 중심지로서의 기능을 계속 수행한다. 미국의 워싱턴 행정수도와 뉴욕의 상업수도가 대표적인 예이다.

❖ 2002년 대선과 2003년 '신행정수도건설 특별법'의 제정으로 국민적 합의는 이미 확인했다.

❖ 수도권의 과밀현상이 매우 심각하다. 2003년말 현재 국토 면적의 11.8%에 불과한 수도권에 전체 인구의 47.6%와 제조업체의 56.4%가 집중되어 있다.

❖ 수도권 집적 현상은 사회적 비용 증가와 지방 재정 자립기반 약화의 형태로 수도권과 지방 모두에게 심각한 피해를 주고 있다.

❖ 국가의 균형발전을 이룩하여 지역간 갈등을 해소하고 수도권과 지방이 상생할 수 있다.

❖ 이 시점에서의 이전 반대는 정략적 반대의 성격이 농후하고, 기존의 수도권−영남권간의 제휴 구도를 깨는 것에 대한 기존 기득권들의 반발이다.

■ 신행정수도 이전에 대한 반대측 주장

❖ 신행정수도 건설이 국가의 기능을 완전히 이전하는 사실상의 천도를 의미하므로, 국민적 의견 수렴 및 합의를 위한 국민투표가 필요하다.

❖ 신행정수도로 이전할 경우 역량 분산으로 인한 성장잠재력의 하락을 경험하게 될 것이다.

❖ 당초 대선공약 때보다 6~7배의 추가 예산이 들어가는만큼 신중해야 한다.

국제·정치

## [가로–세로열쇠로 복습하기]

※ 한글로 가로–세로 열쇠를 채워봅시다.

|   | 1 |   |   |   |   | 2 |   |   |   |   |   |
|---|---|---|---|---|---|---|---|---|---|---|---|
|   |   |   |   |   | 3 |   | 4 |   |   |   |   |
| 5 |   |   |   |   |   |   |   |   |   | 6 |   |
|   |   |   |   |   | 7 |   | 8 |   |   |   |   |
|   |   |   | 9 |   |   |   | 10 |   |   |   |   |
| 11 |   |   |   |   |   |   | 12 |   |   |   |   |
|   |   |   | 13 |   |   |   | 14 |   |   |   |   |
|   |   |   |   |   |   | 15 |   |   |   |   |   |
| 16 |   |   |   |   |   |   | 17 |   |   |   |   |
|   |   |   |   |   |   |   | 18 |   |   |   |   |
| 19 |   | 20 |   |   |   | 21 |   |   |   |   |   |
|   |   |   |   |   |   | 22 |   |   |   |   |   |
|   |   |   |   |   |   |   |   |   |   |   |   |

**가로 열쇠**

1. 입은 은혜의 고마운 마음이 뼈에 새겨져 잊혀지지 않음을 뜻하는 4자 성어.

7. 무아의 경지에 이르러 일체의 상념이 없음을 뜻하는 4자 성어.

9. 눈 아래 사람이 없다는 뜻으로 사람됨이 교만하여 다른 사람을 업신여김을 뜻하는 4자 성어.

10. 노인이나 앓던 사람이 몸을 일으켜 움직임. 발전기, 전동기 등의 운전을 시작함.

11. 수레를 타고 천하를 돌아다닌다는 뜻으로, 세계 각지를 두루 여행함을 의미하는 4자 성어.

12. 한쪽으로만 쏠리거나 치우치는 것.

13. 사람이 전혀 살지 않는 지역. 아무 것도 거칠 것이 없는 판.

14. 사물을 판단하는 처지.

15. 기초가 반석같이 튼튼히 한다는 뜻의 4자 성어.

16. 국가 사이의 다툼.

17. 변함이 없이 옛 모습 그대로임.

19. 사실이라는 근거가 없음. 사실과 다름.

21. 오랜 시일을 두고 닦아야만 불도를 깨달을 수 있음을 이르는 말.

22. 이전부터 논의되어 왔으나 해결이 안 되어 있는 문제나 의안.

**세로 열쇠**

1. 칼을 강물에 떨어뜨리자 뱃전에 그 자리를 표시했다가 나중에 그 칼을 찾으려 했다는 뜻으로 어리석고 미련하여 융통성이 없음을 의미하는 4자 성어.

2. 과학적인 처리에 의해서 조직적으로 만들어진 개념.

3. 주위에 사람이 없어서 쓸쓸함을 뜻하는 4자 성어.

4. 선녀의 옷에는 솔기(바느질한 자국)가 없다는 뜻으로 사물이 완벽하여 흠잡을 때가 없음을 의미하는 4자 성어.

5. 앞 수레의 바퀴자국을 다시 밟지 않는다는 뜻으로 선인의 실패를 되풀이하지 아니한다는 뜻의 4자 성어.

6. 주인과 손님이 바뀌었다는 뜻으로 입장이나 중요성의 순서가 뒤바뀜을 의미하는 뜻의 4자 성어.

8. 기억하고 있는 지난 일을 생각해 냄.

9. 눈 아래 사람이 없다는 뜻으로 사람됨이 교만하여 다른 사람을 업신여김을 뜻하는 4자 성어.

15. 끝까지 참고 오래 견딤을 뜻하는 4자 성어.

16. 국가의 정책적으로 시행하는 활동.

18. 여러 부분이나 요소들을 얽어서 하나로 만들기 위한 계획.

20. 아무런 잘못이나 허물이 없음.

※ 한자로 가로-세로 열쇠를 채워봅시다.

|   | 1 |   |   |   | 2 |   |   |   |   |   |
|---|---|---|---|---|---|---|---|---|---|---|
|   |   |   |   | 3 |   | 4 |   |   |   |   |
| 5 |   |   |   |   |   |   |   |   |   | 6 |
|   |   |   |   | 7 |   | 8 |   |   |   |   |
|   |   | 9 |   |   |   | 10 |   |   |   |   |
| 11 |   |   |   |   |   | 12 |   |   |   |   |
|   |   | 13 |   |   |   | 14 |   |   |   |   |
|   |   |   |   |   | 15 |   |   |   |   |   |
| 16 |   |   |   |   |   | 17 |   |   |   |   |
|   |   |   |   |   |   | 18 |   |   |   |   |
| 19 |   | 20 |   |   |   | 21 |   |   |   |   |
|   |   |   |   |   |   | 22 |   |   |   |   |
|   |   |   |   |   |   |   |   |   |   |   |

**가로 열쇠**

1. 입은 은혜의 고마운 마음이 뼈에 새겨져 잊혀지지 않음을 뜻하는 4자 성어.

7. 무아의 경지에 이르러 일체의 상념이 없음을 뜻하는 4자 성어.

9. 눈 아래 사람이 없다는 뜻으로 사람됨이 교만하여 다른 사람을 업신여김을 뜻하는 4자 성어.

10. 노인이나 앓던 사람이 몸을 일으켜 움직임. 빌진기, 전동기 등의 운전을 시작함.

11. 수레를 타고 천하를 돌아다닌다는 뜻으로, 세계 각지를 두루 여행함을 의미하는 4자 성어.

12. 한쪽으로만 쏠리거나 치우치는 것.

13. 사람이 전혀 살지 않는 지역. 아무 것도 거칠 것이 없는 판.

14. 사물을 판단하는 처지.

15. 기초가 반석같이 튼튼히 한다는 뜻의 4자 성어.

16. 국가 사이의 다툼.

17. 변함이 없이 옛 모습 그대로임.

19. 사실이라는 근거가 없음. 사실과 다름.

21. 오랜 시일을 두고 닦아야만 불도를 깨달을 수 있음을 이르는 말.

22. 이전부터 논의되어 왔으나 해결이 안 되어 있는 문제나 의안.

1. 칼을 강물에 떨어뜨리자 뱃전에 그 자리를 표시했다가 나중에 그 칼을 찾으려 했다는 뜻으로 어리석고 미련하여 융통성이 없음을 의미하는 4자 성어.

2. 과학적인 처리에 의해서 조직적으로 만들어진 개념.

3. 주위에 사람이 없어서 쓸쓸함을 뜻하는 4자 성어.

4. 선녀의 옷에는 솔기(바느질한 자국)가 없다는 뜻으로 사물이 완벽하여 흠잡을 때가 없음을 의미하는 4자 성어.

5. 앞 수레의 바퀴자국을 다시 밟지 않는다는 뜻으로 선인의 실패를 되풀이하지 아니한다는 뜻의 4자 성어.

6. 주인과 손님이 바뀌었다는 뜻으로 입장이나 중요성의 순서가 뒤바뀜을 의미하는 뜻의 4자 성어.

8. 기억하고 있는 지난 일을 생각해 냄.

9. 눈 아래 사람이 없다는 뜻으로 사람됨이 교만하여 다른 사람을 업신여김을 뜻하는 4자 성어.

15. 끝까지 참고 오래 견딤을 뜻하는 4자 성어.

16. 국가의 정책적으로 시행하는 활동.

18. 여러 부분이나 요소들을 얽어서 하나로 만들기 위한 계획.

20. 아무런 잘못이나 허물이 없음.

**가로-세로 열쇠로 복습하기 정답**

| | | | | | | | | | | |
|---|---|---|---|---|---|---|---|---|---|---|
| | 각 | 골 | 난 | 망 | | 구 | | | | |
| | 주 | | | | 사 | 성 | 천 | | | |
| 부 | 구 | | | | 고 | 개 | 의 | | | 주 |
| 답 | 검 | | | | 무 | 념 | 무 | 상 | | 객 |
| 복 | | 안 | 중 | 무 | 인 | | 봉 | 기 | 동 | 전 |
| 철 | 환 | 천 | 하 | | | | | 일 | 변 | 도 |
| | | 무 | 인 | 지 | 경 | 견 | 지 | | | |
| | | 인 | | | | 견 | 여 | 반 | 석 | |
| 국 | 제 | 분 | 쟁 | | | 인 | 구 | 태 | 의 | 연 |
| 책 | | | | | | 지 | 구 | | | |
| 사 | 실 | 무 | 근 | | | 구 | 성 | | | |
| 업 | 고 | | | | | 현 | 안 | | | |

| | | | | | | | | | | |
|---|---|---|---|---|---|---|---|---|---|---|
| | 刻 | 骨 | 難 | 忘 | | 構 | | | | |
| | 舟 | | | | 四 | 成 | 天 | | | |
| 不 | 求 | | | | 顧 | 概 | 衣 | | | 主 |
| 踏 | 劍 | | | | 無 | 念 | 無 | 想 | | 客 |
| 覆 | | 眼 | 中 | 無 | 人 | | 縫 | 起 | 動 | 顛 |
| 轍 | 環 | 天 | 下 | | | | | 一 | 邊 | 倒 |
| | | 無 | 人 | 之 | 境 | 見 | 地 | | | |
| | | 人 | | | | 堅 | 如 | 盤 | 石 | |
| 國 | 際 | 紛 | 爭 | | | 引 | 舊 | 態 | 依 | 然 |
| 策 | | | | | | 持 | 構 | | | |
| 事 | 實 | 無 | 根 | | | 久 | 成 | | | |
| 業 | 辜 | | | | | 懸 | 案 | | | |

국제·정치

Chapter ❻

# '전두환 비자금'
## 모두 찾아내 환수해야

---

※ 한자 Zoom In
　　大統領(대통령) 김喚(소환) 秘資金(비자금) 事必歸正(사필귀정) 還收(환수)
※ 시사 Zoom In
　　12·12 군부 쿠데타 5·18 광주 대학살 증여세 포탈 재산 허위 명시

---

　전두환 전 ① 大統領(대통령)이 다음 주 검찰의 ② 김喚(소환) 조사를 받게 되고 차남 재용 씨가 ③ 租稅逋脫(조세포탈) ④ 嫌疑(혐의)로 구속됨으로써 이른바 '전두환비자금'의 실체가 밝혀질 중요한 ⑤ 局面(국면)을 맞고 있다. 전 씨의 차남 재용 씨의 차명계좌에서 발견된 167억원 중 73억여원이 전 씨 ⑥ 秘資金(비자금)인 사실이 검찰 수사로 확인됨으로써, 애초에 이 괴자금 사건이 터졌을 때부터 제기됐던 '전두환 비자금 의혹'은 이제 ⑦ 儼然(엄연)한 현실로 드러났다. 전재용 씨가 노숙자의 이름까지 빌려 만든 차명계좌를 통해 돈세탁을 계속해온 이 거액은 수사 결과 아버지의 불법자금을 불법으로 상속받은 것으로 드러났다.

　결국 아들의 구속에 이어 전 씨도 조사 결과에 따라 형사처벌 될 가능성이 높아졌다. 마침내 그의 비자금 전모가 드러나기 시작한 ⑧ 事必歸正 (사필귀정)이지만, 평생 열심히 일해도 내 집 한 칸 마련이 힘든 대다수 국민들은 이들의 뻔뻔스

러운 ⑨ 作態(작태)에 ⑩ 忿怒(분노)를 금할 수 없는 것이다. 쿠데타로 빼앗은 대통령직을 이용해 재임 중 거액의 ⑪ 賂物(뇌물)까지 거둬들인 혐의로 1997년 대법원으로부터 2,205억원의 ⑫ 追徵金(추징금)을 선고받은 전 씨는 겨우 314억원만 낸 뒤 '돈이 없어서 추징금을 더 낼 수 없다'고 버텨왔다. 거액의 불법자금을 노숙자 등의 차명계좌에 감춰놓고 이를 주식과 부동산, 벤처기업에 투자까지 한 아들이나 "가진 돈이 29만원뿐"이라는 거짓말로 국민의 웃음거리가 된 전두환 씨나 창피스럽기는 마찬가지다.

　전 씨는 뇌물로 받은 돈을 아들의 사업자금으로 불법 상속해 아들까지 범법자로 만들었지만, 숨겨놓은 돈이 그것뿐일까. 검찰은 전 씨의 ⑬ 隱匿(은닉) 재산을 샅샅이 추적, 찾아내고 이를 모두 ⑭ 國庫(국고)로 ⑮ 還收(환수)해야 한다.

세계일보 2004. 2. 12

국제·정치

---

**한자능력검정시험 2급 기출**

－統[통](12회 81번) － 領[영](8회 122번) － 通[통](25회 80번) － 拒否[거부](22회 79번)

**ZOOM** Ⅰ » 한자 엿보기

| | | | | | | | | | | | | | | |
|---|---|---|---|---|---|---|---|---|---|---|---|---|---|---|
| ① | 大 | 큰 대 | | 脫 | 벗을 탈 | ⑦ | 儼 | 의젓할 엄 | ⑩ | 忿 | 성낼 분 | | 匿 | 숨길 닉 |
| | 統 | 거느릴 통 | ④ | 嫌 | 싫어할 혐 | | 然 | 그럴 연 | | 怒 | 성낼 노 | ⑭ | 國 | 나라 국 |
| | 領 | 거느릴 령 | | 疑 | 의심할 의 | ⑧ | 事 | 일 사 | ⑪ | 賂 | 뇌물 뢰 | | 庫 | 곳집 고 |
| ② | 召 | 부를 소 | ⑤ | 局 | 판 국 | | 必 | 반드시 필 | | 物 | 물건 물 | ⑮ | 還 | 돌아올 환 |
| | 喚 | 부를 환 | | 面 | 낯 면 | | 歸 | 돌아갈 귀 | ⑫ | 追 | 쫓을 추 | | 收 | 거둘 수 |
| ③ | 租 | 조세 조 | ⑥ | 秘 | 숨길 비 | | 正 | 바를 정 | | 徵 | 부를 징 | | | |
| | 稅 | 세금 세 | | 資 | 재물 자 | ⑨ | 作 | 지을 작 | | 金 | 쇠 금 | | | |
| | 逋 | 달아날 포 | | 金 | 쇠 금 | | 態 | 모양 태 | ⑬ | 隱 | 숨길 은 | | | |

**ZOOM** Ⅱ » 응용한자 알아보기

① 大統領(대통령) : 공화국의 원수. 행정부의 수반이며 국가를 대표함. 임기는 5년이며 중임이 안됨

  * 大通(대통) : 大[큰 대] 通[통할 통]
      운수 등이 막히지 아니하고 크게 트임

❖ 대통령책임제(大統領責任制) : 責[꾸짖을 책] 任[맡길 임] 制[절제할 제]
   민주주의 국가의 주요 정부 형태의 한 가지. 임기 동안 대통령의 책임 아래 정책을 수행하는 제도

❖ 대통령거부권(大統領拒否權) : 拒[막을 거] 否[아닐 부] 權[권세 권]
   대통령이 의회에서 가결된 법률안에 대해서 서명을 거부하는 헌법상의 권리.

② 召喚(소환) : 사법기관이 특정의 개인을 일정한 장소로 오라고 명령하는 일

  * 召還(소환) : 召[부를 소] 還[돌아올 환]
      파견되어 있던 외교 사절이나 영사 등을 불러들임

한자능력검정시험 3급 기출
– 統[통](8회 101번) – 領[령](26회 96번) – 責任[책임](3회 83번) – 拒否[거부](13회 127번) – 還[환](7회 147번)
– 鼻[비](26회 99번) – 秘[비](18회 115번)

❖ 소환장(김喚狀) : 狀[문서 장]

　법원 등이 특정한 개인에 대하여 어디로 오라고 명령하는 문서

❖ 아비규환(阿鼻叫喚) : 阿[언덕 아] 鼻[코 비] 叫[부르짖을 규]

　아비지옥과 규환지옥이라는 뜻으로, 참혹한 고통 가운데서 살려 달라고 울부짖는 상태를 이르는 말

❖ 환기(喚起) : 起[일어날 기]

　생각이나 의식 등을 되살려 불러일으키는 것

⑥ 秘資金(비자금) : 기업에서 관례적으로 발생하는 리베이트나 커미션 및 회계 처리의 조작 등을 통하여 조성된 부정적인 자금

　＊備資(비자) : 備[갖출 비] 資[재물 자]

　　자본이나 자원 등을 마련해 둠

❖ 비법(秘法) : 法[법 법]

　일반인들에게 공개하지 않는 비밀의 방법

❖ 비밀(秘密) : 密[빽빽할 밀]

　남에게 보이거나 알려서는 안 되는 일의 내용

⑧ 事必歸正(사필귀정) : 처음에는 시비를 가리지 못할지라도 결국 모든 잘잘못은 반드시 바른 길로 돌아온다는 의미

　＊歸程(귀정) : 歸[돌아갈 귀] 程[길 정]

　　돌아가거나 돌아오는 길

❖ 병가상사(兵家常事) : 兵[군사 병] 家[집 가] 常[떳떳할 상]

　전쟁에서 이기고 지는 것은 흔히 있을 수 있는 일이라는 뜻으로, 한 번의 실패에 낙담하지 말라는 의미로 사용됨

❖ 식소사번(食少事煩) : 食[먹을 식] 少[적을 소] 煩[번거로울 번]

　먹는 것은 적고 할 일은 많다는 뜻으로, 수고는 많이 하나 실제로 얻는 것이 적음을 의미함

⑮ 還收(환수) : 다시 거두어들임

　＊換手(환수) : 換[바꿀 환] 手[손 수]

　　능한 솜씨로 손을 서로 바꿈질함.

❖ 재탈환(再奪還) : 再[다시 재] 奪[빼앗을 탈]

　　빼앗긴 것을 다시 빼앗음

❖ **송환(送還)** : 送[보낼 송]

　　제자리로 되돌려 보냄

---

**ZOOM Ⅲ ≫ 시사 흐름잡기**

### 전두환 비자금 사건

#### ■ 인간 전두환

　전두환은 우리나라 11대, 12대 대통령을 지낸 사람으로, 박정희 대통령 서거 후 12·12 군부 쿠테타를 통해서 정권을 잡았다. 그는 대통령으로 재임하는 동안 5·18 광주 대학살을 지시했으며, 각종 비리와 이권에 개입하여 막대한 부를 축적한 후 대통령직을 물러났다. 그러나 그는 결국 역사적 심판을 받게 되었고, 1997년 4월 대법원은 '반란 및 내란 수괴, 내란 목적 살인 특정 범죄 가중처벌법의 뇌물수수' 등 10개의 죄목을 들어 무기징역과 추징금 2,205억원을 확정했다.

　그러나, 전두환은 대통령 특별 사면으로 풀려났고, 돈이 없다는 이유로 추징금의 14%만을 냈을 뿐이다. 추징금 환수를 위한 법원의 재산신고 명령에서 전 재산이 29만원이라고 당당하게 말한 전두환은 호화스러운 주택에 살면서 골프를 치고, 해외여행을 다닌다는 사실이 알려지면서 국민들의 원성을 사고 있다.

#### ■ 전두환 비자금 재 추적

　그 동안 전두환 씨 비자금에 대해서 무성한 소문만 있었을 뿐 검찰이 실제로 찾아내지는 못했었다. 전두환 씨의 비자금은 대부분 무기명 채권, 가차명 계좌, 장기간의 현금화로 인하여 추적이 어렵기 때문이다. 또한 상당 부분의 재산을 친인척의 이름으로 바꿔놓은 터라 정황은 있되 증거는 없는 상황이다. 이럴 경우 전두환 씨의 추징금을 가족들이 대신 내주는 방안이 있으나 전두환 씨는 자신의 가족들도 겨우 생활할 정도로 상황이 좋지 않다며 거부한 바 있다.

　그러나, 검찰의 오랜 추적 끝에 최근 비자금의 일부를 밝혀냈다. 차남 전재용으로부터 전두환 비자금으로 보이는 167억원 상당의 재권이 발견된 것이다. 이 중 73억여원이 전두환 씨가 관리하고 있는 계좌로부터 나왔음이 밝혀졌다. 현재 전재용 씨는 증여세 포탈혐의로 기소된 상태이다. 또한 전두환 씨에 대한 사법처리도 검토되고 있다.

　전두환 씨는 가족 전체 재산이 50억원이라고 신고했으나 이번에 밝혀진 액수만 373억원에 이른다. 이럴 경우 재산 허위 명시 혐의로 사법처리할 수 있다. 전두환 씨의 부인 이순자 씨는 남편을 대신하여 추징금을 대납한다며 130억원을 국고에 환수했다. 이 금액까지 포함하여 현재까지 전두환이 낸 추징금은 전체의 1/5 수준으로 아직까지 1,700억원의 미납액이 있다.

## ■ 사회적 비판 여론이 있었던 전두환 씨 일가의 행동들

❖ 전두환 씨로부터 30억원을 상속받은 것으로 알려진 소녀갑부 전수현(전두환 씨 손녀; 17세) 양이 자신의 사이트 홈페이지에 한국을 비하하는 글을 올려 논란이 있었다.

❖ 전두환 씨 차남 전재용 씨가 미국 대선 후보인 캐리 후보에게 2,000달러를 기부했다.

❖ 전 재산이 29만원이라고 밝혔던 전두환 씨가 부인 이순자 씨와 함께 주름살 제거 및 턱 교정 등의 성형수술을 받은 것으로 밝혀져 사회적 지탄을 받았다.

 남북相生(상생)의 北核해법 찾아야

---

※ 한자 Zoom In
議長聲明(의장성명) 導火線(도화선) 前向的(전향적) 前途(전도) 核前歷(핵전력)
※ 시사 Zoom In
베이징 6자 회담 불가침 조약 제네바 협정 불량국가

---

①北核(북핵)문제 해결을 위한 제2차 베이징 6자회담이 28일 ②議長聲明(의장성명)만을 채택한 채 막을 내렸다. 회담일정까지 연장하며 막판 ③難航(난항)을 거듭했으나 문제 해결의 획기적 돌파구는 열리지 않았다. 참가 6개국의 합의발표문 대신 격이 떨어지는 의장성명이 발표된 것은 아쉬움이 남는다. 그러나 선언적 수준이긴 하지만 의장성명에서 평화적 해결 원칙과 한반도 비핵화 선언 등 큰 틀에 대한 참가 6개국의 공동 의지를 담아낸 것은 중요한 의미를 갖는다. 특히 3차 6자회담의 상반기 ④開催(개최)와 ⑤實務協商(실무협상)팀 구성에 합의한 것은 진전이라 평가할 만하다. 핵문제 해결을 위한 멀고도 험한 여정이 시작된 만큼 참가국들은 이제부터 새로운 ⑥覺悟(각오)로 임해야 할 것이다.

미국과 북한은 이번 회담에서 구체적 쟁점에 대한 이견을 좁히지 못했다. 2차 핵 위기의 ⑦導火線(도화선)이 된 고농축 우라늄 의혹에 대해 북한이 ⑧前向的(전향적) 자세를 보이지 않은

것은 향후 회담의 ⑨前途(전도)가 순탄치 않을 것임을 예고한다. 미국이 주장하는 완전하고 검증 가능하며, 돌이킬 수 없는 폐기와 북한의 동시행동원칙 은 예상대로 여전히 ⑩平行線(평행선)을 그었다. 또 ⑪凍結(동결) 대상에서 '평화적 핵 활동' 을 제외하겠다는 북한의 유보적 태도도 우려되는 대목이다. 북한이 핵 주권을 주장하려면 투명치 못한 ⑫核前歷(핵전력)에 대한 주변국의 의혹부터 해소하는 것이 순서다.

회담 결과에 대해 ⑬仲裁(중재) 역할을 수행한 한국과 중국은 긍정적인 반면 당사국인 미국과 북한의 반응은 유보적이다. 우리 정부는 이번 회담에서 3단계 대북 안전 보장안을 제시, 미국과 북한 간 이견을 좁히는 중재자 역할을 수행했다. 북핵문제가 민족의 생사가 걸려 있는 중대사인 만큼 6 자회담 틀 속에서 우리 목소리를 낼 수 있는 ⑭立地(입지)를 확보했다는 것은 외교적 성과임이 분명하다. 미국과 북한이 보다 확고한 문제해결의 의지를 갖고 ⑮妥協(타협)을 모색하

---

**한자능력검정시험 2급 기출**
- 姓名[성명](2회 135번) - 窮[궁](8회 94번) - 途[도](12회 107번) - 程[정](21회 81번)

는 자세를 보여야 중재자로서의 의미를 찾을 수 있다.

북한 당국은 시간이 결코 북한편이 아니란 사실을 직시해야 한다. 클린턴 행정부 말기 절호의 대타협 기회를 실기한 전철을 되풀이해선 안 된

다. 민족상생의 절호의 기회를 맞아 결단을 내릴 때가 된 것이다. 부시가 재집권을 하든, 민주당 후보가 승리하든, 북한에 지금보다 더 좋은 기회는 오지 않을 수도 있다는 사실을 깨달아야 한다.

헤럴드경제 2004. 3. 2

## ZOOM I » 한자 엿보기

| | | | | | | | | | | | | | | |
|---|---|---|---|---|---|---|---|---|---|---|---|---|---|---|
| ① | 北 북녘 북 | ④ | 開 열 개 | ⑦ | 導 이끌 도 | ⑩ | 平 평평할 평 | ⑬ | 仲 버금 중 |
| | 核 씨 핵 | | 催 재촉할 최 | | 火 불 화 | | 行 다닐 행 | | 裁 마를 재 |
| ② | 議 의논할 의 | | 實 열매 실 | | 線 줄 선 | | 線 줄 선 | ⑭ | 立 설 립 |
| | 長 긴 장 | ⑤ | 務 힘쓸 무 | ⑧ | 前 앞 전 | ⑪ | 凍 얼 동 | | 地 땅 지 |
| | 聲 소리 성 | | 協 도울 협 | | 向 향할 향 | | 結 맺을 결 | ⑮ | 妥 온당할 타 |
| | 明 밝을 명 | | 商 장사 상 | | 的 과녁 적 | | 核 씨 핵 | | 協 도울 협 |
| ③ | 難 어려울 난 | ⑥ | 覺 깨달을 각 | ⑨ | 前 앞 전 | ⑫ | 前 앞 전 | | |
| | 航 건널 항 | | 悟 깨달을 오 | | 途 길 도 | | 歷 지날 력 | | |

## ZOOM II » 응용한자 알아보기

② 議長聲明(의장성명) : 회의에서 의사를 주재하는 사람의 이름으로 일정한 사항에 대한 견해나 태도를 여러 사람에게 공개하여 발표하는 일

＊姓名(성명) : 姓[성 성] 名[이름 명]
　성과 이름

◈ 남북공동성명(南北共同聲明) : 南[남녘 남] 北[북녘 북] 共[한가지 공] 同[한가지 동]
　1972년 7월 4일에 남북한이 동시에 발표한 성명. 조국의 평화 통일원칙 합의를 포함한 7개 항으로

**한자능력검정시험 3급 기출**
- 導[도](12회 139번, 25회 88번) - 線[선](20회 127번) - 圖畵[도화](3회 133번) - 轉[전](18회 103번) - 核[핵](80번, 24회 17회 101번)

되어 있음

❀ **성명서(聲明書)** : 書[글 서]

성명하는 뜻을 적은 글

⑦ **導火線**(도화선) : 사건을 유발하는 원인이나 계기를 비유함

&ast; **圖畵(도화)** : 圖[그림 도] 畵[그림 화]

그림과 도면. 그림을 그림

❀ **명약관화(明若觀火)** : 明[밝을 명] 若[같을 약] 觀[볼 관]

불을 보는 것 같이 밝게 보인다는 뜻으로, 명백한 사실을 비유할 때 사용함

❀ **삼계화택(三界火宅)** : 三[석 삼] 界[지경 계] 宅[집 택]

불교에서 삼계의 괴로움을 불타는 집 속에서 사는 것과 같음으로 비유한 말로, 고뇌가 가득한 세계를 이르는 말

⑧ **前向的**(전향적) : 적극적이고 진취적인 것

&ast; **轉向(전향)** : 轉[구를 전] 向[향할 향]

지금까지의 사상이나 신념 따위를 다른 것으로 바꿈

❀ **성향(性向)** : 性[성품 성]

성질상의 경향

❀ **상향(上向)** : 上[위 상]

위로 향함

⑨ **前途**(전도) : 앞으로 나아가야 할 길

&ast; **傳導(전도)** : 傳[전할 전] 導[인도할 도]

열이나 전기가 물체의 한 부분에서 다른 부분으로 옮아가는 현상

&ast; **顚倒(전도)** : 顚[꼭대기 전] 倒[넘어질 도]

거꾸로 뒤바뀜/ 주객이 ~되다.

&ast; **傳道(전도)** : 傳[전할 전] 道[길 도]

기독교에서 교리를 세상에 널리 전하여 비교인으로 하여금 신앙을 가질 수 있도록 하는 일

❀ **전도요원(前途遼遠)** : 遼[멀 료] 遠[멀 원]

목적한 바를 이루기까지의 앞으로 가야할 길이 아득히 멀다는 뜻

◈ **무인궁도(無人窮途)** : 無[없을 무] 人[사람 인] 窮[다할 궁]

　사람이 살지 않는 외딴 곳

⑫ **核前歷(핵전력)** : 핵과 관련된 이전의 경력

　\* **電力(전력)** : 電[번개 전] 力[힘 력]

　　　전류에 의한 동력

　\* **全力(전력)** : 全[모두 전] 力[힘 력]

　　　가지고 있는 모든 힘/ ~투구하다.

　\* **專力(전력)** : 專[오로지 전] 力[힘 력]

　　　오로지 한 가지 일에만 힘 씀

◈ **역정(歷程)** : 程[길 정]

　지나온 경로

◈ **이력서(履歷書)** : 履[밟을 리] 書[글 서]

　이력을 적은 종이

국제·정치

# ZOOM Ⅲ ≫  시사 흐름잡기

## 북핵

### ■ 베이징 6자 회담

　2003년 8월 27일 베이징에서 미국, 북한, 러시아, 중국, 일본, 한국 등 6개국이 북핵 문제 해결을 위해 한자리에 모였다. 중국의 적극적인 중재로 성사된 이번 회담은 북핵 문제 해결을 위해 처음으로 6개국이 모였으며, 비핵화를 통한 한반도 평화 유지의 첫걸음이라는 것에 큰 의미를 둘 수 있다.

　북한은 연두연설을 통해서 미국이 에너지 및 식량지원을 약속하면 핵을 포기할 수 있으며, 불가침 조약이 이뤄지면 핵사찰을 허용하겠다는 뜻을 밝혔다. 이에 대해 미국은 "북한의 핵은 완전 제거 대상이며, 불가침 조약에 대해서는 전혀 고려하지 않고 있다"라는 뜻을 밝혔다.

### ■ 북핵 문제에 대한 미국과 북한의 입장차이 정리

#### ◈ 북한

　미국의 대북 적대 정책이 포기되지 않는 한 선 핵포기는 있을 수 없다. 미국은 북한 체제 자체를 인정하고 불가침 약속을 해야 한다. 1994년 제네바 협정에서 약속했던 중유 공급을 재개하고 식량지원을 약

속하면 핵을 포기할 용의가 있다. 또한 미국, 일본 수교가 이루어지면 핵을 완전히 해체할 것이다.

❖ 미국

북한이 먼저 핵을 폐기해야 한다. 또한 이를 완전히 제거해야 하며, 이에 대한 증거를 제시해야 한다. 핵무기 개발을 위한 농축 우라늄 프로그램이 가동되고 있다는 증거를 확보하고 있다. 따라서 미국은 1994년 제네바 협정에서 핵개발 동결 대가로 약속한 중유 공급을 중지한다. 미국은 북한과의 불가침 조약에 흥미가 없다.

■ 북핵 위기의 본질

부시 행정부가 들어서면서 미국의 안보노선이 강경하자 북한은 심각할 정도로 안보의 위협을 느끼고 있다. 특히 북한이 이라크와 더불어서 불량국가로 지목되고, 언제든지 핵 선제공격을 할 수 있는 대상에 포함되어 있음이 밝혀지면서 북한은 미국의 공격에 매우 불안해하고 있는 상황이다. 북한은 미국이 요구한대로 먼저 핵을 포기할 경우 사찰을 허용하게 되고, 이 과정에서 북한의 핵심부문 전반을 미국에게 노출하게 될 것이라고 인식하고 있다. 이는 이라크의 사례에서 확인할 수 있으며, 제2의 이라크가 될 것이라고 생각하고 있다. 실제로 미국은 이라크에 대해서 2년여에 걸친 사찰을 시도하였고, IAEA 사찰 결과 대량 살상무기가 발견되지 않았음에도 불구하고 이라크를 침공하였다. 따라서 북한에게 있어서 핵은 미국과의 협상시 사용할 수 있는 마지막 카드라고 할 수 있다. 그러므로 북핵문제의 해결을 위해서는 북한의 안보에 대한 위기감을 해소해야 근본적인 해결이 가능하다.

TIP 미국의 신 안보전략

9·11테러 이후 새롭게 제정된 국가 안보 보고서에는 미국이 방어를 위해 독자적으로 선제공격할 권리를 가지고 있음을 명시하고 있다. 또한 북한, 이라크 등의 핵보유 국가를 불량국가로 규정하고, 핵 선제 공격대상에 북한, 이라크, 이란, 시리아, 리비아 등을 포함시켰다. 특히 북한과 이라크는 지속적 군사 우려 대상으로 지목했다.

# 중국이 고구려사(史)에 열 올리는 배경은

※ 한자 Zoom In
例事(예사) 遺産(유산) 遺蹟(유적) 緣故權(연고권) 共助體制(공조체제)
※ 시사 Zoom In
유네스코 광계토 대왕 ICOMOS

'①高句麗(고구려)사'를 자기네 역사로 삼으려는 중국의 움직임이 ②例事(예사)롭지 않다. 중국은 2002년 2월부터 '동북공정(東北工程)' 프로젝트를 통해 고구려사를 중국사로 편입하려는 국책사업을 진행 중이다. 5년간 총 2억 위안(약 300억원)을 쏟아 부을 계획이다. 그러더니 지난 6월에는 중국 공산당의 학술 분야를 대변하는 '광명일보'가 "고구려는 중국의 일부"라는 주장까지 하고 나섰다.

2004년 6월에는 유네스코 ③傘下(산하) 세계유산위원회(WHC) 총회가 중국 쑤저우(蘇州)에서 열린다. 그 자리에서 올 7월 세계문화④遺産(유산) 등재를 신청했다가 중국의 방해로 ⑤保留(보류)된 북한 평양 고구려 ⑥古墳(고분)군에 대한 재심과 중국 지린성 지안현 소재 고구려 유적에 대한 심사가 동시에 이루어질 예정이다. 여기서 북한 ⑦遺蹟(유적)이 재심에서 탈락하고 중국쪽 유적만 통과될 경우 자칫 고구려사가 중국사로 ⑧公認(공인)되는 어처구니없는 일이 벌어질지도 모른다.

중국이 이처럼 역사문제를 국책사업으로 정해 천문학적인 액수를 투자하는 데는 나름의 정치적 계산이 작용하지 않았을 리가 없다. 조선족이 사는 동북지역에 대한 ⑨緣故權(연고권)을 재확인하고 그것을 토대로 경우에 따라서는 북한 지역에 까지 개입할 수 있는 역사적 ⑩名分(명분)을 ⑪先占(선점)하겠다는 고도의 전략적 고려가 깔려 있다는 ⑫推論(추론)이 나오고 있는 것이다. 실제로 광명일보는 평양 ⑬遷都(천도) 이전까지만 중국사라던 종래의 주장을 버리고 천도 이후의 고구려사도 중국사라는 ⑭抑止(억지)를 부리고 있다. "학술문제를 정치화하지 말라"는 광명일보의 느닷없는 요구야말로 우리가 하고 싶은 말이다.

그런데도 우리 정부는 중국의 고구려사 '탈취'를 넋 나간 듯 지켜만 보고 있다. 당장 이 분야 연

한자능력검정시험 2급 기출
– 萬[만](22회 81번) – 體制[체제](21회 78번) – 助[조](12회 149번, 21회 138번) – 緣[연](22회 138번) – 族[족](9회 138번)

구자들을 모아 대책을 세우고 필요하다면 북한과도 적극적인 ⑮ 共助體制(공조체제)를 갖춰야 한다. 그래서 '동북공정'의 실체도 밝히고 문제가 있으면 당당하게 따져야 한다. 더불어 중국 측의 고구려 연구 성과를 체계적으로 수집 분석하는 한편, 장기적으로는 공백상태에 가깝던 우리의 고구려사 연구를 강화하는 방안이 마련돼야 할 것이다.

조선일보 2003. 12. 6

## ZOOM Ⅰ » 한자 엿보기

| | | | | | | | | | | | | | | |
|---|---|---|---|---|---|---|---|---|---|---|---|---|---|---|
| ① | 高 | 높을 고 | ④ | 遺 | 남길 유 | ⑧ | 蹟 | 자취 적 | ⑪ | 分 | 나눌 분 | ⑭ | 抑 | 누를 억 |
| | 句 | 구절 구 | | 産 | 낳을 산 | | 公 | 공평할 공 | | 先 | 먼저 선 | | 止 | 그칠 지 |
| | 麗 | 고울 려 | ⑤ | 保 | 지킬 보 | | 認 | 알 인 | | 占 | 점령할 점 | ⑮ | 共 | 한가지 공 |
| ② | 例 | 법식 례 | | 留 | 머무를 류 | ⑨ | 緣 | 인연 연 | ⑫ | 推 | 밀 추 | | 助 | 도울 조 |
| | 事 | 일 사 | ⑥ | 古 | 예 고 | | 故 | 연고 고 | | 論 | 논할 론 | | 體 | 몸 체 |
| ③ | 傘 | 우산 산 | | 墳 | 무덤 분 | | 權 | 권세 권 | ⑬ | 遷 | 옮길 천 | | 制 | 절제할 제 |
| | 下 | 아래 하 | ⑦ | 遺 | 남길 유 | ⑩ | 名 | 이름 명 | | 都 | 도읍 도 | | | |

## ZOOM Ⅱ » 응용한자 알아보기

② 例事(예사) : 보통 흔히 있는 일

* 禮謝(예사) : 禮[예도 례] 謝[사례할 사]
  감사의 뜻으로 사례함

◈ 진인사대천명(盡人事待天命) : 盡[다할 진] 人[사람 인] 待[기다릴 대] 天[하늘 천] 命[목숨 명]
사람으로서 할 수 있는 일을 다한 후에 천명을 기다림

◈ 실사구시(實事求是) : 實[열매 실] 求[구할 구] 是[옳을 시]
사실에 근거하여 사물의 진상, 진리 등을 연구하는 일

◈ 만사휴의(萬事休矣) : 萬[일만 만] 休[쉴 휴] 矣[어조사 의]

한자능력검정시험 3급 기출
– 盡[진](14회 141번, 18회 113번) – 待[대](3회 85번, 9회 120번) – 萬[만](7회 139번) – 遺産[유산](6회 112번) – 續[속](18회 133번, 24회 105번) – 養[양](6회 110번)

만 가지 일이 끝장이라는 뜻으로, 전혀 가망이 없는 상황을 의미함

④ 遺産(유산) : 죽은 이가 남겨놓은 재산
   * 流産(유산) : 流[흐를 유] 産[낳을 산]
      태아가 달이 차기 전에 죽어서 나옴

❖ 유산상속(遺産相續) : 相[서로 상] 續[이을 속]
   호주가 사망했을 경우 소유한 재산을 법적 상속인에게 분할하는 것
❖ 문화유산(文化遺産) : 文[글월 문] 化[될 화]
   다음 세대에 물려줄 각종 문화재나 문화양식 따위

⑦ 遺蹟(유적) : 옛 인류가 남긴 유물이 남아 있는 사적
   * 幽寂(유적) : 幽[그윽할 유] 寂[고요할 적]
      깊숙하고 고요함

❖ 양호유환(養虎遺患) : 養[기를 양] 虎[범 호] 患[근심 환]
   호랑이를 길러서 그 호랑이로부터 해를 입는다는 뜻으로, 화를 스스로 자초했다는 의미
❖ 유족(遺族) : 族[겨레 족]
   죽은 사람 뒤에 남아있는 가족

⑨ 緣故權(연고권) : 공유 재산 등을 불하할 때, 재산과 특별한 관계를 가진 사람에게 우선적으로 주어지는 권리
   * 軟膏(연고) : 軟[연할 연] 膏[기름 고]
      지방, 바셀린 등에 의약품을 섞어서 만든 외용제

❖ 연고지(緣故地) : 地[땅 지]
   혈연이나 지연, 그 밖의 이유로 어떤 인연이 있는 곳
❖ 연고자(緣故者) : 者[놈 자]
   법률상으로 어떤 특별한 관계에 있는 사람

⑮ 共助體制(공조체제) : 어떤 일을 이루기 위해 여러 사람이 서로 돕는 제도나 조직의 양식
   * 貢租(공조) : 貢[바칠 공] 租[구실 조]
      공물로 바치던 조세

❖ **자타공인(自他共認)** : 自[스스로 자] 他[다를 타] 認[알 인]

    자기나 남들이 모두 인정함

❖ **상부상조(相扶相助)** : 相[서로 상] 扶[도울 부]

    서로 서로 도움

❖ **선즉제인(先則制人)** : 先[먼저 선] 則[곧 즉] 人[사람 인]

    선수를 치면 남을 제압할 수 있음

## ZOOM Ⅲ » 시사 흐름잡기

### 중국의 고구려사 왜곡

#### ■ 중국이 생각하는 고구려사

고구려는 중국 동북지역에 등장한 변방 소수민족으로서, 고구려는 중국의 예속국이었다. 고구려는 중국으로부터 독립을 원치 않았고, 종속관계를 유지하는 대가로 책봉, 조공, 인질 등을 보냈다. 고구려의 최고 전성기인 5세기 때 광개토 대왕의 경우도 중국의 변방에 있는 수많은 지방정권 중 하나에 불과하였다. 중국은 이러한 고구려사의 왜곡을 국가적인 차원에서 동북 공정 프로젝트의 일환으로 추진하고 있다.

#### ■ 27차 세계문화유산위원회 회의에서 왜 북한의 고구려 고분이 등록 보류됐나?

북한은 프랑스 파리에서 열린 27차 세계문화유산위원회 회의에서 고구려 고분에 대한 등재 신청을 했었다. 그러나 유네스코는 고구려 고분의 세계문화유산 등록을 보류했다. ICOMOS(국제 기념물 유적 협의회)가 고분으로의 접근성 결여, 진정성과 원형성의 문제, 기술 수준 및 정책 부실의 문제를 이유로 부정적 의견을 냈기 때문이다. 그러나 유네스코의 이러한 결정 뒤에는 중국의 정치적 압력이 있을 가능성이 높다고 한다. 왜냐하면 고구려가 중국 역사의 일부로 평가받기를 원하는데, 북한이 단독으로 고구려 고분을 세계 유산으로 등록해버리면 이는 전 세계로부터 인증을 받는 꼴이 되므로 미리 저지했다는 것이다. 그 사이 중국은 국가주도하에 고구려 유적지에 대한 대대적인 정비를 벌였고, '집안시'가 그 예에 해당한다.

#### ■ 북한 고구려 고분의 세계유산등록이 가지는 의의와 한계점

중국 쑤저우에서 열린 28차 유네스코 세계문화유산위원회 회의에서 북한과 중국의 고구려 유적이 동시에 등재되었다. 이번 결정으로 북한의 고구려 고분은 역사적, 문화적 가치를 전 세계인으로부터 인정받을 수 있게 되었다. 특히, 앞으로는 유네스코의 공식 지원을 받을 수 있기 때문에 문화재의 보존도 수월할 수 있게 되었다. 그러나, 북한이 고분만을 유적으로 인정받은 반면 중국은 고분뿐만 아니라 수도와 관련된 왕성들까지도 공인받았다. 따라서 이것을 가지고 고구려가 중국의 변방이었다는 것을 증명하는 자료로 활용할 가능성도 배제할 수 없게 되었다. 이 일을 계기로 향후 고구려사에 대한 우리나라와 중국의 논쟁이 한층 심해질 것으로 예상된다. 따라서 우리나라도 북한과의 공조를 통해서 평양성 등의 남은 고구려 유적들이 세계 문화유산으로 등록될 수 있도록 노력해야 할 것이다.

## ■ 최근 중국의 역사 왜곡 사례

2004년 7월경에 발생한 사건으로써 중국이 외교부 홈페이지에 한국의 고대사를 언급하면서 고구려를 삭제한 일이 발생했다. 즉, 삼국시대를 언급하면서 고구려의 존재를 삭제한 것이다. 또한, 다른 인터넷 백과사전 사이트에도 고구려가 삭제된 채 전 세계로 정보가 제공되고 있다. 고구려 문제에 대하여 학술적 차원에서 해결하는 것으로 중국 정부와 합의를 본 한국 정부는 중국 정부가 개입했는지 여부를 조사 후에 시정을 요구할 방침으로 알려졌다.

국제·정치

# 사법개혁, 이번에는 될까

※ 한자 Zoom In
司法(사법) 一元化(일원화) 事案(사안) 提請(제청) 打破(타파)
※ 시사 Zoom In
보수화 관료화 전관예우 법조비리 배심제 참심제

① 行政府(행정부)와 ② 司法(사법)부가 사법개혁 ③ 推進(추진)을 위해 보조를 맞추기 시작했다. 개혁추진기구 설립을 목적으로 청와대와 대법원이 각각 3명씩으로 실무협의회를 구성한 것은 양자가 ④ 智慧(지혜)를 모아 개혁을 이루어보자는 모양새를 갖추어 우선 보기에 좋다. 추진위 구성과 운영 등에 당사자들뿐 아니라 법률 ⑤ 消費者(소비자)인 국민의 뜻도 충분히 반영되었으면 좋겠다.

이 기구가 추진할 개혁과제는 대법원 기능과 구성, 법조 ⑥ 一元化(일원화), 법조인 선발과 양성, 국민의 사법참여 방식 등이라고 한다. 항목수로 보면 간단해 보이지만, 하나하나가 매우 중요한 ⑦ 事案(사안)이어서 주목을 받게 되었다. 대법원 기능과 구성 문제만 해도 최근 대법원장의 ⑧ 大法官(대법관) 임명⑨ 提請(제청) 파동에서 보았듯이 매우 중요한 개혁 과제들이 포함돼 있다. 법조 일원화란 재야 법조계에서 일정한 경험을 쌓은 변호사 가운데서 법관과 검사를 임용하는 재조와 재야 법조계의 일원화를 말하는 것으로, 이 문제는 사법 ⑩ 官僚主義(관료주의)를 고칠 유효한 처방으로 거론되고 있다. 법조인 선발과 양성 문제는 사법시험 제도와 맞물려 있는 사안이어서 대학의 고시열풍을 잠재울 유효한 방안의 하나로 필요성이 제기되고 있다. 국민의 사법참여 문제는 일반 국민이 ⑪ 陪審員(배심원)이나 참심원 자격으로 재판에 참여하는 방법 등을 상정할 수 있다. 문제는 이 중요한 과제들을 어떻게 이룩할 것인가 하는 것이다. 김영삼 정부 이래 세계화추진위원회 사법개혁추진위원회 같은 기구에서 법조 일원화와 법조인 선발과 양성제도 개선 등이 추진됐지만 법조계의 이해관계에 밀려 결실을 보지 못했다. 동시에 추진되었던 의학전문대학원 제도는 ⑫ 出帆(출범)했지만 ⑬ 法學(법학)⑭ 專門大學院(전문대학원) 제도는 아직 결론이 나지 않고 있다. 성공의 열쇠는 직업이기주의 ⑮ 打破(타파)에 있다. 이번만은 정말 국민을 실망시키지 말기 바란다. 한국일보 2003.09.03

한자능력검정시험 2급 기출
– 司[사](9회 136번) – 私[사](24회 99번) – 試驗[시험](2회 96번) – 一元[일원](21회 104번) – 腹[복](22회 123번)
– 草[초](5회 112번) – 提[제](22회 94번)

## ZOOM I » 한자 엿보기

| | | | | | | | | | | | | | | |
|---|---|---|---|---|---|---|---|---|---|---|---|---|---|---|
| ① | 行 다닐 행 | | 慧 슬기로울 혜 | | 案 책상 안 | | 主 주인 주 | | 學 배울 학 | | | | | |
| | 政 정사 정 | | 消 사라질 소 | | 大 큰 대 | | 義 옳을 의 | | 專 오로지 전 | | | | | |
| | 府 마을 부 | ⑤ | 費 쓸 비 | ⑧ | 法 법 법 | | 陪 도울 배 | | 門 문 문 | | | | |
| ② | 司 맡을 사 | | 者 놈 자 | | 官 벼슬 관 | ⑪ | 審 살필 심 | | 大 큰 대 | | | | |
| | 法 법 법 | | 一 한 일 | ⑨ | 提 끌 제 | | 員 인원 원 | ⑭ | 學 배울 학 | | | | |
| ③ | 推 옮길 추 | ⑥ | 元 으뜸 원 | | 請 청할 청 | ⑫ | 出 날 출 | | 院 집 원 | | | | |
| | 進 나아갈 진 | | 化 될 화 | ⑩ | 官 벼슬 관 | | 帆 돛 범 | ⑮ | 打 칠 타 | | | | |
| ④ | 智 슬기 지 | ⑦ | 事 일 사 | | 僚 동료 료 | ⑬ | 法 법 법 | | 破 깨뜨릴 파 | | | | |

## ZOOM II » 응용한자 알아보기

② 司法(사법) : 국가가 법률을 실제의 사실에 적용하는 행위

　*私法(사법) : 私[사사 사] 法[법 법]

　　개인의 의무나 권리에 대하여 규정한 법률의 총칭으로서 민법이나 상법이 이에 해당함

◈ 사법경찰(司法警察) : 警[깨우칠 경] 察[살필 찰]  형사 재판에 관련이 있는 사건들을 다루는 경찰

◈ 사법서사(司法書士) : 書[글 서] 士[선비 사]

의뢰인의 부탁을 받고 법원이나 검찰청에 제출할 서류를 작성해 주는 일을 직업으로 하는 사람. 현 법무사의 옛 명칭

◈ 사법시험(司法試驗) : 試[시험 시] 驗[시험할 험]

법관이나 검찰, 변호사가 되려는 사람의 학식이나 능력을 검정하기 위하여 실시하는 시험

⑥ 一元化(일원화) : 하나의 체계로 만듦

　*一員(일원) : 一[한 일] 員[인원 원]  어떤 단체를 이루는 구성원 중에 한 사람

**한자능력검정시험 3급 기출**
– 察[찰](21회 141번, 24회 73번) – 一員[일원](3회 84번) – 首[수](7회 128번) – 案[안](21회 91번) – 打[타](16회 148번)

국제·정치

❖ 원수(元首) : 首[머리 수]
　국가의 최고 통치권을 가진 사람

❖ 원년(元年) : 年[해 년]
　어떤 일이 시작하는 해

---

⑦ 事案(사안) : 법률적으로 문제가 되어 있는 안건
　＊私案(사안) : 私[사사 사] 案[책상 안]
　　　개인적인 생각이나 계획

---

❖ 복안(腹案) : 腹[배 복]
　마음속에 품고 있는 계획

❖ 초안(草案) : 草[풀 초]
　기초안건을 잡음

❖ 방안(方案) : 方[모 방]
　일을 처리할 방법이나 방도에 관한 계획

---

⑨ 提請(제청) : 적당한 사람을 추천하여 임명해 줄 것을 요청하는 일
　＊祭廳(제청) : 祭[제사 제] 廳[관청 청]
　　　장사 지낼 때, 무덤 옆에 제사를 지낼 수 있도록 마련한 곳

---

❖ 청구(請求) : 求[구할 구]
　내놓거나 주기를 요구함

❖ 청원(請願) : 願[바랄 원]
　바라는 바를 말하고 이루어지기를 청함

---

⑮ 打破(타파) : 규정이나 관습 따위를 깨뜨려 버림
　＊他派(타파) : 他[다를 타] 派[물갈래 파]
　　　다른 당파

---

❖ 문맹타파(文盲打破) : 文[글월 문] 盲[소경 맹]
　무식하여 글을 읽지도 쓰지도 못하는 것으로부터 벗어나는 것

❖ 계급타파(階級打破) : 階[섬돌 계] 級[등급 급]
　사회속의 지위나 관직 등의 등급을 부인하고 깨뜨려 버림

## ZOOM Ⅲ » 시사 흐름잡기

### 사법 개혁

#### ■ 최근의 사법개혁 파동 사건의 전개 상황

사법부 내에서도 끊임없이 제기되어 왔던 사법 개혁은 대법관 선임방식에 대한 변화를 요구하는 목소리가 높아진 것이 발단이 되었다. 즉, 대법관을 선임하는 데 있어서 외부자문이 필수적이라는 의견이 다수 존재하였고, 대법원은 이러한 의견을 반영하여 대법관 후보자를 임명제청할 때 반드시 자문위원회 의견을 수렴하도록 한 것이다. 이런 대법원의 방침에 따라 대한변호사협회 및 시민추천위원회는 대법관 및 헌법재판관 후보를 추천하여 새로운 대법관 선임방식에 대한 법조인들의 기대를 고조시켰다. 그러나 2003년 8월 12일에 있었던 첫 대법관 추천 자문위원회의는 자문위원이었던 강금실 법무부장관과 박재승 대한변호사협회장이 회의도중 자문위원직을 사퇴하고 회의장을 떠나면서 파국으로 치닫게 되었다. 대법원이 대한변호사협회 및 시민추천위원회에서 추천한 후보들을 배제한 채 기존의 서열 관행대로 법원장급 고위판사 3명을 추천하려 한다는 것이 그 이유였다. 이 사건이 있은 후 일부 부장판사들이 사표 불사 방침을 천명하고, 소장판사 159명이 연판장을 대법원장에게 제출하면서 파동은 사법부 조직 전체로 확산되었다. 이번 파동은 사법부의 인사·조직 등 전면적인 사법개혁을 추진할 사법개혁위원회를 설치하고, 2004년 제청 때부터는 법관들의 의견을 충분히 반영하여 인사할 것을 약속하는 것으로 마무리되었다.

#### ■ 우리나라 현 사법제도의 문제점

현 사법제도의 가장 큰 문제점으로 지적되고 있는 것은 사법부의 보수화와 관료화이다. 즉, 지금까지의 사법부는 수직적 승진구조를 가지고 있어서 승진의 막바지 단계에 이른 법원장급 판사가 대법관이 되는 것이 관행이었던 것이다. 이러한 관행은 대법원 구성의 다양성을 막고 재판 결과에 영향을 미칠 수밖에 없다. 왜냐하면 승진의 마지막 단계에 이르렀다는 것은 대법원에서 인정을 받은 사람이라는 것이고, 그런 사람은 곧 현재 대법관과 의견이 비슷하고, 성향도 맞는 사람으로 볼 수 있기 때문이다. 따라서 지금까지 대법원에서는 사회적으로 찬·반 양론이 분분한 사건에 대해서도 무조건 만장일치 판결을 내렸었다.

이러한 관행은 판·검사로 근무하다가 변호사를 개업하는 경우 법원이나 검찰에서 일정한 예우를 해준다는 '전관예우'로 이어져서 '법조비리' 근간이 되어왔다. 또한 비리 법조인에 대해서 관행상 가볍게 처리하여서 남의 죄를 심판하되 자신은 심판받지 않는 특권 계층이라는 여론의 비판을 받아왔다.

## ■ 사법개혁을 위한 사법부의 노력

현재 사법개혁은 사법개혁위원회 주도 아래 계속 진행 중이다. 우선 판결제도에 있어서 배심제와 참심제의 도입이 논의되고 있다. 배심제란 일반인 12명으로 구성된 배심원단이 피고에 유·무죄 판단을 내리고 법관은 형량만을 결정하는 제도로서, 미국에서 사용되고 있다. 시간과 경비가 많이 들고 여론재판으로 흐를 가능성이 있다. 참심제란 2~3명의 참심원이 법관과 함께 합의체를 구성하여 피고인의 유·무죄는 물론 양형 문제까지 판단하는 제도로서, 독일에서 채택하고 있다. 참심관이 들러리로 머물 수 있는 단점이 있다. 사법개혁위원회는 참심제를 우선 도입한 뒤 배심제를 점진적으로 확대하는 방안을 검토 중이다.

다음으로 '법조비리'를 근절하기 위해 강력한 규제안이 마련될 예정이다. '전관예우' 관행을 없앨 수 있는 방안을 검토 중이며, '법조 브로커'를 뿌리뽑기 위한 제도적 장치도 마련 중이다.

# Chapter ❿

# 北(북) 인권, 언제까지 외면할 건가

> ※ 한자 Zoom In
> 人權決議案(인권결의안) 提議(제의) 滿場一致(만장일치) 非政府團體(비정부단체) 慘狀(참상)
> ※ 시사 Zoom In
> 국제인권규범 NGO 세계식량계획(WFP) 강제노동수용소

스위스 제네바에서 열리고 있는 제60차 유엔 인권위원회의 대북(對北) ①人權決議案(인권결의안) ②表決(표결)이 다음 주로 다가왔다. 결의안이 ③通過(통과)되면 지난해에 이어 국제사회가 북한에 보내는 두 번째 '④警告(경고)'가 된다. 그러나 지난해 표결에 불참했던 우리 정부는 이번에도 ⑤棄權(기권)할 가능성이 높다고 한다.

북한의 ⑥劣惡(열악)한 인권상황에 대한 국제사회의 우려는 이제 말로 ⑦促求(촉구)하는 차원을 넘어서고 있다. 이번 결의안에는 유엔에 북한 인권담당관 신설을 ⑧提議(제의)하는 내용이 포함될 것이라고 한다. 지난달 말 미국 하원 국제관계위원회를 ⑨滿場一致(만장일치)로 통과한 북한인권법안도 북한 인권 개선을 위해 활동하는 ⑩非政府團體(비정부단체)(NGO)에 예산을 지원하고 탈북자에게 ⑪難民(난민) 자격을 부여하는 등 구체적인 대책을 포함하고 있다.

이처럼 미국을 비롯한 국제사회가 행동에 나서고 있는 가운데 한국이 유엔인권위 표결에서 기권한다면 부끄러운 일이 될 것이다. 국제사회도 인류 보편의 가치인 인권을, 그것도 다른 민족이 아닌 동족의 인권을 ⑫外面(외면)하는 한국의 행동을 이해하기 어려울 게 분명하다.

본란이 여러 차례 ⑬强調(강조)했듯이 북한 인권과 핵문제 등 남북간의 다른 현안은 별개 사안으로 다루는 것이 옳다. 정부가 주장하는 것처럼 남북관계 때문에 인권 문제를 제기할 수 없다면 북한 주민이 겪고 있는 인권 ⑭慘狀(참상)은 앞으로도 계속될 수밖에 없다. 그렇게 해서 남북 화해협력 시대가 열린다 한들 인권을 희생시켜 얻은 그것에 무슨 ⑮意味(의미)가 있겠는가. 정부는 북한 인권을 더는 외면해선 안 된다. 다음 주 유엔인권위 표결에서 찬성표를 던져 역사에 오점을 남기지 말기 바란다.

동아일보 2004. 4. 9

**한자능력검정시험 2급 기출**
─ 決[결](5회 120번) ─ 賦[부](8회 145번) ─ 提[제](21회 93번, 22회 94번) ─ 異[이](16회 135번) ─ 得[득](23회 80번) ─ 慘[참](22회 121번)

## ZOOM I » 한자 엿보기

| | | | | | | | | | | | |
|---|---|---|---|---|---|---|---|---|---|---|---|
| ① | 人 사람 인 | ④ | 過 지날 과 | ⑧ | 求 구할 구 | ⑩ | 政 정사 정 | ⑬ | 強 강할 강 |
| | 權 권세 권 | | 警 깨우칠 경 | | 提 끌 제 | | 府 마을 부 | | 調 고를 조 |
| | 決 결정할 결 | | 告 아뢸 고 | | 議 의논할 의 | | 團 둥글 단 | ⑭ | 慘 참혹할 참 |
| | 議 의논할 의 | ⑤ | 棄 버릴 기 | | 滿 찰 만 | | 體 몸 체 | | 狀 형상 상 |
| | 案 책상 안 | | 權 권세 권 | ⑨ | 場 마당 장 | ⑪ | 難 어려울 난 | ⑮ | 意 뜻 의 |
| ② | 表 겉 표 | ⑥ | 劣 못할 렬 | | 一 한 일 | | 民 백성 민 | | 味 맛 미 |
| | 決 결정할 결 | | 惡 악할 악 | | 致 이를 치 | ⑫ | 外 바깥 외 | | |
| ③ | 通 통할 통 | ⑦ | 促 재촉할 촉 | | 非 아닐 비 | | 面 낮 면 | | |

## ZOOM I » 응용한자 알아보기

① 人權決議案(인권결의안) : 사람이라면 누구나 태어나면서 가지고 있는 생명, 자유, 평등 등에 관한 기본적인 권리에 대한 안건을 놓고 가부를 결정하는 일.

* 決意(결의) : 決[결단할 결] 意[뜻 의]

  뜻을 정하여 굳게 가짐.

* 結義(결의) : 結[맺을 결] 義[옳을 의]

  남남끼리 의리로써 친족과 같은 관계를 맺음.

❖ 천부인권(天賦人權) : 天[하늘 천] 賦[과할 부]

  하늘이 사람에게 평등하게 부여한 권리.

❖ 불신임결의(不信任決議) : 不[아닐 불] 信[믿을 신] 任[맡길 임]

  국가기관을 신임하지 않는다는 의회의 의사표시.

⑧ 提議(제의) : 의안이나 의견을 냄.

* 題意(제의) : 題[제목 제] 意[뜻 의] 제목의 뜻.

**한자능력검정시험 3급 기출**
– 權[권](17회 115번, 19회 134번) – 決[결](7회 135번) – 提[제](16회 118번, 18회 143번) – 刑[형](15회 141번) – 狀[상](18회 136번)

❖ 논의(論議) : 論[논할 론]
　서로 의견을 논술하여 토의함.

❖ 이의(異議) : 異[다를 이]
　남의 의견에 찬성하지 않는 다른 의견.

⑨ 滿場一致(만장일치) : 회의장에 모인 사람의 뜻이 일치함.
　＊萬丈(만장) : 萬[일만 만] 丈[어른 장]
　　한없이 높음.

❖ 득의만면(得意滿面) : 得[얻을 득] 意[뜻 의] 面[낯 면]
　뜻을 이루어 기쁘다는 표정이 얼굴에 가득함.

❖ 욕구불만(欲求不滿) : 欲[하고자 할 욕] 求[구할 구] 不[아닐 불]
　욕구가 내부 또는 외부 원인 때문에 충족되지 않은 상태.

❖ 만원(滿員) : 員[인원 원]
　정한 인원이 가득 들어찬 상태.

⑩ 非政府團體(비정부단체) : 정부가 아닌 민간단체가 중심이 되어서 만들어진 조직
　＊貞婦(정부) : 貞[곧을 정] 婦[며느리 부]
　　정조가 곧은 아내

❖ 단결(團結) : 結[맺을 결]
　많은 사람들이 한마음으로 뭉침.

❖ 일심동체(一心同體) : 一[한 일] 心[마음 심] 同[같을 동]
　여러 사람이 한 사람처럼 마음을 하나로 합쳐서 굳게 결합하는 일.

⑭ 慘狀(참상) : 끔찍하고 참혹한 상태.
　＊慘喪(참상) : 慘[참혹할 참] 喪[잃을 상]
　　젊어서 죽은 불행한 일.

❖ 참형(慘刑) : 刑[형벌 형]
　참혹한 형벌.

❖ 참해(慘害) : 害[해로울 해]
　참혹하게 입은 손해.

**ZOOM Ⅲ》 시사 흐름잡기**

### 북한 인권 문제

#### ■ 북한의 인권 문제

북한의 인권문제가 국제적 사회의 현안으로 떠오르고 있다. 1997년 8월 21일 유엔 소위원회 제49차 회의는 북한의 인권상황에 대한 공개와 개선을 촉구하는 결의안을 표결하였다. 이 회의에서 유엔은 북한에게 국제인권규범을 따를 것을 요구하였으나 북한은 인권규약 탈퇴라는 방식으로 맞서고 있다. 이처럼 북한은 국제사회가 합의한 보편적 인권규범을 인정하지 않고 '북한식 인권'을 주장하고 있다. 이 모든 것은 북한체제 자체의 폐쇄성에 기인하고 있으며, 이를 해결하기 위해서는 정치적 민감성을 고려할 때 NGO단체들의 노력이 필요하다.

현재 우리나라는 남북 관계를 이유로 북한의 인권에 대해서 적절한 의견을 피력하고 있지 않지만 바로 이웃나라에서 벌어지고 있는 북한의 인권문제에 대해서 방관할 수는 없는 노릇이다.

#### ■ 북한의 인권 실태

북한은 공산주의 이데올로기를 바탕으로 유지되고 있는 체제이기 때문에 인권문제는 체제 자체의 폐쇄성과 모순에서 시작된다. 즉, 북한은 현재 미국으로부터 안보상의 위협을 느끼고 있으며, 북한 지도부는 이점을 정치적으로 이용하여 인민들에 위기의식을 바탕으로 한 단결을 촉구한다. 그러나 현재 북한에서는 주민들의 식량난, 기아문제, 강제노동 및 정치범, 탈북자 등의 문제가 심각한 수준에 이르렀고, 이를 방치할 수 없다는 것이 국제적 여론의 대세이다.

##### ◈ 북한의 식량 위기 및 기아문제

북한의 식량 사정은 매우 절박하다. 특히 함경도 같은 외각 지역의 경우 정부의 지원이 거의 이루어지지 않은 상황에서 어린이나 노약자들이 굶어죽는 일이 비일비재하다. 북한은 홍수와 가뭄 피해 등으로 작황상태가 악화되어 식량난이 발생하였다고 주장하지만 이는 공산주의 체제 자체의 모순으로 인해 발생한 문제라고 생각해야 한다.

세계식량계획(WFP)을 비롯한 NGO단체들이 북한의 기아문제에 적극적으로 나서고 있다. 정부 역시 인도적 차원에서 이 문제를 처리한다는 방침에 따라 1995년 15만톤의 양곡 무상원소를 시작으로 적십자를 통해서 구호물품을 전달하고 있다.

##### ◈ 정치범 수용소 문제

현재 북한에는 정식 재판절차 없이 집단 수용할 수 있는 강제노동수용소가 아직까지 존재하고 있다. 이곳에는 북한의 체제 자체를 위협할 수 있는 정치범들이 수용되는데 이들에게 자신의 신념을 표현할 수 있는 기회는 없다. 북한은 공식적으로 이런 시설이 있다는 것을 부인하고 있다.

## ■ 북한의 인권문제 해결을 위한 접근방법

북한의 인권문제를 해결하기 위해서 남북대화를 활용할 수 있다. 그러나 북한은 한국이 인권문제 자체를 언급하는 것을 매우 꺼려하고 이를 남북대화의 성사여부에 연계하고 있다. 따라서 유엔을 통한 인권문제의 접근이 가장 현실적인 방안이 될 수 있겠다. 즉, 공산주의 이데올로기를 바탕으로 한 북한의 폐쇄성으로 인하여 그 접근에 한계가 존재하지만, 유엔을 통한 접근이 그 대안이 될 수 있다.

# 가로-세로열쇠로 복습하기

※ 한글로 가로-세로 열쇠를 채워봅시다.

|   |   | 1 | 2 |   |   |   |   |   |   |   |   |   |
|---|---|---|---|---|---|---|---|---|---|---|---|---|
|   | 3 |   |   |   | 4 |   |   |   |   |   |   |   |
|   | 5 |   |   |   |   | 6 |   |   | 7 |   |   |   |
|   |   |   |   |   | 8 |   |   |   |   |   |   | 9 |
| 10 |   |   | 11 |   |   |   | 12 |   |   |   |   |   |
|   |   | 13 |   |   |   |   |   |   |   |   |   |   |
|   |   |   |   |   |   | 14 |   |   |   | 15 |   |   |
| 16 |   |   | 17 |   | 18 |   |   | 19 |   | 20 |   |   |
|   |   |   |   |   |   |   |   | 21 | 22 |   |   |   |
|   | 23 |   | 24 |   |   | 25 |   |   |   |   |   |   |
|   |   |   |   |   |   |   |   |   |   |   |   |   |
|   |   |   |   |   |   |   |   |   |   |   |   |   |
|   | 26 |   |   |   |   |   |   |   |   |   |   |   |

가로
열쇠

3. 사람으로서 할 수 있는 일을 다한 후에 천명을 기다림.

6. 전쟁에서 이기고 지는 것은 흔히 있을 수 있는 일이라는 뜻으로, 한 번의 실패에 낙담하지 말라는 뜻의 4자 성어.

7. 처음에는 시비를 가리지 못할지라도 결국 모든 잘잘못은 반드시 바른길로 돌아온다는 의미의 4자 성어

8. 사람이라면 누구나 태어나면서 가지고 있는 생명, 자유, 평등 등에 관한 기본적인 권리에 대한 안건을 놓고 가부를 결정하는 일.

10. 이력을 적은 종이.

11. 어떤 안에 대해서 거부를 행사하는 권리.

14. 만 가지 일이 끝장이라는 뜻으로, 전혀 가망이 없는 상황을 의미하는 4자 성어.

15. 사법기관이 특정의 개인을 일정한 장소로 오라고 명령하는 일.

16. 욕구가 내부 또는 외부 원인 때문에 충족되지 않은 상태.

17. 회의장에 모인 사람의 뜻이 일치함.

19. 빼앗긴 것을 다시 빼앗음.

21. 열이나 전기가 물체의 한 부분에서 다른 부분으로 옮아가는 현상.

23. 1972년 7월 4일에 남북한이 동시에 발표한 성명. 조국의 평화 통일원칙 합의를 포함한 7개 항으로 되어 있음.

25. 불을 보는 것 같이 밝게 보인다는 뜻으로, 명백한 사실을 비유할 때 사용함.

26. 선수를 치면 남을 제압할 수 있다는 뜻의 4자 성어.

**세로 열쇠**

1. 사람이 살지 않는 외딴 곳.

2. 사실에 근거하여 사물의 진상, 진리 등을 연구하는 일

4. 하늘이 사람에게 평등하게 부여한 권리.

5. 핵과 관련된 이전의 경력.

7. 법률적으로 문제가 되어 있는 안건.

9. 아비지옥과 규환지옥이라는 뜻으로, 참혹한 고통 가운데서 살려 달라고 울부짖는 상태를 이르는 말.

12. 먹는 것은 적고 할 일은 많다는 뜻으로, 수고는 많이 하나 실제로 얻는 것이 적음을 의미하는 4자 성어.

13. 뜻을 이루어 기쁘다는 표정이 얼굴에 가득함.

14. 한없이 높음.

15. 파견되어 있던 외교 사절이나 영사 등을 불러들임.

18. 여러 사람이 한 사람처럼 마음을 하나로 합쳐서 굳게 결합한다는 뜻의 4자 성어.

20. 다시 거두어들임.

22. 사건을 유발하는 원인이나 계기를 비유함.

24. 어떤 일을 이루기 위해 여러 사람이 서로 돕는 제도나 조직의 양식.

※ 한자로 가로-세로 열쇠를 채워봅시다.

|  |  | 1 | 2 |  |  |  |  |  |  |  |
|---|---|---|---|---|---|---|---|---|---|---|
|  | 3 |  |  | 4 |  |  |  |  |  |  |
|  | 5 |  |  |  | 6 |  | 7 |  |  |  |
|  |  |  | 8 |  |  |  |  |  | 9 |  |
| 10 |  | 11 |  |  |  | 12 |  |  |  |  |
|  |  | 13 |  |  |  |  |  |  |  |  |
|  |  |  |  |  | 14 |  |  | 15 |  |  |
| 16 |  | 17 | 18 |  |  | 19 |  | 20 |  |  |
|  |  |  |  |  |  |  | 21 | 22 |  |  |
|  | 23 |  | 24 |  | 25 |  |  |  |  |  |
|  |  |  |  |  |  |  |  |  |  |  |
|  | 26 |  |  |  |  |  |  |  |  |  |

**가로 열쇠**

3. 사람으로서 할 수 있는 일을 다한 후에 천명을 기다림.

6. 전쟁에서 이기고 지는 것은 흔히 있을 수 있는 일이라는 뜻으로, 한 번의 실패에 낙담하지 말라는 뜻의 4자 성어.

7. 처음에는 시비를 가리지 못할지라도 결국 모든 잘잘못은 반드시 바른길로 돌아온다는 의미의 4자 성어

8. 사람이라면 누구나 태어나면서 가지고 있는 생명, 자유, 평등 등에 관한 기본적인 권리에 대한 안건을 놓고 가부를 결정하는 일.

10. 이력을 적은 종이.

11. 어떤 안에 대해서 거부를 행사하는 권리.

14. 만 가지 일이 끝장이라는 뜻으로, 전혀 가망이 없는 상황을 의미하는 4자 성어.

15. 사법기관이 특정의 개인을 일정한 장소로 오라고 명령하는 일.

16. 욕구가 내부 또는 외부 원인 때문에 충족되지 않은 상태.

17. 회의장에 모인 사람의 뜻이 일치함.

19. 빼앗긴 것을 다시 빼앗음.

21. 열이나 전기가 물체의 한 부분에서 다른 부분으로 옮아가는 현상.

23. 1972년 7월 4일에 남북한이 동시에 발표한 성명. 조국의 평화 통일원칙 합의를 포함한 7개 항으로 되어 있음.

25. 불을 보는 것 같이 밝게 보인다는 뜻으로, 명백한 사실을 비유할 때 사용함.

26. 선수를 치면 남을 제압할 수 있다는 뜻의 4자 성어.

## 세로 열쇠

1. 사람이 살지 않는 외딴 곳.

2. 사실에 근거하여 사물의 진상, 진리 등을 연구하는 일.

4. 하늘이 사람에게 평등하게 부여한 권리.

5. 핵과 관련된 이전의 경력.

7. 법률적으로 문제가 되어 있는 안건.

9. 아비지옥과 규환지옥이라는 뜻으로, 참혹한 고통 가운데서 살려 달라고 울부짖는 상태를 이르는 말.

12. 먹는 것은 적고 할 일은 많다는 뜻으로, 수고는 많이 하나 실제로 얻는 것이 적음을 의미하는 4자 성어.

13. 뜻을 이루어 기쁘다는 표정이 얼굴에 가득함.

14. 한없이 높음.

15. 파견되어 있던 외교 사절이나 영사 등을 불러들임.

18. 여러 사람이 한 사람처럼 마음을 하나로 합쳐서 굳게 결합한다는 뜻의 4자 성어.

20. 다시 거두어들임.

22. 사건을 유발하는 원인이나 계기를 비유함.

24. 어떤 일을 이루기 위해 여러 사람이 서로 돕는 제도나 조직의 양식.

**가로-세로 열쇠로 복습하기 정답**

| | | | | | | | | | | | | |
|---|---|---|---|---|---|---|---|---|---|---|---|---|
| | | 무 | 실 | | | | | | | | | |
| | 진 | 인 | 사 | 대 | 천 | 명 | | | | | | |
| | 핵 | 궁 | 구 | | 부 | 병 | 가 | 상 | 사 | 필 | 귀 | 정 |
| | 전 | 도 | 시 | | 인 | 권 | 결 | 의 | 안 | | | 아 |
| 이 | 력 | 서 | 거 | 부 | 권 | | | 식 | | | | 비 |
| | | | 득 | | | | | 소 | | | | 규 |
| | | | 의 | | | | 만 | 사 | 휴 | 의 | 소 | 환 |
| 욕 | 구 | 불 | 만 | 장 | 일 | 치 | 장 | 번 | 재 | 탈 | 환 | |
| | | | 면 | | 심 | | | | 전 | 도 | 수 | |
| | | | 남 | 북 | 공 | 동 | 성 | 명 | 약 | 관 | 화 | |
| | | | | | 조 | 체 | | | | | 선 | |
| | | | | | 체 | | | | | | | |
| | | | 선 | 즉 | 제 | 인 | | | | | | |

| | | | | | | | | | | | | |
|---|---|---|---|---|---|---|---|---|---|---|---|---|
| | | 無 | 實 | | | | | | | | | |
| | 盡 | 人 | 事 | 待 | 天 | 命 | | | | | | |
| | 核 | 窮 | 求 | | 賦 | 兵 | 家 | 常 | 事 | 必 | 歸 | 正 |
| | 前 | 途 | 是 | | 人 | 權 | 決 | 議 | 案 | | | 阿 |
| 履 | 歷 | 書 | 拒 | 否 | 權 | | | 食 | | | | 鼻 |
| | | | 得 | | | | | 少 | | | | 叫 |
| | | | 意 | | | | 萬 | 事 | 休 | 矣 | 召 | 喚 |
| 欲 | 求 | 不 | 滿 | 場 | 一 | 致 | 丈 | 煩 | 再 | 奪 | 還 | |
| | | | 面 | | 心 | | | | 傳 | 導 | 收 | |
| | | | 南 | 北 | 共 | 同 | 聲 | 明 | 若 | 觀 | 火 | |
| | | | | | 助 | 體 | | | | | 線 | |
| | | | | | 體 | | | | | | | |
| | | | 先 | 卽 | 制 | 人 | | | | | | |

# 국민 한 마음되어 난국 극복을

> ※ 한자 Zoom In
> 憲政史上(헌정사상) 彈劾訴追(탄핵소추) 集團利己主義(집단이기주의) 左之右之(좌지우지) 非常事態(비상사태)
> ※ 시사 Zoom In
> 탄핵소추안 사전선거운동 선거법 위반 측근비리 경제 파탄 차떼기 정당 양강 구도

①憲政史上(헌정사상) ②初有(초유)의 사태가 기어이 빚어졌다. ③國會(국회)는 마침내 노무현 대통령에 대한 ④彈劾訴追(탄핵소추)를 의결했다. 국회의 선택에 대해 다양한 분석과 평가가 있을 수 있다. 그러나 현재로서 분명한 것은 국회가 노 대통령 탄핵소추안을 재적 의원 3분의 2 이상 찬성으로 통과시켰다는 사실이다. 노 대통령을 지지하는 사람이든 반대하는 사람이든 함께 ⑤極甚(극심)한 정신적 혼란을 느끼고 있겠지만 우선은 이 사태를 있는 그대로 받아들이는 게 중요하다.

이미 일이 벌어지고 난 후 잘잘못을 가리는 것은 무의미할 수도 있으나 엄한 ⑥教訓(교훈)을 남긴다는 차원에서 그 과정에 대한 ⑦反省(반성)은 필수적이다. 상황을 악화시킨 여러 요인 가운데서도 특별히 지적되어야 할 것은 정치권의 ⑧集團利己主義(집단이기주의)와 정치지도자들의 리더십 부재다. 노 대통령 취임 이래 지난 1년

간 정치는 ⑨失踪(실종)되고 오직 전투 행위만이 정치의 장을 압도했다. 이 점에서는 노 대통령과 정당 리더들의 책임이 가장 컸다고 말하지 않을 수가 없다.

노 대통령을 비롯한 개혁 핵심 세력의 언어가 너무 거칠었다. 물론 ⑩率直(솔직)한 화술 탓이기는 했지만 노 대통령의 언급은 자주 상대를 심하게 비난하고 때로는 조롱까지 하는 것으로 들렸다. 대통령직을 너무 가볍게 생각하는 듯한 느낌을 주는 발언을 거듭함으로써 자신의 지위를 약화시킨 점도 부인하기 어려울 것이다.

야당들 역시 정치를 수의 힘만으로 ⑪左之右之(좌지우지)하려 한 책임이 크다. 의회의 절대적 다수 의석을 차지한 측으로서 정치력을 ⑫發揮(발휘)하는 대신 산술적 힘겨루기로 탄핵소추안을 처리해버린 ⑬印象(인상)이 짙다. 나름대로는 명분과 이유가 있다고 주장해왔지만 불행한 선례를 남겼음을 부인할 수는 없게 됐다.

> **한자능력검정시험 2급 기출**
> – 集[집](2회 117번) – 期[기](6회 150번, 21회 102번) – 甘[감](12회 71번) – 知己[지기](22회 124번) – 利己[이기](8회 93번) – 犬[견](24회 105번)

따라서 탄핵안 가결 사태와 관련해서는 노 대통령과 야당이 함께 책임을 ⑭痛感(통감)해야 옳겠지만 어쨌든 지금은 일이 터진 다음이다. 노 대통령은 국회의 탄핵소추로 그 권한을 정지당했고 이에 따라 대통령직을 가진 사람, 대통령 권한을 행사하는 사람이 나뉘게 됐다. 당연히 국정의 안정적 효율적 추진이 어려워지지 않겠느냐는 우려가 국민 사이에 급속히 확산되고 있다. 실제로도 이는 국가적 ⑮非常事態(비상사태)라 할 만하다. — 이하 중략 —

국민일보 2004. 3. 13

## ZOOM I » 한자 엿보기

| | | | | | | | | | | | | | |
|---|---|---|---|---|---|---|---|---|---|---|---|---|---|
| ① | 憲 법 헌 | ④ | 劾 캐물을 핵 | ⑧ | 集 모을 집 | ⑪ | 直 곧을 직 | ⑭ | 痛 아플 통 |
| | 政 정사 정 | | 訴 아뢸 소 | | 團 둥글 단 | | 左 왼 좌 | | 感 느낄 감 |
| | 史 역사 사 | | 追 쫓을 추 | | 利 이로울 이 | | 之 갈 지 | | 非 아닐 비 |
| | 上 위 상 | ⑤ | 極 지극할 극 | | 己 몸 기 | | 右 오른 우 | ⑮ | 常 떳떳할 상 |
| ② | 初 처음 초 | | 甚 심할 심 | | 主 주인 주 | ⑫ | 之 갈 지 | | 事 일 사 |
| | 有 있을 유 | ⑥ | 教 가르칠 교 | | 義 옳을 의 | | 發 필 발 | | 態 모양 태 |
| | 國 나라 국 | | 訓 가르칠 훈 | ⑨ | 失 잃을 실 | | 揮 휘두를 휘 | | |
| ③ | 會 모일 회 | ⑦ | 反 돌이킬 반 | | 踪 자취 종 | ⑬ | 印 도장 인 | | |
| | 彈 탄알 탄 | | 省 살필 성 | ⑩ | 率 거느릴 솔 | | 象 코끼리 상 | | |

## ZOOM Ⅱ » 응용한자 알아보기

① 憲政史上(헌정사상) : 헌정의 역사상.

＊思想(사상) : 思[생각 사] 想[생각 상]

　　사유를 통하여 얻어진 체계적 의식 내용.

＊死傷(사상) : 死[죽을 사] 傷[상처 상]

　　죽거나 다침.

한자능력검정시험 3급 기출
－憲[헌](22회 84번) －政[정](7회 90번) －想[상](13회 123번) －傷[상](12회 102번, 13회 92번) －發達[발달](3회 100번) －刑[형](15회 141번) －犬[견](8회 91번)

❖ 비합헌성(非合憲性) : 非[아닐 비] 合[합할 합] 性[성품 성]

어떤 법률 행위가 헌법의 조문이나 정신에 위배되는 일.

❖ 발달사(發達史) : 發[필 발] 達[통달할 달]

어떤 부문이 발달하여 온 과정에 대한 역사.

---

④ **彈劾訴追**(탄핵소추) : 특정 공무원이 헌법과 법률을 위반한 사실 등에 대하여 조사하여 책임을 추궁하는 것.

\* **小秋**(소추) : 小[작을 소] 秋[가을 추]

　　초 가을.

---

❖ 형사소추(刑事訴追) : 刑[형벌 형] 事[일 사]

검사가 피고인을 기소하여 그 형사적 책임을 추궁하는 일.

❖ 국가소추주의(國家訴追主義) : 國[나라 국] 家[집 가] 主[주인 주] 義[옳을 의]

국가의 기관이 당사자가 되어 공소를 제기하고 유지하는 주의.

---

⑧ **集團利己主義**(집단이기주의) : 다른 사람들이 어떻게 되든 집단적으로 자신의 이익만을 추구하는 방식이나 태도.

\* **二期**(이기) : 二[두 이] 期[기약할 기]

　　1년을 두 기간으로 나누는 일.

---

❖ 감언이설(甘言利說) : 甘[달 감] 言[말씀 언] 說[말씀 설]

달콤한 말과 이로운 이야기라는 뜻으로, 남의 비위를 맞추는 달콤한 말과 이로운 조건만을 들어 남을 꾀하는 말.

❖ 지피지기(知彼知己) : 知[알 지] 彼[저 피]

적의 형편과 나의 힘을 자세히 알고 있음.

---

⑪ **左之右之**(좌지우지) : 왼쪽으로 돌렸다 오른쪽으로 돌렸다 한다는 뜻으로, 제 마음대로 다루거나 일을 처리하는 것을 의미함.

\* **牛脂**(우지) : 牛[소 우] 脂[기름 지]

　　소의 살이나 뼈에서 녹여 낸 지방으로써 식용유, 비누 등의 원료가 됨.

---

❖ 견토지쟁(犬兔之爭) : 犬[개 견] 兔[토끼 토] 爭[다툴 쟁]

개와 토끼의 다툼이라는 뜻으로, 두 사람의 싸움에서 제 삼자가 이익을 봄을 이르는 말.

국제·정치

❖ **어부지리(漁父之利)** : 漁[고기잡을 어] 父[아비 부] 利[이로울 리]

　어부의 이익이라는 뜻으로, 둘이 다투고 있는 사이에 엉뚱한 사람이 이익을 얻게 되는 것을 이르는 말

❖ **방휼지쟁(蚌鷸之爭)** : 蚌[방합 방] 鷸[도요새 휼] 爭[다툴 쟁]

　방합과 도요새의 다툼이라는 뜻으로, 제삼자만을 이롭게 하는 다툼을 의미함. 방합과 도요새가 다투고 있는데, 어부가 와서 방합과 도요새를 모두 거두어 갔다는 고사에서 유래함.

⑮ **非常事態**(비상사태) : 긴급을 요하는 일.

　＊ **沙汰(사태)** : 沙[모래 사] 汰[지낼 태]

　　　비로 인하여 산이나 언덕이 한꺼번에 무너지는 일.

❖ **상비(常備)** : 備[갖출 비]

　늘 준비하여 둠.

❖ **상식(常識)** : 識[알 식]

　보통 사람이 갖추고 있어야 할 일반적인 지식.

## ZOOM Ⅲ » 시사 흐름잡기

### 대통령 탄핵

#### ■ 대통령 탄핵 사건의 개요

　2004년 3월 9일 한나라당, 민주당 의원 159명의 이름으로 탄핵소추안이 제출되었다. 그리고 2004년 3월 12일 박관용 국회의장이 경호권을 발동하여 의장석을 점거한 열린우리당 의원들을 끌어내고 시작된 52분간의 표결에서 찬성 193명, 반대2명으로 노무현 대통령 탄핵소추안은 가결되었다. 탄핵 소추안이 가결된 직후 노무현 대통령은 대통령으로서의 모든 권한이 중지되었으며, 고건 국무총리 대행체제로 돌입하게 되었다.

　노무현 대통령에 대한 탄핵이 처음 언급된 것은 취임한 지 10일만인 2003년 3월 7일이었다. 야권에서는 대통령이 '대북송금특별법'을 거부할 경우 탄핵을 검토하겠다고 하였다. 이후 여러 번에 걸쳐서 탄핵이 언급되었으나 정치적인 위협일 뿐 현실화되는 것은 힘들어 보였다. 그러나 대통령 탄핵이 실현화 가능성을 보인 것은 2003년 9월 노무현 대통령의 민주당 탈당으로 야당의원이 전체 2/3를 차지하게 되면서이다. 민주당 조순형 대표는 노무현 대통령의 사전선거운동으로 인한 선거법 위반 사실을 언급하며 대국민 사과성명이 없을 경우 탄핵안을 발의하겠다는 경고를 하였고, 결국 야권3당의 공조 아래 대통령 탄핵이 실현된 것이다.

## ■ 대통령 탄핵을 주도한 야권3당의 정치적 계산

야권은 노무현 대통령의 선거법 위반, 측근비리, 경제 파탄 등을 탄핵사유로 하여 탄핵소추안을 발의하였다. 그러나 전문가들은 겉으로 드러난 것 이면의 정치적 계산이 있었다는 지적을 한다. 총선을 한 달여 앞둔 시점에서 탄핵소추안을 발의한 야권3당의 정치적 계산은 다음과 같다.

### ❖ 한나라당

첫째, '차떼기 정당'이라는 부패 정당의 이미지를 탈피할 필요가 있었다.

둘째, 새로운 공천 방식을 둘러싼 당 내부의 갈등을 해소할 필요가 있었다.

셋째, 전통적 지지 세력인 영남권과 보수층을 결속할 필요가 있었다.

### ❖ 민주당

첫째, 열린우리당이 4·15 총선 정국을 '양강 구도(열린우리당 VS 한나라당)'로 몰고 가려는 것에 대한 반전이 필요했다.

둘째, 민주당을 배신한 노무현 대통령에 대한 반감이 있었다.

### ❖ 자민련

첫째, 자민련이 살아남기 위해 내각제 개헌에 대한 집념이 있었다.

둘째, 탄핵 정국을 통한 반사이익을 얻고자 했다.

## ■ 대통령 탄핵에 대한 국민들의 반응

탄핵안이 가결된 직후 각 방송사 및 언론매체에서 설문조사가 있었다. 국민의 70%가 탄핵안에 대해서 반대의견을 보였다. 설문조사에서 알 수 있듯이 국민들이 뽑은 대통령에 대해서 의회가 탄핵을 하자 국민들의 분노는 극에 달했다. 이는 탄핵안 가결에 공조한 야권3당의 지지율 하락으로 나타났고, 국민들은 다시 시청 앞으로 모여서 탄핵 반대 촛불시위를 시작하였다.

탄핵안에 대한 국민들의 뜻은 한달 후에 있었던 4·15 총선에서 반영되었다. 열린우리당이 과반수 의석을 확보한 가운데 탄핵을 주도한 민주당이 몰락하는 결과가 발생했다.

## ■ 대통령 탄핵의 결론

2004년 5월 14일 헌법재판소는 대통령 탄핵소추안을 기각되었다. 탄핵소추안을 기각한 이유는 다음과 같다.

첫째, 대통령이 선거법을 위반한 사실은 인정되나 이것이 대통령직을 물러날 만큼 중대한 법률 위반으로 볼 수 없다.

둘째, 측근비리는 대통령의 임기 전 일이고 대통령이 관여한 정황이 없어 탄핵사유가 될 수 없다.

셋째, 경제파탄은 사법적 판단의 대상이 아니다.

국제·정치

# 불법 정치자금 다시는 발 못 붙이게

---

※ 한자 Zoom In
  刑事處罰(형사처벌) 政經癒着(정경유착) 汚名(오명) 慣行(관행) 換骨奪胎(환골탈태)
※ 시사 Zoom In
  특별검사법 1/10 차떼기 정당

---

불법 ① 大選資金(대선자금)에 대한 검찰의 수사가 막을 내렸다. 지난해 8월 SK 비자금 사건을 계기로 수사가 시작된 지 9개월 만이다. 검찰은 그동안 수사를 통해 현역 의원 23명을 ② 刑事處罰(형사처벌)하고 지난 대선 당시 여야 후보 ③ 陣營(진영)에 흘러들어간 1,000억원 가까운 불법 자금을 밝혀냈다.

이번 검찰 수사는 무엇보다 '살아 있는 권력'인 현직 대통령을 포함한 여야 대선 후보의 불법 정치자금에 대한 최초의 조사였다는 점에서 의미가 크다. 특히 이 과정에서 '차떼기 이적료' 등 ④ 政經癒着(정경유착)과 정치권 뒷거래의 추한 모습들이 드러났고, 대통령 측근들의 비리 혐의도 밝혀졌다. 정치 개혁의 필요성을 그만큼 또렷하게 보여준 것이다. 검찰로서도 과거의 불신과 '정치검찰'이란 ⑤ 汚名(오명)을 씻고 정치적 ⑥ 中立性(중립성)을 어느 정도 확보할 수 있는 발판을 마련했다.

검찰은 어제 수사 결과를 발표하면서 노무현 대통령과 이회창 전 한나라당 총재에 대해 불입건 조치했다고 밝혔다. 盧 대통령이나 李 전총재가 대선자금 불법 모금에 직접 ⑦ 關與(관여)한 증거가 없다는 게 그 이유다. 盧 대통령의 경우 '⑧ 內亂(내란) 또는 ⑨ 外患(외환)의 죄를 제외하고는 재직 중 형사상의 소추를 받지 않는다'는 헌법 규정으로 인해 조사에 현실적인 어려움도 있었을 것이다. 그러나 하수인이나 주변 인물들에게만 법적 책임을 묻고 선거의 ⑩ 頂點(정점)에 있던 후보들에겐 ⑪ 免罪符(면죄부)를 줬다는 지적이 나올 수 있다. 한나라당과 盧 후보 캠프의 불법 대선자금 규모가 823억여원 대 119억여원으로 마무리된 것도 여전히 시빗거리다.

검찰은 어려운 경제 여건 등을 감안해 기업인들에 대한 처벌을 최소화했다고 밝히고 있다. 그렇다고 기업인들이 좋아할 일만은 아니다. 그 같은 선처가 이번이 마지막이 될 것이기 때문이다.

---

### 한자능력검정시험 2급 기출
– 處[처](20회 101번) – 時[시](25회 138번) – 效[효](25회 81번) – 着[착](20회 98번) – 汚[오](24회 138번) – 虛[허](22회 116번) – 刻骨難忘[각골난망](25회 118번)

이번 수사는 낡은 ⑫慣行(관행)이던 정경유착의 검은 고리를 끊어내고 정치권, 기업이 함께 ⑬換骨奪胎(환골탈태)하는 출발점이 돼야 한다. 그러기 위해선 정치자금과 ⑭企業會計(기업회계)의 투명화를 담보할 수 있는 법과 제도를 마련해야 한다. 그것이 정치권과 재계가 ⑮相生(상생)하는 길일 것이다.

중앙일보 2004. 5. 22

## ZOOM I » 한자 엿보기

|   | | | | | | | | | |   | | | |   | | |
|---|---|---|---|---|---|---|---|---|---|---|---|---|---|---|---|
| ① | 大 | 큰 대 | ④ | 營 | 경영할 영 | ⑦ | 性 | 성품 성 | ⑪ | 免 | 면할 면 | ⑭ | 企 | 꾀할 기 |
| | 選 | 뽑을 선 | | 政 | 정사 정 | | 關 | 관계할 관 | | 罪 | 허물 죄 | | 業 | 업 업 |
| | 資 | 재물 자 | | 經 | 지날 경 | | 與 | 더불 여 | | 符 | 부호 부 | | 會 | 모일 회 |
| | 金 | 쇠 금 | | 癒 | 병나을 유 | ⑧ | 內 | 안 내 | ⑫ | 慣 | 익숙할 관 | | 計 | 셀 계 |
| ② | 刑 | 형벌 형 | ⑤ | 着 | 붙을 착 | | 亂 | 어지러울 란 | | 行 | 다닐 행 | ⑮ | 相 | 서로 상 |
| | 事 | 일 사 | | 汚 | 더러울 오 | ⑨ | 外 | 바깥 외 | ⑬ | 換 | 바꿀 환 | | 生 | 날 생 |
| | 處 | 곳 처 | | 名 | 이름 명 | | 患 | 근심 환 | | 骨 | 뼈 골 | | | |
| | 罰 | 죄벌 벌 | ⑥ | 中 | 가운데 중 | ⑩ | 頂 | 정수리 정 | | 奪 | 빼앗을 탈 | | | |
| ③ | 陣 | 진칠 진 | | 立 | 설 립 | | 點 | 점 점 | | 胎 | 아이밸 태 | | | |

## ZOOM II » 응용한자 알아보기

②刑事處罰(형사처벌) : 형법에 근거하여 죄를 처하는 것.

＊刑死(형사) : 刑[형벌 형] 死[죽을 사]

형을 받아 죽음.

❖ 형사시효(刑事時效) : 時[때 시] 效[본받을 효]

형사에 관한 시효로서, 일정 기간의 경과에 따라 공소권이 소멸되는 '공소시효'와 형의 집행권이 소멸되는 '형의 시효'로 나누어짐.

한자능력검정시험 3급 기출
– 罰[벌](10회 119번) – 景[경](8회 112번) – 監[감](17회 135번, 19회 74번) – 牛[우](21회 129번) – 虛[허](13회 121번)

국제·정치

❖ **형사보상(刑事補償)** : 補[기울 보] 償[값을 상]

국가의 잘못으로 무고한 사람이 범죄 수사나 형사 재판 따위로 피해를 입었음이 입증되었을 때 이를 국가가 보상하는 일.

④ **政經癒着**(정경유착) : 정치인과 기업가 사이의 부도덕한 밀착 관계.
　＊**情景(정경)** : 情[뜻 정] 景[볕 경]
　　마음에 감흥을 불러일으킬 만한 경치나 장면.

❖ **정경대학(政經大學)** : 大[큰 대] 學[배울 학]

경제학과, 사회학과 등의 사회과학 계통의 학과로 이루어진 단과 대학의 하나.

❖ **국정감사(國政監査)** : 國[나라 국] 監[볼 감] 査[조사할 사]

국회가 정부에서 실행한 국정에 대해서 감독하고 살피는 일.

❖ **우이독경(牛耳讀經)** : 牛[소 우] 耳[귀 이] 讀[읽을 독]

소귀에 경 읽기라는 뜻으로, 아무리 가르쳐도 알아듣지 못함을 이르는 말.

⑤ **汚名**(오명) : 더러워진 이름이나 명예.
　＊**五明(오명)** : 五[다섯 오] 明[밝을 명]
　　인도 바라문 종족이 연구한 것을 불교에서 본받은 다섯 가지 학술.

❖ **명실상부(名實相符)** : 實[열매 실] 相[서로 상] 符[부호 부]

이름과 실상이 들어맞음.

❖ **명불허전(名不虛傳)** : 不[아닐 불] 虛[빌 허] 傳[전할 전]

이름은 헛되이 전하여지는 법이 아니라는 뜻으로, 명성이나 명예가 널리 알려진 데는 그럴 만한 실력이나 사실이 있음을 이르는 말.

⑫ **慣行**(관행) : 예전부터 관례에 따라 행하여지는 일.
　＊**官行(관행)** : 官[벼슬 관] 行[다닐 행]
　　관원의 일행.

❖ **논공행상(論功行賞)** : 論[논할 론] 功[공 공] 賞[상줄 상]

공의 유무와 대소를 따져서 거기에 알맞은 상을 내림.

❖ **행동거지(行動擧止)** : 動[움직일 동] 擧[들 거] 止[그칠 지]

몸을 움직이는 모든 것.

⑬ **換骨奪胎**(환골탈태) : 안면이나 모습이 이전과 비교하여 몰라보게 좋아졌음을 비유하는 말.
  * **脫態**(탈태) : 脫[벗을 탈] 態[모양 태]
      형식이나 형태를 바꿈.

❖ **골육상잔(骨肉相殘)** : 肉[고기 육] 相[서로 상] 殘[남을 잔]
  같은 혈육끼리의 싸움.

❖ **언중유골(言中有骨)** : 言[말씀 언] 中[가운데 중] 有[있을 유]
  예사로운 말속에 정곡을 찌르는 속뜻이 있음.

❖ **각골난망(刻骨難忘)** : 刻[새길 각] 難[어려울 난] 忘[잊을 망]
  입은 은혜를 맘에 깊이 새겨 잊지 않음.

# ZOOM Ⅲ » 시사 흐름잡기

## 불법 대선자금

### ■ 불법 대선자금의 개요

불법 대선자금 사건은 2002년에 있었던 대통령 선거 때 각 정당 정치인들이 정치적 목적을 이유로 기업들에게 음성적인 방법으로 돈을 거두어들인 사건을 말한다.

그동안 정치권에서 선거전에 기업들로부터 불법자금을 받았다는 것은 공공연한 비밀이었을 정도로 만연되어 있었으나 비리의 뿌리가 사회 고위층과 연결되어 있는 경우가 대부분이어서 검찰이 수사하는 데 한계를 느낄 수밖에 없었다.

그러나 개혁을 지향하는 진보 성향의 노무현 정권이 들어서면서 과거의 용인되었던 관행들에 대한 개혁을 시도하였고, 특히 정치 개혁에 대한 시민 사회적 공감대가 형성되면서 최초로 대선자금에 대한 수사가 진행될 수 있었다. 검찰 역시 기존의 정치검찰이라는 오명을 씻고, 소신대로 수사할 수 있는 여건이 조성되면서 대선자금 수사는 급물살을 타게 되었다. 이에 대해 한나라당은 야권 탄압이라고 반발하였지만 비리 혐의가 사실임이 밝혀지면서 부패하고 썩은 정당이라는 국민적 질타를 받게 되었다.

### ■ 불법 대선자금 수사 진행 상황 및 결론

검찰의 수사 결과 이회창 후보 선거캠프와 노무현 후보 선거캠프 양쪽 모두에서 비리 사실이 포착됐다. 수사 과정에서 노무현 후보보다 이회창 후보측 비리 사실이 더 많이 밝혀지자 한나라당은 편파 수사라며, 노무현 후보의 3가지 의혹을 수사하기 위한 특별검사법을 통과시키기도 하였다. 수사 과정에서 이회창 후보의 대국민 사과가 있었으며, 노무현 대통령 역시 사과를 통해서 한나라당의 불법대선자금보다 자신의 불법대선자금이 1/10을 넘으면 정계를 은퇴하겠다는 발언을 하여 야권의 집중적인 공세를 받기도 하였다.

2004년 5월에 불법 대선자금에 대한 최종 수사 결과 발표가 있었다. 불법 대선자금의 규모면에서 이회창 후보는 823억원, 노무현 후보는 120억원으로 밝혀졌고, 한나라당이 제기한 3가지 의혹은 모두 사실무근임이 밝혀졌다.

노무현 후보측 비리 관련자들을 살펴보면 최도술 씨가 SK에서 11억원을 받았고, 안희정 씨가 33억원의 불법 대선자금을 모금하였다. 또한 이상수 당시 선대위원장이 32억원을 불법 모금한 혐의가 밝혀졌다.

이회창 후보측 비리 관련 사실을 살펴보면 최돈웅 한나라당 재정위원장이 SK에 압력을 넣어 100억원을 모금하였고, LG에서 150억원, 삼성에서 400억원, 현대자동차에서 100억원씩 모금하였다. 이 불법자금들을 주고받는 과정에서 트럭째 주고받았다는 사실이 밝혀지면서 한나라당은 '차떼기 정당'이라는 오명을 받게 되었다.

### ■ 불법 대선자금 수사 결론

이번 불법 대선자금 수사는 최초의 대선자금 수사이며, 그 동안의 정치권의 잘못된 관행을 바로 잡을 수 있는 계기가 되었다는 점에서 큰 의미를 부여할 수 있다. 이 사건을 계기로 정치권에서는 개혁의 움직임이 일어나고 있으며, 깨끗한 정치를 하려는 의지를 보여주고 있다. 검찰도 성역 없는 수사로 기존의 정치검찰이라는 오명을 씻을 수 있게 되었다. 그러나, 수사과정에서 기업들의 비리가 드러났지만 그들을 처벌할 경우 한국 경제가 더욱 어려워질 것이라는 사회적 우려를 감안하여 처벌의 강도를 낮춘 것은 아쉬움으로 남는다. 하지만 기업 역시 이번 일을 계기로 투명한 경영을 하기로 결의하여서 앞으로의 행보가 주목된다.

국제·정치

## Chapter ⓭

# 이스라엘은 평화공존 받아 들여야

---

※ 한자 Zoom In
   支柱(지주) 標的(표적) 恐怖(공포) 共存(공존) 話頭(화두)
※ 시사 Zoom In
   반미감정 팔레스타인해방기구(PLO) 샤론

---

팔레스타인의 ①精神(정신)적 ②支柱(지주)이자 대다수 아랍 이슬람 사람들의 존경을 받아온 셰이크 아메드 야신이 이스라엘의 ③標的(표적) 공격에 의해 22일 살해됐다. 그가 비록 이스라엘과 미국이 테러리스트 단체로 규정한 이슬람 과격 투쟁단체 하마스의 창시자라 하더라도 그에 대한 표적 살인은 코피 아난 유엔 사무총장의 말처럼 "국제법 위반이며 평화에 아무런 도움이 되지 않는 행위"일 뿐이다.

당장 하마스는 '피의 보복'을 선언하고 나섰고, 중동지역을 포함한 세계 각국에서는 이스라엘의 야신 표적 살해에 대한 ④糾彈(규탄)과 ⑤憂慮(우려)의 목소리가 쏟아지고 있다. 이에 따라 9·11 이후 총성이 멈추지 않는 이라크와 그 여파에 휩싸여 있는 세계가 또다시 새로운 혼란과 테러의 ⑥恐怖(공포)에 휩싸일 가능성이 크다. 이스라엘은 최근 아시도드항에서 30여명을 사상케 한 하마스의 자살 테러 등이 발생해 야신 등 하마스 지도부 제거가 불가피했다는 말을 한

다. 또 올해 말까지 가자지구에서 철수하기로 방침을 정하면서 하마스가 선거를 통해 가자지구를 합법적으로 ⑦掌握(장악)하는 것을 ⑧遮斷(차단)하기 위해 샤론 총리가 직접 야신 살해를 명령했다는 분석도 나온다.

그러나, 어떤 논리를 갖다 붙여도 이스라엘의 야신 암살은 중동평화의 정착과 대화를 통한 두 민족의 ⑨共存(공존)을 원하는 대다수 세계인의 ⑩念願(염원)을 저버린 일이다. 보복은 또 다른 보복을 불러올 수밖에 없다. 이스라엘 정부는 평화의 길에서 점점 더 멀어지는 잘못된 선택에서 하루빨리 벗어나야 할 것이다. '이웃 사랑'은 종교의 ⑪話頭(화두)가 아니라 현실 세계에서도 실현돼야 한다. 팔레스타인 무장투쟁조직도 테러는 결국 또 다른 테러를 불러올 수밖에 없음을 알아야 한다. 자살 테러나 국가 테러나 모두 사랑의 정신에 위배되는 것이다. 이스라엘과 팔레스타인 양측 모두 더 이상의 상황 악화를 막기 위해 당장 ⑫平和(평화) 협상을 재개하고 보복의 ⑬惡循環

---

한자능력검정시험 2급 기출
– 標[표](8회 88번) – 搜[수](16회 139번) – 恐[공](24회 90번) – 共[공](6회 98번) – 話頭[화두](21회 74번)

국제·정치

(악순환)을 끊는 진정한 용기를 보여주길 기대한 다. 국제사회도 감정이 ⑭激昂(격앙)된 두 민족의 충돌을 막기 위해 ⑮責任意識(책임의식)을 갖고 적극적인 중재 노력을 펼쳐야 한다.

중앙일보 2004. 3. 24

## ZOOM Ⅰ » 한자 엿보기

| | | | | | | | | | | | |
|---|---|---|---|---|---|---|---|---|---|---|---|
| ① | 精 | 정할 정 | | 彈 | 탄알 탄 | ⑧ | 遮 | 가릴 차 | | 頭 | 머리 두 | ⑮ | 昂 | 오를 앙 |
| | 神 | 귀신 신 | ⑤ | 憂 | 근심 우 | | 斷 | 끊을 단 | ⑫ | 平 | 평평할 평 | | 責 | 꾸짖을 책 |
| ② | 支 | 지탱할 지 | | 慮 | 생각할 려 | ⑨ | 共 | 한가지 공 | | 和 | 화목할 화 | | 任 | 맡길 임 |
| | 柱 | 기둥 주 | ⑥ | 恐 | 두려울 공 | | 存 | 있을 존 | | 惡 | 악할 악 | | 意 | 뜻 의 |
| ③ | 標 | 표 표 | | 怖 | 놀랄 포 | ⑩ | 念 | 생각 념 | ⑬ | 循 | 돌 순 | | 識 | 알 식 |
| | 的 | 과녁 적 | ⑦ | 掌 | 손바닥 장 | | 願 | 바랄 원 | | 環 | 고리 환 | | | |
| ④ | 糾 | 규명할 규 | | 握 | 쥘 악 | ⑪ | 話 | 말씀 화 | ⑭ | 激 | 격할 격 | | | |

## ZOOM Ⅱ » 응용한자 알아보기

② 支柱(지주) : 의지할 대상을 비유하여 이르는 말.

＊地主(지주) : 地[땅 지] 主[주인 주]

토지의 임자.

❖ 지출(支出) : 出[날 출]

어떤 목적을 위하여 금전을 지불함.

❖ 지점(支店) : 店[가게 점]

본점에서 갈려나온 가게.

한자능력검정시험 3급 기출
- 支[지](6회 130번) - 支出[지출](14회 118번, 21회 106번) - 標[표](18회 122번) - 表[표](26회 116번) - 共存[공존](12회 111번, 18회 146번) - 童[동](7회 118번)

③ 標的(표적) : 목표로 삼는 것.
　　* 表迹(표적) : 表[겉 표] 迹[자취 적]
　　　　겉으로 드러나는 흔적.

❖ 표적수사(標的搜査) : 搜[찾을 수] 査[조사할 사]
　특정 사람을 목표로 삼아서 집중적으로 조사함.
❖ 표적물(標的物) : 物[물건 물]
　표적이 되는 물건.

⑥ 恐怖(공포) : 무서움.
　　* 公布(공포) : 公[공평할 공] 布[베 포]
　　　　새롭게 제정된 법률이나 조약 등을 일반 국민에게 널리 알림.

❖ 공포증(恐怖症) : 症[증세 증]
　공포감으로 인하여 행동을 저해 받는 병증.
❖ 공포정치(恐怖政治) : 政[정사 정] 治[다스릴 치]
　폭력적인 수단을 동원하여 정치적인 목적을 달성하는 정치로서, 일반적으로 프랑스 혁명 때, 과격파
　인 자코뱅당의 탄압정치를 이르는 말로 쓰임.

⑨ 共存(공존) : 함께 존재함.

❖ 공존공영(共存共榮) : 共[한가지 공] 榮[영화 영]
　함께 살고 함께 번영함.
❖ 평화공존(平和共存) : 平[평평할 평] 和[화할 화]
　사회체제가 다른 나라사이에서 무력을 사용하지 않고 평화적으로 공존하는 상태.
❖ 공존동생권(共存同生權) : 同[같을 동] 生[날 생] 權[권세 권]
　함께 살아가는 권리.

⑪ 話頭(화두) : 이야기의 말머리.
　　* 火斗(화두) : 火[불 화] 斗[말 두]
　　　　다리미

❖ 담화(談話) : 談[말씀 담]

국제·정치

허물없이 서로 주고받는 이야기. 어떤 일에 관한 견해나 태도를 공식적으로 밝히는 말.

◈ **동화(童話)** : 童[아이 동]

어린이들을 대상으로 하여 들려주거나 읽히기 위한 이야기.

## ZOOM Ⅲ » 시사 흐름잡기

### 팔레스타인 분쟁과 중동의 평화

#### ■ 팔레스타인 분쟁의 개요 및 전개 상황

이스라엘과 팔레스타인 분쟁은 2차 세계대전 이후 유태인들이 팔레스타인 지역에 이스라엘 국가를 건립(1948년 5월 14일)한 데서 비롯되었다. 1947년 UN에서 팔레스타인 지역을 아랍인 구역과 유태인 구역으로 분할하는 안을 채택한 것에 대하여 불만을 품고 있었던 아랍 측은 이를 계기로 이스라엘과 4차에 걸친 전쟁을 일으키게 된다. 전쟁은 유태인의 이스라엘과 아랍국가 전체의 대립 양상으로 진행되었는데, 중동지역의 중요성 및 영향력을 감안한 미국의 이스라엘 지원으로, 이스라엘이 우세한 가운데서 전쟁이 진행되었다. 이때부터 중동지역의 반미감정이 생겨나게 되었다고 볼 수 있다.

4차에 걸친 중동전쟁이 끝난 후 분쟁은 새로운 측면을 맞이하게 된다. 팔레스타인 해방기구(PLO)가 국제적으로 공인을 받게 되면서 정치적 위상이 높아지게 되었고, 중동지역의 산유국들이 석유를 무기화함에 따라 국제적 지위가 향상되었다. 또한 팔레스타인 분쟁의 평화적 해결을 위한 노력이 잇따르면서 1993년 이스라엘과 팔레스타인 해방기구는 팔레스타인 자치 확대에 관한 원칙 선언에 합의하게 된다. 그러나 이런 와중에도 양측의 충돌은 계속되었으며, 충돌에 따른 보복의 형식으로 긴장은 계속되었다. 팔레스타인이 주로 폭력적인 데모와 테러를 감행하는 방법으로 저항한다면, 이스라엘은 미국의 막강한 화력지원을 바탕으로 탱크와 미사일 등의 무기를 동원하여 테러를 응징했다.

2001년 2월 이스라엘에 새로운 총리로 강경파인 샤론이 당선되면서 팔레스타인 분쟁의 평화적 해결 가능성이 더욱 적어지게 되었다. 이스라엘이 테러분자 색출을 이유로 팔레스타인 자치자구에 군 병력을 투입하면서 양측 피해는 더욱 늘어나고 있는 상황이다. 특히 팔레스타인 테러조직이 민간인을 방패로 테러 공격을 시도하고 있고, 이것을 이스라엘 군이 저지하는 과정에서 민간인을 대상으로 한 무차별 총격 및 미사일 공격은 인권차원에서 문제가 되고 있다.

#### ■ 팔레스타인 분쟁의 악화 원인

이스라엘과 팔레스타인 분쟁의 가장 근본적인 원인은 이스라엘과 아랍국가간에 서로의 실체를 인정하려 하지 않고, 공존을 원하지 않는다는 것이다. 그 이유로 과거로부터 오랜 기간 동안 민족, 지역, 종교

등 다양한 요인이 이해관계 속에서 복잡하게 얽혀있음을 들 수 있다.

　또한 미국이 중동지역의 각종 이권 및 영향력 확대를 위해서 팔레스타인 분쟁의 종결에 적극적이지 않으며, 오히려 UN의 중재 결정을 방해하는 행동을 취하고 있음을 지적할 수 있다.

## ■ 팔레스타인 분쟁의 추후 전망

　이스라엘의 건국과 그에 대한 아랍권 국가들의 강력한 저항으로 촉발된 팔레스타인 분쟁은 미국, 이스라엘 대 아랍권 국가들의 힘겨루기 양상으로 확대되고 있다. 즉, 중동지역에 대한 영향력을 확대하려는 미국이 이스라엘에 대해서 경제적, 군사적 원조를 계속하고 있고, 이로 인한 중동지역 내 반미 감정은 위험수위에 도달하였다. 아랍권 테러조직이 감행한 9·11 테러는 그 시작이었으며, 앞으로도 수많은 테러가 자행될 것으로 예상된다. 특히 9·11 테러에 대한 응징으로 발생한 이라크 전쟁에서 미군의 이라크 포로학대 사건이 알려지면서 아랍인들의 반미감정은 극에 달한 상황이다. 따라서 지금처럼 미국이 이스라엘을 계속 원조하고, UN의 중재 노력을 방해한다면 팔레스타인 분쟁 문제는 계속 악화될 것으로 예상된다.

# 이벤트성 감성정치 여전한가

※ 한자 Zoom In
自省(자성) 呼訴(호소) 走馬看山(주마간산) 有權者(유권자) 謀免(모면)
※ 시사 Zoom In
4·15총선 감성 정치 3보 1배 16대 방탄 국회 정치선거

총선이 목전에 다가오면서 정치권에 이벤트성 ①感性政治(감성정치)가 난무한다. 열린우리당에 이어 한나라당이 고층 빌딩 당사를 마다하고 움막 정치를 자청하고 나선 것이 그 예다. 뒤질세라 고유색상 점퍼 차림으로 악수 투어에 몰두하는 모습도 마찬가지다. 나름대로 반성의 몸부림이라지만 아무리 뜯어봐도 뼈를 깎는 ②自省(자성)과 ③自己革新(자기혁신)의 빛을 발견키 어렵다. 소주 판매량마저 줄어드는 위기의 ④庶民(서민)경제를 보듬기보다는 표몰이에 ⑤血眼(혈안)이란 것을 모를 국민은 없다.

감성에 ⑥呼訴(호소)하는 선거운동이 시대적 조류이긴 하나 지금 행태는 정도가 심하다. 정상적인 자기 홍보까지 문제 삼자는 것이 아니다. 인터넷 시대여서 시공간극도 없고, 스피드를 지극히 선호하는 추세여서 과거 1인 보스 정치의 군중몰이로는 한계가 있다. 그렇다면 솔직하고 당당하게 선진 기법을 택하라는 것이다. 감성에 호소하고, ⑦同情心(동정심)을 유발하고, 눈물샘을

자극하는 빛바랜 고전적 방식은 ⑧時代錯誤(시대착오)이자 유권자들도 이 정도는 이제 가릴 줄 안다.

열린우리당의 폐공판장이든, 한나라당의 컨테이너 박스든 속보이긴 마찬가지다. 정치개혁에 대한 뚜렷한 콘텐츠는 없고, 오로지 승패만 있다. 이를 정치권 스스로도 상대를 가리켜 정치 쇼라고 ⑨貶毁(폄훼)하지 않는가. 눈 가리고 아옹 은 이를 두고 하는 말이다. 멀쩡한 당사를 누가 비우라고 한 적 없다. 빚에 몰렸거나 임대료를 못 내 법적 처분과정에 놓인 것도 아닌 것이다. 당사만의 문제가 아니다. ⑩走馬看山(주마간산)식으로 시장통을 누빈들 폐장 위기에 몰린 시장이 되살아날 리 ⑪萬無(만무)하다. 여당이건 야당이건 말 뒤집기를 일삼으면서 무릎 꿇고 큰절한다 해서 별반 얻을 것이 없을 것이다.

정치인이건 ⑫有權者(유권자)건 법과 원칙 테두리 안에 있으면 아무런 문제 될 것이 없다. 격한 감정적 흐름에 편승하거나 이를 일시 ⑬謀免

한자능력검정시험 2급 기출
– 省[성](22회 92번) – 誘[유](8회 85번) – 解釋[해석](21회 84번) – 免[면](25회 109번) – 得[득](25회 83번)

(모면)하려는 기회주의적 정치행위는 포퓰리즘 이상의 해악을 미칠지 모른다. 총선 향배를 떠나 헌법재판소의 대통령 탄핵심판 이후가 중요하다. 탄핵이 현실화하든 대통령의 ⑭業務復歸(업무복귀)가 되든 그 ⑮後遺症(후유증)을 최소화하기 위해서라도 감성정치를 중단하고 정정당당하게 선거에 임하길 바란다. 그럴듯한 겉치레보다 본질적 변화에 눈과 귀를 기울여야 함은 물론이다. 건강한 정치가 견실한 정책을 내고 강건한 시장을 만든다.

헤럴드경제 2004. 3. 27

## ZOOM I ≫ 한자 엿보기

| | | | | | | | | | | | | | |
|---|---|---|---|---|---|---|---|---|---|---|---|---|---|
| ① | 感 느낄 감 | ④ | 新 새로울 신 | ⑧ | 心 마음 심 | ⑪ | 看 볼 간 | ⑭ | 業 업 업 |
| | 性 성품 성 | | 庶 무리 서 | | 時 때 시 | | 山 메 산 | | 務 힘쓸 무 |
| | 政 정사 정 | | 民 백성 민 | | 代 대신 대 | | 萬 일만 만 | | 復 돌아올 복 |
| | 治 다스릴 치 | ⑤ | 血 피 혈 | | 錯 어긋날 착 | | 無 없을 무 | | 歸 돌아갈 귀 |
| ② | 自 스스로 자 | | 眼 눈 안 | | 誤 그르칠 오 | | 有 있을 유 | | 後 뒤 후 |
| | 省 살필 성 | ⑥ | 呼 부를 호 | ⑨ | 貶 떨어뜨릴 폄 | ⑫ | 權 권세 권 | ⑮ | 遺 남길 유 |
| ③ | 自 스스로 자 | | 訴 호소할 소 | | 毁 헐 훼 | | 者 놈 자 | | 症 증세 증 |
| | 己 몸 기 | ⑦ | 同 한가지 동 | ⑩ | 走 달릴 주 | ⑬ | 謀 꾀 모 | | |
| | 革 가죽 혁 | | 情 뜻 정 | | 馬 말 마 | | 免 면할 면 | | |

## ZOOM II ≫ 응용한자 알아보기

② 自省(자성) : 스스로 반성함.

* 磁性(자성) : 磁[자석 자] 性[성품 성]
자기를 띤 물체가 쇠붙이 따위를 끌어당기거나 하는 성질.

◈ 반성(反省) : 反[돌이킬 반] 省[살필 성]
자신의 행동에 대해서 잘못이나 허물은 없었는지 돌이켜 생각하는 것.

한자능력검정시험 3급 기출
- 自省[자성](14회 128번, 18회 123번) - 反省[반성](18회 123번, 21회 141번) - 歸[귀](25회 150번) - 呼[호](26회 85번) - 走馬看山[주마간산](3회 150번)

❖ **귀성(歸省)** : 歸[돌아갈 귀] 省[살필 성]
객지에서 고향으로 돌아감. 돌아옴.

⑥ **呼訴(호소)** : 억울하거나 원통한 사연을 남에게 하소연하는 것.
　＊**湖沼(호소)** : 湖[호수 호] 沼[늪 소]
　　　호수와 늪.

❖ **호소무처(呼訴無處)** : 無[없을 무] 處[곳 처]
억울하고 원통한 사연을 하소연할 곳이 없음.

❖ **호소력(呼訴力)** : 力[힘 력]
깊고 강한 느낌을 주어 마음을 사로잡는 힘.

⑩ **走馬看山(주마간산)** : 말을 타고 달리면서 산을 바라본다는 뜻으로, 자세히 살펴보지 않고 대강 보고 지나침을 이르는 말.

❖ **주마등(走馬燈)** : 燈[등 등]
사물이 덧없이 빨리 변하여 돌아감을 비유하여 쓰는 말.

❖ **주마가편(走馬加鞭)** : 加[더할 가] 鞭[채찍 편]
달리는 말에 더욱 채찍질을 한다는 뜻으로, 열심히 하고 있는 사람을 더욱 더 잘할 수 있도록 격려하는 것을 의미함.

⑫ **有權者(유권자)** : 선거권이 있는 사람.
　＊**誘勸(유권)** : 誘[꾈 유] 勸[권할 권]
　　　권유함.

❖ **유권해석(有權解釋)** : 解[풀 해] 釋[풀 석]
국가기관에 의해 공식적으로 하는 구속력 있는 해석.

❖ **치외법권(治外法權)** : 治[다스릴 치] 外[바깥 외] 法[법 법]
국제법에서 다른 나라의 영토 안에 있으면서 그 나라의 법률 적용을 받지 않고 자신의 나라의 주권을 행사할 수 있는 권리.

❖ **기득권(旣得權)** : 旣[이미 기] 得[얻을 득]
특정한 개인이나 국가가 정당한 절차를 밟아 이미 얻은 법률상의 권리.

⑬ 謀免(모면) : 어떤 어려운 상황이나 책임으로부터 꾀를 써서 벗어남.

 * 毛面(모면) : 毛[털 모] 面[얼굴 면]

   털이 붙어 있는 겉면.

❖ 모면책(謀免策) : 策[꾀 책]

어떤 일로부터 벗어나기 위한 방책.

❖ 모략(謀略) : 略[다스릴 략]

타인을 해치려고 속임수를 써서 일을 꾸밈.

## ZOOM Ⅲ » 시사 흐름잡기

### 감성 정치

#### ■ 4·15 총선 핵심 키 워드 : 감성

탄핵 정국이라는 특수한 상황 속에서 치러진 4·15총선에서는 '감성 정치'의 바람이 강하게 불었다. 출마자들은 국민들에게 더 불쌍하고, 더 겸손해 보이기 위해 노력하였고, 이를 위해 눈물을 흘리는 것도 마다하지 않았다.

한나라당은 '차떼기' 정당이라는 이미지를 버리기 위해 천막으로 된 당사를 선택하였고, 박근혜 대표는 수수한 옷차림으로 재래시장 돌며 환경미화원과 컵 라면 먹기 등의 유세운동을 하였다. 그들의 선거전략은 TV 광고에서 잘 드러나는데 어머니의 믿음까지 저버린 자신들을 용서해 달라며 유권자의 정서에 호소한다. 그러나 앞으로 불법자금을 안 받겠다는 정책적 약속은 없다.

탄핵으로 가장 크게 역풍을 맞은 민주당은 한나라당과 탄핵공조를 반성중이라며, 반성의 움직임으로 추미애 선대위원장의 3보 1배 이벤트를 마련하였다. 그들은 무릎을 꿇고 반성하였지만 대통령 탄핵으로 실망한 유권자들에게 탄핵에 대한 사과는 없었다.

열린우리당은 대통령 탄핵 사건을 선거에 활용하기 위해 최대한 노력하였다. 탄핵을 주도한 자들에 대한 심판은 유권자가 투표를 통해서 해야 한다는 것이 그들의 주장이었다. 그들의 TV 광고 내용 역시 탄핵 가결 당시 국회의 상황을 다시 보여주며 '3월 12일 그날엔 아무것도 할 수 없었지만 4월 15일 그날엔 우리 모두 할 수 있는 일이 있습니다.' 라는 말로 유권자들의 마음속을 파고들었다.

#### ■ 4·15 총선에서 드러난 감성정치의 문제점

감성정치에서 드러난 가장 큰 문제점은 감성에 가려 보이지 않았던 정책들이었다. 국가의 먼 장래를 위해 선거가 정당 간 정책대결 양상으로 가야함에도 불구하고 대부분의 정당들은 자신들의 약점을 감성으로 감싸기에 바빴다. 또한 정당에서 선거 후보자를 추천하는 과정에서도 전문성보다는 유권자들에게 감성적으로 어필할 수 있는 사람을 선정하는 경향을 보였다.

### ■ 4·15 총선 정리

4·15 총선은 한국의 올바른 민주주의 정착에 있어서 가능성과 한계점을 동시에 보여준 선거였다. 현역의원의 70%가 교체되고 전체적으로 63%의 정치신인이 등장하였다. 16년 만에 거대여당이 탄생하였으며, 44년 만에 진보세력인 민주노동당이 원내진출에 성공하였다. 동서 분할의 지역주의가 크게 약화된 가운데 정당 간 정치쇄신 경쟁이 벌어졌다. 16대 방탄 국회를 비판하고 좀 더 새로워진 17대 국회가 되기를 바라는 국민들의 염원이 선거결과로 나타났다. 그러나 탄핵이라는 변수로 인하여 정책과 인물이 아닌 정치선거가 되었고, 후보자들의 탄핵 찬반 여부에 따라 당락이 결정되는 결과가 발생하였다.

# 정치자금 투명화
## 이런식으론 어림없다

---

※ 한자 Zoom In
　指定寄託制(지정기탁제) 赦免(사면) 選擧完全公營制(선거완전공영제) 宿願(숙원) 寄附者(기부자)
※ 시사 Zoom In
　정치개혁 정경유착 반부패 프로그램 고비처 로비법 기소권

---

SK그룹의 대선비자금 사건으로 촉발된 정치개혁 논의가 공론(公論)이 아니라 공론(空論)으로 흐르고 있다. 모든 정당들은 후원회 폐지, 지구당폐지, 중앙당축소, 중대선거구제 도입 등의 방안을 개혁안인 양 앞 다퉈 제시하고 있다. 정치자금 수수의 또 다른 상대방인 재계 또한 개별기업의 정치자금 기탁행위 금지 및 경제단체·중앙선관위를 통한 기탁, ① 指定寄託制(지정기탁제)의 도입, 정치자금규모의 주주총회 의결, 정치권의 고해성사 뒤 기업의 정치자금관련 불법회계에 대한 ② 赦免(사면) 등을 요구했다.

정치자금 수수 ③ 雙方(쌍방)이 내놓은 개혁안은 현재 두 진영이 처해있는 곤경을 벗어나기 위한 국면돌파용에 지나지 않는다는 느낌을 준다. 논의의 진실성은 물론이고, 실천의지도 의심스럽기 때문이다. 개혁안 자체가 안고 있는 문제가 그러려니와 개혁안의 대안으로 제시하는 방안들이 그렇다. 우선 정치권 개혁안의 경우, 후원회·지구당폐지, 중대선거구제 도입 등의 대안으로 제시하고 있는 것이 ④ 法人稅(법인세) 1%의 정치자금화와 선거의 완전공영제다. 연간 법인세 세수

실적이 17조 규모이므로 다 받으면 1,700억원, 일부 ⑤ 除斥(제척) 대상을 제외하더라도 최소 1,000억원은 거둘 수 있어 현재 ⑥ 後援會(후원회)를 통해서 걷는 900억원 보다 많아진다. ⑦ 選擧完全公營制(선거완전공영제)가 실시되면 국회의원후보들은 800억원, 대통령후보들은 600억원 정도를 세금으로 지원 받는다. 지구당을 ⑧ 廢止(폐지)한다면서 사무소를 두겠고 하는 것이나, 중대선거구제를 말하면서 의원수를 늘릴 ⑨ 窮理(궁리)만 하는 것을 보면 개혁의지 조차 의심스럽다. 개혁을 하려면 고비용 정치구조를 혁파하는 모습을 보여야 하는데 실제로는 현재의 고 비용구조를 보다 안정적으로 확보하겠다는 내용이다. 게다가 오랜 ⑩ 宿願(숙원)사업을 모두 이룬 정치권이 앞으로 정치자금을 안받는다는 보장도 없다.

재계가 내놓은 안도 ⑪ 空虛(공허)하기는 마찬가지다. 지정기탁금제만 하더라도 그것이 폐지된 이유를 알고 나 하는 소린지 알 수가 없다. 지정기탁제는 여당한테만 지정이 되기 때문에 없어진 것이다. 아무리 정치상황이 바뀌었다지만 지금의

---

**한자능력검정시험 2급 기출**
– 寄[기](22회 85번) – 情[정](25회 87번) – 寄與[기여](22회 85번) – 罔[망](22회 122번) – 放送[방송](9회 79번)

분위기에서 기업들이 여야를 구분하지 않고 자유스럽게 정당을 택해 정치자금을 줄 수 있을 것인지 재계는 ⑫自問(자문)하기 바란다. 주주총회에서 정치자금 규모를 정하자고 했는데 단 한 푼의 정치자금이라도 줘야 한다고 생각하는 주주들이 과연 있을 것인가를 생각해야 할 것이다.

정치개혁은 정치자금 ⑬寄附者(기부자)와 금액, 그리고 ⑭使用內譯(사용내역)을 투명하게

공개하고 위반행위에 처벌을 강화하는 것에 달려 있다. 정치권과 기업 간에 공개할 수 없는 사정이 존재하는 한 정치부패는 ⑮根絶(근절)되기는 어려울 것이다. 따라서 논의의 초점을 거기에 맞추어야 하고, 논의의 주체도 부패한 정치권이 아닌 중립적인 기구가 맡아야 한다.

서울경제 2003. 11. 10

## ZOOM Ⅰ » 한자 엿보기

| ① | 指 가리킬 지<br>定 정할 정<br>寄 부칠 기<br>託 부탁할 탁<br>制 절제할 제 | ④ | 法 법 법<br>人 사람 인 | ⑦ | 擧 들 거<br>完 완전할 완<br>全 온전 전<br>公 공평할 공<br>營 경영할 영 | ⑩ | 理 다스릴 리<br>宿 잘 숙<br>願 바랄 원 | ⑭ | 者 놈 자<br>使 부릴 사<br>用 쓸 용<br>內 안 내<br>譯 번역할 역 |
| ② | 赦 용서할 사<br>免 면할 면 | ⑤ | 稅 세금 세<br>除 덜 제<br>斥 물리칠 척 | ⑧ | 制 절제할 제<br>廢 폐할 폐 | ⑪ | 空 빌 공<br>虛 빌 허 | ⑮ | 根 뿌리 근<br>絶 끊을 절 |
| ③ | 雙 두 쌍<br>方 모 방 | ⑥ | 後 뒤 후<br>援 도울 원<br>會 모일 회<br>選 뽑을 선 | ⑨ | 止 그칠 지<br>窮 다할 궁 | ⑫ | 自 스스로 자<br>問 물을 문 | | |
| | | | | | | ⑬ | 寄 부칠 기<br>附 붙을 부 | | |

## ZOOM Ⅱ » 응용한자 알아보기

① 指定寄託制(지정기탁제) : 개별적으로 정치헌금을 내는 것이 아니라 중앙선거관리위원회나 경제단체를 통해서 정당이나 정치인에게로 전달되는 제도.

* 至情(지정) : 至[이를 지] 情[뜻 정]
  썩 가까운 정분. 더 없이 지극한 충정.

한자능력검정시험 3급 기출
– 辭[사](10회 143번) – 宿[숙](6회 107번) – 怨[원](12회 91번) – 所[소](26회 140번) – 就[취](16회 116번)

❖ 기여금(寄與金) : 與[더불 여] 金[쇠 금]

이바지 돈.

❖ 기증(寄贈) : 贈[줄 증]

타인에게 물품 따위를 선물로 보내 줌.

② 赦免(사면) : 죄나 허물을 용서하여 형벌을 면제함.

* 斜面(사면) : 斜[비낄 사] 面[낯 면]

비스듬한 면. 비탈진 면.

* 辭免(사면) : 辭[말씀 사] 免[벗어날 면]

그만두고 물러남.

❖ 면제(免除) : 除[덜 제]

의무나 책임 따위를 면해 줌.

❖ 망사지죄(罔赦之罪) : 罔[그물 망] 之[갈 지] 罪[죄 죄]

용서할 수 없을 정도의 큰 죄.

⑦ 選擧完全公營制(선거완전공영제) : 선거 운동의 자유방임에서 오는 폐단을 막기 위하여 개별적인 선거 운동을 폐지하고, 독립된 선거관리 기관으로 하여금 선거를 관리·감독할 수 있도록 하는 제도.

* 共榮(공영) : 共[한가지 공] 榮[영화 영]

서로 같이 번영함.

❖ 공영사업(公營事業) : 事[일 사] 業[업 업]

공공단체가 공공복리를 위하여 직접 관리하고 경영하는 사업.

❖ 공영방송(公營放送) : 放[놓을 방] 送[보낼 송]

국가 기관으로부터 독립하여 방송과 관련된 사업을 경영하되, 영리를 추구하는 것이 아니라 국민이 납부한 시청료를 주요 재원으로 하는 방송기관.

⑩ 宿願(숙원) : 오래 동안 지녀온 소원.

* 宿怨(숙원) : 宿[잘 숙] 怨[원망할 원]

오래 동안 묵은 원한.

❖ 동가식서가숙(東家食西家宿) : 東[동녘 동] 家[집 가] 食[먹을 식] 西[서녘 서]

동쪽 집에서 먹고 서쪽 집에서 잔다는 뜻으로, 떠돌아다니며 이 집에서 얻어먹고 지내는 사람을 비유함.

◈ **소원성취(所願成就)** : 所[바 소] 願[이룰 성] 就[이룰 취]

바라고 원하던 일을 달성함.

⑬ 寄附者(기부자) : 자선사업이나 공공사업을 도울 목적으로 무상으로 금전이나 물품을 내어 놓는 사람.

  * **基部(기부)** : 基[터 기] 部[떼 부]

    기초에 해당하는 부분.

☞ **부화뇌동(附和雷同)** : 和[화할 화] 雷[천둥 뇌] 同[한가지 동]

우레 소리에 맞춰 함께한다는 뜻으로, 아무런 주관이 없이 남이 하는 대로 따라간다는 것을 의미함.

## ZOOM Ⅲ » 시사 흐름잡기

### 정치 개혁

■ **정치개혁의 필요성**

노무현 정권과 열린우리당은 진보적 성향의 집권세력으로서 집권 초기부터 사회 전반에 걸친 개혁과 부정부패 척결을 주장해왔다. 4·15 총선에서 과반수 의석을 확보한 열린우리당은 사법개혁, 언론개혁, 정치개혁 등의 추진으로 그 움직임을 가시화하고 있다. 그 중에서 정치개혁은 2002년 불법대선자금 사건을 계기로 그 필요성이 커지게 되었는데, 시민들에게 아직도 정경유착의 좋지 않은 관행이 남아있음을 알려주었다. 정치권 내부로도 자성의 목소리가 커지고 있는 가운데, 최근 열린우리당은 반부패 프로그램의 윤곽을 발표하면서, 사회 전반에 만연해있는 부정부패의 척결을 통해 정치개혁을 이룬다는 계획을 세웠다.

■ **반부패 프로그램**

정치와 공직사회, 기업 등의 민간 부문, 자치단체 등의 지역사회 순서로 4단계에 걸쳐 추진된다.

◈ **정치 및 공직사회 부패**

'불법자금 국고환수법', '고위공직자 주식 백지신탁제', '고비처 신설' 등으로 정치 및 공직사회의 부패를 근절한다. 또한 '국회위원 국민소환법'과 불체포특권 제한을 위한 국회법 개정안, 공공 감사에 관한 법등을 9월 정기국회에서 처리하기로 하였다.

❖ **민간부문**

음성적인 로비로 인한 부패를 막기 위해 기업이나 이익단체의 로비를 허용하되 법을 어길 경우 강력한 처벌을 가한다는 '로비법'을 제정하기로 하였다.

❖ **지역사회**

'주민소환법'과 '지방자치법'으로 지역사회의 토착비리를 근절하고 군 비리와 법조비리를 막기 위한 법안들을 2004년 안에 확정하기로 하였다.

## ■ 2004년 3월부터 적용되는 개정된 선거법

❖ 정당 합동 연설회를 폐지.

❖ 후보를 포함해 5명(후보자가 없을 경우 2명) 이상 행렬 금지.

❖ 스피커 사용을 제한.

## ■ 최근의 반부패 프로그램 논란('고비처' 신설)

'고비처'란 고위공직자 비리조사처의 준말로서 고위공직자의 부정부패를 근절하기 위해 이런 업무를 전문으로 하는 부서를 말한다. 최근 '고비처'의 기소권을 문제로 여·야간에 치열한 논쟁이 벌어지고 있다. 열린우리당은 고비처가 고위공직자들의 부정부패를 감시하려면 '고비처'에 기소권이 있어야 한다는 입장이다. 반면 한나라당은 대통령 산하에 이런 기구에게 기소권까지 준다는 것은 편법이며, 대통령을 제외한 3권이 모두 '고비처'로부터 자유롭지 못할 것이라는 주장을 하였다.

# 가로-세로열쇠로 복습하기

※ 한글로 가로-세로 열쇠를 채워봅시다.

|  |  | 1 |  | 2 |  |  | 3 |  |  | 4 |  |  |  |  |
|---|---|---|---|---|---|---|---|---|---|---|---|---|---|---|
|  |  |  |  | 5 |  |  |  |  |  |  |  |  |  |  |
|  |  |  |  |  |  | 6 |  |  |  |  |  |  |  | 7 |
|  |  |  |  | 8 |  |  |  |  |  |  |  |  |  |  |
|  |  |  | 9 | 10 |  |  |  |  |  |  |  |  |  |  |
|  |  |  |  |  |  |  |  |  |  |  | 11 | 12 |  |  |
|  | 13 |  |  |  |  | 14 |  | 15 |  |  |  |  |  |  |
|  |  |  |  |  |  |  |  |  |  |  |  |  |  |  |
|  |  |  |  | 16 |  |  |  |  |  |  |  |  |  |  |
|  |  |  | 17 |  |  |  |  |  |  |  |  | 18 |  | 19 |
|  | 20 |  |  |  |  |  |  |  |  |  |  |  |  |  |
|  | 21 |  |  |  |  |  |  |  |  |  | 22 |  |  |  |
|  |  |  |  |  |  |  |  | 23 |  |  |  |  |  |  |

**가로 열쇠**

1. 폭력적인 수단을 동원하여 정치적인 목적을 달성하는 정치로서, 일반적으로 프랑스 혁명 때, 과격파인 자코뱅당의 탄압정치를 이르는 말로 쓰임.

3. 함께 살고 함께 번영함.

4. 공공단체가 공공복리를 위하여 직접 관리하고 경영하는 사업.

6. 우레 소리에 맞춰 함께한다는 뜻으로, 아무런 주관이 없이 남이 하는 대로 따라간다는 것을 뜻하는 4자 성어.

8. 국가기관에 의해 공식적으로 하는 구속력 있는 해석.

9. 안면이나 모습이 이전과 비교하여 몰라보게 좋아졌음을 뜻하는 4자 성어.

11. 국회가 정부에서 실행한 국정에 대해서 감독하고 살피는 일.

13. 이름과 실상이 들어맞음.

15. 소귀에 경 읽기라는 뜻으로, 아무리 가르쳐도 알아듣지 못함을 뜻하는 4자 성어.

16. 달콤한 말과 이로운 이야기라는 뜻으로, 남의 비위를 맞추는 달콤한 말과 이로운 조건만을 들어 남을 꾀한다는 뜻의 4자 성어.

20. 긴급을 요하는 일.

21. 국가의 기관이 당사자가 되어 공소를 제기하고 유지하는 주의.

22. 왼쪽으로 돌렸다 오른쪽으로 돌렸다 한다는 뜻으로, 제 마음대로 다루거나 일을 처리하는 것을 뜻하는 4자 성어.

23. 방합과 도요새의 다툼이라는 뜻으로, 제 삼자만을 이롭게 하는 다툼을 뜻하는 4자 성어.

## 세로 열쇠

2. 국제법에서 다른 나라의 영토 안에 있으면서 그 나라의 법률 적용을 받지 않고 자신의 나라의 주권을 행사할 수 있는 권리.

4. 함께 살아가는 권리.

5. 예사로운 말속에 정곡을 찌르는 속뜻이 있음을 뜻하는 4자 성어.

7. 특정 사람을 목표로 삼아서 집중적으로 조사함.

10. 같은 혈육끼리의 싸움.

12. 정치인과 기업가 사이의 부도덕한 밀착 관계.

13. 이름은 헛되이 전하여지는 법이 아니라는 뜻으로, 명성이나 명예가 널리 알려진 데는 그럴 만한 실력이나 사실이 있음을 뜻하는 4자 성어.

14. 다른 사람들이 어떻게 되든 집단적으로 자신의 이익만을 추구하는 방식이나 태도.

15. 소의 살이나 뼈에서 녹여 낸 지방으로써 식용유, 비누 등의 원료가 됨.

17. 검사가 피고인을 기소하여 그 형사적 책임을 추궁하는 일.

18. 개와 토끼의 다툼이라는 뜻으로, 두 사람의 싸움에서 제 삼자가 이익을 봄을 뜻하는 4자 성어.

19. 어부의 이익이라는 뜻으로, 둘이 다투고 있는 사이에 엉뚱한 사람이 이익을 얻게 되는 것을 뜻하는 4자 성어.

※ 한자로 가로─세로 열쇠를 채워봅시다.

| 1 | | | 2 | | | 3 | | 4 | | | |
|---|---|---|---|---|---|---|---|---|---|---|---|
| | | 5 | | | | | | | | | |
| | | | | 6 | | | | | | | 7 |
| | | 8 | | | | | | | | | |
| | 9 | 10 | | | | | | | | | |
| | | | | | | | | 11 | 12 | | |
| 13 | | | | 14 | | 15 | | | | | |
| | | | | | | | | | | | |
| | | 16 | | | | | | | | | |
| | 17 | | | | | | | 18 | | 19 | |
| 20 | | | | | | | | | | | |
| 21 | | | | | | | 22 | | | | |
| | | | | | 23 | | | | | | |

**가로 열쇠**

1. 폭력적인 수단을 동원하여 정치적인 목적을 달성하는 정치로서, 일반적으로 프랑스 혁명 때, 과격파인 자코뱅당의 탄압정치를 이르는 말로 쓰임.

3. 함께 살고 함께 번영함.

4. 공공단체가 공공복리를 위하여 직접 관리하고 경영하는 사업.

6. 우레 소리에 맞춰 함께한다는 뜻으로, 아무런 주관이 없이 남이 하는 대로 따라간다는 것을 뜻하는 4자 성어.

8. 국가기관에 의해 공식적으로 하는 구속력 있는 해석.

9. 안면이나 모습이 이전과 비교하여 몰라보게 좋아졌음을 뜻하는 4자 성어.

11. 국회가 정부에서 실행한 국정에 대해서 감독하고 살피는 일.

13. 이름과 실상이 들어맞음.

15. 소귀에 경 읽기라는 뜻으로, 아무리 가르쳐도 알아듣지 못함을 뜻하는 4자 성어.

16. 달콤한 말과 이로운 이야기라는 뜻으로, 남의 비위를 맞추는 달콤한 말과 이로운 조건만을 들어 남을 꾀한다는 뜻의 4자 성어.

20. 긴급을 요하는 일.

21. 국가의 기관이 당사자가 되어 공소를 제기하고 유지하는 주의.

22. 왼쪽으로 돌렸다 오른쪽으로 돌렸다 한다는 뜻으로, 제 마음대로 다루거나 일을 처리하는 것을 뜻하는 4자 성어.

23. 방합과 도요새의 다툼이라는 뜻으로, 제 삼자만을 이롭게 하는 다툼을 뜻하는 4자 성어.

## 세로 열쇠

2. 국제법에서 다른 나라의 영토 안에 있으면서 그 나라의 법률 적용을 받지 않고 자신의 나라의 주권을 행사할 수 있는 권리.

4. 함께 살아가는 권리.

5. 예사로운 말속에 정곡을 찌르는 속뜻이 있음을 뜻하는 4자 성어.

7. 특정 사람을 목표로 삼아서 집중적으로 조사함.

10. 같은 혈육끼리의 싸움.

12. 정치인과 기업가 사이의 부도덕한 밀착 관계.

13. 이름은 헛되이 전하여지는 법이 아니라는 뜻으로, 명성이나 명예가 널리 알려진 데는 그럴 만한 실력이나 사실이 있음을 뜻하는 4자 성어.

14. 다른 사람들이 어떻게 되든 집단적으로 자신의 이익만을 추구하는 방식이나 태도.

15. 소의 살이나 뼈에서 녹여 낸 지방으로써 식용유, 비누 등의 원료가 됨.

17. 검사가 피고인을 기소하여 그 형사적 책임을 추궁하는 일.

18. 개와 토끼의 다툼이라는 뜻으로, 두 사람의 싸움에서 제 삼자가 이익을 봄을 뜻하는 4자 성어.

19. 어부의 이익이라는 뜻으로, 둘이 다투고 있는 사이에 엉뚱한 사람이 이익을 얻게 되는 것을 뜻하는 4자 성어.

| 공 | 포 | 정 | 치 |  |  | 공 | 존 | 공 | 영 | 사 | 업 |  |
|---|---|---|---|---|---|---|---|---|---|---|---|---|
|  |  | 언 | 외 |  |  |  |  | 존 |  |  |  |  |
|  |  | 중 | 법 |  | 부 | 화 | 뇌 | 동 |  |  |  | 표 |
|  |  | 유 | 권 | 해 | 석 |  |  | 생 |  |  |  | 적 |
|  | 환 | 골 | 탈 |  |  |  |  | 권 |  |  |  | 수 |
|  |  | 육 |  |  |  |  |  | 국 | 정 | 감 | 사 |  |
| 명 | 실 | 상 | 부 |  | 집 |  | 우 | 이 | 독 | 경 |  |  |
| 불 |  | 잔 |  |  | 단 |  | 지 |  | 유 |  |  |  |
| 허 |  |  | 감 | 언 | 이 | 설 |  |  | 착 |  |  |  |
| 전 |  | 형 |  |  | 기 |  |  |  | 견 |  | 어 |  |
| 비 | 상 | 사 | 태 |  | 주 |  |  |  | 토 |  | 부 |  |
| 국 | 가 | 소 | 추 | 주 | 의 |  |  |  | 좌 | 지 | 우 | 지 |
|  |  | 추 |  |  |  |  | 방 | 휼 | 지 | 쟁 |  | 리 |

가로–세로 열쇠로
복습하기 정답

| 恐 | 怖 | 政 | 治 |  |  | 共 | 存 | 共 | 榮 | 事 | 業 |  |
|---|---|---|---|---|---|---|---|---|---|---|---|---|
|  |  | 言 | 外 |  |  |  |  | 存 |  |  |  |  |
|  |  | 中 | 法 |  | 附 | 和 | 雷 | 同 |  |  |  | 標 |
|  |  | 有 | 權 | 解 | 釋 |  |  | 生 |  |  |  | 的 |
|  | 換 | 骨 | 奪 |  |  |  |  | 權 |  |  |  | 搜 |
|  |  | 肉 |  |  |  |  |  | 國 | 政 | 監 | 査 |  |
| 名 | 實 | 相 | 符 |  | 集 |  | 牛 | 耳 | 讀 | 經 |  |  |
| 不 |  | 殘 |  |  | 團 |  | 脂 |  | 癊 |  |  |  |
| 虛 |  |  | 甘 | 言 | 利 | 說 |  |  | 着 |  |  |  |
| 傳 |  | 刑 |  |  | 己 |  |  |  | 犬 |  | 漁 |  |
| 非 | 常 | 事 | 態 |  | 主 |  |  |  | 兎 |  | 父 |  |
| 國 | 家 | 訴 | 追 | 主 | 義 |  |  |  | 左 | 之 | 右 | 之 |
|  |  | 追 |  |  |  |  | 蚌 | 鷸 | 之 | 爭 |  | 利 |

# '좌향좌'로는 경제위기 못 넘긴다

※ 한자 Zoom In
力不足(역부족) 慢性(만성) 貧富隔差(빈부격차) 輿論(여론) 氣流(기류)

※ 시사 Zoom In
페론 대의제 민주주의 대중

한국은 지금 경제를 둘러싼 ①理念(이념)투쟁과 정치투쟁의 ②實驗場(실험장)이 돼버렸다. 좌파 성향과 포퓰리즘 성향의 일부 고위관료 및 여당세력이 경제③政策(정책) 방향을 '시장에 대한 국가개입 강화, 성장보다 ④分配(분배) 중시, ⑤資本家(자본가)보다 노동자 우선' 쪽으로 '좌향좌' 하고 있다. 제2야당이 된 민주노동당은 이런 좌파적 정책을 더욱 강도 높게 요구하고 있다. 이헌재 경제부총리는 시장원리와 시장의 판단을 중시해야 한다고 설득하고 있지만 ⑥力不足(역부족)인 감이 있다.

경제정책의 '좌향좌'가 돌이킬 수 없는 단계에 이르면 불행하게도 ⑦慢性(만성) 경제위기의 나쁜 모델을 보여 온 남미 일부 국가들을 뒤따를 우려가 높다. 외국자본의 ⑧撤收(철수)는 물론이고, 국내자본도 기업이건 개인이건 해외로 대거 ⑨離脫(이탈)할 것이다. 그나마 한국 경제의 경쟁력을 지탱해온 우수한 인적 자원도 잇달아 조국을 떠날지 모른다.

그러면 이 땅에 남는 사람과 돈이 새로운 기회를 만들어 ⑩貧富隔差(빈부격차) 없이 고루 잘 사는 '평등 천국'을 이루어낼 수 있을 것인가. 이런 꿈은 이미 20세기의 세계적 실험을 통해 ⑪虛妄(허망)한 ⑫夢想(몽상)으로 결론 났다. 어렵게 축적한 인적 물적 자본을 잃고 나서 쾌속 질주하는 경쟁국들을 따라잡기를 기대할 수는 없다.

정부 여당은 경제정책 선택에 있어서 다른 누구에게도 책임을 떠넘길 수 없다. 민노당이나 ⑬輿論(여론)이 자본주의 시장경제를 대체하는 사회주의적 정책을 요구하고, 반(反)기업 반(反)시장 및 폐쇄적 민족주의 ⑭氣流(기류)를 보인다 해도 이에 ⑮便乘(편승)해서 생긴 결과에 대한 책임은 정부 여당이 질 수밖에 없다.

한국 경제가 사느냐 죽느냐는 대외변수 이전에 좌파이념과 포퓰리즘의 위험성을 극복하느냐 못하느냐에 달렸다고 본다. 모험적 경제실험의 즉각 중단을 촉구한다.

동아일보 2004. 5. 12

국제·정치

## 한자능력검정시험 2급 기출
‒ 足[족](9회 115번) ‒ 族[족](9회 138번) ‒ 慢[만](9회 101번) ‒ 晚[만](16회 125번) ‒ 疲[피](17회 103번) ‒ 輿論[여론](2회 93번) ‒ 寒[한](21회 145번)

## ZOOM Ⅰ » 한자 엿보기

| | | | | | | | | | | | | |
|---|---|---|---|---|---|---|---|---|---|---|---|---|
| ① | 理 | 다스릴 리 | ④ | 分 | 나눌 분 | | 足 | 발 족 | | 貧 | 가난할 빈 | | 想 | 생각 상 |

<table>
<tr><td rowspan="2">①</td><td>理</td><td>다스릴 리</td><td rowspan="2">④</td><td>分</td><td>나눌 분</td><td rowspan="2">⑦</td><td>足</td><td>발 족</td><td rowspan="2">⑩</td><td>貧</td><td>가난할 빈</td><td rowspan="2">⑬</td><td>想</td><td>생각 상</td></tr>
<tr><td>念</td><td>생각할 념</td><td>配</td><td>짝 배</td><td>慢</td><td>게으를 만</td><td>富</td><td>부자 부</td><td>輿</td><td>수레 여</td></tr>
<tr><td rowspan="2">②</td><td>實</td><td>열매 실</td><td rowspan="2">⑤</td><td>資</td><td>재물 자</td><td>性</td><td>성품 성</td><td rowspan="2">⑪</td><td>隔</td><td>막을 격</td><td>論</td><td>논의할 론</td></tr>
<tr><td>驗</td><td>시험 험</td><td>本</td><td>근본 본</td><td rowspan="2">⑧</td><td>撤</td><td>거둘 철</td><td>差</td><td>어긋날 차</td><td rowspan="2">⑭</td><td>氣</td><td>기운 기</td></tr>
<tr><td rowspan="2">③</td><td>場</td><td>마당 장</td><td rowspan="2">⑥</td><td>家</td><td>집 가</td><td>收</td><td>거둘 수</td><td>虛</td><td>빌 허</td><td>流</td><td>흐를 류</td></tr>
<tr><td>政</td><td>정사 정</td><td>力</td><td>힘 력</td><td rowspan="2">⑨</td><td>離</td><td>떠날 리</td><td rowspan="2">⑫</td><td>妄</td><td>망녕될 망</td><td rowspan="2">⑮</td><td>便</td><td>편할 편</td></tr>
<tr><td>策</td><td>꾀 책</td><td>不</td><td>아닐 부</td><td>脫</td><td>벗을 탈</td><td>夢</td><td>꿈 몽</td><td>乘</td><td>탈 승</td></tr>
</table>

## ZOOM Ⅱ » 응용한자 알아보기

⑥ 力不足(역부족) : 힘, 기량 등이 미치지 못함.
  * 部族(부족) : 部[떼 부] 族[겨레 족]
    한 지역에 살면서 공통된 언어와 종교를 가진 지역적 생활 공동체.

❖ 태부족(太不足) : 太[클 태]
  아주 많이 모자람.
❖ 영양부족(營養不足) : 營[경영할 영] 養[기를 양]
  영양분의 섭취가 모자라서 허약한 상태.

⑦ 慢性(만성) : 병의 증세가 급히 심해지지도 않으면서 잘 낫지 않고 오래 끄는 성질.
  * 晚成(만성) : 晚[늦을 만] 成[이룰 성]
    늦게 이루어짐.

❖ 만성피로(慢性疲勞) : 疲[피곤할 피] 勞[일할 로]
  피로가 계속되고 있는 상태.

> **한자능력검정시험 3급 기출**
> – 族[족](21회 145번) – 貧[빈](20회 108번) – 格[격](17회 76번) – 困[곤](18회 98번) – 榮[영](21회 146번) – 華[화](15회 78번)

❖ 만성간염(慢性肝炎) : 肝[간 간] 炎[불탈 염]

완치되지 않고 지속적으로 재발되는 간의 염증

⑩ 貧富隔差(빈부격차) : 가난함과 넉넉함의 차이

＊格差(격차) : 格[격식 격] 差[어긋날 차]  자격들의 차

❖ 빈곤(貧困) : 困[괴로울 곤]

가난하고 궁색하여 살림살이가 어려움

❖ 부귀영화(富貴榮華) : 貴[귀할 귀] 榮[영화 영] 華[빛날 화]

재산이 많고 지위가 높으며, 그러한 조건을 마음껏 누림

❖ 부국강병(富國強兵) : 國[나라 국] 强[강할 강] 兵[군사 병]

나라의 경제력을 부유하도록 하고 군사력은 강하게 함

⑬ 輿論(여론) : 사회의 어떠한 현상에 대하여 대중들이 나타내는 공통된 의견

＊餘論(여론) : 餘[남을 여] 論[논의할 론]

주가 되는 논의가 끝난 뒤에 남은 의론

❖ 여론조작(輿論操作) : 操[잡을 조] 作[지을 작]

대중매체 등을 통하여 여론을 자기에게 유리하도록 조작하는 것

❖ 탁상공론(卓上空論) : 卓[높을 탁] 上[위 상] 空[빌 공]

실현성 없는 헛된 이론

❖ 궤상공론(机上空論) : 机[책상 궤] 上[위 상] 空[빌 공]

실현성 없는 헛된 이론

⑭ 氣流(기류) : 대기 중에서 발생하는 공기의 흐름

＊寄留(기류) : 寄[부칠 기] 留[머무를 류]

본거지가 아닌 객지에서 한동안 머물러 지냄

❖ 난기류(亂氣流) : 亂[어지러울 란]

예측할 수 없어 어찌할 수 없는 형세를 비유하여 이르는 말

❖ 기후(氣候) : 候[기후 후]

어느 일정한 지방에서의 체계적인 기상 상태

❖ 한기(寒氣) : 寒[찰 한]

추운 기운

국제·정치

**ZOOM** Ⅲ » **시사 흐름잡기**

### 포퓰리즘(대중인기 영합주의)

#### ■ 포퓰리즘이란?

포퓰리즘이란 아르헨티나의 페론과 그들의 추종자들이 보여줬던 정치형태로서, 다수의 빈민과 서민들의 인기를 얻기 위한 정책을 추진하는 것을 말한다. 19세기 말에서 20세기 중반까지도 경제 부국이었던 아르헨티나가 페론의 포퓰리즘으로 인하여 경제적 파탄에 이르게 되었다.

#### ■ 정치적 포퓰리즘의 특징

◈ 정치적 포퓰리즘은 사회·정치적 위기가 고조되었을 때 나타난다.

위기가 닥쳤을 때 대중들은 불안해하게 되고, 포퓰리스트들은 이런 대중을 선동하여 정치세력화한다.

◈ 정치적 포퓰리즘에는 핵심적 가치가 결여되어 있다.

다른 이데올로기에는 자유와 평등과 같은 가치들을 주장하고 있는데, 포퓰리즘에는 대중들과 자신들의 주장은 정당하다는 논리만이 존재한다.

◈ 정치적 포퓰리즘은 대의제 민주주의에 대하여 적대적인 태도를 취한다.

포퓰리즘은 기존의 기득권 세력이 만들어 놓은 제도를 신뢰하지 않는다. 제도라는 것은 대중의 의지와 일치하는 측면에서만 타당하다고 믿고, 모든 지혜는 대중 속에 있다고 보기 때문이다.

#### ■ 포퓰리즘의 문제점

◈ 포퓰리즘의 핵심은 대중이 원하는 것이 곧 법이 되고 정책이 되어야 한다는 것이다.

그러나 포퓰리즘이 가지는 딜레마는 바로 '대중'이라는 단어가 가지는 애매모함으로부터 시작된다. 대중이란 사회 구성원 모두가 아니며, 막연한 다수라고 봐야 한다.

그들의 의견은 이해관계에 따라 언제든지 변할 수 있으며, 반드시 현명하고 사리분별이 있다고 할 수 없다. 하지만 포퓰리즘은 대중이 마치 한 사람의 인격체처럼 실체화되고, 그들을 위해 기존 기득권제도로부터의 반란을 시도한다.

◈ 대중들의 목소리는 다양하다.

이런 대중들의 목소리는 사회적 논의를 통해 구성원 모두가 어느 정도 납득이 갈 때 비로서 권위를 갖는다. 그러나 일부 언론들이 포퓰리즘 세력의 후견인 역할을 자처하며, 여론몰이를 시도한다면 이는 더욱 심각해진다.

대중들은 어떤 사실에 대한 자신의 의견을 형성할 때 언론매체의 의견을 마치 자신의 의견인 것처럼 착각하는 경향이 있다. 최근에는 신문, 방송매체와 더불어 인터넷이라는 강력한 매체가 등장하였으며, 이로 인해 어떤 사건에 대한 사회적 논의 속도가 매우 빨라지게 되었다.

◈ 포퓰리즘은 기존의 제도를 부정함과 동시에 조급한 대중이 지금 원하는 것을 해결해 줄 수 있는 정책을 내놓는다. 이러한 태도는 복잡하고 다원화된 문제들을 해결할 수 없으며, 장기적인 관점에서의 정책은 없게 될 수 있다.

# 대만, 선거 도마에 국가 進路(진로)를 올려놓으면

※ 한자 Zoom In
選擧無效訴訟(선거무효소송) 開票(개표) 局外者(국외자) 素地(소지) 收拾(수습)
※ 시사 Zoom In
천수이벤 총통 렌잔 선거무효소송 대만의 자주독립

20일 실시된 대만 총통선거에서 민진당 천수이벤(陳水扁) 총통이 2만9518표 차로 재선됐으나 야당 측의 불복으로 나라 전체가 심각한 대립과 분열, 혼란 속으로 빠져들고 있다. 전체 유권자 1650만 여명 가운데 1325만 여명이 참가한 투표에서 천 후보가 국민당 렌잔(連戰) 후보를 아슬아슬하게 앞질러 ①當選(당선)한 것으로 집계되자, 렌 후보 측이 재검표를 요구하면서 ②選擧無效訴訟(선거무효소송)을 제기할 태세이기 때문이다.

무효표가 33만7297표나 된다든가, 선거 전날 민진당 천 총통과 뤼슈렌(呂秀蓮) 부총통이 입은 총상, 부정(不正) 투·③開票(개표) 시비 등, 이번 총선의 곳곳에 선거 이후의 정쟁거리를 이미 만들어 두고 있었던 셈이다.

④局外者(국외자)인 우리의 관심은 우선 총통선거로 비롯된 대만의 내부적 분열이 더 깊어져 외부 개입 ⑤素地(소지)를 만들기 전에 ⑥收拾(수습)됨으로써 동북아(東北亞) 지역에 행여 새로운 불안정의 불씨가 생기는 일은 없어야겠다는 것이다. 이번 대만 선거의 주요 ⑦爭點(쟁점)들 가운데 국제적 관심사는 양안(兩岸)관계에 관한 두 후보의 대립이었다. 그 동안 국민 ⑧支持率(지지율)에서 국민당 렌 후보에 뒤져 온 천 후보는 대만 독립 ⑨路線(노선)을 ⑩標榜(표방)함으로써 중국의 반발은 물론이고 ⑪防衛協力(방위협력) 관계에 있는 미국의 우려를 자아냈다. 총상으로 인한 동정표 등으로 막판에 ⑫薄氷(박빙)의 ⑬逆轉勝(역전승)을 거두긴 했지만 그가 선거와 함께 국민투표에 부친 두 안건, 즉 대만을 겨냥한 중국 미사일 500기의 철수를 요구하는 '국방강화안'과, 대등한 양안관계를 설정하려는 '대등담판안'은 모두 부결됐다. 적어도 대중(對中) 정책에 있어서는 대만인 다수가 성급한 독립 추구 등 양안관계의 급변보다는 정치적 현상 유지와 경제협력 강화를 주장한 렌잔의 노선을 지지한 셈이다.

대만의 현 국가적 혼란은 국가의 진로에 해당

---

**한자능력검정시험 2급 기출**
- 決[결](5회 120번) - 持[지](22회 89번) - 收[수](20회 77번) - 修[수](16회 94번) - 監[감](9회 136번)

하는 중대 사안을 득표 전략으로 선거쟁점화 함으로써 ⑭招來(초래)됐다는 점에서, 표 앞에선 쉽게 자기 ⑮節制(절제)를 잃고 마는 한국의 정

계에 던지는 교훈도 결코 적지 않다.

조선일보 2004. 3. 22

## ZOOM I » 한자 엿보기

| | | | | | | | | | | | |
|---|---|---|---|---|---|---|---|---|---|---|---|
| ① | 當 마땅 당 | ③ | 開 열 개 | | 拾 주을 습 | ⑩ | 標 표할 표 | | 逆 거스를 역 | | |
| | 選 뽑을 선 | | 票 표 표 | ⑦ | 爭 다툴 쟁 | | 榜 곁 방 | ⑬ | 轉 구를 전 | | |
| | 選 뽑을 선 | | 局 판 국 | | 點 점 점 | ⑪ | 防 막을 방 | | 勝 이길 승 | | |
| | 擧 들 거 | ④ | 外 바깥 외 | | 支 지탱할 지 | | 衛 지킬 위 | ⑭ | 招 부를 초 | | |
| ② | 無 없을 무 | | 者 놈 자 | ⑧ | 持 가질 지 | | 協 도울 협 | | 來 올 래 | | |
| | 效 본받을 효 | ⑤ | 素 본디 소 | | 率 비율 률 | | 力 힘 력 | | 節 마디 절 | | |
| | 訴 호소할 소 | | 地 땅 지 | ⑨ | 路 길 로 | ⑫ | 薄 엷을 박 | ⑮ | 制 절제할 제 | | |
| | 訟 송사할 송 | ⑥ | 收 거둘 수 | | 線 줄 선 | | 氷 얼음 빙 | | | | |

국제·정치

## ZOOM II » 응용한자 알아보기

② 選擧無效訴訟(선거무효소송) : 의원 및 공직을 맡는 사람들을 뽑는 선거가 효력이 없음을 주장하기 위하여 법원에 재판을 청구하는 일.

*燒送(소송) : 燒[사를 소] 送[보낼 송]
영가나 위패 따위를 불살라 버림.

◈ 당선무효(當選無效) : 當[마땅 당] 選[뽑을 선]
선거법 등의 위반으로 당선이 무효가 되는 일.

◈ 백약무효(百藥無效) : 百[일백 백] 藥[약 약]
온갖 약이 다 효험이 없음.

한자능력검정시험 3급 기출
– 送[송](15회 118번) – 當[당](16회 130번) – 藥[약](22회 79번) – 改[개](9회 125번) – 決[결](15회 106번) – 素[소](16회 83번)

③ 開票(개표) : 선거 후 투표함을 열고 그 결과를 점검하는 일.
* 改票(개표) : 改[고칠 개] 票[표 표]
차표나 입장권 따위를 입구에서 검사하는 일.

❖ 개시(開始) : 始[비로서 시] 시작함.
❖ 표결(票決) : 票[표 표] 決[결단할 결]
투표로 가부를 결정함.
❖ 매표(買票) : 買[살 매]
입장권 따위를 사는 일.

④ 局外者(국외자) : 일과 관계가 없는 사람.
* 國外(국외) : 國[나라 국] 外[바깥 외]
한 나라의 영토 밖.

❖ 국외중립(局外中立) : 中[가운데 중] 立[설 립]
교전국 또는 교전 단체의 어느 쪽에도 가담하지 않는 일.
❖ 국면(局面) : 面[낯 면]
일이 되어가는 상황.
❖ 난국(難局) : 難[어려울 난]
매우 어려운 시국.

⑤ 素地(소지) : 어떤 사람이나 대상이 어떤 일을 일으키게 될 수 있는 바탕.
* 所持(소지) : 所[바 소] 持[가질 지]
무엇을 가지고 있음.

❖ 검소(儉素) : 儉[검소할 검]
사치스럽지 않고 수수함.
❖ 소양(素養) : 養[기를 양] 평소에 닦은 교양.

⑥ 收拾(수습) : 어수선하게 흩어진 물건들을 거두어서 다시 정리함.
* 修習(수습) : 修[닦을 수] 習[익힐 습]
학업이나 실무 등을 배워서 익힘.

◈ **수습책(收拾策)** : 策[꾀 책]

　혼란한 상황 등을 수습하기 위한 방책.

◈ **수감(收監)** : 監[볼 감]

　잡아서 교도소에 가두어 놓음.

◈ **추수(秋收)** : 秋[가을 추]

　가을에 익은 곡식을 거두어들임.

## ZOOM Ⅲ ≫ 시사 흐름잡기

### 대만 총통 선거

#### ■ 대만 총통 선거 개요

　11대 총통 선거를 하루 앞둔 2004년 3월 19일까지 민진당의 천수이벤 총통과 국민당의 렌잔 후보는 오차범위 내에서 박빙의 승부를 펼치고 있었다. 이번 선거에서의 최대 쟁점사안은 대중국 정책이었다. 대만 출신인 천수이벤 총통은 중국 본토와 독립하여 대만인에 의한 자주적 대만 통치를 주장하며 지지를 호소하였다. 반면 중국 본토 출신인 렌잔 국민당 후보는 양안(중국과 대만)관계의 개선을 주장하며 천 총통에 맞서왔다. 그러나 선거 막바지 무렵 천수이벤 총통의 불법 정치자금 수수 의혹이 제기되면서 선거의 전세가 국민당 렌잔 후보에게 유리한 쪽으로 흘러가는 듯 했다.

#### ■ 선거 하루 전 천수이벤 대만 총통 피격 사건 발생

　2004년 3월 19일 천수이벤 총통이 선거유세 도중 피격당하는 사건이 발생한다. 이 사건의 발생으로 천수이벤 총통에게 일부 동정표가 몰리면서 약 3만표의 근소한 차이로 천수이벤 총통이 선거에서 승리하게 된다. 그러나 국민당의 렌잔 후보는 선거 과정상에서의 여러 가지 의혹을 제기하며 선거 결과에 불복을 선언하였고, 대만은 혼란에 빠지게 된다. 특히 선거 결과를 놓고 국민들이 정확히 양쪽으로 분열되어 국론분열의 양상으로 까지 번지게 되었다.

#### ■ 총통 선거 조작에 따른 의혹들

◈ 천수이벤 총통 피격 사건은 조작된 것이다.

　피격 직후 여러 언론에서 사건 당시 사진을 근거로 실제로 총을 맞았는지 여부에 의문을 제기하였다. 그 사건의 진상은 아직 밝혀지지 않고 있다.

◈ 33만 7,297표(2.5%)의 무효표는 조작된 것이다.

국제·정치

　　3만여 표(0.22%)의 차이로 천수이벤 총통이 승리하였는데, 무효표가 33만 7,297표(2.5%)나 되어 양 진영간 득표차의 11배 이상이었다. 또한 재검표 결과 판독이 어려운 '의문표'가 4만표 가까이 나왔다.

◈ **군대와 경찰들을 의도적으로 배제시켰다.**

　　전통적으로 국민당에 우호적인 성향을 보이던 군인과 경찰 20여만 명이 전날 발생한 피격 사건으로 보안 경계 태세가 강화되면서 투표에 참가하지 못했다.

## ■ 대만 총통 선거의 영향

　　선거 후 롄잔 국민당 후보가 선거 무효 소송을 제기하였고, 의혹으로 제기되었던 부분에 대한 재검표 작업이 벌어졌다. 그러나 여전히 국민당을 비롯한 그들의 지지자들은 의문을 제기하고 있다. 특히 선거 전날 발생한 천수이벤 총통 피격 사건에 대한 진실이 밝혀지지 않고 있기 때문이다. 이 와중에 2004년 5월 20일 천수이벤 총통의 취임식이 열렸다. 하지만 유권자들의 절반이 그를 반대했고, 총상에 따른 동정표로 인한 당선이라는 사실로 인하여 그의 정당성에 대해서는 계속해서 위협을 받을 것이다. 따라서 천수이벤 총통은 분열된 국론을 통합할 수 있는 노력이 우선시 되어야 할 것으로 보인다.

## ■ 향후 중국과 대만과의 관계

　　이번 선거의 쟁점은 중국으로부터 대만의 독립여부였다. 따라서 대만의 자주독립을 주장하던 민진당 천수이벤 총통의 당선은 향후 중국과의 관계에 큰 영향을 미칠 것으로 보인다. 대만의 독립은 절대로 허용할 수 없다는 입장을 고수하고 있는 중국은 천수이벤 총통의 당선으로 양국간의 관계에 문제가 발생할 수도 있음을 암시했다. 그러나 이들 사이에서 미국이 중재자 역할을 하고 있고, 대만 역시 선거 후 국정이 혼란한 상황이므로 지나치게 중국을 자극하지는 않을 것이라는 전망이 나오고 있다.

# Chapter ⑱

# 언론개혁, 이번엔 확실히

---

※ 한자 Zoom In
新聞(신문) 獨寡占(독과점) 包藏(포장) 事理(사리) 大義(대의)
※ 시사 Zoom In
언론사주의 소유지분제한 신문시장점유율 제한 신문공동 배달제

---

열린우리당 신기남 중앙상임위원은 그제 "17 대 국회에서 정치권과 외부인사가 참여하는 언론개혁위원회를 만들어 신문시장의 시장분점 구도와 소유 ① 持分制限(지분제한), 공동배달제 문제 등을 논의할 것"이라고 밝혔다. 그의 발언은 정부 측과 상당한 ② 交感(교감)을 나눈 상태에서 나온 것으로 보이는 데다, 민주노동당도 ③ 言論改革(언론개혁)에 강한 의욕을 보이고 있어 어느 때보다 기대감을 높이고 있다.

현재 ④ 新聞(신문)시장은 일부 ⑤ 族閥(족벌) 신문들이 자금과 ⑥ 販賣網(판매망)의 우위를 앞세워 ⑦ 獨寡占(독과점)적 지위를 누리는 구조이다. 그러다 보니 이들 신문이 만들어내는 의제가 주도적인 사회 여론인 것처럼 ⑧ 包藏(포장)돼 유통되고 있다. 따라서 언론개혁은 사회의 다양한 의견이 공정한 조건에서 경쟁하면서 균형있는 여론을 형성하는 데 기여하도록 시장구조를 획기적으로 바꾸는 데 초점을 맞춰야 할 것이다.

일부에서는 신문 소유지분을 제한하면 위헌 소지가 있다며 반대하고 있으나 이는 ⑨ 事理(사리)에 맞지 않다고 본다. 신문 소유지분 제한은 특정 신문사주가 자기의 이익에 맞춰 신문의 논조를 ⑩ 獨斷(독단)적으로 결정하는 것을 막자는 데 취지가 있다. 통신·금융·부동산처럼 ⑪ 公共性增進(공공성증진)이라는 더 높은 가치를 실현하기 위해서는 ⑫ 財産權(재산권)도 일부 제한할 수 있다는 것은 이제 상식에 속한다.

정부·여당은 ⑬ 意慾(의욕)만 앞세우다 실수해서도 안 되겠지만 도중에 여건이 여의치 않다고 언론개혁 문제를 흐지부지 끝내서도 안된다. 그러려면 시민단체, 학계, 언론단체 등 각계의 의견을 폭넓게 들어 최선의 안을 만들어야 한다. 한나라당도 자신들에게 우호적인 언론만 감싸겠다는 생각을 버리고 나라 앞날을 걱정해 언론개혁의 ⑭ 大義(대의)에 따르는 대승적인 자세를 가져주길 ⑮ 當付(당부)한다.　　경향신문 2004. 4. 23

---

**한자능력검정시험 2급 기출**
- 寡[과](20회 134번) - 包[포](25회 97번) - 裝[장](5회 96번) - 裏[리](25회 112번) - 刀[도](25회 126번) - 往[왕](6회 144번) - 滅[멸](16회 92번)

## Zoom Ⅰ » 한자 엿보기

| | | | | | | | | | | | | | | | |
|---|---|---|---|---|---|---|---|---|---|---|---|---|---|---|---|
| ① | 持 가질 지<br>分 나눌 분<br>制 절제할 제<br>限 한할 한 | ④ | 改 고칠 개<br>革 가죽 혁<br>新 새로울 신<br>聞 들을 문 | ⑦ | 網 그물 망<br>獨 홀로 독<br>寡 적을 과<br>占 차지할 점 | ⑩ | 獨 홀로 독<br>斷 끊을 단<br>公 공평할 공<br>共 한가지 공 | ⑫ | 産 낳을 산<br>權 권세 권<br>意 뜻 의<br>慾 욕심 욕 | ⑬ | | | | | |
| ② | 交 사귈 교<br>感 느낄 감 | ⑤ | 族 겨레 족<br>閥 문벌 벌 | ⑧ | 包 쌀 포<br>藏 감출 장 | ⑪ | 性 성품 성<br>增 더할 증 | ⑭ | 大 큰 대<br>義 옳을 의 | | | | | | |
| ③ | 言 말씀 언<br>論 논의할 론 | ⑥ | 販 팔 판<br>賣 팔 매 | ⑨ | 事 일 사<br>理 다스릴 리 | | 進 나아갈 진<br>財 재물 재 | ⑮ | 當 마땅 당<br>付 부칠 부 | | | | | | |

## Zoom Ⅱ » 응용한자 알아보기

④ 新聞(신문) : 사회에서 발생하는 새로운 사건이나 화제 등을 신속하게 보도하는 정기 간행물
  *訊問(신문) : 訊[물을 신] 問[물을 문] 캐어 물음.

◈ 신문구독(新聞購讀) : 購[살 구] 讀[읽을 독]
   책이나 신문 등을 사서 읽는 것.
◈ 신문방송학과(新聞放送學科) : 放[놓을 방] 送[보낼 송] 學[배울 학] 科[과목 과]
   대학에서 신문학과 방송학을 전공하는 학과.
◈ 신문기자(新聞記者) : 記[기록할 기] 者[놈 자]
   신문기사를 위해 취재하고 집필하는 사람.

⑦ 獨寡占(독과점) : 소수의 특정 자본이 생산과 시장을 지배하고 이익을 독차지 하는 것.
  *科占(과점) : 科[과목 과] 占[점칠 점]
      과거에 급제할 것인가 아니면 낙방할 것인가를 미리 판단하는 점.

한자능력검정시험 3급 기출
- 讀[독](8회 106번, 14회 132번) - 學[학](18회 121번) - 記者[기자](9회 84번) - 獨[독](20회 113번) - 我[아](7회 116번) - 尊[존](26회 114번) - 衆[중](20회 139번)

❖ 유아독존(唯我獨尊) : 唯[오직 유] 我[나 아] 尊[높을 존]

이 세상에서 오직 나만 홀로 높다는 뜻으로, 자기만이 잘났다고 뽐내는 태도를 비유함.

❖ 중과부적(衆寡不敵) : 衆[무리 중] 不[아닐 부] 敵[대적할 적]

적은 수효로 많은 수효를 대적하지 못함.

---

⑧ 包藏(포장) : 물건을 싸서 꾸림.

　*鋪裝(포장) : 鋪[펼 포] 裝[꾸밀 장]

　　길바닥을 콘크리트나 아스팔트 등으로 덮어서 단단히 다지고 꾸미는 일.

---

❖ 소리장도(笑裏藏刀) : 笑[웃음 소] 裏[속 리] 刀[칼 도]

웃음 속에 칼을 감춘다는 뜻으로, 겉으로 말은 좋게 하나 마음속으로는 해칠 뜻을 가진 것을 비유하여 이르는 말.

❖ 소장품(所藏品) : 所[바 소] 品[물건 품]

자기가 소유하고 있는 물품.

---

⑨ 事理(사리) : 일의 이치.

　*私利(사리) : 私[사사 사] 利[이로울 리]

　　개인의 사사로운 이익.

　*舍利(사리) : 舍[집 사] 利[이로울 리]

　　부처나 성자의 유골.

---

❖ 이왕지사(已往之事) : 已[이미 이] 往[갈 왕] 之[갈 지]

이미 지나간 일.

❖ 인인성사(因人成事) : 因[인할 인] 人[사람 인] 成[이룰 성]

자기 혼자만의 힘이 아닌 다른 사람에게 의뢰하여 일을 이룸.

❖ 가화만사성(家和萬事成) : 家[집 가] 和[화할 화] 萬[일만 만] 成[이룰 성]

집안이 화목하면 모든 일이 잘 된다는 뜻.

---

⑭ 大義(대의) : 국민으로서 마땅히 행하거나 지켜야 할 도리.

　*代議(대의) : 代[대신 대] 議[의논할 의]

　　많은 사람을 대표하여 나온 사람들이 특정 주제에 대하여 의논함.

---

❖ 대의멸친(大義滅親) : 滅[멸망할 멸] 親[친할 친]

큰 의리를 위해서는 혈육의 친함도 버린다는 뜻으로, 국가의 대의를 위해서는 부모형제도 돌보지 아니함.

❖ **대의명분(大義名分)** : 名[이름 명] 分[나눌 분]

사람으로서 마땅히 지켜야 할 도리나 본분.

---

## **ZOOM Ⅲ ≫ 시사 흐름잡기**

### 언론개혁

### ■ 언론 개혁의 필요성

시민단체와 개혁 성향의 정치권을 중심으로 제기되어 온 언론 개혁이 17대 국회를 맞아 가속화 될 전망이다. 그동안 기존 언론의 개혁 필요성에 대해서는 꾸준히 논의되어 왔으나 개혁을 시도할 경우 기존의 보수 언론들로부터 받게 될 엄청난 역공을 두려워하여 선뜻 나서지 못하였다. 이처럼 지금까지의 언론은 단순히 사실을 전달하는 매체 수준을 넘어서서 여론을 형성하고 조정할 수도 있는 하나의 권력으로 성장하였다. 특히 이러한 언론 권력을 몇몇 신문사주들이 독점하고, 이들이 강한 정치적 성향을 띠면서 선거 때에는 편파 및 왜곡 보도로 국민들에게 편협된 정보를 제공하기도 하였다. 이들은 언론 개혁에 대해서 정부의 '언론 길들이기'라며 강하게 반발하고 있으나 이미 언론 개혁에 대한 시민적 공감대가 형성되어 있고, 현 정부의 의지가 강한 만큼 과거처럼 언론 개혁을 피해갈 수는 없을 듯 하다.

### ■ 신문개혁 : 조중동(조선, 중앙, 동아일보)의 문제점

**국내 구독률 1위 조선일보의 허상**

조선일보가 발행하는 신문부수는 하루 232만부로, 이는 세계 10위에 해당하는 부수이다. 중앙일보, 동아일보 역시 200만부를 넘어서는 발행부수를 기록하고 있으며, 이들 세 신문사의 국내 시장 점유율은 75% 정도에 이른다. 그러나, 이러한 시장점유율은 막강한 자본력을 바탕으로 무가지(일단 받아보라며 공짜로 넣어 주는 신문)와 경품을 뿌린 결과이다. 공정거래위원회의 조사에 따르면 이들이 경품을 주기 위해 한해 평균 560억원, 무가지 투입을 위해 한해 평균 4천억원 정도를 쓴다고 한다. 조중동이 이처럼 신문을 공짜로 주고, 경품을 주며, 신문 구독률을 유지하려는 것은 신문을 많이 팔아서 이윤을 남기기 위함이 아니다. 신문사의 주요한 수입원은 신문광고인데, 광고는 신문구독률이 높은 몇몇 신문사들에게 집중되기 때문이다. 이런 이유로 신문사들은 신문값보다 몇 배나 비싼 경품을 무상 제공하고, 무가지를 위한 필요 이상의 신문을 발행하는 것이다.

이와 같은 방법으로 시장지배력을 얻은 조중동은 그동안 여론의 형성에 막대한 영향력을 행사해 왔다. 독자들에게 특히 과거 인터넷이 활성화되지 않았을 시기에는 신문과 방송의 영향력이 절대적이었음을 감안한다면 특정 색깔을 띤 조중동의 독주는 여론의 다양성을 위협했을 가능성이 있다.

## ■ 언론개혁의 쟁점 사안

### ❖ 언론사주의 소유 지분 제한

언론사주가 신문사들의 소유지분을 독점하고 있는 현 상황에서 소유지분의 강제적 제한을 놓고 찬반이 엇갈리고 있다. 찬성하는 입장에서는 언론의 공적 기능을 감안할 때 적절한 수단이라고 주장한다. 반면, 반대하는 입장에서는 언론사주의 소유 지분을 제한할 수 있는 수많은 수단 중에서 소유지분을 제한하는 것은 반자본적이고, 반시장적인 수단이므로 굳이 사용할 필요는 없다고 주장한다.

### ❖ 여론의 다양성을 위한 신문 시장점유율 제한

특정 언론이 시장을 지배하는 것은 여론의 다양성 측면에서 매우 위협적이므로 현재 공정거래 위원회에서는 한 신문사의 시장점유율을 30%로 제한하고 있다. 이를 찬성하는 입장에서는 시장점유율 제한을 30%에서 20%로 낮추어서 조중동이 75%를 차지하는 현 상황이 조정되기를 주장한다. 그러나, 조중동에서는 독자의 선택권을 무시한 발상이라며 강하게 반발하고 있다.

### ❖ 신문공동 배달제

조중동을 제외한 중앙 일간지들이 적극적 의지를 보이고 있다.

국제·정치

# 부유세 도입, 신중해야 한다

> ※ 한자 Zoom In
> 富裕稅(부유세) 課稅對象(과세대상) 成就動機(성취동기) 抵抗(저항) 簡便性原則(간편성원칙)
> ※ 시사 Zoom In
> 부유세 부의 재분배 소득세 이중과세

민노당 권영길 대표가 엊그제 본지와의 인터뷰에서 "①富裕稅(부유세)는 대표 공약인 만큼 17대국회에서 반드시 처리할 계획"이라며 입법의지를 강하게 밝히고 나섰다. 민노당은 세금의 명칭을 종합재산세로 바꾸고 적용세율도 가급적 낮추는 방안도 검토 중이다. 이는 부유세라는 명칭이 주는 '계층간위화감' 등의 부정적 이미지를 ②稀釋(희석)하자는 것으로 이렇게 해서라도 해보겠다는 강한 의지를 보여주는 것이라고 할 수 있다.

물론 부유세는 알려진 대로 열린우리당과 한나라당이 반대하고 있어 실현가능성은 거의 없지만 민노당의 의지가 이처럼 강하기 때문에 앞으로 공론화 과정은 불가피하며 이는 기업인·고소득층 등 ③課稅對象(과세대상) 경제주체에 심리적 부담으로 작용해 경제에도 좋지 않은 영향을 미칠 것으로 보인다. 부유세는 한마디로 부자들에게서 세금을 더 거둬 서민 복지에 사용해 부의불평등을 줄이자는 것으로 ④趣旨(취지) 면에

서는 ⑤共感(공감)할 수 있는 것이다. 그러나 현실적으로 시행에 어려운 문제가 너무 많은데다 효과보다는 부작용이 훨씬 크다는 점에서 ⑥愼重(신중)해야 한다. 부유세는 무엇보다 경제 주체들의 ⑦成就動機(성취동기)를 저하시켜 경제 활력을 떨어뜨릴 것이다.

조세⑧抵抗(저항)과 징수비용 등 조세행정상의 문제는 또 어떤가. 민노당은 30억원 이상의 자산을 가진 사람 5만명 정도를 과세대상으로 하고 징수규모는 11조원으로 예상하고 있다고 한다. 1인당 2억 2,000만원인 셈인데 부자라 해도 매년 이런 돈을 추가로 낼 사람이 과연 얼마나 될 것인가.

⑨資産評價(자산평가)의 어려움은 더 큰 문제다. 개별자산의 가치는 얼마고 어느 것이 ⑩負債(부채)인지, 그 부채는 세금을 피하기 위해 허위로 설정한 것은 아닌가 등등 넘어야 문제가 하나 둘이 아니다. 이를 위해서는 엄청난 인력과 비용이 소요되는데 경우에 따라 거둬들일 세금보다

> **한자능력검정시험 2급 기출**
> – 裕[유](9회 83번) – 對象[대상](5회 94번) – 課題[과제](12회 109번) – 期[기](21회 102번) – 附[부](12회 72번)
> – 抵抗[저항](20회 110번, 22회 115번)

징수비용이 더 많은 결과를 가져올 수도 있다. 온 갖 절세와 ⑪脫稅(탈세) 기법이 ⑫動員(동원)될 것이 뻔한데 이것은 또 어찌 막을 것인가. 이는 납부 및 징수비용이 최소화돼야 한다는 조세의 ⑬簡便性原則(간편성원칙)에 어긋나는 것이다. 이런 문제점 때문에 부유세를 도입했던 서구국가 중 이를 폐지했거나 폐지를 고려하고 있는 나라가 늘고 있는 실정이다. 부유세가 못 가진 사람들에게 상대적 ⑭剝奪感(박탈감) 해소라는 카타르시스의 효과는 있을지언정 복지향상이라는 실질적 효과는 기대할 수 없다. 민노당은 이 점을 ⑮留念(유념)했으면 한다.　　서울경제 2004. 5. 3

## ZOOM I » 한자 엿보기

| ① | 富 | 부자 부 | ④ | 趣 | 뜻 취 | ⑧ | 機 | 틀 기 | ⑪ | 脫 | 벗을 탈 | ⑭ | 剝 | 벗길 박 |
|---|---|---|---|---|---|---|---|---|---|---|---|---|---|---|
| | 裕 | 넉넉할 유 | | 旨 | 뜻 지 | | 抵 | 막을 저 | | 稅 | 세금 세 | | 奪 | 빼앗을 탈 |
| | 稅 | 세금 세 | ⑤ | 共 | 한가지 공 | | 抗 | 겨룰 항 | ⑫ | 動 | 움직일 동 | | 感 | 느낄 감 |
| ② | 稀 | 드물 희 | | 感 | 느낄 감 | | 資 | 재물 자 | | 員 | 인원 원 | ⑮ | 留 | 머무를 류 |
| | 釋 | 풀 석 | ⑥ | 愼 | 삼갈 신 | ⑨ | 産 | 낳을 산 | | 簡 | 대쪽 간 | | 念 | 생각할 념 |
| | 課 | 공부할 과 | | 重 | 무거울 중 | | 評 | 평할 평 | | 便 | 편할 편 | | | |
| ③ | 稅 | 세금 세 | | 成 | 이룰 성 | | 價 | 값 가 | ⑬ | 性 | 성품 성 | | | |
| | 對 | 대할 대 | ⑦ | 就 | 이룰 취 | ⑩ | 負 | 질 부 | | 原 | 언덕 원 | | | |
| | 象 | 코끼리 상 | | 動 | 움직일 동 | | 債 | 빚 채 | | 則 | 법 칙 | | | |

## ZOOM II » 응용한자 알아보기

① 富裕稅(부유세) : 유형·무형의 재산을 과세객체로 하여 그 재산의 소유자에게 재산총액을 기준으로 부과하는 조세.

* 浮游(부유) : 浮[뜰 부] 游[헤엄칠 유]
  공중이나 물 위에 떠 다님.

한자능력검정시험 3급 기출
- 義務[의무](9회 114번, 15회 109번) - 程[정](19회 139번) - 備[비](6회 91번, 22회 88번) - 覺[각](25회 89번) - 原[원](19회 107번)

국제·정치

❖ 납세의무(納稅義務) : 納[들일 납] 義[옳을 의] 務[힘쓸 무]
국민으로서 세금을 내야하는 의무.
❖ 절세(節稅) : 節[마디 절]
세금을 절약함.
❖ 면세(免稅) : 免[면할 면]
세금을 면제함.

③ 課稅對象(과세대상) : 세금을 부과하는 대상.
  * 大賞(대상) : 大[큰 대] 賞[상줄 상]
    경연 대회 등에서 가장 우수한 사람에게 주는 상.

❖ 과제(課題) : 題[제목 제]
부과된 문제나 임무.
❖ 과정(課程) : 程[길 정]
일이 되어가는 과정.

⑦ 成就動機(성취동기) : 성취를 위한 행동을 불러일으키게 하는 내적인 요인.
  * 同期(동기) : 同[한가지 동] 期[기약할 기]
    같은 시기. 같은 연도. 같은 기수.
  * 冬期(동기) : 冬[겨울 동] 期[기약할 기]
    겨울 철.

❖ 동기부여(動機附與) : 附[붙을 부] 與[더불 여]
무엇인가를 하고자하는 의욕을 불러일으키는 것.
❖ 예비동기(豫備動機) : 豫[미리 예] 備[갖출 비]
뜻하지 않는 일에 대비하여 미리 준비하려는 동기.

⑧ 抵抗(저항) : 권력이나 권위 따위에 맞서서 버팀.

❖ 저항권(抵抗權) : 權[권세 권]
기본적 인권을 침해하는 국가 권력에 대하여 국민이 저항하는 권리.
❖ 저항감각(抵抗感覺) : 感[느낄 감] 覺[깨달을 각]
물건을 들어올리거나 잡아당길 때 느낄 수 있는 감각.

⑬ 簡便性原則(간편성원칙) : 조세의 납부 및 징수비용은 최소화가 되어야 한다는 원칙.

❖ 인편(人便) : 人[사람 인]

오가는 사람의 편.

❖ 편지(便紙) : 紙[종이 지]

상대방에게 소식 따위를 전하고 싶을 때 적어서 보내는 글.

## ZOOM Ⅲ » 시사 흐름잡기

### 부유세

#### ■ 부유세 도입 개요

민주노동당이 이번 4·15 총선에서 원내진출에 성공하면서, 그들이 공약으로 내놓은 부유세 도입의 실현여부에 관심이 집중되고 있다. 민주노동당이 밝힌 부유세의 세부안에 따르면 자산을 10억원 이상 가지고 있는 사람들을 대상으로 하며, 이는 최상위 부유층으로 분류되는 1% 이내이다. 부유세가 실제로 우리나라에 도입될 수 있겠는가에 대해서 전문가들은 부유세가 상징적인 의미를 가질 뿐 시행까지는 상당한 시간이 소요될 것으로 전망하고 있다.

#### ■ 부유세 도입 찬성측 입장

❖ 현재 우리나라는 극심한 부의 편중으로 인해 여러 가지 사회문제가 발생하고 있다. 따라서 부유세를 통해 부의 재분배를 실현할 수 있다.

❖ 현재 한국의 소득세 비중은 OECD국가들의 절반 수준에 불과하기 때문에 부유세가 이를 보완해 줄수 있다.

#### ■ 부유세 도입 반대측 입장

❖ 기존의 조세제도의 보완을 통해서도 부의 재분배를 실현할 수 있다. 만약 부유세를 도입할 경우 기존 조세제도의 문제점이 은폐될 수도 있다.

❖ 부유세의 도입은 기존의 조세제도를 포함한 전체 조사체계 내에서 고려되어야 하므로 충분한 시간을 두고 연구해 봐야 할 사안이다.

❖ 자산을 취득할 때 이미 낸 세금을 다시 부과하는 것은 이중과세의 문제가 발생할 수 있다.

국제·정치

### ■ 부유세 도입시 고려해야 할 사안

❖ 부의 재분배, 소득의 재분배를 목표로 하는 기존의 조세들보다 부유세가 더 효과적인 재분배 수단으로 활용될 수 있는지 여부를 기준으로 도입여부를 결정해야 한다.

❖ 보유세의 도입은 합리성을 감안하여 전체 조세체계 내에서 판단되어야 한다.

❖ 소득의 재분배를 실현하기 위한 제도 인만큼 부유세의 도입으로 인하여 경제적 활력이 떨어지지 않도록 세부안을 결정한다.

# Chapter ⑳

# 美 대선, 부시-케리로 압축

---

※ 한자 Zoom In
候補(후보) 外信報道(외신보도) 門外漢(문외한) 我田引水(아전인수) 造成(조성)
※ 시사 Zoom In
케리-에드워즈 부시-체니 이라크 전쟁 미군 포로 학대 사건 지역정치 현상

---

존 케리 상원의원이 2일 실시된 '슈퍼화요일'의 ①豫備(예비)선거에서 ②勝利(승리)함으로써 오는 11월 미국 대통령선거의 민주당 ③候補(후보)로 사실상 확정됐다. 예비선거의 승패가 일찍 판가름남에 따라 현직의 조지 부시 대통령과 도전자인 케리 의원의 선거전은 이제 포문을 연 것이나 마찬가지이다.

미국 대통령 선거는 본질적으로 미국인들이 그들의 지도자를 선택하는 행사다. 그러나 ④唯一(유일) 초강국으로서 국제사회에 주는 영향이 크기 때문에 전 세계가 ⑤注視(주시)하는 관심사이다. 특히 한국은 동맹이라는 특수 관계에다 북핵문제가 걸려 있어 이번 선거에 쏟는 관심은 여느 때와 다르다 하겠다. 심지어 북한도 케리의 당선을 원하며 6자회담 전략을 다듬을 것이라는 ⑥外信報道(외신보도)가 나오고 있다.

케리의 정치적 이미지는 진보적이다. 케네디 신화가 살아있는 메사추세츠주 출신의 4선 의원이다. 월남전에 ⑦參戰(참전)했지만 제대 후 열렬한 반전운동을 벌였다. 후보시절 부시 대통령은 외교에 ⑧門外漢(문외한)이었던 데 반해 케리는 상원활동을 통해 ⑨造詣(조예)가 깊은 것으로 알려져 있다. 그러나 한국에 대한 이해가 깊은 정치인은 아닌 것 같다. 북핵문제의 해결방안으로 그는 북한과의 대화를 강조하며 부시정책을 비판한 정도로 알려져 있다.

당국은 특히 두 후보간의 정책을 비교 분석하는 등 미 대선을 예의 주시해야 할 것이다. ⑩皮相的(피상적)인 정보로 ⑪我田引水(아전인수)식의 섣부른 예측은 ⑫禁物(금물)이다. 반전주의자였던 케리 후보는 국익을 위해 상원에서 이라크 공격에 찬성표를 던졌음을 상기할 필요가 있다. 북핵 문제를 둘러싸고 한미동맹관계가 예전과는 달리 ⑬銳敏(예민)해진 상태다. 이런 미묘한 시기에 정치권이 미국 대선후보에 대한 편 가르기로 불필요한 ⑭緊張(긴장)을 ⑮造成(조성)해서는 안 될 것이다.

한국일보 2004. 3. 5

---

한자능력검정시험 2급 기출
– 愼[신](21회 98번) – 登[등](20회 82번) – 若[약](22회 81번) – 桑田[상전](9회 109번) – 造[조](25회 94번) – 助[조](2회 150번)

## ZOOM Ⅰ ≫ 한자 엿보기

| | | | | | | | | | | | | |
|---|---|---|---|---|---|---|---|---|---|---|---|---|
| ① | 豫 미리 예 | ⑤ | 注 부울 주 | ⑧ | 門 문 문 | ⑪ | 我 나 아 | ⑭ | 緊 긴할 긴 |
| | 備 갖출 비 | | 視 볼 시 | | 外 바깥 외 | | 田 밭 전 | | 張 베풀 장 |
| ② | 勝 이길 승 | ⑥ | 外 바깥 외 | | 漢 한나라 한 | | 引 끌 인 | ⑮ | 造 지을 조 |
| | 利 이로울 리 | | 信 믿을 신 | ⑨ | 造 지을 조 | | 水 물 수 | | 成 이룰 성 |
| ③ | 候 기후 후 | | 報 갚을 보 | | 詣 이를 예 | ⑫ | 禁 금할 금 | | |
| | 補 기울 보 | | 道 길 도 | | 皮 가죽 피 | | 物 물건 물 | | |
| ④ | 唯 오직 유 | ⑦ | 參 참여할 참 | ⑩ | 相 서로 상 | ⑬ | 銳 날카로울 예 | | |
| | 一 한 일 | | 戰 싸움 전 | | 的 과녁 적 | | 敏 민첩할 민 | | |

## ZOOM Ⅱ ≫ 응용한자 알아보기

③ 候補(후보) : 앞으로 어떤 신분이나 지위에 오를 자격을 가지며 선택될 수 있는 범위에 들어 있는 사람.

\* 後報(후보) : 後[뒤 후] 報[갚을 보]
   첫 번 보도에 이어서 전해진 보도.

◈ 입후보(立候補) : 立[설 립]
후보자로 나섬.

◈ 사관후보생(士官候補生) : 士[선비 사] 官[벼슬 관] 生[날 생]
장교로 임관하기 위하여 소정의 교육 훈련을 받는 사람.

⑥ 外信報道(외신보도) : 해외 통신으로부터의 새로운 소식.

\* 畏愼(외신) : 畏[두려울 외] 愼[삼갈 신]
   몹시 두려워하여 언행을 삼가는 것.

한자능력검정시험 3급 기출
– 後[후](15회 114번) – 記者[기자](9회 84번) – 蹬[등](16회 130번) – 笑[소](26회 140번) – 福[복](22회 108번) – 魚[어](26회 119번)

❖ **외신기자(外信記者)** : 記[기록할 기] 者[놈 자]

외신의 기사를 담당하고 있는 기자.

❖ **효도(孝道)** : 孝[효도 효] 道[길 도]

부모를 잘 섬김.

❖ **공중도덕(公衆道德)** : 公[공평할 공] 衆[무리 중] 德[큰 덕]

공중의 복리를 위해서 여러 사람이 지켜야 할 도덕.

⑧ **門外漢**(문외한) : 어떤 일에 대하여 전문적인 지식이 없거나 관계가 없는 사람.

❖ **등용문(登龍門)** : 登[오를 등] 龍[용 룡] 門[문 문]

잉어가 중국 황허강 상류의 급류를 이룬 용문에 오르면 용이 된다는 뜻으로, 뜻을 펴서 크게 출세하게 됨을 비유해서 이르는 말.

❖ **소문만복래(笑門萬福來)** : 笑[웃음 소] 萬[일만 만] 福[복 복] 來[올 래]

웃는 집안에 복이 온다는 뜻.

❖ **문정약시(門庭若市)** : 庭[뜰 정] 若[같을 약] 市[저자 시]

집에 방문객이 많은 것을 비유해서 이르는 말. 주위에 아첨하는 자가 많은 것을 이르는 말.

⑪ **我田引水**(아전인수) : 자기 논에만 물대기라는 뜻으로, 자기에게만 이익이 될 수 있는 행동을 하는 것을 이르는 말.

\* **引受(인수)** : 引[끌 인] 受[받을 수]

물건이나 권리를 넘겨받음.

❖ **상전벽해(桑田碧海)** : 桑[뽕나무 상] 碧[푸를 벽] 海[바다 해]

뽕나무 밭이 푸른 바다가 되었다는 뜻으로, 세월이 덧없이 흘러 많은 것이 변함을 의미함.

❖ **수어지교(水魚之交)** : 魚[물고기 어] 之[갈 지] 交[사귈 교]

물과 물고기의 사귐이라는 뜻으로, 매우 친하게 사귀어 떨어질 수 없는 사이임을 비유하여 이르는 말.

❖ **명경지수(明鏡止水)** : 明[밝을 명] 鏡[거울 경] 止[그칠 지]

맑은 거울과 고요한 물이라는 뜻으로, 맑고 깨끗한 심경을 비유하여 이르는 말.

⑮ **造成**(조성) : 정세나 상황 따위를 인위적으로 만들어 내는 것.

\* **助成(조성)** : 助[도울 조] 成[이룰 성]

도와서 이루게 함.

❖ **살신성인(殺身成仁)** : 殺[죽일 살] 身[몸 신] 仁[어질 인]

　자신의 몸을 죽여 인을 이룬다는 뜻으로, 옳은 도리를 위하여 자신의 몸을 희생함을 비유하여 이르는 말.

❖ **어불성설(語不成說)** : 語[말씀 어] 不[아닐 부] 說[말씀 설]

　말이 일관되지 못하고 사리에 맞지 않음.

---

## Zoom Ⅲ » 시사 흐름잡기

### 미국 대선

#### ■ 미국 대선 진행 상황

　2004년 11월에 있을 미국 대통령 선거를 앞두고 민주, 공화 양당 후보가 바쁘게 움직이기 시작했다. 각종 여론조사에 따르면 7월 11일 현재 케리-에드워즈 후보 진영의 지지율이 51%, 부시-체니 후보 진영의 지지율이 45%로 케리-에드워즈 후보가 약간 앞서고 있다. 이것은 이라크 침공의 명분으로 작용했던 대량살상무기가 발견되지 않음으로써 이라크 전쟁의 명분이 사라졌고, 곧이어 미군 포로 학대 사건이 터지면서 부시에게 악재로 작용한 결과이다. 또한 당초 예상보다 이라크 전쟁이 장기화되고, 아랍 테러단체의 게릴라식 테러로 인한 피해가 확산되는 것도 부시에게 불리하게 작용했다. 그러나 11월까지는 많은 기간이 남았고, 그 사이에 어떤 변수가 나올지 모르기 때문에 예측 불허의 접전이 될 것으로 전망하고 있다.

　현재 양측 후보는 이미 지지성향이 확고해진 37개주를 제외한 나머지 17개주에서 선거가 결판날 것으로 보고 그 지역의 선거유세에 집중하고 있다. 미국은 지난 2000년 대선에서 알 수 있듯이 정치적 성향이 비슷한 사람들이 같은 지역에서 거주하면서 유사한 투표행위를 보이는 지역정치 현상이 심하게 나타나고 있다. 따라서 50개주 중 특정 정당 지지성향이 확고한 37개주는 이미 승부가 결정난 것으로 판단할 수 있고, 지지성향이 불확실한 17개주의 결과에 따라서 승자가 결정될 것이다. 미국의 대통령 선거제도는 단 1%라도 많은 대중의 지지를 받은 후보가 해당 주의 선거인단 표를 독식하는 형태이기 때문에 후보자들은 격전지역에 전력투구 하고 있다. 실제로 지난 2000년 대선에서 엘 고어 당시 민주당 후보는 부시 공화당 후보보다 전체 득표율에서는 앞섰으나 우세지역 수에서 밀려 낙선했다.

#### ■ 미국 대선이 한국에게 중요한 이유

　미국과 한국은 한미동맹으로 맺어진 우방국 관계이다. 따라서 어떤 성향의 미국 대통령이 당선되느냐에 따라 대북관계를 비롯한 여러 가지 중요한 국가 정책이 영향을 받는다고 볼 수 있다. 부시가 소속된 공화당의 경우 보수적 성향이 강하고 대외정책에 있어서 강경책을 표방하는 경향이 있기 때문에 항상 전쟁의 위협이 있어왔다.

한국에게 있어서 이번 미국 대선은 대북 문제의 방향을 결정하는데 중요한 변수로 작용할 수 있다. 부시가 미국 대통령으로 취임한 이후 북한을 '악의 축'으로 규정하면서 한반도에서의 전쟁 가능성은 매우 높아진 상황이다. 그러나 최근 부시가 미국 대선을 의식하여 북한에 대한 태도 변화 가능성을 시사하면서 새로운 대북관계 형성에 주목하고 있다.

국제·정치

## 가로-세로열쇠로 복습하기

※ 한글로 가로-세로 열쇠를 채워봅시다.

|  |  |  |  |  | 1 |  |  | 2 |  |  |
|---|---|---|---|---|---|---|---|---|---|---|
| 3 | 4 |  |  |  |  |  | 5 | 6 |  |  |
| 7 |  | 8 | 9 |  |  | 10 |  |  |  | 11 |
|  |  |  | 12 |  |  |  |  |  |  |  |
|  |  |  |  |  | 13 |  |  |  |  |  |
|  |  |  | 14 | 15 |  |  |  |  |  |  |
| 16 |  | 17 | 18 | 19 |  |  |  |  |  |  |
| 20 |  |  |  |  |  |  |  |  |  |  |
|  | 21 |  |  |  |  |  |  |  | 22 |  |
|  |  | 23 |  | 24 |  |  | 25 |  |  |  |
|  |  |  |  |  |  |  |  |  |  |  |
|  |  | 26 |  |  |  |  |  |  |  |  |
|  |  |  |  |  |  |  |  |  |  |  |

**가로 열쇠**

5. 잉어가 중국 항허강 상류의 급류를 이룬 용문에 오르면 용이 된다는 뜻으로, 뜻을 펴서 크게 출세하게 됨을 비유해서 이르는 말.

6. 어떤 일에 대하여 전문적인 지식이 없거나 관계가 없는 사람.

7. 자기 논에만 물대기라는 뜻으로, 자기에게만 이익이 될 수 있는 행동을 하는 것을 뜻하는 4자 성어.

9. 물과 물고기의 사귐이라는 뜻으로, 매우 친하게 사귀어 떨어질 수 없는 사이임을 뜻하는 4자 성어.

10. 집안이 화목하면 모든 일이 잘 된다.

14. 나라의 경제력을 부유하도록 하고 군사력은 강하게 함.

16. 가난하고 궁색하여 살림살이가 어려움.

18. 교전국 또는 교전 단체의 어느 쪽에도 가담하지 않는 일.

20. 유형·무형의 재산을 과세객체로 하여 그 재산의 소유자에게 재산총액을 기준으로 부과하는 조세.

21. 사람으로서 마땅히 지켜야 할 도리나 본분.

23. 신문기사를 위해 취재하고 집필하는 사람.

26. 의원 및 공직을 맡는 사람들을 뽑는 선거가 효력이 없음을 주장하기 위하여 법원에 재판을 청구하는 일.

세로
열쇠

1. 이미 지나간 일을 뜻하는 4자 성어.

2. 웃는 집안에 복이 온다.

3. 이 세상에서 오직 나만 홀로 높다는 뜻으로, 자기만이 잘났다고 뽐내는 태도를 뜻하는 4자 성어.

4. 뽕나무 밭이 푸른 바다가 되었다는 뜻으로, 세월이 덧없이 흘러 많은 것이 변함을 뜻하는 4자 성어.

8. 물건이나 권리를 넘겨 받음.

11. 성취를 위한 행동을 불러일으키게 하는 내적인 요인.

12. 일의 이치.

13. 장교로 임관하기 위하여 소정의 교육 훈련을 받는 사람.

15. 한 나라의 영토 밖.

16. 가난함과 넉넉함의 차이.

17. 국민으로서 세금을 내야하는 의무.

19. 외신의 기사를 담당하고 있는 기자.

21. 큰 의리를 위해서는 혈육의 친함도 버린다는 뜻으로, 국가의 대의를 위해서는 부모형제도 돌보지 아니함을 뜻하는 4자 성어.

22. 조세의 납부 및 징수비용은 최소화가 되어야 한다는 원칙.

23. 책이나 신문 등을 사서 읽는 것.

24. 온갖 약이 다 효험이 없음.

25. 자기 혼자만의 힘이 아닌 다른 사람에게 의뢰하여 일을 이룸.

※ 한자로 가로-세로 열쇠를 채워봅시다.

|  |  |  |  |  | 1 |  |  |  | 2 |  |  |
|---|---|---|---|---|---|---|---|---|---|---|---|
| 3 | 4 |  |  |  |  |  | 5 |  | 6 |  |  |
| 7 |  | 8 | 9 |  |  |  | 10 |  |  |  | 11 |
|  |  |  |  | 12 |  |  |  |  |  |  |  |
|  |  |  |  |  |  |  | 13 |  |  |  |  |
|  |  |  |  | 14 | 15 |  |  |  |  |  |  |
| 16 |  | 17 |  | 18 | 19 |  |  |  |  |  |  |
| 20 |  |  |  |  |  |  |  |  |  |  |  |
|  | 21 |  |  |  |  |  |  |  |  |  | 22 |
|  |  | 23 |  |  |  | 24 |  |  |  | 25 |  |
|  |  |  |  |  |  |  |  |  |  |  |  |
|  |  |  |  |  | 26 |  |  |  |  |  |  |
|  |  |  |  |  |  |  |  |  |  |  |  |

**가로 열쇠**

5. 잉어가 중국 항허강 상류의 급류를 이룬 용문에 오르면 용이 된다는 뜻으로, 뜻을 펴서 크게 출세하게 됨을 비유해서 이르는 말.

6. 어떤 일에 대하여 전문적인 지식이 없거나 관계가 없는 사람.

7. 자기 논에만 물대기라는 뜻으로, 자기에게만 이익이 될 수 있는 행동을 하는 것을 뜻하는 4자 성어.

9. 물과 물고기의 사귐이라는 뜻으로, 매우 친하게 사귀어 떨어질 수 없는 사이임을 뜻하는 4자 성어.

10. 집안이 화목하면 모든 일이 잘 된다.

14. 나라의 경제력을 부유하도록 하고 군사력은 강하게 함.

16. 가난하고 궁색하여 살림살이가 어려움.

18. 교전국 또는 교전 단체의 어느 쪽에도 가담하지 않는 일.

20. 유형·무형의 재산을 과세객체로 하여 그 재산의 소유자에게 재산총액을 기준으로 부과하는 조세.

21. 사람으로서 마땅히 지켜야 할 도리나 본분.

23. 신문기사를 위해 취재하고 집필하는 사람.

26. 의원 및 공직을 맡는 사람들을 뽑는 선거가 효력이 없음을 주장하기 위하여 법원에 재판을 청구하는 일.

**세로 열쇠**

1. 이미 지나간 일을 뜻하는 4자 성어.

2. 웃는 집안에 복이 온다.

3. 이 세상에서 오직 나만 홀로 높다는 뜻으로, 자기만이 잘났다고 뽐내는 태도를 뜻하는 4자 성어.

4. 뽕나무 밭이 푸른 바다가 되었다는 뜻으로, 세월이 덧없이 흘러 많은 것이 변함을 뜻하는 4자 성어.

8. 물건이나 권리를 넘겨 받음.

11. 성취를 위한 행동을 불러일으키게 하는 내적인 요인.

12. 일의 이치.

13. 장교로 임관하기 위하여 소정의 교육 훈련을 받는 사람.

15. 한 나라의 영토 밖.

16. 가난함과 넉넉함의 차이.

17. 국민으로서 세금을 내야하는 의무.

19. 외신의 기사를 담당하고 있는 기자.

21. 큰 의리를 위해서는 혈육의 친함도 버린다는 뜻으로, 국가의 대의를 위해서는 부모형제도 돌보지 아니함을 뜻하는 4자 성어.

22. 조세의 납부 및 징수비용은 최소화가 되어야 한다는 원칙.

23. 책이나 신문 등을 사서 읽는 것.

24. 온갖 약이 다 효험이 없음.

25. 자기 혼자만의 힘이 아닌 다른 사람에게 의뢰하여 일을 이룸.

국제·정치

**가로-세로 열쇠로 복습하기 정답**

| | | | | | | | | | | | | |
|---|---|---|---|---|---|---|---|---|---|---|---|---|
| | | | | | 이 | | | | | 소 | | |
| 유 | 상 | | | | 왕 | | | 등 | 용 | 문 | 외 | 한 |
| 아 | 전 | 인 | 수 | 어 | 지 | 교 | | 가 | 화 | 만 | 사 | 성 |
| 독 | 벽 | 수 | | | 사 | | | | | 복 | | 취 |
| 존 | 해 | | | | 리 | | 사 | | | 래 | | 동 |
| | | | 부 | 국 | 강 | 병 | 관 | | | | | 기 |
| 빈 | 곤 | 납 | 국 | 외 | 중 | 립 | 후 | | | | | |
| 부 | 유 | 세 | | | 신 | | 보 | | | | | |
| 격 | 대 | 의 | 명 | 분 | 기 | | 생 | | | | | 간 |
| 차 | 의 | 무 | 신 | 문 | 기 | 자 | 백 | | | | 인 | 편 |
| | 멸 | | 문 | | | | 약 | | | | 인 | 성 |
| | 친 | | 구 | | 선 | 거 | 무 | 효 | 소 | 송 | 성 | 원 |
| | | | 독 | | | | 효 | | | | 사 | 칙 |

| | | | | | | | | | | | | |
|---|---|---|---|---|---|---|---|---|---|---|---|---|
| | | | | | 已 | | | | | 笑 | | |
| 唯 | 桑 | | | | 往 | | | 登 | 龍 | 門 | 外 | 漢 |
| 我 | 田 | 引 | 水 | 魚 | 之 | 交 | | 家 | 和 | 萬 | 事 | 成 |
| 獨 | 碧 | 受 | | | 事 | | | | | 福 | | 就 |
| 尊 | 海 | | | | 理 | | 士 | | | 來 | | 動 |
| | | | 富 | 國 | 強 | 兵 | 官 | | | | | 機 |
| 貧 | 困 | 納 | 局 | 外 | 中 | 立 | 候 | | | | | |
| 富 | 裕 | 稅 | | | 信 | | 補 | | | | | |
| 隔 | 大 | 義 | 名 | 分 | 記 | | 生 | | | | | 簡 |
| 差 | 義 | 務 | 新 | 聞 | 記 | 者 | 百 | | | | 因 | 便 |
| | 滅 | | 聞 | | | | 藥 | | | | 人 | 性 |
| | 親 | | 購 | | 選 | 舉 | 無 | 效 | 訴 | 訟 | 成 | 原 |
| | | | 讀 | | | | 效 | | | | 事 | 則 |

### ㄱ

**刻骨難忘**(각골난망) 입은 은혜의 고마운 마음이 뼈에 사무침.
= 白骨難忘(백골난망), 結草報恩(결초보은)

**刻舟求劍**(각주구검) 칼을 강물에 빠뜨리자 뱃전에 그 자리를 표시했다가 나중에 그 칼을 찾으려 한다는 뜻으로, 판단력이 둔한 어리석은 사람을 의미함.

**渴而穿井**(갈이천정) 목마를 때 비로소 우물을 판다는 뜻, 미리 준비를 하지 않고 있다가 일이 지나간 뒤에는 아무리 서둘러 봐도 소용이 없음을 의미함. = 臨渴掘井(임갈굴정)

**甘言利說**(감언이설) 달콤한 말과 이로운 이야기라는 뜻으로, 달콤한 말과 이로운 조건으로 남을 꾀하는 것을 이르는 말.

**甘呑苦吐**(감탄고토) 달면 삼키고 쓰면 뱉는다는 뜻으로, 자기의 비위에 맞으면 취하고 싫으면 버리는 것을 의미함.

**康衢煙月**(강구연월) 강구는 사람의 왕래가 많은 거리를 뜻하고, 연월은 연기가 나고 달빛이 비친다는 뜻으로, 태평한 세상의 평화로운 풍경을 의미함.

**格物致知**(격물치지) 사물의 이치를 연구하여 자신의 지식을 확고히 함.

**見蚊拔劍**(견문발검) 모기를 보고 칼을 뺀다는 뜻으로, 작은 일에 지나치게 큰 대책을 세우는 것을 의미함.

**見危授命**(견위수명) 나라가 위급할 때 목숨을 바쳐 싸우는 것을 뜻함.
= 見危致命(견위치명)

**犬兎之爭**(견토지쟁) 개와 토끼의 싸움이라는 뜻으로, 양자의 싸움에 제삼자가 이익을 보는 것을 의미함. = 漁父之利(어부지리)

**輕擧妄動**(경거망동) 경솔하고 망령된 행동이라는 뜻으로, 전후 사정을 고려하지 않고 경솔하게 행동하는 것을 의미함.

**經國之才**(경국지재) 나라 일을 경륜할만한 재주를 가진 사람.
= 經國之士(경국지사)

**驚天動地**(경천동지) 하늘을 놀라게 하고 땅을 움직이게 한다는 뜻으로, 세상을 몹시 놀라게 함을 의미함.

**鷄口牛後**(계구우후) 닭의 부리가 될지언정 소의 꼬리는 되지 말라는 뜻으로, 큰 단체의 꼬리보다는 작은 단체의 우두머리가 되라는 말.

**鷄肋**(계륵) 닭의 갈빗대라는 뜻으로, 먹기에는 맛이 없고 버리기에는 아까워서 어찌할 수 없는 상황을 의미함.

**鷄鳴狗盜**(계명구도) 닭의 울음소리를 잘 내는 사람과 개의 흉내를 잘 내는 좀도둑이라는 뜻으로, 쓸모없는 재주를 가진 사람도 때로는 요긴하게 쓸모가 있음을 비유하여 이르는 말.

**季布一諾**(계포일락)　초나라의 계포는 한번 승낙한 일이면 꼭 실행하는 약속을 잘 지키는 사람이었음에서 유래한 것으로, 절대적으로 신뢰할 수 있는 승낙을 의미함.

**姑息之計**(고식지계)　임시방편으로 일시적 안정을 얻기 위한 계책.

**古往今來**(고왕금래)　예로부터 지금까지.

**孤掌難鳴**(고장난명)　한쪽 손바닥으로는 소리를 낼 수 없다는 뜻으로, 혼자서는 목표한 것을 이룰 수 없다는 것을 의미함.

**苦盡甘來**(고진감래)　쓴 것이 다하면 단 것이 온다는 뜻으로, 고생 끝에 낙이 온다는 것을 의미함.

**骨肉相殘**(골육상잔)　혈족이나 같은 민족끼리의 싸움. = 骨肉相爭(골육상쟁)

**管鮑之交**(관포지교)　옛날 중국의 관중과 포숙처럼 친구 사이가 매우 다정하고 허물없음을 이르는 말.

**刮目相對**(괄목상대)　다른 사람의 학식이나 재주가 갑자기 늘어 상대방에 대한 인식을 새롭게 하는 것을 의미함.

**矯角殺牛**(교각살우)　쇠뿔을 바로 잡으려다 소를 죽인다는 뜻으로, 작은 결점을 고치려다가 큰일 망칠 수 있음을 의미함.

**口耳之學**(구이지학)　남에게 들은 것을 그대로 남에게 전할 정도 밖에 되지 않은 천박한 학문.

**九折羊腸**(구절양장)　아홉 번 꺾어진 양의 창자라는 뜻으로, 세상이 복잡하여 살아가기가 매우 어려움을 의미함.

**貴耳賤目**(귀이천목)　귀로 들은 것을 존중하고, 소중히 여김.

**群鷄一鶴**(군계일학)　닭의 무리 가운데 있는 한 마리의 학이라는 뜻으로, 평범한 사람들 가운데 있는 뛰어난 한 사람을 의미함.
= 白眉(백미), 囊中之錐 (낭중지추)

**群盲撫象**(군맹무상)　여러 맹인이 코끼리를 더듬는다는 뜻으로, 자기만의 좁은 소견과 주관으로 사물을 잘못 판단함.

**窮餘之策**(궁여지책)　막다른 길에서 짜낸 국면 전환의 타개책.

**捲土重來**(권토중래)　흙먼지를 날리며 다시 온다는 뜻으로, 한 번 실패한 사람이 실패에 굴하지 않고 다시 일어남을 의미함.

**近墨者黑**(근묵자흑)　먹을 가까이 하면 검어진다는 뜻으로, 나쁜 사람들을 가까이하면 그 버릇에 물들기 쉬움을 의미함.

**起死回生**(기사회생)　죽을 고비 넘김.

## ㄴ

洛花難上枝 (낙화난상지) 한번 진 꽃은 다시 가지로 못 돌아간다는 뜻으로, 한번 저지른 일은 다시 돌이킬 수 없음을 의미함.

囊中之錐 (낭중지추) 주머니 속에 있는 송곳이라는 뜻으로, 재능이 뛰어난 사람은 숨어 있어도 남의 눈에 드러남을 의미함.

勞心焦思 (노심초사) 몹시 깊이 생각하여 속을 태움.

累卵之勢 (누란지세) 알을 포개어 놓은 듯한 형세로 위험함을 의미함.

能小能大 (능소능대) 크고 작은 일을 임기응변으로 잘 처리해 내는 것을 의미함. 사람들과의 접촉수단이 능함.

## ㄷ

多聞博識 (다문박식) 견문이 넓고, 학식이 넓음.

斷章取義 (단장취의) 시문 전체의 뜻과는 관계 없이 자신이 필요한 부분만을 따서 멋대로 해석하는 것을 의미함.

螳螂拒轍 (당랑거철) 사마귀가 수레바퀴를 막는다는 뜻으로, 자신의 힘은 생각하지 않고 강자에게 함부로 덤비는 것을 의미함.

讀書亡羊 (독서망양) 책을 읽느라 양을 잃어버렸다는 뜻으로, 본업보다 부업에 열중하여 중요한 일을 그르치게 되는 것을 의미함.

東奔西走 (동분서주) 사방으로 바삐 돌아다님.

凍足放尿 (동족방뇨) 언 발에 오줌 누기라는 뜻으로, 잠깐의 효력이 있을 뿐 결국에는 더 나쁘게 될 일을 하는 것을 의미함.

登高自卑 (등고자비) 높은 곳에 오르려면 낮은 곳부터 올라가야 한다는 뜻으로, 일을 하는 데 있어 반드시 차례를 밟아야 함을 의미함.

登龍門 (등용문) 용문에 오른다는 뜻으로, 입신출세의 계기를 잡는 것.

## ㅁ

麻中之蓬 (마중지봉) 삼밭의 쑥이라는 뜻으로, 구부러진 쑥도 삼밭에 나면 저절로 꼿꼿하게 자라듯이 좋은 환경에 있으면 주위의 영향을 받아서 선인이 됨을 의미함.

晩時之歎 (만시지탄) 때늦은 한탄이라는 뜻으로, 기회를 놓친 것에 대하여 탄식하는 것을 의미함.

亡羊補牢 (망양보뢰) 양을 잃고서 그 우리 고친다는 뜻으로, 실패한 후 그 일에 대비하는 것을 의미함.

望洋之嘆(망양지탄)　　넓은 바다를 보고 탄식한다는 뜻으로, 어떤 일에 제 힘이 미치지 못할 때에 하는 탄식.

明鏡止水(명경지수)　　맑은 거울과 고요한 물이라는 뜻으로, 사념이 전혀 없는 깨끗한 마음을 비유해 이르는 말.

名不虛傳(명불허전)　　이름은 헛되이 전해지는 법이 아니라는 뜻으로, 명성이 널리 알려진 데에는 그럴 만한 이유가 있음을 의미함.

名實相符(명실상부)　　이름과 실상이 부합됨. 알려진 것과 실제의 상황에 큰 차이가 없음.

明若觀火(명약관화)　　불을 보는 것과 같이 밝게 보인다는 뜻으로, 명백하고 확실함을 의미함.

矛盾(모순)　　창과 방패라는 뜻으로, 말이나 행동의 앞뒤가 서로 일치되지 않음을 의미함.

刎頸之交(문경지교)　　목을 벨 수 있는 벗이라는 뜻으로, 생사를 같이할 수 있는 매우 소중한 친구를 의미함.

物各有主(물각유주)　　무엇이나 제각기 그 주인이 있음.

## ㅂ

博而不精(박이부정)　　여러 방면으로 널리 알고 있으나 한 분야에 대해 자세히 알지 못함.

盤根錯節(반근착절)　　구부러진 나무뿌리와 울퉁불퉁한 나무의 마디란 뜻으로, 세상일에 난관이 많음을 의미함.

白骨難忘(백골난망)　　죽어도 잊지 못할 큰 은혜를 입음이란 뜻으로, 남에게 큰 은혜나 은덕을 입었을 때 고마움을 표시하는 말.

白眉(백미)　　여럿 중에서 가장 뛰어난 사람이나 물건을 이르는 말.

百折不屈(백절불굴)　　백번 꺾어도 굴하지 않음을 뜻하는 것으로, 어려움에도 굽히지 않음을 의미함.

百尺竿頭(백척간두)　　백척 높이의 장대의 끝이라는 뜻으로, 위험함이 극도에 달하는 상태를 의미함.

繁文縟禮(번문욕례)　　지나치게 형식에 치우침을 의미함.

兵家常事(병가상사)　　전쟁에서 이기고 지는 것은 흔한 일이므로 지더라도 낙담할 필요가 없다는 것을 의미함.

報本反始(보본반시)　　근본에 보답하고 처음으로 돌아간다는 뜻.

附和雷同(부화뇌동)　　우레 소리에 맞춰 함께한다는 뜻으로, 자신의 뚜렷한 소신 없이 남이 하는 대로 따라가는 것을 의미함.

不可思議(불가사의)　　보통의 생각으로는 알 수 없음.

不共戴天之讐(불공대천지수) 한 하늘에서 더불어 살 수 없는 원수.

氷炭之間(빙탄지간)　　얼음과 숯 사이라는 뜻으로, 둘이 어긋나 맞지 않는 사이를 의미함.
　　　　　　= 氷炭不相容(빙탄불상용), 水火相剋(수화상극), 犬猿之間(견원지간)

## ㅅ

**四顧無親**(사고무친) 　사방을 돌아보아도 친척이 없다는 뜻으로, 의지할 만한 사람이 없음을 의미함.

**四面楚歌**(사면초가) 　적에게 둘러싸인 상태나 누구의 도움도 받을 수 없는 고립된 상태에 빠짐을 의미함.

**捨生取義**(사생취의) 　목숨을 버리고 의를 취한다는 뜻으로, 목숨을 버릴지언정 옳은 일을 해야 함을 이르는 말.

**射石爲虎**(사석위호) 　돌을 범인 줄 알고 쏘았더니 돌에 화살이 꽂혔다는 뜻으로, 정신을 집중하면 어려운 일도 이루어짐을 의미함.

**事必歸正**(사필귀정) 　모든 일은 결과적으로 반드시 바른 길로 돌아감.

**三旬九食**(삼순구식) 　한 달에 아홉 번 밥을 먹는다는 뜻으로, 집안이 가난하여 굶주린다는 것을 의미함.

**傷弓之鳥**(상궁지조) 　한번 화살 맞은 새는 굽은 나무만 봐도 놀란다는 뜻으로, 한번 놀란 사람이 작은 일에도 겁을 내어 위축됨을 의미함.

**桑田碧海**(상전벽해) 　뽕나무 밭이 푸른 바다가 되었다는 뜻으로, 오랜 세월이 흘러 몰라볼 정도로 바뀐 것을 의미함.

**上濁下不淨**(상탁하부정) 　윗물이 맑아야 아랫물이 맑다는 뜻으로, 윗사람의 행실이 바르지 못하면 아랫사람의 행실도 바르게 될 수 없음을 의미함.

**塞翁之馬**(새옹지마) 　인생의 길흉화복은 늘 바뀌어 변화가 많음을 이르는 말.

**先公後私**(선공후사) 　사사로운 이익보다 공익을 앞세움.

**聲東擊西**(성동격서) 　병법의 하나로 동쪽을 치는 듯 하면서 서쪽을 친다는 뜻으로, 상대를 기만하여 공격하는 것을 의미함.

**歲寒三友**(세한지우) 　겨울에도 지조를 지키는 소나무, 대나무, 매화나무.

**笑裏藏刀**(소리장도) 　웃음 속에 칼을 감춘다는 뜻으로, 말은 좋게 하나 마음속으로는 해칠 뜻을 가진 것을 비유하여 일컫는 말.

**束手無策**(속수무책) 　손을 묶인 듯이 어찌 할 방책이 없어 꼼짝 못하게 된다는 뜻으로, 뻔히 보면서 어찌할 수 없는 상황을 의미함.

**損者三樂**(손자삼요) 　교만하고 사치를 좋아하는 일, 편안하고 놀기를 좋아하는 일, 향연을 즐기기를 좋아하는 일을 좋아하면 해롭다는 뜻.

**孫子三友**(손자삼우) 　사귀면 손해가 되는 세 가지 친구로서, 남에게 아첨하는 사람, 항상 편안한 길만 가려는 사람, 말만 앞세우고 성의가 없는 사람을 의미함.

**首丘初心**(수구초심) 　여우는 죽을 때 제 살던 굴을 향해 머리를 두고 초심으로 돌아간다는 뜻으로, 죽어서라도 고향에 묻히고 싶어 하는 마음을 의미함.

**水魚之交**(수어지교) 　물과 물고기의 사귐이란 뜻으로, 지극히 친밀한 교우관계를 의미함.

羞惡之心(수오지심)　자신의 옳지 못함을 부끄러워하고, 남의 악함을 미워하는 마음.

守株待兎(수주대토)　토끼가 나무 그루터기에 걸려 죽기를 기다린다는 뜻으로, 고지식하고 융통성이 없는 것을 의미함.

時雨之化(시우지화)　철 맞추어 내리는 비로 초목이 자란다는 뜻으로, 임금의 은혜가 천하에 두루 미침을 이르는 말.

食少事煩(식소사번)　먹을 것은 적고, 할 일은 많음이라는 뜻으로, 소득은 적은데 일만 번잡함을 의미함.

身言書判(신언서판)　사람을 선택할 때의 네 가지 기준으로서, 인물, 말, 글씨, 판단력 등을 의미함.

十匙一飯(십시일반)　열 사람이 한 술씩 보태면 한 사람 먹을 분량이 된다는 뜻.

## ㅇ

眼下無人(안하무인)　눈 아래 사람이 없다는 뜻으로, 사람이 교만하여 남을 업신여기는 것을 의미함.

仰天而唾(앙천이타)　하늘을 보고 침을 뱉는다는 뜻으로, 타인을 해치려다가 오히려 자신이 해를 입는 것을 의미함.

焉敢生心(언감생심)　어찌 감히 그런 마음을 먹을 수 있으랴.
= 敢不生心 (감불생심), 敢不生意(감불생의)

與德爲隣(여덕위린)　덕으로써 이웃을 대하면 모두 친해질 수 있다는 뜻.

緣木求魚(연목구어)　나무에 올라가 물고기를 구한다라는 뜻으로, 목적이나 수단이 일치하지 않아 성공이 불가능함을 의미함.

盈滿之咎(영만지구)　달도 차면 기운다는 뜻으로, 모든 것이 다 이루어지면 도리어 화를 가져오게 될 수 있음을 의미하는 말.

烏飛梨落(오비이락)　까마귀 날자 배 떨어진다는 뜻으로, 우연의 일치로 다른 일과 때가 일치하여 혐의를 받게 됨을 이르는 말.

吳越同舟(오월동주)　오나라 사람과 월나라 사람이 한 배에 타고 있다는 뜻으로, 어려운 상황에서는 원수일지라도 협력하게 됨을 이르는 말.

玉石俱焚(옥석구분)　옥과 돌이 함께 불타 버린다는 뜻으로, 악인, 선인 구별없이 함께 재앙을 받음을 의미함.

屋下架屋(옥하가옥)　지붕아래 또 지붕을 만든다는 뜻으로, 독창성 없이 앞의 것만을 모방하는 것을 의미함.

龍頭蛇尾(용두사미)　용의 머리, 뱀의 꼬리라는 뜻으로, 시작은 크게 했다가 흐지부지 끝나는 것을 비유해 이르는 말.

用意周到(용의주도)  어떤 일을 할 마음이 두루 미친다는 뜻으로, 마음의 준비가 충분히 되어서 실수
가 없음을 의미함.

韋編三絶(위편삼절)  공자가 책을 하도 많이 읽어서 책을 엮어 놓은 끈이 세 번이나 끊어졌다는 데
에서 비롯된 말로, 한 책을 되풀이하여 숙독함을 비유하여 이르는 말.

隱忍自重(은인자중)  괴로움을 참고 몸가짐을 조심함.

易如反掌(이여반장)  손바닥을 뒤집어 보는 것처럼 쉬움.

耳懸鈴鼻懸鈴(이현령비현령)  귀에 걸면 귀걸이, 코에 걸면 코걸이라는 뜻으로, 어떤 뜻이 정해진
것이 아니라 상황에 따라 바뀌는 것을 의미함.

一見如舊(일견여구)  처음 만났지만, 마음이 맞고 정이 들어 오랜 친구 같음.

一倡三歎(일창삼탄)  한 번 읽고 세 번 감탄하는 뜻으로, 시문의 훌륭함을 칭찬하는 말.

日就月將(일취월장)  나날이 성장하고 발전한다는 뜻.

臨渴掘井(임갈굴정)  목마른 자가 우물을 판다는 뜻.

臨機應變(임기응변)  어느 때 어느 자리에서 뜻밖의 일을 당했을 때 재빨리 그에 맞게 대처하는 것
을 의미함. = 姑息之計(고식지계), 彌縫策(미봉책)


**ㅈ**

自家撞着(자가당착)  자신의 언행이 전후 모순되어 맞지 않음.

自繩自縛(자승자박)  제 줄로 제 몸을 묶는다는 뜻으로, 자신의 언행으로 인하여 자신이 꼼짝 못하게
되는 일을 의미함.

作查道傍(작사도방)  의견이 서로 달라서 일을 결정하지 못함을 일컫는 말.

將計就計(장계취계)  상대방의 계략을 미리 알고 그것을 이용하는 계략.

切磋琢磨(절차탁마)  옥돌을 갈고 닦는다는 뜻으로, 학문이나 인격을 갈고 닦음을 의미함.

頂門一鍼(정문일침)  정수리에 침 하나를 꽂는다는 뜻으로, 상대방의 결점을 찌르는 충고나 교훈을
의미함.

濟世安民(제세안민)  세상을 구제하여 백성을 편히 함.

諸行無常(제행무상)  우주 만물은 항상 변하고, 한 모양으로 머물러 있지 아니함.

朝令暮改(조령모개)  아침에 명령을 내리고서 저녁에 다시 바꾼다는 뜻으로, 법의 개정이 너무 빈번
하여 믿을 수 없음을 이르는 말.

朝不慮夕(조불려석)  상황이 절박하여 아침에 저녁 일을 헤아리지 못함. 즉, 당장만 걱정하고 다음을
돌볼 겨를이 없음.

主客顚倒(주객전도)  주인과 손님의 위치가 바뀜.

走馬加鞭(주마가편)  달리는 말에 채찍질하기라는 뜻으로, 좋은 상황에서도 힘을 더하도록 격려하
는 것을 의미함.

走馬看山(주마간산)　말을 타고 달리면서 산을 바라본다는 뜻으로, 바빠서 자세히 살펴보지 않고 대강 보고 지나감을 의미함. 수박 겉핥기

指天射魚(지천사어)　하늘을 보고 물고기를 쏜다는 뜻으로, 사물을 구하는 방법이 잘못됨을 이르는 말.

衆寡不敵(중과부적)　적은 수로 많은 수를 대적하지 못함.

衆口鑠金(중구삭금)　여러 사람의 말은 굳은 쇠를 녹일 수 있는 무서운 힘이 있다는 뜻으로, 참언의 두려움을 의미함.

指鹿爲馬(지록위마)　사슴을 가리켜 말이라고 한다는 뜻으로, 사실이 아닌 것을 사실로 만들어 강압적으로 인정하게 하는 것을 의미함.

珍羞盛饌(진수성찬)　맛있는 음식으로 많이 차린 것을 뜻함.

## ㅊ

冊床退物(책상퇴물)　글공부만 하여 세상 물정에는 어두운 사람.

天衣無縫(천의무봉)　천사의 옷에는 바느질한 자리가 없다는 뜻으로, 성격, 언동 등이 매우 자연스러워 조금도 꾸민 데가 없음을 의미함.

焦眉之急(초미지급)　눈썹에 불이 붙음과 같이 매우 다급한 지경.

推一事可知(추일사가지)　하나보면 열을 안다.

七縱七擒(칠종칠금)　제갈공명의 전술로서, 일곱 번 놓아주고 일곱 번 잡는다는 말로, 상대를 마음대로 할 수 있을 정도로 전략에 능통함.

針小棒大(침소봉대)　바늘만한 것을 몽둥이만하다고 말하는 것으로, 작은 일을 크게 과장하여 말하는 것을 이름.

## ㅌ

卓上空論(탁상공론)　탁자 위에서만 펼치는 헛된 논설이라는 뜻으로, 실현성이 없는 헛된 이론을 일컫는 말.

探花蜂蝶(탐화봉접)　꽃을 찾아다니는 벌과 나비라는 뜻으로, 여색을 탐하는 남자를 비유하여 이르는 말.

太平聖代(태평성대)　어질고 착한 임금이 다스리는 태평한 세상.

兎死狗烹(토사구팽)　사냥하러 가서 토끼를 잡고 나면, 사냥하던 개는 쓸모가 없게 되어 잡아먹는다는 뜻으로, 필요할 땐 요긴하게 쓰고 쓸모가 없어지면 가혹하게 버리는 것을 의미함.

## ㅍ

**飽食暖衣**(포식난의) 배부르게 먹고 따뜻하게 옷을 입는다는 뜻으로, 풍족하게 생활하여 불편함이 없음을 이르는 말.

**風樹之嘆**(풍수지탄) 부모에게 효도를 다하려고 생각할 때에는 이미 돌아가셔서 그 뜻을 이룰 수 없음을 이르는 말.

**風前燈火**(풍전등화) 바람 앞의 등불이라는 뜻으로, 매우 위급한 상황에 놓여 있음을 의미함.

**風餐露宿**(풍찬노숙) 바람과 이슬을 무릅쓰고 한데서 먹고 잠, 곧 큰일을 이루려는 사람의 고초를 겪는 모양.

## ㅎ

**下石上臺**(하석상대) 아랫돌을 빼서 윗돌을 괴고 윗돌을 빼서 아랫돌을 괸다는 뜻으로, 임기응변으로 어려운 일을 처리하는 것을 의미함.

**邯鄲之步**(한단지보) 한단에서 걸음걸이를 배운다는 뜻으로, 분수를 모르고 남을 흉내내다가 모두 잃음을 비유하여 이르는 말.

**虛心坦懷**(허심탄회) 마음속에 아무런 거리낌 없이 솔직한 태도로 생각을 터놓고 말함.

**孑孑單身**(혈혈단신) 의지할 곳이 없는 외로운 홀몸.

**好事多魔**(호사다마) 좋은 일에는 방해되는 일이 많다.

**昏定晨省**(혼정신성) 저녁에는 잠자리를 보아 드리고, 아침에는 문안을 드린다는 뜻으로, 자식이 아침저녁으로 부모의 안부를 물어서 살핌을 이르는 말.

**會者定離**(회자정리) 만나면 언젠가는 헤어지게 되어 있다는 뜻으로, 인간의 힘으로 어찌할 수 없는 이별의 아쉬움을 일컫는 말.

**後生可畏**(후생가외) 후배들이 선배들보다 실력이 출중하여, 큰 인물이 될 가능성이 많으므로, 선배들이 오히려 후배들을 두렵게 여기는 것을 의미함.

■ 저 자 약 력

## 박 동 일
- 一鼎기획컨설팅 기획팀장
- 국가 공인 사회조사분석사
- 전국 경영사례연구대회 우수상 입상(한국경영학회)
- (저서)「사회조사분석사 2급 실기 사회조사 실무」(성안당.com, 2002)

## 신 정 길
- 비전정보컨설팅 수석컨설턴트
- 남서울대학교 겸임교수
- 한국커리어컨설팅협회 부회장
- (저서)「경영정보시스템」(두양사, 2004)
- (저서)「감성경영 감성리더십」(넥스비즈, 2004)

## 취업 한자 그리고 토론식 면접

정가 : 18,000원

지은이 : 박동일·신정길

펴낸이 : 이종춘

2004. 9. 13  초판1쇄인쇄
2004. 9. 14  초판1쇄발행

펴낸곳 : 성안당 .com

주 소 : 고양시 일산구 장항동 596-15

전 화 : (02)844-0511

팩 스 : (02)844-8177

등 록 : 1973.2.1 제13-12호

ⓒ 2004 박동일·신정길

ISBN 89-315-7142-9

| 물류 및 영업본부 | 전 화 : (02) 844-0511(대) | (031) 903-3380(대) |
| --- | --- | --- |
| | 팩 스 : (02) 844-8177 | (031) 901-8177(대) |

독자 상담 서비스 : 080-544-0511          홈페이지 : www.cyber.co.kr

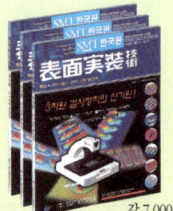